働き方改革
関連法の
解説と実務対応

② 同一労働同一賃金編

▶労働調査会出版局 編◀

公益社団法人 全国労働基準関係団体連合会

は じ め に

　労働者が多様な働き方を選択できる社会を実現する「働き方改革」を総合的に推進すること
を目的として主要な労働関係法律を改正する「働き方改革を推進するための関係法律の整備に
関する法律」（以下「働き方改革関連法」といいます）は、平成30年7月6日に公布され、企業
の実務対応を要する改正事項については、平成31年4月から順次施行されているところです。

　働き方改革関連法は、今我が国が直面する少子高齢化の急速な進展、労働力人口の減少とい
った深刻な課題を踏まえ、子育てや介護をしながら働く人や高齢者等の就業を困難にする要因
を取り除くとともに、個々人の多様な事情に対応した働き方を可能とする環境を整備するために
制度改正を行うものです。この改正は、⑴長時間労働の是正と⑵雇用形態にかかわらない公正
な待遇の確保（同一労働同一賃金の実現）を主な柱としており、これまでの労働関係法令の改
正の中でも、従前の働き方の枠組みを大きく変え、企業や働く人にも強い影響をもたらすものに
違いありません。

　本書は、働き方改革関連法による法改正のうち、昨年4月から施行されている上記⑴に関し
て昨年8月に発行した「①労働時間編」に続く「②同一労働同一賃金編」として、令和2年4
月から施行（中小企業についてはパート・有期労働法は令和3年4月から適用）される⑵に関し、
パートタイム労働者、有期雇用労働者及び派遣労働者等のいわゆる非正規雇用労働者と正規雇
用労働者との均衡待遇・均等待遇に関するパートタイム労働法、労働契約法及び労働者派遣法
の改正を中心に解説しています。

　これまでの改正を見ると、パートタイム労働法は、平成19年、平成26年の改正において、パ
ートタイム労働者と正規雇用労働者との均衡待遇・均等待遇に関する規定が整備・拡充され、
平成24年の労働契約法の改正では、有期雇用労働者の無期転換や雇止めに関するルールととも
に、無期雇用の労働者との不合理な労働条件を禁止する均衡待遇の規定が設けられました。ま
た、派遣労働者については、平成24年、平成27年と相次ぐ労働者派遣法の改正の中で、派遣労
働者の待遇改善を目的として、派遣元事業主、派遣先それぞれに賃金、教育訓練、福利厚生と
いった待遇に関する配慮義務や努力義務が課されてきたところです。

　それでもなお、雇用形態の違いを理由に正規雇用労働者との不合理な待遇差が設けられてい
るケースが多いことや、非正規雇用労働者がその待遇差に関するトラブルについて都道府県労
働局等の行政機関や裁判所へその救済を求めづらいといった実態があります。今般の働き方改
革関連法による改正は、どのような働き方をしてもその働き方に見合った均衡待遇・均等待遇
を推進するため、従来の制度からさらに進んで、①均衡待遇・均等待遇規定の明確化、②待遇
に関する事業主の説明義務の強化、③行政による履行確保措置及び紛争解決制度の整備を主た
る内容とし、パートタイム労働者、有期雇用労働者及び派遣労働者について統一したルールを

法律に盛り込みました。また、待遇差が不合理であるか否かの判断の際に、原則となる考え方や問題となる例・ならない例を示す「同一労働同一賃金ガイドライン」も策定されました。

　各企業において、そこで働くパートタイム労働者、有期雇用労働者及び派遣労働者の待遇をどうするかという問題は、人事評価制度や賃金制度とも直結する問題です。また、昨今では、業種や規模によって違いはあれ、人手不足あるいは将来的な人材不足への懸念といった深刻な課題もあちらこちらで聞かれるところです。自社の制度の見直しを行おうとすれば、多くの場合、単に非正規雇用労働者の待遇を引き上げれば済むというものではなく、今後、事業を継続・展開していくうえで、いかに有能な人材を確保し、いかに従業員一人ひとりの能力を発揮させていくかという観点から、正規雇用労働者を含めた人事評価制度や賃金制度に係る全社的な制度・運用の見直しが必要となるでしょう。前記の不合理な待遇差の解消を図るための新しいルールは、令和2年4月から施行が開始されますが、このルールが企業の人材戦略やそのための人事処遇制度に関わるという性格上、改正法施行後も、それぞれの企業ごとに、その実情を踏まえながら必要に応じ制度の見直し・検討をするなど継続的な取組みが重要となるものと考えられます。

　本書は、パート・有期労働法、労働者派遣法それぞれについて、改正事項の基本解説と、改正を踏まえた実務解説で構成しています。基本解説では、改正点の内容を適宜図解など交えながら、平易で分かりやすい解説を試みました。実務解説については、労働関係の法律問題や企業の労務管理の実務に明るい法律実務家の方々に解説をいただきました。パート・有期雇用労働者の待遇に関する裁判例も相当数出ており、裁判所の判断の傾向なども押さえておくことが欠かせません。荻谷聡史弁護士、小栗道乃弁護士には、改正法やガイドラインに対応させて関連する裁判事案を紹介しながら、判旨のポイント、実務上重要となる点について整理・解説をいただきました。また、派遣労働者の待遇については、現状では裁判例が少なく、今後の実務の蓄積が待たれるところです。木村恵子弁護士には、制度そのものが難解と言われる労働者派遣法の改正事項の詳細を説明いただくとともに、今後想定し得る実務上の問題について、そのご見解を含めて解説いただきました。先生方には、この場を借りまして、深く感謝申し上げます。

　本書が、企業をはじめ労使関係者の皆様に対して、改正法の内容を理解し、実務を適切に運用していくために多少ともお役立ていただくとともに、企業内で働き方を見直し、働く人と企業の双方にメリットとなる職場環境づくりにつなげる一助となれば、喜びに堪えません。

　令和2年2月

　　　　　　　　　　　　　　　　　　　　　　　　　　　　　　　　　　編　者

凡　例
(主要な法令名等の略語)

パートタイム労働法……短時間労働者の雇用管理の改善等に関する法律（平成30年改正前の名称）

パート・有期労働法……短時間労働者及び有期雇用労働者の雇用管理の改善等に関する法律（平成30年改正による改称後の名称）

パート・有期労働法施行規則（またはパート・有期則）……短時間労働者の雇用管理の改善等に関する法律施行規則

同一労働同一賃金ガイドライン（またはガイドライン）……短時間・有期雇用労働者及び派遣労働者に対する不合理な待遇の禁止等に関する指針（平成30年12月28日厚生労働省告示第430号）

パート・有期労働指針……事業主が講ずべき短時間労働者及び有期雇用労働者の雇用管理の改善等に関する措置等についての指針（平成19年10月1日厚生労働省告示第326号）

パート・有期労働法施行通達……短時間労働者及び有期雇用労働者の雇用管理の改善等に関する法律の施行について（基発0130第1号・職発0130第6号・雇均発0130第1号・開発0130第1号）

労働者派遣法（または派遣法）……労働者派遣事業の適正な運営の確保及び派遣労働者の保護等に関する法律

労働者派遣法施行規則（または派遣則）……労働者派遣事業の適正な運営の確保及び派遣労働者の保護等に関する法律施行規則

派遣元指針……派遣元事業主が講ずべき措置に関する指針（平成11年11月17日労働省告示第137号）

派遣先指針……派遣先が講ずべき措置に関する指針（平成11年11月17日労働省告示第138号）

業務取扱要領（または要領）……労働者派遣事業関係業務取扱要領

労基法……労働基準法

労基則……労働基準法施行規則

男女雇用機会均等法……雇用の分野における男女の均等な機会及び待遇の確保等に関する法律

育児・介護休業法……育児休業、介護休業等育児又は家族介護を行う労働者の福祉に関する法律

高年法……高年齢者等の雇用の安定等に関する法律

同一労働同一賃金推進法……労働者の職務に応じた待遇の確保等のための施策の推進に関する法律

働き方改革関連法……働き方改革を推進するための関係法律の整備に関する法律（平成30年7月6日法律第71号）

（判決等の記載・判例掲載資料等）
　最二小判……最高裁第二小法廷判決
　○○地◇◇支判……○○地方裁判所◇◇支部判決
　労判……労働判例
　労経速……労働経済判例速報

改正事項と解説頁の早見表

　長時間労働の是正や雇用形態にかかわらない公正な待遇の確保等を柱として、主要な労働関係法律8本を一括改正する「働き方改革を推進するための関係法律の整備に関する法律」（以下「働き方改革関連法」といいます）が平成30年の通常国会で成立し、同年7月6日に公布されました。これによる改正のうち、本書では、非正規雇用労働者と正規雇用労働者との不合理な待遇差の解消等を目的とするパートタイム労働法、労働契約法及び労働者派遣法の改正について解説しています。各改正事項と本書解説の該当頁は下記のとおりです。

1 パートタイム労働法・労働契約法の改正

令和2年4月1日施行
（中小事業主については令和3年4月1日適用）

	改 正 事 項	基本解説 1章 1	実務解説 1章 2
総論	①法律名の改称と適用対象の拡大 　パートタイム労働者のほか、有期雇用労働者も適用対象とし、これに伴い法律名を改称（パート・有期労働法）。	3頁	—
不合理な待遇差を解消するための規定の整備	②均衡待遇規定（不合理な待遇差の禁止）の明確化 　通常の労働者との待遇の相違が不合理であるか否かは、個々の待遇ごとに、その待遇の性質・目的に照らして適切と認められる事情を考慮して判断されるべき旨を明確化。	11頁	Q 1 （29頁） ～ Q12 （93頁）
	③有期雇用労働者の均等待遇規定（差別的取扱いの禁止）の整備 　パートタイム労働者に加え、有期雇用労働者についても均等待遇の確保を義務化。	18頁	
	④同一労働同一賃金ガイドラインの策定 　待遇差の不合理性の判断に関するガイドラインの根拠規定を法律上整備し、この規定に基づき、原則的な考え方や具体例を示すガイドラインを策定。	19頁	
	⑤福利厚生施設の利用機会の付与義務化 　通常の労働者が利用できる給食施設・休憩室・更衣室については、パート・有期雇用労働者にも利用の機会を付与することを義務づけ。	22頁	
説明義務の強化	⑥不合理な待遇の相違の内容・理由の説明義務 　パート・有期雇用労働者からの求めに応じて、通常の労働者との待遇の相違の内容・理由を説明することを事業主に義務づけ。	22頁	Q 9（79頁） Q11（85頁）
	⑦説明を求めたことを理由とする不利益取扱い禁止 　待遇に関する説明を求めたことを理由とするパート・有期雇用労働者への不利益取扱いの禁止規定を法律上整備。	26頁	—
行政による履行確保措置、紛争解決制度の整備	⑧(1)　都道府県労働局長による助言・指導・勧告等は、違反が明確な場合には均等待遇規定（8条）についても対象とする。 (2)　有期雇用労働者に係る雇用管理上の措置についても、行政による履行確保措置（助言・指導・勧告等）や紛争解決制度（都道府県労働局長による援助、調停制度）の対象とする。	196頁 201頁	—
その他の改正	⑨労働条件の明示方法の改正 　パート・有期雇用労働者が希望した場合に限り、ファクシミリ、電子メールの送信のほかSNSメッセージ機能等を利用した送信（出力して書面を作成できるものに限る）によることも可能。	7頁	—

② 労働者派遣法の改正

元 …派遣元事業主が行う事項
先 …派遣先が行う事項

令和２年４月１日施行

		改 正 事 項	基本解説 2章 **1**	実務解説 2章 **2**
不合理な待遇差を解消するための規定の整備	元	**①２つの待遇決定方式による派遣労働者の待遇の確保** 　派遣労働者の待遇については、(1)派遣先均等・均衡方式、(2)労使協定方式のいずれかの方式によることを義務化。	101頁	Q8 (150頁)
		(1)　派遣先均等・均衡方式 　　（派遣先の労働者との均等・均衡待遇を確保）	103頁	Q9 (155頁)
		(2)　労使協定方式 　　（一定の要件を満たす労使協定により待遇を決定）	106頁	Q10(163頁) Q11(168頁) Q12(176頁)
	元	**②同一労働同一賃金ガイドラインの策定** 　待遇差の不合理性の判断に関するガイドラインの根拠規定を法律上整備し、この規定に基づき、原則的な考え方や具体例を示すガイドラインを策定。	105頁 109頁	Q9(158頁) Q11(170頁)
	先	**③派遣先の労働者の待遇に関する情報の提供義務** 　労働者派遣契約の締結に当たり、派遣元事業主に対して派遣先の労働者の待遇情報を提供することを派遣先に義務づけ。	111頁	Q3(130頁) Q4(134頁) Q5(139頁)
	先	**④派遣料金に係る派遣先の配慮義務** 　派遣先均等・均衡方式または労使協定方式による派遣労働者の待遇改善が行われるよう、派遣料金の額について、派遣先の配慮義務を創設。	115頁	Q6 (142頁)
	元	**⑤職務の内容等を勘案した賃金の決定** 　派遣先の通常の労働者との均衡に考慮しつつ、派遣労働者の職務の内容、職務の成果、意欲、能力または経験等を勘案して職務の内容に密接に関連する賃金を決定すべき派遣元事業主の努力義務を創設。	113頁	―
	元	**⑥派遣労働者に適用される就業規則の作成手続き** 　派遣労働者に係る事項について就業規則を作成・変更する際に、事業所の派遣労働者の過半数を代表すると認められるものからの意見聴取を努力義務化。	115頁	―
	先	**⑦派遣先による均衡待遇の確保** 　派遣元事業主の求めに応じた業務の遂行に必要な能力付与のための教育訓練の実施等の措置義務、給食施設・休憩室・更衣室の利用機会の付与義務等、派遣労働者の待遇に関する派遣先の責務規定を強化。	116頁	Q7 (145頁)
説明義務の強化	元	**⑧雇入れ時・派遣時の労働条件の明示義務・待遇に関する説明義務**	118頁	Q13 (181頁)
	元	**⑨不合理な待遇の相違の内容・理由の説明義務** 　派遣労働者からの求めに応じて、比較対象労働者との待遇の相違の内容・理由を説明することを事業主に義務づけ。	118頁	
	元	**⑩説明を求めたことを理由とする不利益取扱い禁止** 　待遇に関する説明を求めたことを理由とする派遣労働者への不利益取扱いの禁止規定を法律上整備。	122頁	―
行政による履行確保措置、紛争解決制度の整備		⑪(1)　派遣先の待遇情報の提供義務、教育訓練・福利厚生施設に係る派遣先の義務の違反も勧告・公表の対象に追加。 　(2)　派遣労働者の待遇をめぐる派遣元事業主または派遣先との紛争について、紛争解決制度（都道府県労働局長による援助、調停制度）を整備。	198頁 201頁	Q14 (186頁)

第1章

パート・有期雇用労働者の待遇に関するルール

1 パート・有期労働法と改正点の基本解説

令和2年4月1日施行

中小企業は令和3年4月1日から新法適用

改正の趣旨―雇用形態にかかわらない公正な待遇の確保

　これまでの法制度では、短時間労働者（以下「パートタイム労働者」といいます）をその適用対象とするパートタイム労働法において、パートタイム労働者の待遇について、いわゆる正規雇用の労働者等（通常の労働者）との均衡待遇や均等待遇に関する規定（同法8条、9条）が設けられていました。また、有期雇用労働者については、労働契約法（以下「労契法」といいます）において、無期雇用労働者との間に不合理な労働条件の相違があってはならないことが規定されていました（同法20条）。一方、派遣労働者については、その待遇に関し派遣元事業主の配慮義務や派遣先の努力義務が定められているものの、派遣先の労働者との均等・均衡待遇について明確な規定はありませんでした。

🔵 **パート・有期雇用労働者の待遇改善のための制度見直し**

（例）改正前　改正後
　　　 ×　→　○

		パートタイム労働者	有期雇用労働者
不合理な待遇差の解消	均等待遇規定	○ → ○	× → ○
	均衡待遇規定	○ → ◎	○ → ◎
	ガイドライン	× → ○	× → ○
説明義務	本人に対する雇用管理上の措置の内容	○ → ○	× → ○
	待遇決定に当たっての考慮事項	○ → ○	× → ○
	待遇差の内容・理由	× → ○	× → ○
履行確保措置・裁判外紛争解決等	行政による履行確保措置（助言・指導等）	○ → ○ （均衡待遇は明確な場合のみ対象）	× → ○
	行政ADR（労働局長による紛争解決援助、調停等）	△ → ○ （均衡待遇は対象外）	× → ○

▭は新設　○…規定あり　×…規定なし　◎…明確化

　平成30年の働き方改革関連法の成立により行われたパートタイム労働法、労契法及び労働者派遣法の改正は、同一企業内において、パートタイム労働者、有期雇用労働者及び派遣労働者といったいわゆる非正規雇用労働者について、正規雇用労働者（正社員等）との不合理な待遇差を解消するための均等・均衡待遇に関するルールを法律上斉一的に整備したものです。これにより、どのような雇用形態を選択しても待遇に納得して働き続けられるようにし、多様で柔軟な働き方を選択することができることを目的としています。

　さらに、公正な待遇の確保に実効性を持たせるための仕組みとして、パートタイム労働者、有期雇用労働者及び派遣労働者について、待遇に関する説明義務や履行確保措置、紛争解決制度も整備されました。

1 パート・有期労働法への改称と有期雇用労働者への適用拡大

　パートタイム労働法は、今回の改正により、従来その適用対象とされていたパートタイム労働者に加え、期間の定めのある労働契約を締結している有期雇用労働者も適用対象とすることとし、これに伴い、法律名も、「短時間労働者の雇用管理の改善等に関する法律」（パートタイム労働法）から「短時間労働者及び有期雇用労働者の雇用管理の改善等に関する法律」（以下「パート・有期労働法」といいます）に改称されました。

1 適用が1年間猶予される中小事業主

　改正後のパート・有期労働法の施行は令和2年4月1日からですが、中小事業主への適用は1年間猶予され、令和3年4月1日から適用されます。中小事業主の具体的な範囲については、業種によって要件に違いがあり、①資本金の額または出資の総額、②常時使用する労働者数が次のいずれかを満たしていれば中小事業主となります。

● パート・有期労働法の適用が令和3年4月からとなる中小事業主の範囲
（時間外労働が月60時間を超えた場合の50％以上の割増賃金率の適用が令和5年3月まで猶予されている中小事業主と同じ）

①資本金の額または出資の総額

小売業	5,000万円以下
サービス業 （例：情報通信業、病院、 不動産業、宿泊業等）	
卸売業	1億円以下
上記以外 （例：製造業、建設業、 運輸業等）	3億円以下

または

②常時使用する労働者数

小売業	50人以下
サービス業	100人以下
卸売業	
上記以外	300人以下

中小事業主に当たるかどうかの判断のポイントと留意点

■事業所単位ではなく、企業単位で判断される。

■個人事業主など資本金や出資金の概念がない場合は、労働者数のみで判断する。

■「常時使用する労働者」には、臨時的に雇い入れた労働者でなければ、パート・アルバイトも含めた労働者数で判断する。

■休業などの臨時的な欠員の人数も算入する。

■自社の業種がどれに当たるかに注意する。　※業種の分類は、日本標準産業分類に従って判断される。

┌ よく間違われやすい業種 ─
飲食店→小売業
放送業、広告制作業、不動産業、学術研究、教育、医療（病院等）、福祉（介護福祉施設等）→サービス業

2　パート・有期労働法の適用対象となる労働者

（１）パートタイム労働者・有期雇用労働者の定義

　パート・有期労働法では、短時間労働者（パートタイム労働者）及び有期雇用労働者について次のように定義しています（同法２条）。なお、本書では、パートタイム労働者及び有期雇用労働者を合わせて「パート・有期雇用労働者」といいます。

● パートタイム労働者・有期雇用労働者の定義

短時間労働者（パートタイム労働者）
▶１週間の所定労働時間が同一の事業主に雇用される通常の労働者の１週間の所定労働時間に比し短い労働者

有期雇用労働者
▶事業主と期間の定めのある労働契約を締結している労働者

（２）パートタイム労働者と比較対象となる「通常の労働者」

　パートタイム労働者とは、上記のとおり、１週間の所定労働時間が同一の事業主に雇用される通常の労働者よりも短い労働者をいいます。つまり、比較対象とされる通常の労働者と「同一の事業主」に雇用されるパートタイム労働者です。従来、パートタイム労働法の下では、「同一の事業所」に雇用される通常の労働者を比較対象としていましたが、今回の改正により、「事業主」を単位として通常の労働者より所定労働時間が少ないかどうかを判断することとされました。

　また、ここで比較対象とされる「通常の労働者」とは、社会通念に従い、比較の時点で当該

事業主において「通常」と判断される労働者をいい、具体的には、いわゆる正社員など正規型の労働者及び事業主と期間の定めのない労働契約を締結しているフルタイム労働者（無期雇用フルタイム労働者）をいいます。

⚫ 通常の労働者に当たる者

正規型の労働者
> ▶ 労働契約の期間の定めがないことを前提として、社会通念に従い、当該労働者の雇用形態、<u>賃金体系等</u>を総合的に勘案して判断する。

> 例えば、長期雇用を前提とした待遇を受けるものであるか、賃金の主たる部分の支給形態、賞与、退職金、定期的な昇給または昇格の有無

無期雇用フルタイム労働者
> ▶ その業務に従事する、事業主と期間の定めのない労働契約を締結している労働者のうち、1週間の所定労働時間が最長の労働者

> ※正規型の労働者の全部または一部が、無期雇用フルタイム労働者にも該当する場合がある。

「通常」の判断

「通常」の概念については、就業形態が多様化している中で、いわゆる「正規型」の労働者が事業所や特定の業務には存在しない場合も出てきており、ケースに応じて個別に判断をすべきものです。

また、法が業務の種類ごとにパートタイム労働者を定義していることから、「通常」の判断についても業務の種類ごとに行います。

⚫ 「事業主」単位での比較

同一の事業主かどうかは、企業単位で判断します。改正によりパート・有期労働法が「事業主」単位で通常の労働者と比較することとされたのは、改正前の労契法20条が、事業主を単位として有期雇用労働者と無期雇用労働者との労働条件の不合理な相違を禁止していたことや、同一の事業所には待遇を比較すべき通常の労働者が存在しない場合があるなど、事業所を単位とすると、十分に労働者の保護を図ることができない場合があると考えられるためです。

改正により、同じ「事業所」内に待遇を比較すべき通常の労働者がいなくても、例えば、同一企業内の別の支店や事業所に比較対象とするのに適当な通常の労働者がいれば、その者と比較することが可能となります。

（3）パート・有期労働法の適用対象

パート・有期労働法の適用を受けるのは、パートタイマー、アルバイト、契約社員など名称にかかわらず、前記のパートタイム労働者及び有期雇用労働者の定義に該当する者です。したがって、例えば企業内で「パートタイマー」とされていても、当該事業主に雇用される通常の労働者と同一の所定労働時間である場合には、同法の対象となるパートタイム労働者には該当

しません。ただし、このような者であっても、当該事業主と期間の定めのある労働契約を締結
している場合は有期雇用労働者となりますので、同法の対象となります。

🔘 パート・有期労働法の適用対象となる労働者

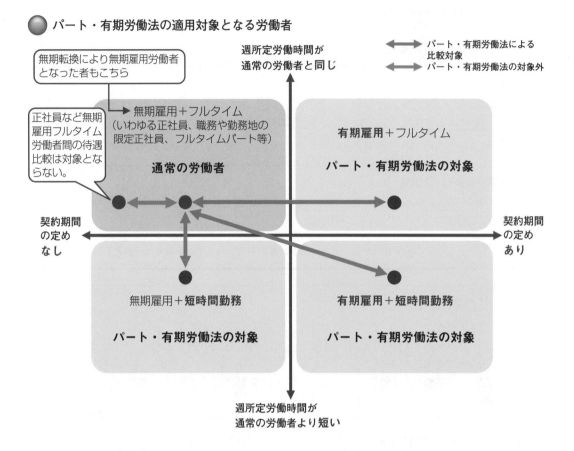

（4）改正により有期雇用労働者にも適用されることとなった待遇に関する規定

　今回の改正により、有期雇用労働者も、パートタイム労働者と同様に、パート・有期労働法
の保護を受けることとなりました。有期雇用労働者にも適用されることとなった事業主が講ず
べき「雇用管理の改善等に関する措置等」に関する規定をまとめると、次のようになります。

🔘 パート・有期雇用労働者に適用される事業主が講ずべき雇用管理の改善等に関する措置等

項　　目	法条文	概　　要
雇入れ時の労働条件の明示	6条	(1)①昇給の有無、②退職手当の有無、③賞与の有無、④相談窓口を文書の交付等により明示する義務。 (2)それ以外の事項については、文書の交付等により明示する努力義務。
就業規則の作成の手続き	7条	パートタイム労働者に係る事項を定める就業規則を作成・変更時において、事業所のパートタイム労働者の過半数を代表すると認められるものから意見を聴く努力義務。有期雇用労働者に係る事項を定める就業規則を作成・変更する場合も同様に、事業所の有期雇用労働者の過半数を代表すると認められるものの意見を聴くよう努めなければならない。

項　　目	法条文	概　　要
不合理な待遇の禁止	8条	パート・有期雇用労働者の待遇のそれぞれについて、当該待遇に対応する通常の労働者の待遇との間で、不合理な相違を設けることの禁止。
差別的取扱いの禁止	9条	通常の労働者と同視すべきパート・有期雇用労働者に対する差別的取扱いの禁止。
賃金	10条	通常の労働者との均衡を考慮しつつ、パート・有期雇用労働者の職務の内容、職務の成果、意欲、能力及び経験その他の就業の実態に関する事項を勘案して賃金を決定する努力義務。
教育訓練	11条	(1)通常の労働者に対して実施する職務の遂行に必要な能力を付与するための教育訓練について、原則として、職務内容が同一のパート・有期雇用労働者に対して実施する義務。 (2)(1)以外の教育訓練について、通常の労働者との均衡を考慮しつつ、パート・有期雇用労働者の職務の内容、職務の成果、意欲、能力及び経験その他の就業の実態に関する事項に応じて実施する努力義務。
福利厚生施設	12条	給食施設、休憩室及び更衣室について、パート・有期雇用労働者に対する利用機会の付与義務。
通常の労働者への転換	13条	パート・有期雇用労働者について、通常の労働者の募集に係る事項の周知、通常の労働者の配置を新たに行う場合の配置の希望を申し出る機会の付与、通常の労働者への転換試験制度等のいずれかの転換推進措置を講ずる義務。
待遇に関する説明義務	14条	(1)雇入れ時の事業主が講ずる雇用管理の改善等に関する措置説明義務 (2)パート・有期雇用労働者からの求めがあった場合の、待遇差の内容・理由、待遇の決定に当たって考慮した事項に関する説明義務 (3)上記説明を求めたこと等を理由とする不利益取扱いの禁止
相談体制の整備	16条	雇用管理の改善等に関する事項について、パート・有期雇用労働者からの相談に適切に対応するための体制を整備する義務。
短時間・有期雇用管理者の選任	17条	常時10人以上のパート・有期雇用労働者を雇用する事業所ごとに、雇用管理の改善に関する事項等を管理する短時間・有期雇用管理者を選任する努力義務。
履行確保措置	18条	パート・有期雇用労働者の雇用管理の改善等に関して必要があると認められる場合における、都道府県労働局長による報告徴収、助言・指導・勧告、公表の制度。
紛争解決援助制度	22〜26条	(1)パート・有期雇用労働者からの苦情について、苦情処理機関に委ねる等自主的解決を図る努力義務。 (2)都道府県労働局長による紛争解決援助制度（助言・指導・勧告）。 (3)調停会議による調停制度。

2 労働条件の明示に関する改正

パート・有期法 6条　パート・有期則 2条2項・3項

(1)　パート・有期雇用労働者の雇入れ時に労働条件を明示する際に、事業主は、事実と異なるものとしてはならない。

(2)　パート・有期労働法で文書の交付等による明示が義務づけられている事項については、労働者が希望した場合に、出力して書面を作成できるものであれば、ウェブメール、SMS、LINE等のSNS等によることも可能となった。

（1）事実と異なる明示の禁止

　事業主は、パート・有期雇用労働者に対して明示しなければならない労働条件を事実と異なるものとしてはならないことが、省令（パート・有期労働法施行規則）に明記されました（同施行規則2条2項）。

（2）労働条件の明示方法の改正

　従来から、パートタイム労働法に基づき文書の交付等による明示が義務づけられていた昇給の有無、退職手当の有無、賞与の有無及び相談窓口については、パートタイム労働者の希望がある場合に限り、ファクシミリや電子メールの送信によることが認められていました（パートタイム労働法施行規則2条2項）。

　今回の改正では、適用対象に有期雇用労働者を含めることに加え、これらの労働条件について、電子メールのほか、SNS（ソーシャル・ネットワーク・サービス）のメッセージ機能等を利用した電気通信（LINEやFacebook等）によって明示することが認められました（パート・有期労働法施行規則2条3項2号。具体的な「電子メール等」の明示方法については**次頁**参照）。ただし、パート・有期雇用労働者からの希望がある場合に限られること、及び当該電子メール等の記録を出力することにより書面を作成することができるものに限られる点では、改正前後で変わりはありません。

● 労働条件の明示事項

労基法15条1項の明示事項	**必ず明示しなければならない事項**	**定めをした場合に明示しなければならない事項**
	書面の交付等により明示しなければならない事項 ① 労働契約の期間 ② 有期労働契約を更新する場合の基準 ③ 就業の場所・従事する業務の内容 ④ 始業・終業時刻、所定労働時間を超える労働の有無、休憩時間、休日、休暇、交替制勤務をさせる場合は就業時転換に関する事項 ⑤ 賃金の決定・計算・支払いの方法、賃金の締切り・支払いの時期に関する事項 ⑥ 退職に関する事項（解雇の事由を含む） ⑦ 昇給に関する事項	⑧ 退職手当の定めが適用される労働者の範囲、退職手当の決定、計算・支払いの方法、支払いの時期に関する事項 ⑨ 臨時に支払われる賃金・賞与などに関する事項 ⑩ 労働者に負担させる食費・作業用品その他に関する事項 ⑪ 安全衛生に関する事項 ⑫ 職業訓練に関する事項 ⑬ 災害補償、業務外の傷病扶助に関する事項 ⑭ 表彰、制裁に関する事項 ⑮ 休職に関する事項

| パート・有期労働法6条の明示事項 | **文書の交付等により明示しなければならない事項**
①昇給の有無
②退職手当の有無
③賞与の有無
④相談窓口（担当者の氏名、役職、担当部署等） | → **左記以外の事項**
できる限り文書の交付等により明示 |

　なお、労働基準法等（以下「労基法」といいます）における労働条件の明示方法等についても、（1）及び（2）と同趣旨の改正がなされており、その具体的な取扱いは前記パート・有期労働法の場合と同様です。

● 労働条件の明示方法

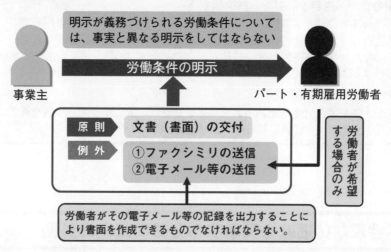

● 労働条件の明示方法として認められる「電子メール等」

		定　義	具体的な電気通信手段	注意事項
電子メール	特定の者に対し通信文その他の情報をその使用する通信端末機器（入出力装置含む）の影像面に表示させるようにすることにより伝達するための電気通信	①その全部もしくは一部においてSMTP（シンプル・メール・トランスファー・プロトコル）が用いられる通信方式を用いるもの	◆パソコン・携帯電話端末によるEメール ◆Yahoo！メールやGmailといったウェブメールサービスを利用したもの	
		②携帯して使用する通信端末機器に、電話番号を送受信のために用いて通信文その他の情報を伝達する通信方式を用いるもの	◆RCS（リッチ・コミュニケーション・サービス。＋メッセージ（プラス・メッセージ）等、携帯電話同士で文字メッセージ等を送信できるサービス） ◆SMS（ショート・メッセージ・サービス。携帯電話同士で短い文字メッセージを電話番号宛てに送信できるサービス）	RCSやSMSの場合 ・PDF等の添付ファイルを送付することができない。 ・送信できる文字メッセージ数に制限等がある。 ・原則である書面作成が念頭に置かれていない。 →労働条件明示の手段としては例外的なものであり、原則として上記①の方法やSNSメッセージ機能等による送信の方法とすることが望ましい。
電子メール以外		③その受信する者を特定して情報を伝達するために用いられる電気通信	LINEやFacebook等のSNS（ソーシャル・ネットワーク・サービス）メッセージ機能等を利用した電気通信	次のように、特定の個人がその入力する情報を電気通信を利用して第三者に閲覧させることに付随して、第三者が特定個人に対し情報を伝達することができる機能が提供されるものは③の明示方法に含まれない。 ・労働者が開設しているブログ、ホームページ等への書き込み ・SNSの労働者のマイページにコメントを書き込む行為　等

電子メール等で明示する場合の留意事項

■労働条件通知書の添付送信

　労働条件の明示をめぐるトラブル防止や書類管理の徹底の観点から、労働条件通知書に記入し、電子メール等に添付して送信する等の方法が望ましい。

■労働者に明示内容の保存を注意喚起する

　電子メール等のサービスによっては、情報の保存期間が一定期間に限られている場合があることから、労働者が内容を確認しようと考えた際に情報の閲覧ができない可能性がある。このため、事業主が労働者に対して、労働者自身で出力による書面の作成等により情報を保存するように伝えることが望ましい。

■労働者に到達状況を確認する

　パート・有期雇用労働者が電子メール等を受信した後に電子メール等を返信させるなどして、その到達状況を確認しておくことが望ましい。

3　不合理な待遇差を解消するための規定の整備

改正の趣旨—均衡待遇規定の明確化と有期雇用労働者への適用範囲拡大

　有期雇用労働者については、これまで労契法20条において、期間の定めのあることによる、同一の使用者に雇用されている無期雇用労働者との間の労働条件の相違は、職務の内容、職務の内容・配置の変更の範囲その他の事情を考慮して、不合理と認められるものであってはならないものと規定されていました。また、パートタイム労働法8条には、パートタイム労働者の待遇の原則として、パートタイム労働者と通常の労働者との間の待遇の相違は不合理と認められるものであってはならないとする、労契法20条と同趣旨の内容が定められていました。

　しかし、待遇の相違が不合理と認められるか否かの解釈の幅が大きく、労使当事者にとって予見可能性が高いとは言えない状況にあったことから、今回の改正により、パート・有期労働法8条において、待遇差が不合理と認められるか否かの判断は、個々の待遇ごとに、当該待遇の性質及び当該待遇を行う目的に照らして適切と認められる考慮要素で判断されるべき旨を明確化したものです。また、有期雇用労働者をパート・有期労働法の対象とすることとされたため、従来の労契法20条は、パート・有期労働法8条に統合され、削除されました。

> ●**均等待遇・均衡待遇**
>
> 　「均等待遇」は、労働条件その他の待遇について差別的な取扱いをしてはならないという考え方です。パート・有期労働法9条は均等待遇について定めた規定です。
>
> 　「均衡待遇」は、働く前提が同じならば同じ待遇に、働く前提が異なるならばその違いに応じた待遇をすることを求める考え方です。パート・有期労働法8条は、この考え方によっています。

　また、職務の内容及び職務の内容・配置の変更の範囲が通常の労働者と同一のパートタイム労働者の待遇について差別的取扱いを禁止していたパートタイム労働法9条の規定（均等待遇規定）は、今回の改正により有期雇用労働者もその適用対象とされ、従来規定のなかった有期雇用労働者についても、パートタイム労働者と同様に、均等待遇規定が整備されたこととなります。

1 不合理な待遇差の禁止（均衡待遇）

(1)　パート・有期雇用労働者と通常の労働者との間で、基本給、賞与その他の待遇のそれぞれについて、不合理な相違を設けてはならない。
(2)　不合理か否かは、個々の待遇ごとに、当該待遇の性質・目的に照らして、①職務の内容、②職務の内容・配置の変更の範囲、③その他の事情のうち適切と認められるものに基づき判断する。

（1）パート・有期労働法8条で定める均衡待遇のルール

　パート・有期労働法8条は、事業主が、その雇用するパート・有期雇用労働者の基本給、賞与その他の待遇のそれぞれについて、当該待遇に対応する通常の労働者の待遇との間において、当該パート・有期雇用労働者及び通常の労働者の①職務の内容、②当該職務の内容及び配置の変更の範囲、③その他の事情のうち、当該待遇の性質及び当該待遇を行う目的に照らして適切と認められるものを考慮して、不合理と認められる相違を設けてはならないと定めています。

　同条は、パート・有期雇用労働者と通常の労働者との間に働く前提条件に違いがある場合には、その違いに応じて均衡（バランス）のとれた待遇を求める均衡待遇の考え方によっていますので、両者間の待遇の相違そのものを認めないという趣旨ではありません。あくまでも、上記①～③の要素のうち、当該待遇の性質・目的に照らして適切と認められる事情を考慮して、不合理と認められるかどうかが判断されます。

　また、同条の不合理性の判断の対象となる「待遇の相違」は、「パート・有期雇用労働者であることに関連して生じた」待遇の相違を指します。

> ### ● 対象となる「待遇」
> 　「待遇」には、基本的に、すべての賃金、教育訓練、福利厚生施設、休憩、休日、休暇、安全衛生、災害補償、解雇等のすべての待遇が含まれます。
> 　一方、パート・有期雇用労働者を定義づけるものである労働時間及び労働契約の期間については、ここにいう「待遇」に含まれません。
> 　なお、事業主ではなく、労使が運営する共済会等が実施しているものは、対象となりません。

● パート・有期労働法8条が定める均衡待遇ルール

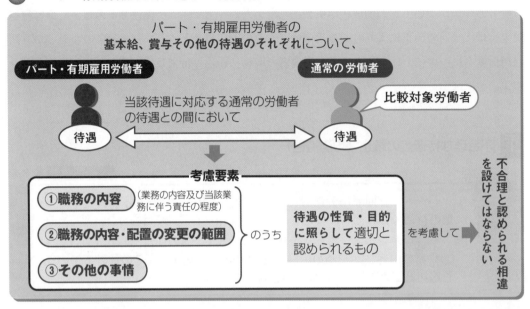

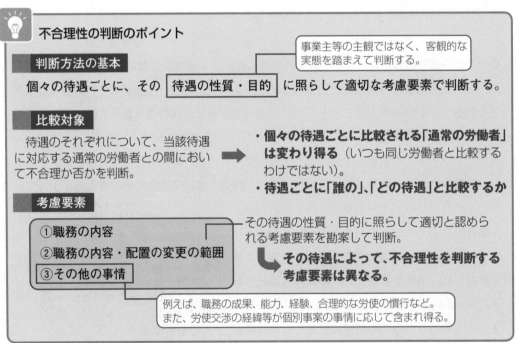

（2）比較対象となる通常の労働者

　パート・有期労働者とその待遇を比較する対象となる「通常の労働者」は、5頁で説明した
とおり、正規型の労働者及び無期雇用フルタイム労働者です。パート・有期労働法8条は、同
一の事業所に雇用される通常の労働者や職務の内容が同一の通常の労働者との間だけでなく、

その雇用するすべての通常の労働者との間で、不合理な待遇の相違を設けることを禁止する規定であることに注意する必要があります。

なお、比較対象となる通常の労働者については、**2**の**Q**7（64頁）、**Q**12（定年後再雇用者の場合、93頁）も併せてご参照ください。

● 複数のタイプの「通常の労働者」がいる場合（例）

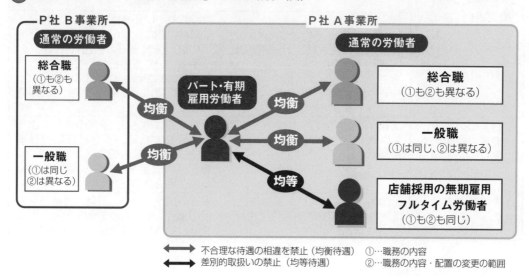

（3）考慮要素

パート・有期労働法8条は、待遇差の不合理性を判断する際の考慮要素として、①職務の内容、②当該職務の内容及び配置の変更の範囲、③その他の事情を挙げています。

一般に、賃金をはじめとする待遇の多くが、①や②の要素に基づいて決定されることが合理的であると考えられており、一方、これらの点で違いがなくともパートタイム労働者あるいは有期雇用労働者であることを理由に待遇が低く抑えられている実態もあります。このため、就業の実態をとらえるメルクマール（指標）として、①及び②が考慮要素とされています。

また、③の「その他の事情」については、職務の内容並びに職務の内容及び配置の変更の範囲に関連する事情に限定されるものではなく、考慮すべきその他の事情があるときに考慮すべきものです（裁判例で考慮された事情については**2**の**Q**7（70頁）参照）。

考慮要素とされる①〜③について、その具体的な内容は**次頁**のとおりです。

なお、①の職務の内容や②職務の内容及び配置の変更の範囲が通常の労働者と同一か否かを判断する手順は**15頁**、待遇差の不合理性を点検・検討する全体の手順は**17頁**に掲載しています。さらに、**2**では、裁判例を紹介しながら、不合理性判断のチェック方法（**Q**7（64頁）、**Q**11（定年後再雇用者の場合、85頁））、待遇差の解消方法（**Q**8（74頁））、就業規則への規定化等（**Q**9（79頁））の実務対応について解説しています。

● 待遇差の不合理性判断の際の考慮要素

考慮要素	意　義		具体的な内容・補足
①職務の内容 （業務の内容及び当該業務に伴う責任の程度）	（ⅰ）業務の内容 （業務＝職業上継続して行う仕事） ※業務の内容は、「業務の種類」と「中核的業務」が同一か否かを判断。		※業務の種類（職種）…例えば、販売職、管理職、事務職、製造工等 ※中核的業務…職種を構成する業務のうち、その職種を代表する中核的なものであって、その職種に不可欠な業務
	（ⅱ）責任の程度 ▶業務に伴って行使するものとして付与されている権限の範囲・程度等		授権されている権限の範囲（単独で契約締結可能な金額の範囲、管理する部下の数、決裁権限の範囲等）、業務の成果について求められる役割、トラブル発生時や臨時・緊急時に求められる対応の程度、ノルマ等の成果への期待の程度等
②職務の内容及び配置の変更の範囲（人材活用の仕組み、運用等）	転勤、昇進を含むいわゆる人事異動や本人の役割の変化等の有無や範囲		◆将来的な見込み（文書や慣行によって確立されているなど客観的な事情により判断）を含む。 ◆配置の変更を伴わない職務の内容の変更も含む。
③その他の事情	①、②以外の事情で、個々の状況に合わせてその都度検討するもの。		職務の成果、能力、経験、合理的な労使の慣行、事業主と労働組合との間の交渉といった労使交渉の経緯等

（4）規定の効力・主張立証責任

　パート・有期労働法8条は、パート・有期雇用労働者が待遇差が不合理であることを裁判等で争い、司法的な救済を求めることを想定した規定です。すなわち、同条は私法上の効力（民事的効力）を有する規定であり、パート・有期雇用労働者に係る労働契約のうち、同条に違反する待遇の相違を設ける部分は無効となり、故意・過失による権利侵害、すなわち不法行為（民法709条）として損害賠償が認められ得ると解されています。

● 通常の労働者と同一の待遇とする効力の有無

　パート・有期雇用労働者と通常の労働者との待遇の相違がパート・有期労働法8条に違反する場合であっても、同条に、当該パート・有期雇用労働者の待遇を比較対象である通常の労働者の待遇と同一のものとするまでの効力は認められないと解釈されています。

　ただし、個々の事案に応じて、就業規則の合理的な解釈により、通常の労働者の待遇と同一の待遇が認められる場合もあり得ると考えられます。

　また、同条に基づき民事訴訟が提起された場合の裁判上の主張立証に関しては、行政解釈では、待遇の相違が不合理であるとの評価を基礎づける事実についてはパート・有期雇用労働者が、当該相違が不合理であるとの評価を妨げる事実については事業主が主張立証責任を負うものとされています。そして、双方が主張立証を尽くした結果、総体として司法上の判断がなされるものであり、立証の負担がパート・有期雇用労働者側に一方的に負わされることにはならないと解されています。

● 「職務の内容」の同一性、「職務の内容・配置の変更の範囲」の同一性の判断の流れ

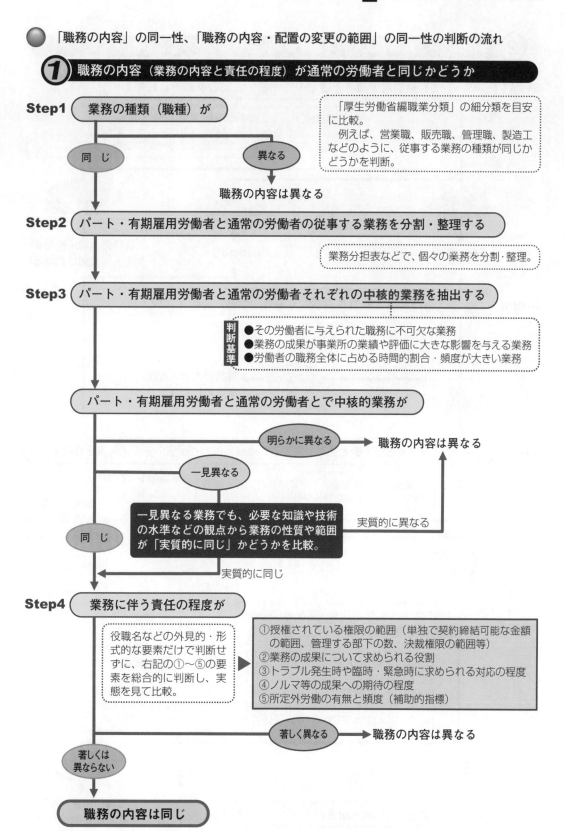

① 職務の内容（業務の内容と責任の程度）が通常の労働者と同じかどうか

Step1 業務の種類（職種）が

「厚生労働省編職業分類」の細分類を目安に比較。
　例えば、営業職、販売職、管理職、製造工などのように、従事する業務の種類が同じかどうかを判断。

同じ　　　異なる

職務の内容は異なる

Step2 パート・有期雇用労働者と通常の労働者の従事する業務を分割・整理する

業務分担表などで、個々の業務を分割・整理。

Step3 パート・有期雇用労働者と通常の労働者それぞれの<u>中核的業務</u>を抽出する

判断基準
●その労働者に与えられた職務に不可欠な業務
●業務の成果が事業所の業績や評価に大きな影響を与える業務
●労働者の職務全体に占める時間的割合・頻度が大きい業務

パート・有期雇用労働者と通常の労働者とで中核的業務が

明らかに異なる　➡　職務の内容は異なる

一見異なる

一見異なる業務でも、必要な知識や技術の水準などの観点から業務の性質や範囲が「実質的に同じ」かどうかを比較。

実質的に異なる

同じ

実質的に同じ

Step4 業務に伴う責任の程度が

役職名などの外見的・形式的な要素だけで判断せずに、右記の①～⑤の要素を総合的に判断し、実態を見て比較。

①授権されている権限の範囲（単独で契約締結可能な金額の範囲、管理する部下の数、決裁権限の範囲等）
②業務の成果について求められる役割
③トラブル発生時や臨時・緊急時に求められる対応の程度
④ノルマ等の成果への期待の程度
⑤所定外労働の有無と頻度（補助的指標）

著しく異なる　➡　職務の内容は異なる

著しくは異ならない

職務の内容は同じ

② 職務の内容・配置の変更の範囲が通常の労働者と同じかどうか

Step1 パート・有期雇用労働者と通常の労働者の転勤の有無を比較する

転勤の有無を比較する際は、実際に転勤したかどうかだけではなく、将来にわたって転勤する見込みがあるかどうかという点についても、事業所の就業規則や慣行など客観的な要素から判断。

どちらも転勤する　　　どちらも転勤しない　　　一方のみが転勤する

Step2へ　　　**Step3へ**　　　職務の内容・配置の変更の範囲は異なる

Step2 パート・有期雇用労働者と通常の労働者の転勤の範囲を比較する

全国転勤か、エリア限定の転勤かといった転勤により移動が予定されている範囲を比較。

異なる → 職務の内容・配置の変更の範囲は異なる

同 じ

Step3 パート・有期雇用労働者と通常の労働者の職務の内容と配置の変更の有無を比較する

人事異動による配置換えや昇進などによる職務の内容や配置の変更（※）があるかどうかを比較。

※**Step1、2**で比較した転勤を除く。

一方のみが変更がある → 職務の内容・配置の変更の範囲は異なる

どちらも変更あり　　　どちらも変更なし

Step4 パート・有期雇用労働者と通常の労働者の職務の内容と配置の変更の範囲を比較する

①単に異動の可能性のある部署の数が違うなど、形式的に判断せず、業務の性質などから判断。
②１つ１つの職務の内容・配置の変更が同じ場合に限らず、それらの変更が及び得ると予定されている範囲を画した上で、その同一性を判断。
③将来にわたって変更される見込みがあるかどうかも含めて判断。

同 じ　　　異なる

職務の内容・配置の変更の範囲は同じ　　　職務の内容・配置の変更の範囲は異なる

● 不合理な待遇差の点検・検討手順の全体像

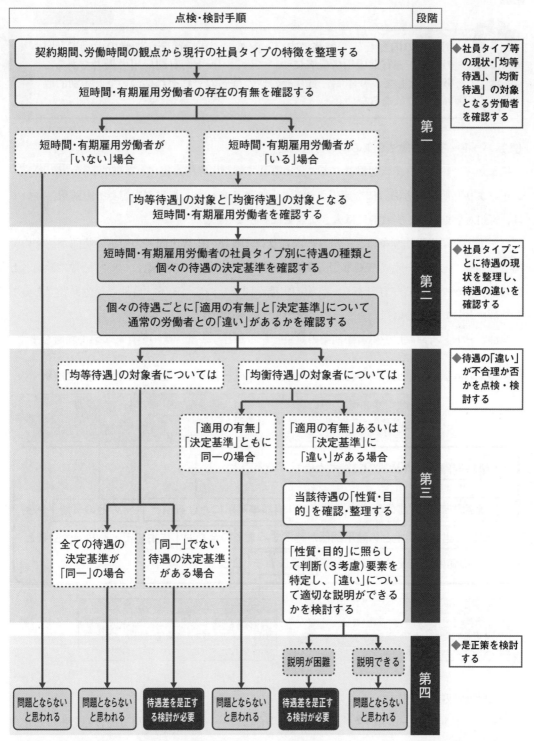

参考資料：厚生労働省パンフレット「不合理な待遇差解消のための点検・検討マニュアル～パートタイム・有期雇用労働法への対応～（業界共通編）」

2　差別的取扱いの禁止（均等待遇）

　①職務の内容及び②職務の内容・配置の変更の範囲が通常の労働者と同一のパート・有期雇用労働者については、パート・有期雇用労働者であることを理由として、基本給、賞与その他の待遇のそれぞれについて、差別的取扱いをしてはならない。

（1）パート・有期労働法9条の均等待遇規定

　従来から、パートタイム労働法9条に定められていた均等待遇規定（差別的取扱い禁止）が、改正により有期雇用労働者にも適用されることとされました。規定の内容やその解釈については、適用対象以外は、実質的には大きな変更はありません。

　パート・有期労働法9条は、①職務の内容及び②職務の内容・配置の変更の範囲が通常の労働者と同一であるパート・有期雇用労働者については、すべての待遇について通常の労働者と同じ取扱いがなされるべきであり、就業の実態が同じなのにパート・有期雇用労働者であることを理由として差別的取扱いをすることを禁止するものです。

　当該パート・有期雇用労働者が同条の対象となるかどうかは、次の要件について判断します。

● 差別的取扱いの禁止（均等待遇）の対象となるパート・有期雇用労働者の要件と解釈

当該事業所において繰り返し行われることによって定着している人事異動等の態様を指す。

例えば、人事規程等により明文化されたものや当該企業において、当該事業所以外に複数事業所がある場合の他の事業所における慣行等

①職務の内容 が通常の労働者と同じであること

②職務の内容・配置の変更の範囲 が、 当該事業所における慣行 その他の事情 からみて、 当該事業主との雇用関係が終了するまでの全期間 において、通常の労働者と同一の範囲 で変更されることが 見込まれる こと

パート・有期雇用労働者が通常の労働者と①職務の内容が同一となり、かつ、②職務の内容及び配置の変更の範囲が通常の労働者と同一となってから雇用関係が終了するまでの間。

将来の見込みも含めて判断。有期雇用労働者の場合は、労働契約の更新が未定であっても、更新した場合にはどのような扱いがなされるかを含めて判断。

（2）差別的取扱い

　パート・有期労働法9条の要件に該当する場合は、パート・有期雇用労働者であることを理由として、労働時間及び労働契約の期間を除くすべての待遇について差別的取扱いをしてはな

りません。

　また、経営上の理由から整理解雇等を行う場合に、労働時間が短いことのみをもって通常の労働者より先にパートタイム労働者の解雇等をすることや、労働契約期間の定めがあることのみをもって通常の労働者より先に有期雇用労働者の解雇等をすることは、解雇等の対象者の選定基準について差別的取扱いがなされていることになりますので、同条違反に該当します。

> ● **差別的取扱いにならない場合**
>
> 　待遇の取扱いが同じでも、個々の労働者について査定や業績評価等を行うに当たり、意欲、能力、経験、成果等を勘案した結果、個々の労働者の賃金水準に違いが生じることは、客観的かつ公正な査定等が行われている限り問題はありません。
>
> 　また、労働時間が短いことに比例して賃金が時間比例分少ないといった合理的な差異は許容されます。

3 同一労働同一賃金ガイドライン

　通常の労働者とパート・有期雇用労働者との間の待遇差が不合理か否かを判断する場合に、その原則となる考え方及び具体例を示すガイドラインが新たに策定された。

（1）同一労働同一賃金ガイドラインの趣旨・目的

　今回の法改正に伴い、パート・有期労働法8条及び9条、労働者派遣法30条の3及び30条の4が定める均等・均衡待遇に関する事項について、それぞれの法律の規定（パート・有期労働法15条、派遣法47条の11＊）に基づき、「短時間・有期雇用労働者及び派遣労働者に対する不合理な待遇の禁止等に関する指針」（平成30年12月28日厚生労働省告示430号。以下「ガイドライン」といいます）が策定されました。

　このガイドラインは、パート・有期雇用労働者及び派遣労働者の待遇に関して示すものですが、ここではパート・有期雇用労働者に関する事項のみを取り上げます（派遣労働者に関する事項は**105頁**、**109頁**参照）。

＊令和2年6月1日からは派遣法47条の12

> ● **我が国が目指す「同一労働同一賃金」**
>
> 　同一労働同一賃金ガイドラインは、雇用形態または就業形態にかかわらない公正な待遇を確保し、我が国が目指す同一労働同一賃金の実現に向けて定めるものとされています。
>
> 　「同一労働同一賃金」は、欧州でも導入されていますが、雇用慣行や労働市場の実態等を異にする欧州と日本では、その意義や考え方に違いがあります。ガイドラインにいう「我が国が目指す同一労働同一賃金」は、同一の事業主に雇用される通常の労働者とパート・有期雇用労働者との間、あるいは派遣先の通常の労働者と派遣労働者との間における不合理な待遇差や差別的取扱いを解消すること（派遣労働者について労使協定方式（**106頁以下参照**）による場合は当該協定内容に沿った運用がなされること）等を目指すものです。

（2）同一労働同一賃金ガイドラインの基本的な考え方

　ガイドラインでは、通常の労働者とパート・有期雇用労働者との間に待遇の相違が存在する

場合に、どのような待遇の相違が不合理
と認められ、どのような待遇の相違が不
合理とは認められないのかといった不合
理性判断の原則となる考え方とその具体
例を示しています。事業主が、ガイドラ
インの原則となる考え方等に反した場
合、当該待遇の相違が不合理と認められ
る等の可能性があります。

> ● **ガイドラインに示されていない待遇等**
>
> 　ガイドラインに原則となる考え方が示されてい
> ない退職手当、住宅手当、家族手当等の待遇や、具
> 体例に該当しない場合についても、不合理と認め
> られる待遇の相違の解消等が求められます。この
> ため、各事業主において、労使により、個別具体
> の事情に応じて待遇の体系について議論していく
> ことが望まれます。
>
> 　なお、退職手当については **2** の **Q5**（56頁）、
> 住宅手当及び家族手当については **Q3**（44頁）、を
> ご参照ください。

不合理な待遇差の解消に当たっての留意点

■雇用管理区分が複数ある場合（例：総合職、地域限定正社員
など）であっても、**すべての雇用管理区分に属する通常の労
働者との間で不合理な待遇差の解消が求められる。**

■通常の労働者とパート・有期雇用労働者との間で**職務の内容
等を分離した場合であっても、通常の労働者との間の不合理
な待遇差の解消が求められる。**

■通常の労働者とパート・有期雇用労働者との間の不合理な待
遇差を解消するに当たり、基本的に、**労使の合意なく通常の
労働者の待遇を引き下げることは望ましい対応とは言えない。**

> 労働条件を労働者の不利
> 益に変更する場合は、労
> 働者の同意を得る必要が
> あります（労契法8条、
> 9条）。
> 　また、就業規則の変更
> により労働条件を労働者
> の不利益に変更する場合
> は、変更後の就業規則を
> 労働者に周知させ、かつ、
> 変更が合理的なものと認
> められるものでなければ
> なりません（同法10条）。

（3）ガイドラインが示す賃金・教育訓練・福利厚生に関する原則的な考え方

　ガイドラインでは、賃金（基本給、賞与、各種手当）、教育訓練や福利厚生についてそれぞれ、
待遇差が不合理となるか否かの原則的な考え方を示した上で、具体例を挙げています。ここで
はその要点のみをまとめます（「問題となる例」、「問題とならない例」については、巻末資料
217頁以下参照）。なお、本章の **2** では、個々の待遇ごとに、ガイドラインを踏まえつつ、関
連裁判例を挙げて説明していますので、各参照頁を併せてご覧ください。

> **基本給**　　　　　　　　　　　　　　　　　　　　　▶ **Q1**（29頁）参照
> 　職業経験・能力、業績・成果、勤続年数などに応じて支給されている場合、それぞれの
> 趣旨・性格に照らして、実態に違いがなければ同一の、違いがあれば違いに応じた支給を
> しなければならない。
>
> 　例）**労働者の能力に応じて基本給が支給されている場合**
> 　　➡通常の労働者と同じ能力を有するパート・有期雇用労働者については、能力に応じた部
> 　　　分（職能給部分）につき、通常の労働者と同一の基本給を支給しなければならない。
> 　　➡能力に一定の相違がある場合には、その相違に応じた基本給を支給しなければならない。

基本給

昇給であって、労働者の勤続による能力の向上に応じて行うものについては、同一の能力の向上には同一の、違いがあれば違いに応じた昇給を行わなければならない。

賞　与　▶**Q4**（51頁）参照

会社の業績等への労働者の貢献に応じて支給するものについては、同一の貢献には同一の、違いがあれば違いに応じた支給をしなければならない。

各種手当　▶**Q2**（33頁）参照

■**役職手当**▶役職の内容に対して支給するものについては、同一の内容の役職には同一の、違いがあれば違いに応じた支給をしなければならない。

≪次の場合は同一の支給としなければならない≫

■**特殊作業手当**（業務の危険度・作業環境に応じて支給、同一の危険度または作業環境の業務に従事する場合）

■**特殊勤務手当**（交替制勤務等の勤務形態に応じて支給、同一の勤務形態で業務に従事する場合）

■**精皆勤手当**（業務の内容が同一の場合）

■**時間外・休日・深夜労働手当の割増率**（通常の労働者と同一の時間外・休日・深夜労働を行った場合）

■**通勤手当・出張旅費**

■**食事手当**（労働時間の途中に食事休憩時間がある場合）

■**単身赴任手当**（同一の支給要件を満たす場合）

■**地域手当**（特定地域での勤務に対する補償、同一の地域で働く場合）

福利厚生・教育訓練　▶**Q6**（57頁）参照

■**福利厚生施設**（給食施設・休憩室・更衣室）**の利用、転勤者用社宅**（転勤の有無等の要件が同一の場合）、**慶弔休暇、健康診断に伴う勤務免除・有給保障**▶同一の利用・付与を行わなければならない。

■**病気休職**▶無期雇用のパートタイム労働者には通常の労働者と同一の、有期雇用労働者にも、労働契約が終了するまでの期間を踏まえて同一の付与を行わなければならない。

■**法定外休暇等**▶勤続期間に応じて取得を認めているものについては、同一の勤続期間であれば同一の付与を行わなければならない。特に有期労働契約を更新している場合には、当初の契約期間から通算して勤続期間を評価することを要する。

■**教育訓練**（現在の職務に必要な技能・知識習得のためのもの）▶同一の職務内容であれば同一の、違いがあれば違いに応じた実施を行わなければならない。

 賃金の決定基準・ルールの相違がある場合

通常の労働者とパート・有期雇用労働者との間で賃金に相違がある場合、その要因として賃金の決定基準・ルールの相違があるときは、「将来の役割期待が異なるため」という主観的・抽象的説明では足りず、賃金の決定基準・ルールの相違は、職務の内容、職務の内容・配置の変更の範囲、その他の事情の客観的・具体的な実態に照らして不合理なものであってはなりません。

 定年後に継続雇用された有期雇用労働者の取扱い

定年後に継続雇用された有期雇用労働者についても、パート・有期労働法が適用されます。この場合、定年後に継続雇用された者であることは、待遇差が不合理か否かの判断に当たり、「その他の事情」として考慮され得ます（様々な事情が総合的に考慮されて、待遇差が不合理であるか否かが判断されます）。したがって、定年後に継続雇用された者であることのみをもって直ちに待遇差が不合理ではないと認められるわけではありません。

▶定年後再雇用者の待遇については**Q11**（85頁）・**12**（93頁）参照

4　福利厚生施設の利用機会の付与義務

パート・有期法　12条　　パート・有期則　5条

 改正　　事業主は、通常の労働者が利用できる福利厚生施設（①給食施設、②休憩室、更衣室）については、パート・有期雇用労働者に対しても、利用の機会を与えなければならない。

従来、パートタイム労働法12条において、事業主は、通常の労働者に対し、健康の保持または業務の円滑な遂行に資するものとして厚生労働省令で定める福利厚生施設（①給食施設（食堂）、②休憩室、③更衣室。パートタイム労働法施行規則5条）の利用の機会を与えている場合は、その雇用するパートタイム労働者に対しても、利用の機会を与えるように配慮しなければならないことが定められていました。

今回の改正では、有期雇用労働者も対象とすることに加え、この事業主の配慮義務を措置義務に格上げし、上記の福利厚生施設について、パート・有期雇用労働者に対しても、通常の労働者と同様に、その利用の機会を与えなければならないこととされました。

● 施設利用に定員の制約がある場合

施設の定員の関係等でその雇用する労働者全員が施設を利用できないような場合に、増築等により結果として労働者全員が利用できるようにすることまでは求められていません。

しかし、この場合でも、定員を理由としてその利用を通常の労働者に限定するような取扱いは、パート・有期労働法12条に違反することとなります。

事業主には、通常の労働者と同じ利用規程を適用したり、利用時間帯に幅を設けたりすること等により、すべてのパート・有期雇用労働者に対して、通常の労働者と同様に利用する権利が確保される措置が求められます。

● 従事する業務上必要のない場合

パート・有期雇用労働者が従事する業務に更衣室の利用が必要でなく、同じ業務に従事している通常の労働者にも必要がない場合は、通常、他の業務に従事している通常の労働者が更衣室を利用しているからと言って、そのパート・有期雇用労働者に更衣室の利用の機会を与える必要はありません。

4　待遇に関する説明義務

1　待遇差の内容・理由の説明義務

パート・有期法　14条2項　　パート・有期指針　第3の2

 新設　　事業主は、パート・有期雇用労働者から求めがあったときは、パート・有期雇用労働者と通常の労働者との間の待遇の相違の内容・理由を説明しなければならない。

（1）待遇差の内容・理由の説明義務の趣旨

　パート・有期雇用労働者が自らの待遇をよく理解し、納得すること、また、パート・有期雇用労働者がその待遇に納得できないといった場合に、まずは労使間での対話を行い、不合理な待遇差の是正につなげていくとともに、事業主しか持っていない情報のために、労働者が訴えを起こすことができないといったことがないようにすることが重要です。このような観点から、これまでのパートタイム労働法には、労働条件の文書の交付等による明示義務（6条）、雇入れ時の待遇の内容等に関する説明義務（14条1項）及びパートタイム労働者から求められたときの、待遇の決定に当たって考慮した事項に関する説明義務（14条2項）が規定されていました。

　今回の改正では、これらの規定を有期雇用労働者にも適用することに加え、パート・有期雇用労働者が求めた場合に、通常の労働者との待遇差の内容及びその理由についても、事業主に説明義務を課すこととされました。

（2）比較対象となる通常の労働者

　待遇差の内容・理由について説明をする際に、誰と比較した待遇差なのか、比較対象となる通常の労働者が問題となります。この点については、「事業主が講ずべき短時間労働者及び有期雇用労働者の雇用管理の改善等に関する措置等についての指針」（平成19年厚生労働省告示326

⬤ 法8条の比較対象とは異なる

　前述した不合理な待遇差を禁止するパート・有期労働法8条は、パート・有期雇用労働者の待遇について、雇用するすべての通常の労働者との均衡待遇を求めるものですが、同法14条2項の待遇差に関する説明義務の対象となるのは、そのパート・有期雇用労働者と最も近いと事業主が判断する通常の労働者です。

　8条は、パート・有期雇用労働者が通常の労働者との待遇差について司法的な救済を求める民事的な性格を持つ規定であり、この場合に比較対象とする「通常の労働者」は、パート・有期雇用労働者が選択することができます。また、事業主には、パート・有期雇用労働者とその雇用するすべての通常の労働者との間で不合理な待遇差が生じないようにすることが求められます。

　一方、事業主に説明義務を課す14条2項は、行政取締りの性格を持つ規定ですから、義務の範囲を特定し明確にする必要があります。また、一般には、同一の事業所に職務内容が同一か、あるいは類似している無期雇用フルタイム労働者がいれば、その者と比較するのが適切と考えられます。しかし、パート・有期雇用労働者が就業する実態は様々です。このため、一律に法定せず、待遇差に関する説明をする際の比較対象となる通常の労働者として、事業所や就業の実態に即して最も近い者を事業主の判断に委ねているわけです。ただし、事業主は、なぜその者を最も近いと判断したのか、その理由も併せて説明する必要があります。

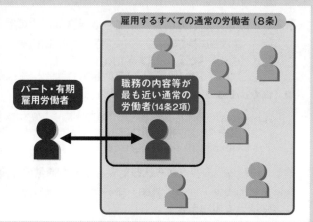

号、改正：平成30年厚生労働省告示429号。以下「パート・有期労働指針」といいます）にお
いて、「職務の内容、職務の内容及び配置の変更の範囲等が、短時間・有期雇用労働者の職務の
内容、職務の内容及び配置の変更の範囲等に最も近いと事業主が判断する通常の労働者」とさ
れています（同指針第3の2⑴）。

　この「最も近い」と判断する際の「通常の労働者」の選定については、基本的には、下図の
ような順に判断していくことになります。

⬤ 待遇差の説明に当たって比較対象とする「通常の労働者」選定の基本となる考え方

待遇差の説明にあたって、事業主が比較対象とする通常の労働者選定の基本となる考え方	職務の内容		職務の内容・配置の変更の範囲
	業務の内容	責任の程度	
「職務の内容」及び「職務の内容・配置の変更の範囲」が同一	同一	同一	同一

▼ーいない場合

「職務の内容」は同一であるが、「職務の内容・配置の変更の範囲」は異なる	同一	同一	異なる

▼ーいない場合

「職務の内容」のうち、「業務の内容」又は「責任の程度」のいずれかが同一	同一	異なる	同一／異なる
	異なる	同一	

▼ーいない場合

「業務の内容」及び「責任の程度」がいずれも異なるが、「職務の内容・配置の変更の範囲」が同一	異なる	異なる	同一

▼ーいない場合

「業務の内容」、「責任の程度」、「職務の内容・配置の変更の範囲」がいずれも異なる ※「職務の内容」が最も近いと考えられる通常の労働者を選定すれば良いでしょう	異なる	異なる	異なる

資料出所：前掲「不合理な待遇差解消のための点検・検討マニュアル（業界共通編）」

「最も近い」通常の労働者の選定・判断に関する留意点

■同じ区分に複数の労働者が該当する場合は、次の観点から絞り込むことも考えられる
- 基本給の決定等において重要な要素（職能給であれば能力・経験、成果給であれば成果など）における実態
- 説明を求めたパート・有期雇用労働者と同一の事業所に雇用されるかどうか

■「通常の労働者」は特定の労働者に限られない

例えば
- 1人の通常の労働者　・複数人の通常の労働者または雇用管理区分
- 過去1年以内に雇用していた1人または複数人の通常の労働者
- 通常の労働者の標準的なモデル（新入社員、勤続3年目の一般職など）

■個人情報保護の観点から比較対象となった通常の労働者が特定されないように配慮する

■待遇差の内容・理由の説明と併せて、比較対象として選定した通常の労働者及びその選定理由も説明する

（3）説明事項

　説明の対象となる待遇差の内容及び理由については、具体的には、次のような事項を説明することとされています（パート・有期労働指針第3の2(2)(3)）。

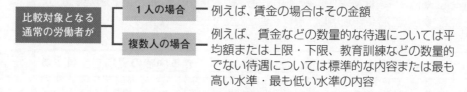 待遇差の内容・理由として説明すべき事項とその例

待遇差の内容

①　通常の労働者とパート・有期雇用労働者との間の待遇の決定基準（賃金表など）の相違の有無
②　次の（イ）または（ロ）の事項

> **（イ）通常の労働者及びパート・有期雇用労働者の待遇の個別具体的な内容**
>
> 比較対象となる通常の労働者が ─┬─ 1人の場合 ── 例えば、賃金の場合はその金額
> 　　　　　　　　　　　　　　└─ 複数人の場合 ── 例えば、賃金などの数量的な待遇については平均額または上限・下限、教育訓練などの数量的でない待遇については標準的な内容または最も高い水準・最も低い水準の内容
>
> **（ロ）通常の労働者及びパート・有期雇用労働者の待遇に関する基準**
>
> 例えば、賃金の場合は、賃金規程や等級表（賃金テーブル）等の支給基準

> 説明を求めたパート・有期雇用労働者が、比較の対象となる通常の労働者の待遇の水準を把握できるものでなければならない。「賃金は、各人の能力、経験等を考慮して総合的に決定する」等の説明では不十分！

待遇差の理由

　通常の労働者とパート・有期雇用労働者の職務の内容、職務の内容・配置の変更の範囲その他の事情のうち、待遇の性質・目的に照らして適切と認められるものに基づき、待遇の相違の理由を説明する。

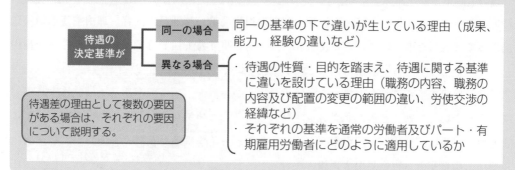

待遇の決定基準が ─┬─ 同一の場合 ── 同一の基準の下で違いが生じている理由（成果、能力、経験の違いなど）
　　　　　　　　└─ 異なる場合 ─┬・待遇の性質・目的を踏まえ、待遇に関する基準に違いを設けている理由（職務の内容、職務の内容及び配置の変更の範囲の違い、労使交渉の経緯など）
　　　　　　　　　　　　　　　└・それぞれの基準を通常の労働者及びパート・有期雇用労働者にどのように適用しているか

待遇差の理由として複数の要因がある場合は、それぞれの要因について説明する。

（4）説明方法

　パート・有期雇用労働者に待遇差の内容及び理由を説明する方法は、パート・有期雇用労働

者がその内容を理解することができるよう、資料を活用し、口頭により説明することが基本とされています。ただし、説明すべき事項をすべて記載した容易に理解できる内容の資料を交付するなどの方法でもかまいません（パート・有期労働指針第3の2(4)）。

　これらの点は、雇入れ時に待遇に関して事業主が講じることとしている措置を説明するとき（パート・有期労働法14条1項）や、パート・有期雇用労働者からの求めに応じてその待遇の決定に当たって考慮した事項について説明するときと基本的に同様です。

● 待遇差の内容・理由の説明方法

資料を活用し、口頭により説明する （原則）
◆例えば、就業規則、賃金規程、通常の労働者の待遇の内容のみを記載した資料。 ◆説明の際に、活用した資料を併せて交付することが望ましい。

説明すべき事項をすべて記載した容易に理解できる内容の資料を交付する
◆就業規則の条項を記載し、その詳細は、別途就業規則を閲覧させるという方法も考えられる。また、事業主は、就業規則を閲覧する者からの質問に、誠実に対応する必要がある。

2 説明を求めたことを理由とする不利益取扱いの禁止

パート・有期法 14条3項　パート・有期指針 第3の4(2)

新設

事業主は、パート・有期雇用労働者が待遇に関して説明を求めたことを理由として、その労働者に対して解雇その他不利益な取扱いをしてはならない。

　今回の改正により、事業主は、パート・有期雇用労働者が待遇差の内容・理由や待遇の決定に当たって考慮した事項についての説明（パート・有期雇用労働法14条2項）を求めたことを理由として、そのパート・有期雇用労働者に対して解雇その他不利益な取扱いをしてはならないことが、法律に明記されました。従来は、同趣旨の内容がパートタイム労働指針（厚生労働大臣告示）に定められていましたが、パート・有期雇用労働者の待遇に関する納得性を高めること等を目的とする説明義務

> **● 説明を求めやすい職場環境づくり**
>
> 　パート・有期労働指針は、事業主は、パート・有期雇用労働者が、事業主から不利益取扱いを受けることをおそれて説明を求めないことがないようにすることと定めています（同指針第3の4(2)）。
>
> 　また、パート・有期労働法16条で義務づけられている相談対応のための体制整備を適切に実施すること等により、パート・有期雇用労働者が上記のような危惧を持つことなく説明を求めることができるような職場環境としていくことが望まれます。

の実効性を確保するため、指針から法律に格上げしたものです。

　ここで、説明を求めたことを「理由として」とは、パート・有期雇用労働者が説明を求めたことについて、事業主がそのパート・有期雇用労働者に対して不利益な取扱いを行うことと因果関係があることをいいます。

　また、「不利益な取扱い」とは、解雇のほか、配置転換、降格、減給、昇給停止、出勤停止、労働契約の更新拒否等がこれに当たります。ただ、当該配置転換等が不利益な取扱いに該当するかについては、個別事案によって様々な事情を勘案して判断せざるを得ません。例えば、給与その他の労働条件、職務内容、職制上の地位、通勤事情、当人の将来に及ぼす影響等諸般の事情を総合的に比較考慮の上、判断されることとなります。

> **● 不利益取扱いとは言えない例**
>
> 　例えば、説明を求めたパート・有期雇用労働者に対して事業主がパート・有期労働法により求められる範囲の説明を行ったにもかかわらず、繰り返し説明を求めてくるといった場合に、職務に戻るよう命じ、それに従わない場合に当該不就労部分について就業規則に従い賃金カットを行うようなこと等まで、不利益な取扱いとして禁止する趣旨ではないと解されています。

③ 待遇に関する説明義務（まとめ）

　以上のとおり説明した待遇差に関する説明義務のほか、従来からパートタイム労働法で義務づけられていた雇入れ時の待遇に関して事業主が講じることとしている措置に関する説明義務や、パートタイム労働者からの求めがあった場合の待遇の決定に当たって考慮した事項に関する説明義務は、改正により、有期雇用労働者にも適用されます。

　また、雇入れ時の説明事項や待遇の決定に当たって考慮した事項として、均衡待遇（不合理な待遇の禁止、パート・有期労働法8条）に関する事項も追加されました。

● 待遇に関する説明義務（まとめ）

条文		説明義務の内容	
1項	雇入れ時	**本人に対する雇用管理上の措置の内容についての説明義務** 対象となる事項 ①不合理な待遇の禁止（法8条）　④教育訓練の実施（法11条） ②差別的取扱いの禁止（法9条）　⑤福利厚生施設（法12条） ③賃金の決定（法10条）　⑥通常の労働者への転換（法13条）	
2項	パート・有期雇用労働者からの求めに応じ	**待遇の決定に当たって考慮した事項についての説明義務** 対象となる事項 ①労働条件の明示（法6条）　⑤賃金の決定（法10条） ②就業規則作成・変更時の意見聴取（法7条）　⑥教育訓練の実施（法11条） ③不合理な待遇の禁止（法8条）　⑦福利厚生施設（法12条） ④差別的取扱いの禁止（法9条）　⑧通常の労働者への転換（法13条）	**3項** 新設 説明を求めたことを理由とする不利益取扱いの禁止
2項 新設		**パート・有期雇用労働者と通常の労働者との待遇の相違の内容及び理由の説明義務**	

有期雇用労働者への説明

　有期雇用労働者の労働契約を更新する場合は、更新をもって「雇い入れ」ることとなりますので、その都度、事業主がその有期雇用労働者に対して講じることとしている雇用管理上の措置について説明する必要があります。

説明義務の性格

　パート・有期労働法14条の規定に従い事業主が行った説明に対して、そのパート・有期雇用労働者が実際に納得したかどうかは、事業主の説明義務の履行とは関係がないものと解されています。

2 改正法を踏まえた実務対応 Q&A（パート・有期労働法）

弁護士　荻谷 聡史　　　弁護士　小栗 道乃

Q1 基本給の相違の不合理性判断

基本給について正規社員（通常の労働者）と、パート・有期雇用労働者とで違いがあるのですが、ガイドライン・裁判例はどのような状況でしょうか？

ココがポイント！

ガイドラインでは、通常の労働者とパート・有期雇用労働者とで、基本給の決定基準が同一である場合について、基本給の決定基準に照らし、同じであれば同一の基本給を支給しなければならない旨を述べる一方で、基本給の決定基準に相違がある場合について、具体的な解釈を明らかにしていません。裁判例では、一般に、基本給の水準の相違が不合理との判断はなされていない傾向にあるものの、パート・有期雇用労働者の勤続期間が長期となった場合について、待遇差が不合理と判断したものもあります。月給制と時給制との違いについては裁判例でも認められています。

A 解説 ●●

1 基本給

賃金には、主に、①月例賃金、②賞与・一時金、③退職金があり、このうち、①月例賃金は、基本給と各種手当で構成されるのが一般的です。

一口に基本給と言っても、以下のように、様々な種類があり、このうちのいくつかで構成される場合もあります。

表1-1　基本給の種類

1	年齢給・勤続給	労働者の年齢や勤続年数を基準にして定められる賃金
2	職能給	労働者の職務遂行能力を基準にして定められる賃金
3	職務給	労働者が担当する職務（仕事）を基準にして定められる賃金
4	役割給	労働者が担う職務に対する期待役割を基準にして定められる賃金
5	業績給・成果給	業績や成果を基準にして定められる賃金

2 ガイドライン

　パート・有期労働法8条は、通常の労働者と、パート・有期雇用労働者との間で、待遇について不合理な相違を設けてはならないとしているものの、具体的に、いかなる待遇の相違が不合理と認められるかについて、具体的に明らかにしてはおりません。このため、どのような待遇の相違が不合理に当たるかについて明確性を高めるために、厚生労働省は、同一労働同一賃金ガイドライン*を作成し、いかなる待遇の相違が不合理と認められるかについて、原則となる考え方及び具体例を示しています。

　ガイドラインでは、基本給について、通常の労働者とパート・有期雇用労働者とで、基本給の決定基準（能力、経験、業績、成果、勤続年数等）に照らし、その決定要素において同じ場合には同一の基本給を支給しなければならず、一定の違いがある場合にはその違いに応じた基本給を支給しなければならない旨が定められています。例えば、基本給が労働者の「能力又は経験」に応じて支給される場合には、通常の労働者とパート・有期雇用労働者とで、同一の「能力又は経験」を有するのであれば同一の基本給を支給することとし、「能力又は経験」に一定の相違があれば、その相違に応じた基本給を支給しなければならない、としています。

　もっとも、ガイドラインでの上記内容は、通常の労働者とパート・有期雇用労働者とで、基本給の決定基準が同一である場合を対象にしたものであり、大半の企業のように、基本給の決定基準が同一ではなく相違がある場合（例えば、通常の労働者は職能給、パート・有期雇用労働者は職務給とする場合など）まで対象とするものではありません。そのように基本給の決定基準に相違がある場合の取扱いについて、ガイドラインは、「通常の労働者と短時間・有期雇用労働者との間で将来の役割期待が異なるため、賃金の決定基準・ルールが異なる」等の主観的または抽象的な説明では足りないとするにとどまり、それ以上に、パート・有期労働法8条に基づいて、いかなる場合に待遇差が不合理となるかについて、具体的な解釈を明らかにしていません。

3 裁判例

　通常の労働者と、パート・有期雇用労働者とで基本給に相違がある場合において、その相違が、パート・有期労働法8条に基づき不合理と判断されるか否かについては、最終的には、裁判所での司法判断に委ねられることになります。この点、（1）基本給の水準の相違、（2）月給制と時給制との相違について、裁判例の状況としては以下のとおりとなっております（いず

---

*　短時間・有期雇用労働者及び派遣労働者に対する不合理な待遇の禁止等に関する指針（平成30年12月28日厚生労働省告示第430号。以下「ガイドライン」という）。

れも今回の法改正前の労契法20条に関する裁判例でありますが、パート・有期労働法8条は、労契法20条を統合しつつ、その明確化を図った規定であることから、パート・有期労働法8条の解釈の上でも参考になります）。

●1● 水準の相違について

基本給の水準の相違について、これまでの裁判例の動向を見ますと、一般には、職務の内容等に違いがあるなどの事情から、相違が不合理との判断はされておりません。もっとも裁判例の中には、正規職員と臨時職員（有期契約）との間において、基本給で約2倍の格差が生じた事案について、パート・有期雇用労働者の勤続期間が30年以上の長期であることなどを理由に、待遇差が不合理と判断したものもあります（産業医科大学事件、 表1-3 ）。この裁判例について、筆者としては、基本給の性質等を十分に検討することもなく、契約期間の長短を過度に重視する判断として疑問が残りますが、パート・有期雇用労働者の勤続期間が長期化した場合には、そのような裁判例が存在することに留意する必要があると考えます。

表1-2 **不合理とは評価できないとした事例**

1 **大阪医科薬科大学事件**（大阪高判平成31年2月15日労判1199号5頁）	
[事案] 大学の正職員とアルバイト職員との基本給の格差等が問題となった事案	[判決の概要] 「職務、責任、異動可能性、採用に際し求められる能力に大きな相違があること、賃金の性格も異なること（筆者注：正職員は職能給的、アルバイト職員は職務給的な性格）」「その相違は、約2割にとどまっていることからすると、そのような相違があることが不合理であるとは認めるに足りない。」
2 **メトロコマース事件**（東京高判平成31年2月20日労判1198号5頁）	
[事案] 正社員と契約社員（有期雇用労働者）間の本給等の相違が問題となった事案	[判決の概要] （ⅰ）両者の間には職務の内容及び変更範囲に相違があること、（ⅱ）正社員には長期雇用を前提とした年功的な賃金制度を設ける一方で、短期雇用を前提とする契約社員には異なる賃金体系を設けることには一定の合理性が認められること、（ⅲ）本件契約社員の本給は正社員の本給の73%程度と一概に低いとはいえない割合であり、また契約社員には正社員にない皆勤手当・早番手当が支給されること、（ⅳ）賃金の相違については、決して固定的、絶対的なものではなく、契約社員から正社員への登用制度を利用することによって解消することができる機会を与えられていることなどを理由に、本給についての相違は不合理と認められるものに当たらない、と判断。

３　中央学院大学事件（東京地判令和元年５月30日労判1211号59頁）	
[事案] 専任教員（契約期間の定めなし）と非常勤講師（有期契約）との本俸の額の相違（約３倍）が問題となった事案	[判決の概要] （ⅰ）職務の内容に大きな違いがあること、（ⅱ）一般的に経営状態が好調であるとは言えない多くの私立大学において教員の待遇を検討するに際しては、国からの補助金額も大きな考慮要素となると考えられるところ、専任教員と非常勤教員とでは補助金の基準額の算定方法が異なり、その額に大きな開きがあること、（ⅲ）非常勤講師の待遇は、労働組合との合意により見直しを積み重ねてきた結果であることなどを理由に、本俸の相違は不合理と評価することはできない、と判断。

表1-3 不合理と評価した事例

４　産業医科大学事件（福岡高判平成30年11月29日労判1198号63頁）	
[事案] 大学の正規職員・臨時職員間の基本給格差が問題となった事案	[判決の概要] 　正規職員と臨時職員との間では、職務の内容並びに職務の内容及び配置の変更の範囲に違いがあるとしつつも、1月以上1年以内に契約期間が限定された臨時職員として採用されながら30年以上もの長期にわたり雇用され続けたことは、労働契約法20条の「その他の事情」に当たるとしたうえで、基本給格差（同時期に採用された正規職員と基本給額で約2倍の格差）について、同学歴の正規職員の主任昇格前の賃金水準を下回る3万円の限度で、不合理と認められるものに当たる、と判断。

● 2 ● 月給制と時給制の違いについて

　正社員は月給制を採用する一方で、パート・有期雇用労働者については、１日当たりまたは週当たりの勤務時間に相違がある場合を踏まえて、個別の勤務時間に応じた賃金計算がより容易な、時給制を採用するという賃金の算定方式の相違は、不合理ではないと考えます。裁判例でも、アルバイト職員は時給制であるのに対し、正職員は月給制の事案について、裁判所は、（ⅰ）時給制も月給制も賃金の定め方として一般に受け入れられていること、（ⅱ）アルバイト職員について短時間勤務者が約６割を占めていることを踏まえ、「アルバイト職員に、短時間勤務者に適した時給制を採用していることは不合理とはいえない」と判断したものがあります（前掲大阪医科薬科大学事件、大阪高判平成31年２月15日）。

諸手当の相違の不合理性判断

手当について正規社員（通常の労働者）と、パート・有期雇用労働者とで違いがあるのですが、ガイドライン・裁判例はどのような状況でしょうか？

ココがポイント！

　ガイドラインは、原則となる考え方において、当該手当の支給決定基準を満たすパート・有期雇用労働者に対して、通常の労働者と同一の取扱いをすることを求めています。裁判例でも、待遇差を不合理と判断するものがあることからすると、正規社員（通常の労働者）と、パート・有期雇用労働者とで、手当について待遇差がある場合には、待遇の趣旨等から、待遇差が不合理でないか、慎重に吟味する必要があります。

 解　説

1 手当での相違に関する不合理性の判断

　手当を大きく分けますと、職務に直接関連する手当と、費用補填的な手当とがあります。以下では、それぞれについて、ガイドライン及び裁判例の状況を見ていきます。このうち、ガイドラインでは代表的な手当について、原則となる考え方と具体例が挙げられています。また、裁判例については、当該事案での具体的事情を踏まえた内容であり、必ずしも一般化されるものではありませんが、今後の対応を検討する上では参考になります。

2 職務に直接関連する手当

　職務に直接関連する手当に関して、ガイドラインでは、原則となる考え方において、当該手当の支給決定基準を満たすパート・有期雇用労働者に対し、通常の労働者と同一の取扱いをしなければならない旨を定めています。これに対して、裁判例では、各手当の趣旨を踏まえ、皆勤手当、無事故手当、作業手当、年末年始勤務手当、時間外労働手当の割増率について、待遇差は不合理との判断が出されている一方で、大学夜間担当手当、役付手当、早出勤務等手当、祝日給などについては、待遇差は不合理でないとの判断が出されています。

　以上のとおり、職務に直接関連する手当について、裁判例において待遇差は不合理と判断されているものもあることから、通常の労働者と、パート・有期雇用労働者との間で、手当について待遇差がある場合には、その待遇差が不合理でないか、手当の趣旨等から慎重に検討する必要があります。検討する上では、ガイドラインが挙げる、問題となる例と問題とならない例のうち、問題とならない例として挙げられている内容も参考になります（**表2-1**）。

●1● ガイドライン

表2-1 職務に関連する手当に関するガイドラインの考え方と問題とならない例

項　目	原則となる考え方	問題とならない例【抜粋】
役職手当 （役職の内容に対して支給する手当）	通常の労働者と同一の内容の役職に就く短時間・有期雇用労働者には、通常の労働者と同一の役職手当を支給しなければならない。また、役職の内容に一定の相違がある場合においては、その相違に応じた役職手当を支給しなければならない。	役職手当について、役職の内容に対して支給しているＡ社において、通常の労働者であるＸの役職と同一の役職名であって同一の内容の役職に就く短時間労働者であるＹに、所定労働時間に比例した役職手当（例えば、所定労働時間が通常の労働者の半分の短時間労働者にあっては、通常の労働者の半分の役職手当）を支給している。
特殊作業手当 （業務の危険度または作業環境に応じて支給する手当）	通常の労働者と同一の危険度または作業環境の業務に従事する短時間・有期雇用労働者には、通常の労働者と同一の特殊作業手当を支給しなければならない。	
特殊勤務手当 （交替制勤務等の勤務形態に応じて支給する手当）	通常の労働者と同一の勤務形態で業務に従事する短時間・有期雇用労働者には、通常の労働者と同一の特殊勤務手当を支給しなければならない。	Ａ社においては、通常の労働者であるＸについては、入社に当たり、交替制勤務に従事することは必ずしも確定しておらず、業務の繁閑等生産の都合に応じて通常勤務または交替制勤務のいずれにも従事する可能性があり、交替制勤務に従事した場合に限り特殊勤務手当が支給されている。短時間労働者であるＹについては、採用に当たり、交替制勤務に従事することを明確にし、かつ、基本給に、通常の労働者に支給される特殊勤務手当と同一の交替制勤務の負荷分を盛り込み、通常勤務のみに従事する短時間労働者に比べ基本給を高く支給している。Ａ社はＸには特殊勤務手当を支給しているが、Ｙには支給していない。
精皆勤手当	通常の労働者と業務の内容が同一の短時間・有期雇用労働者には、通常の労働者と同一の精皆勤手当を支給しなければならない。	Ａ社においては、考課上、欠勤についてマイナス査定を行い、かつ、そのことを待遇に反映する通常の労働者であるＸには、一定の日数以上出勤した場合に精皆勤手当を支給しているが、考課上、欠勤についてマイナス査定を行っていない有期雇用労働者であるＹには、マイナス査

項　目	原則となる考え方	問題とならない例【抜粋】
		定を行っていないこととの見合いの範囲内で、精皆勤手当を支給していない。
時間外労働に対して支給される手当	通常の労働者の所定労働時間を超えて、通常の労働者と同一の時間外労働を行った短時間・有期雇用労働者には、通常の労働者の所定労働時間を超えた時間につき、通常の労働者と同一の割増率等で、時間外労働に対して支給される手当を支給しなければならない。	
深夜労働または休日労働に対して支給される手当	通常の労働者と同一の深夜労働または休日労働を行った短時間・有期雇用労働者には、通常の労働者と同一の割増率等で、深夜労働または休日労働に対して支給される手当を支給しなければならない。	

●2● 職務に直接関連する手当に関しての裁判例

（ア）皆勤手当・精勤手当 表2-2

1　ハマキョウレックス事件（最二小判平成30年6月1日労判1179号20頁）	
［事案］正社員：支給あり。 　　　　契約社員：支給なし。	［結論］ **待遇差は不合理。**

［判決の概要］

　「上告人においては、……皆勤手当は、上告人が運送業務を円滑に進めるには実際に出勤するトラック運転手を一定数確保する必要があることから、皆勤を奨励する趣旨で支給されるものであると解されるところ、上告人の乗務員については、契約社員と正社員の職務の内容は異ならないから、出勤する者を確保することの必要性については、職務の内容によって両者の間に差異が生ずるものではない。また、上記の必要性は、当該労働者が将来転勤や出向をする可能性や、上告人の中核を担う人材として登用される可能性の有無といった事情により異なるとはいえない。そして、本件労働契約及び本件契約社員就業規則によれば、契約社員については、上告人の業績と本人の勤務成績を考慮して昇給することがあるとされているが、昇給しないことが原則である上、皆勤の事実を考慮して昇給が行われたとの事情もうかがえない。

　したがって、上告人の乗務員のうち正社員に対して上記の皆勤手当を支給する一方で、契約社員に対してこれを支給しないという労働条件の相違は、不合理であると評価することができる……。」

2	長澤運輸事件（最二小判平成30年6月1日労判1179号34頁）

[事案] 正社員：支給あり。 　　　　嘱託乗務員：支給なし。	[結論] **待遇差は不合理。**

[判決の概要]

「被上告人における精勤手当は、その支給要件及び内容に照らせば、<u>従業員に対して休日以外は1日も欠かさずに出勤することを奨励する趣旨</u>で支給されるものであるということができる。そして、被上告人の嘱託乗務員と正社員との職務の内容が同一である以上、両者の間で、その皆勤を奨励する必要性に相違はないというべきである。」

「したがって、正社員に対して精勤手当を支給する一方で、嘱託乗務員に対してこれを支給しないという労働条件の相違は、不合理であると評価することができる……。」

3	井関松山製造所事件（高松高判令和元年7月8日労判1208号25頁）

[事案] 無期契約労働者：月給日給者には支 　　　　給あり。月給者には支給なし。 　　　　有期契約労働者：支給なし。	[結論] **待遇差は不合理。**

[判決の概要] ※下記記載は、原審（松山地判平成30年4月24日労判1182号20頁）から本判決が引用する箇所

「被告は、月給日給者かつ当該月皆勤者に限り精勤手当を支給しており、月給者には精勤手当を支給していない……。そうすると、<u>精勤手当の趣旨としては、少なくとも、月給者に比べて月給日給者の方が欠勤日数の影響で基本給が変動して収入が不安定であるため、かかる状態を軽減する趣旨</u>が含まれると認められる。他方で、被告が主張するように、無期契約労働者に対して精勤に対する見返りを支給し、会社に対する貢献の増大を図るために精勤手当が設定されたと認めるに足りる証拠はない。

そして、有期契約労働者は、時給制であり、欠勤等の時間については、1時間当たりの賃金額に欠勤等の合計時間数を乗じた額を差し引くものとされ……、欠勤日数の影響で基本給が変動し収入が不安定となる点は月給日給者と変わりはない。したがって、無期契約労働者の月給日給者には精勤手当を支給し、有期契約労働者には精勤手当を支給しないことは、不合理であると認められる。

（イ）無事故手当 表2-3

4	ハマキョウレックス事件（最二小判平成30年6月1日） ※再掲

[事案] 正社員：支給あり。 　　　　契約社員：支給なし。	[結論] **待遇差は不合理。**

[判決の概要]

「上告人においては、正社員である乗務員に対してのみ、所定の無事故手当を支給することとされている。この無事故手当は、<u>優良ドライバーの育成や安全な輸送による顧客の信頼の獲得を目的として支給される</u>ものであると解されるところ、上告人の乗務員については、契約社員と正社員の職務の内容は異ならないから、安全運転及び事故防止の必要性については、職務の内容によって両者の間に差異が生ずるものではない。また、上記の必要性は、当該労働者が将来転勤や出向をする可能性や、上告人の中核を担う人材として登用

される可能性の有無といった事情により異なるものではない。加えて、無事故手当に相違を設けることが不合理であるとの評価を妨げるその他の事情もうかがわれない。
　したがって、上告人の乗務員のうち正社員に対して上記の無事故手当を支給する一方で、契約社員に対してこれを支給しないという労働条件の相違は、不合理であると評価することができる……。」

（ウ）作業手当 表2-4

5　ハマキョウレックス事件 （最二小判平成30年6月1日）	※再掲

[事案] 正社員：支給あり。 　　　契約社員：支給なし。	[結論] **待遇差は不合理。**

[判決の概要]

　「本件正社員給与規程は、特殊作業に携わる正社員に対して月額1万円から2万円までの範囲内で作業手当を支給する旨を定めている……。

　上記の作業手当は、<u>特定の作業を行った対価として支給されるものであり、作業そのものを金銭的に評価して支給される性質の賃金</u>であると解される。しかるに、上告人の乗務員については、契約社員と正社員の職務の内容は異ならない。また、職務の内容及び配置の変更の範囲が異なることによって、行った作業に対する金銭的評価が異なることになるものではない。加えて、作業手当に相違を設けることが不合理であるとの評価を妨げるその他の事情もうかがわれない。

　したがって、上告人の乗務員のうち正社員に対して上記の作業手当を一律に支給する一方で、契約社員に対してこれを支給しないという労働条件の相違は、不合理であると評価することができる……。」

（エ）年末年始勤務手当 表2-5

6　日本郵便（東京）事件 （東京高判平成30年12月13日労判1198号45頁）

[事案] 正社員：支給あり。 　　　時給制契約社員：支給なし。	[結論] **待遇差は不合理。**

[判決の概要]

　<u>年末年始の期間における労働の対価として一律額を基本給とは別枠で支払うという年末年始勤務手当の性格等</u>に照らせば、長期雇用を前提とした正社員に対してのみ、年末年始という最繁忙時期の勤務の労働に対する対価として特別の手当を支払い、同じ年末年始の期間に労働に従事した時給制契約社員に対し、当該手当を支払わないことは、不合理であると評価することができるものであるから、労契法20条にいう不合理と認められるものに当たると解するのが相当である。

7	日本郵便（大阪）事件（大阪高判平成31年1月24日労判1197号5頁）	
[事案] 正社員：支給あり。 時給制契約社員：支給なし。		[結論] 通算契約期間が5年を超えた日以降の**待遇差は不合理**。

[判決の概要]

　「年末年始勤務手当は、年末年始が最繁忙期になるという郵便事業の特殊性から、多くの労働者が休日として過ごしているはずの年末年始の時期に業務に従事しなければならない正社員の労苦に報いる趣旨で支給されるものと認められる。」

　本件契約社員は、年末年始期間に（むしろ同期間こそ）業務に従事することを当然の前提として採用されていることなどの事情から、本件比較対象正社員と本件契約社員とで年末年始勤務手当に関し労働条件の相違が存在することは、直ちに不合理なものと評価することは相当ではない。」

　「もっとも、本件契約社員にあっても、有期労働契約を反復して更新し、契約期間を通算した期間が長期間に及んだ場合には、年末年始勤務手当を支給する趣旨・目的との関係で本件比較対象正社員と本件契約社員との間に相違を設ける根拠は薄弱なものとならざるを得ないから、このような場合にも本件契約社員には本件比較対象正社員に対して支給される年末年始勤務手当を一切支給しないという労働条件の相違は、職務内容等の相違や導入時の経過、その他一審被告における上記事情などを十分に考慮したとしても、もはや労契法20条にいう不合理と認められるものに当たると解するのが相当である。」「一審原告らのうち一審原告1を除く7名については、有期労働契約を反復して更新し、改正後の労契法施行日である平成25年4月1日時点で、契約期間を通算した期間が既に5年（労契法18条参照）を超えているところ、このような本件契約社員についてまで年末年始勤務手当について上記のような相違を設けることは、不合理というべきである。一方、一審原告1については、改正後の労契法施行日である平成25年4月1日時点での契約期間を通算した期間は約3年にとどまり、必要に応じて柔軟に労働力を補充、確保するための短期雇用という性質は未だ失われていないといえるから、このような本件契約社員について年末年始勤務手当について上記のような相違を設けることは直ちに不合理とはいえないが、その後、さらに有期労働契約が更新され、契約期間を通算した期間が5年を超えた平成27年5月1日以降については、年末年始勤務手当について上記のような相違を設けることは、不合理というべきである。」

（オ）時間外労働手当の割増率　表2-6

8	メトロコマース事件（東京高判平成31年2月20日労判1198号5頁）	
[事案] 正社員：所定労働時間超勤務の初め2時間は2割7分、これを超えると3割5分。 有期契約労働者：1日8時間を超える勤務について2割5分。		[結論] **待遇差は不合理**。

[判決の概要]

　[労働基準法37条1項本文は、使用者が1日8時間を超えて労働させた場合、通常の労働時間または労働日の賃金の計算額に一定の割増率を乗じた割増賃金を支払わなければならない旨を定めているところ、その趣旨は、時間外労働が通常の労働時間または労働日に付加された特別の労働であるから、それに対しては使用者に一定額の補償をさせるのが相当であるとともに、その経済的負担を課すことによって時間外労働を抑制しようとする点にあると解される。」

　「時間外労働の抑制という観点から有期契約労働者と無期契約労働者とで割増率に相違を設けるべき理由はなく、そのことは使用者が法定の割増率を上回る割増率による割増賃金を支払う場合にも同様というべきである」「第1審被告において、割増賃金の算定に当たっては、……売店業務に従事する正社員と契約社員Bとでは基礎となる賃金において前者が後者より高いという相違があるのであって、これに加えて割増率においても同様の事情をもって正社員の方が契約社員Bより高いという相違を設けるべき積極的理由があるということはできないし、第1審被告が主張するような労使交渉によって正社員の割増率が決められたという経緯を認めるに足りる的確な証拠もない」

　「したがって、上記……の労働条件の相違は、不合理であると評価することができるから、労働契約法20条にいう不合理と認められるものに当たると解するのが相当である。」

（カ）大学夜間担当手当 表2-7

9　学校法人X事件（京都地判平成31年2月28日労経速2376号3頁）	
[事案] 専任教員：支給あり。 　　　嘱託講師：支給なし。	[結論] **待遇差は不合理との認定なし。**

[判決の概要]

　「被告との間の労働契約に基づき提供すべき労務は、嘱託講師が、自らの希望を踏まえて被告から割り当てられる授業及びその準備に限られるのに対し、専任教員の場合は、授業及びその準備に加え、学生への教育、研究、学内行政と幅広い労務の提供が求められ、それに伴い、事実上の場所的時間的な拘束が生じることが予定されている」

　「嘱託講師は、希望した業務以外の従事は予定されていないが、専任教員は、担当する授業につき希望を聴取されることもなく、学内行政における委員や役職、入試の担当の有無や勤務地なども含め、被告から命じられた労務を正当な理由なく拒否することはできないものとされている上、配置ないし労務内容の転換が予定されており、嘱託講師と専任教員との間ではその職務内容と配置の変更の範囲において大きな相違が認められる」

　「本件手当は、少なくとも、被告が主張するような趣旨、すなわち、専任教員が日中に多岐に亘る業務を担当しつつ、さらに夜間の授業を担当することの負担に配慮する趣旨の手当としての性格も有していることが首肯できる。」

　「本件手当を専任教員のみに支給し、嘱託講師のこれを支給しないとの労働条件の差異が不合理であるとまで評価することはできず、嘱託講師への本件手当の不支給は、労契法20条及びパートタイム8条にいう不合理と認められるものに当たらない」

（キ）役付手当 表2-8

10　長澤運輸事件（最二小判平成30年6月1日）　　※再掲

| [事案] 正社員：支給あり。
　　　嘱託乗務員：支給なし。 | [結論]
待遇差は不合理との認定なし。 |

[判決の概要]
　「被上告人における役付手当は、その支給要件及び内容に照らせば、<u>正社員の中から指定された役付者であることに対して支給されるもの</u>であるということができ」る。
　「したがって、正社員に対して役付手当を支給する一方で、嘱託乗務員に対してこれを支給しないという労働条件の相違は、労働契約法20条にいう不合理と認められるものに当たるということはできない。」

（ク）早出勤務等手当 表2-9

11　日本郵便（東京）事件（東京高判平成30年12月13日）　　※再掲

| [事案] 正社員：支給あり。
　　　時給制契約社員：支給なし。 | [結論]
待遇差は不合理との認定なし。 |

[判決の概要]
　「<u>早出勤務等手当は、……正社員が勤務シフトによって早出勤務等が必要となることがあり、</u>この場合に早出勤務等が必要のない他の業務に従事する<u>正社員との間の公平を図るために……新設</u>され、現在まで支給されているもの」
　「以上のとおり、正社員に対しては勤務シフトに基づいて早朝、夜間の勤務を求め、時給制契約社員に対しては募集や採用の段階で勤務時間帯を特定して採用し、特定した時間の勤務を求めるという点で、両者の間には職務の内容等に違いがあることから、正社員に対しては、社員間の公平を図る必要があること、時給制契約社員については、早朝・夜間割増賃金が支給されている上、時給を高く設定することによって、早出勤務等について賃金体系に別途反映されていること……、類似の手当の支給に関して時給制契約社員に有利な支給要件も存在することからすれば、早出勤務等手当における正社員と時給制契約社員との間の相違は、不合理であると認めることはできない。」

　なお、前掲の日本郵便（大阪）事件（大阪高判平成31年1月24日）も同じ結論となっています。

（ケ）祝日給（祝日または年始期間に勤務した場合に支給される手当）表2-10

12　日本郵便（東京）事件（東京高判平成30年12月13日）　　※再掲

| [事案] 正社員：支給あり。
　　　時給制契約社員：支給なし。 | [結論]
待遇差は不合理との認定なし。 |

> [判決の概要]
>
> 　「現在、正社員については、祝日は勤務日とされているが、実際には祝日勤務を命じられる社員と命じられない社員が混在するため、祝日に勤務した正社員に対しては、それに対する給与が月額給与に含まれる形で支給されるが、<u>当該祝日に実際には勤務していない正社員にも月額給与が減額されることなく支給されることとの公平を図る観点から、祝日給が支給されている。</u>」
>
> 　「これに対し、時給制契約社員については、元々実際に働いた時間数に応じて賃金を支払う形態が採られており、勤務していない祝日にその対価としての給与が支払われる理由がないこと……などを踏まえると、正社員と時給制契約社員の祝日給に関する相違は、不合理と認めることはできない。」

　なお、前掲の日本郵便（大阪）事件（大阪高判平31年1月24日）も同じ結論をとりつつ、ただし、祝日給のうち年始期間の祝日給については、契約期間通算期間が5年を超えた後の相違（支給の有無の相違）について、不合理と判断しました。

3 費用補填的な手当

　費用補填的な手当につきましても、ガイドラインは、原則となる考え方において、当該手当の支給決定基準を満たすパート・有期雇用労働者に対し、通常の労働者と同一の取扱いをしなければならない旨を定めています。また、裁判例を見ますと、通勤手当及び給食手当等の待遇差が問題となった事案で、最高裁は、後掲のとおり、当該事案における通勤手当及び給食手当それぞれの趣旨について「通勤に要する交通費を補填」、「従業員の食事に係る補助」と認定した上で、待遇差は不合理との判断をしました（ハマキョウレックス事件、最二小判平成30年6月1日）。通勤手当や食事手当については、一般に、上記のような費用補填の趣旨で設けられ、その点から金額設定されている場合が多いものと考えられ、そうした場合に、無期雇用フルタイム労働者とパート・有期雇用労働者との間で待遇差を設けるときには、待遇差が不合理でないか、特に慎重に吟味する必要があると考えます。この点については、ガイドラインが挙げる、問題となる例と問題とならない例のうち、問題とならない例として挙げられている内容（表2-11 参照）が参考になります。

　なお、住宅手当や、家族手当については、**Q3**（44頁）をご覧ください。

●1● ガイドライン

表2-11 費用補填的な手当に関するガイドラインの考え方と問題とならない例

項　　目	原則となる考え方	問題とならない例【抜粋】
通勤手当**出張旅費**	短時間・有期雇用労働者にも、通常の労働者と同一の通勤手	①　A社においては、本社の採用である労働者に対しては、交通費実費の全額に相当する通勤手当を支給しているが、それぞれの店舗の採用である労

項　目	原則となる考え方	問題とならない例【抜粋】
	当及び出張旅費を支給しなければならない。	働者に対しては、当該店舗の近隣から通うことができる交通費に相当する額に通勤手当の上限を設定して当該上限の額の範囲内で通勤手当を支給しているところ、店舗採用の短時間労働者であるXが、その後、本人の都合で通勤手当の上限の額では通うことができないところへ転居してなお通い続けている場合には、当該上限の額の範囲内で通勤手当を支給している。 ② 　A社においては、通勤手当について、所定労働日数が多い（例えば、週４日以上）通常の労働者及び短時間・有期雇用労働者には、月額の定期券の金額に相当する額を支給しているが、所定労働日数が少ない（例えば、週３日以下）または出勤日数が変動する短時間・有期雇用労働者には、日額の交通費に相当する額を支給している。
食事手当 （労働時間の途中に食事のための休憩時間がある労働者に対する食費の負担補助として支給される手当）	短時間・有期雇用労働者にも、通常の労働者と同一の食事手当を支給しなければならない。	A社においては、その労働時間の途中に昼食のための休憩時間がある通常の労働者であるXに支給している食事手当を、その労働時間の途中に昼食のための休憩時間がない（例えば、午後２時から午後５時までの勤務）短時間労働者であるYには支給していない。
単身赴任手当	通常の労働者と同一の支給要件を満たす短時間・有期雇用労働者には、通常の労働者と同一の単身赴任手当を支給しなければならない。	
地域手当 （特定の地域で働く労働者に対する補償として支給される手当）	通常の労働者と同一の地域で働く短時間・有期雇用労働者には、通常の労働者と同一の地域手当を支給しなければならない。	A社においては、通常の労働者であるXについては、全国一律の基本給の体系を適用し、転勤があることから、地域の物価等を勘案した地域手当を支給しているが、一方で、有期雇用労働者であるYと短時間労働者であるZについては、それぞれの地域で採用し、それぞれの地域で基本給を設定しており、その中で地域の物価が基本給に盛り込まれているため、地域手当を支給していない。

●2● 費用補塡的な手当に関する裁判例

（ア）通勤手当 表2-12

13 ハマキョウレックス事件（最二小判平成30年6月1日） ※再掲

[事案] 正社員：実費支給（5万円が上限）。 　　　契約社員：距離に応じて金額設定。3,000円が上限。 　　　その結果、契約社員である被上告人に対して月額3,000円の通勤手当が支給されていたが、被上告人と交通手段及び通勤距離が同じ正社員に対しては月額5,000円の通勤手当を支給することとされていた。	[結論] **待遇差は不合理。**

[判決の概要]

　上告人においては……通勤手当は、<u>通勤に要する交通費を補塡する趣旨</u>で支給されるものであるところ、労働契約に期間の定めがあるか否かによって通勤に要する費用が異なるものではない。また、職務の内容及び配置の変更の範囲が異なることは、通勤に要する費用の多寡とは直接関連するものではない。加えて、通勤手当に差違を設けることが不合理であるとの評価を妨げるその他の事情もうかがわれない。

　したがって、正社員と契約社員である被上告人との間で上記の通勤手当の金額が異なるという労働条件の相違は、不合理であると評価することができる……。

（イ）給食手当 表2-13

14 ハマキョウレックス事件（最二小判平成30年6月1日） ※再掲

[事案] 正社員：支給あり。 　　　契約社員：支給なし。	[結論] **待遇差は不合理。**

[判決の概要]

　「上告人においては……<u>給食手当は、従業員の食事に係る補助として支給されるもの</u>であるから、<u>勤務時間中に食事を取ることを要する労働者に対して支給することがその趣旨にかなうものである。</u>」

　「①上告人の乗務員については、契約社員と正社員の職務の内容は異ならない上、勤務形態に違いがあるなどといった事情はうかがわれない。②また、職務の内容及び配置の変更の範囲が異なることは、勤務時間中に食事を取ることの必要性やその程度とは関係がない。③加えて、給食手当に相違を設けることが不合理であるとの評価を妨げるその他の事情もうかがわれない。」

【番号は筆者が加筆】

　「したがって、上告人の乗務員のうち正社員に対して上記の給食手当を支給する一方で、契約社員に対してこれを支給しないという労働条件の相違は、不合理であると評価することができる……。」

（ウ）物価手当 表2-14

15 　井関松山ファクトリー事件（高松高判令和元年7月8日労判1208号38頁）	
［事案］無期契約労働者：支給あり。 　　　　有期契約労働者：支給なし。	［結論］ **待遇差は不合理。**
［判決の概要］ 　「物価手当が<u>年齢に応じて増大する生活費を補助する趣旨</u>を含むことについては、当事者間に争いはなく、被告では労働者の職務内容等とは無関係に、労働者の年齢に応じて支給されている」 　「このような被告における物価手当の支給条件からすれば、同手当が無期契約労働者の職務内容等に対応して設定された手当と認めることは困難であり、年齢上昇に応じた生活費の増大は有期契約労働者であっても無期契約労働者であっても変わりはないから、有期契約労働者に物価手当を一切支給しないことは不合理である。」	

Q3　住宅手当・家族手当の相違

　当社は、正社員に対して住宅手当・家族手当を支給していますが、パート・有期雇用労働者には支給していません。住宅手当・家族手当の相違について、裁判例ではどのように判断されていますか？

ココがポイント！

　住宅手当の相違については、転居を伴う配転の有無に違いがある場合は、不合理ではないと判断されやすくなりますが、住宅手当の定め方は会社によって区々（まちまち）であり、その性質・目的によって判断が変わってきますので、注意が必要です。

　家族手当の相違については、高裁の判断が分かれており、今後の裁判例の動向をフォローする必要があります。

A　解 説 ●●●●●●●●●●●●●●●●●●●●●●●●●●●●●●●●●●●●●●●

1　住宅手当・家族手当

　住宅手当及び家族手当は、一般的には、従業員に対する住宅費や生活費の補助等、福利厚生や生活保障の趣旨で支給されることが多いと思われますが、その支給要件や内容は会社によって様々であり、その性質や支給目的も異なります。

　手当の性質・目的は、不合理性の判断に影響を与えますので、不合理性を検討する際には、まず、会社で定めている住宅手当・家族手当の支給要件及び内容等に照らして、自社の住宅手

当・家族手当がそれぞれどのような性質・目的のものであるかを確認する必要があります。

2 ガイドライン

ガイドラインでは、住宅手当・家族手当について、原則となる考え方が示されていませんが、「この指針に原則となる考え方が示されていない……住宅手当、家族手当等の待遇……についても、不合理と認められる待遇の相違の解消等が求められる」とされています。

3 裁判例

●1● 住宅手当の相違

住宅手当の支給目的が、「転居を伴う配転が予定されているため住宅に要する費用が多額となり得ることから住宅に要する費用を補助する趣旨」と評価できる場合には、通常の労働者は転居を伴う配転が予定されているがパート・有期雇用労働者は予定されていないといった相違があれば、パート・有期雇用労働者に住宅手当を支給しないことも不合理とは認められないと思われます（後掲ハマキョウレックス事件参照）。

一方、通常の労働者の中に転居を伴う配転が予定されていない労働者がおり、その労働者にも住宅手当を支給しているような場合は、同様に配転が予定されていないパート・有期雇用労働者に住宅手当を支給しないことは不合理と判断される可能性があります（後掲日本郵便（東京）事件、後掲日本郵便（大阪）事件参照）。

また、従業員が実際に住宅費を負担しているか否かを問わず住宅手当が支給されており、扶養家族の有無等により支給額が異なる場合は、「主として従業員の住宅費を中心とした生活費を補助する趣旨で支給されるもの」と評価され、後記の家族手当と同様に生活費補助の必要性という観点から検討されることになります（後掲メトロコマース事件参照）。この場合、住宅や扶養家族の有無により生活費が増加することはパート・有期雇用労働者であっても変わりがないとして、パート・有期雇用労働者に対する不支給は不合理と判断される可能性があります。

さらに、「有為な人材の確保・定着」という趣旨で住宅手当を支給することに関し、裁判例の中には、住宅手当の主たる趣旨は「従業員の住宅費を中心とした生活費を補助する趣旨」であると解した上で、そうである以上、比較対象とされる正社員との関係で、有為な人材の確保・定着といった理由のみで有期契約社員に住宅手当を支給しないことが正当化されるものではないと述べるものもありますし（メトロコマース事件）、また、ハマキョウレックス事件の最高裁判決も、住宅手当の相違の不合理性を判断するに当たり、高裁判決（大阪高判平成28年7月26日）が考慮した、「有能な人材の獲得・定着を図るという目的」については触れず、転居を伴う配転の有無の相違のみを考慮して判断しました。こうした裁判例を踏まえると、住宅手当の支給目的として、「有為な人材の確保・定着」という趣旨のみに依拠することは控える方が安全で

あり、仮に住宅手当に「有為な人材の確保・定着」という趣旨が含まれるとしても、そうした抽象的な趣旨のみを根拠とするのではなく、それを裏づける客観的・具体的な事情（職務内容、人材活用の仕組み等）の違いから住宅手当の支給・不支給の相違を説明できるようにしておくべきでしょう。

　住宅手当の相違については、今後の裁判例の動向に注意をはらう必要があります（なお、定年後再雇用者である場合は、定年後再雇用者であるという事情が考慮され、不合理ではないと認められる傾向にあります）。

表3-1　不合理とは評価できないとした事例

1　ハマキョウレックス事件（最二小判平成30年6月1日）※再掲	
[事案] 正社員と契約社員（有期契約）間の住宅手当の相違（支給の有無）が問題となった事案	[判決の概要] 　住宅手当は、従業員の住宅に要する費用を補助する趣旨で支給されるものと解されるところ、契約社員については就業場所の変更が予定されていないのに対し、正社員については、転居を伴う配転が予定されているため、契約社員と比較して住宅に要する費用が多額となり得ることから、住宅手当の相違は、不合理とは評価できない、と判断。
2　長澤運輸事件（最二小判平成30年6月1日）※再掲	
[事案] 正社員と嘱託社員（定年後再雇用）間の住宅手当及び家族手当の相違（支給の有無）が問題となった事案	[判決の概要] （ⅰ）住宅手当及び家族手当は、その支給要件及び内容に照らせば、前者は従業員の住宅費の負担に対する補助として、後者は従業員の家族を扶養するための生活費に対する補助として、それぞれ支給されるものといえること、（ⅱ）上記各手当は、いずれも従業員に対する福利厚生及び生活保障の趣旨で支給されるものであるから、使用者がそのような賃金項目の要否や内容を検討するに当たっては、上記の趣旨に照らして、労働者の生活に関する諸事情を考慮することになるものと解されること、（ⅲ）正社員には、幅広い世代の労働者が存在し得るところ、そのような正社員について住宅費及び家族を扶養するための生活費を補助することには相応の理由があるといえること、（ⅳ）他方において、嘱託乗務員は、正社員として勤続した後に定年退職した者であり、老齢厚生年金の支給を受けることが予定され、その報酬比例部分の支給が開始されるまでは会社から調整給を支給されることとなっていることから、住宅手当及び家族手当の相違は、不合理とは評価できない、と判断。

3　北日本放送事件（富山地判平成30年12月19日労経速2374号18頁）	
［事案］	［判決の概要］
正社員と再雇用社員（定年後再雇用）間の住宅手当の相違（支給の有無）が問題となった事案	住宅手当は、その支給要件及び内容に照らし、実際に支出した住宅費用の補助としての意味合いのみならず、正社員に対する福利厚生としての意味合いを有するものと認められるとした上で、定年後再雇用者であることや、転勤の有無が異なることから、住宅手当の相違は不合理とは評価できない、と判断。

4　中央学院大学事件（東京地判令和元年5月30日）　　　　　　※再掲	
［事案］	［判決の概要］
専任教員（契約期間の定めなし）と非常勤講師（有期契約）間の住宅手当及び家族手当の相違（支給の有無）が問題となった事案	（ⅰ）その支給要件及び内容に照らせば、家族手当は教職員が家族を扶養するための生活費に対する補助として、住宅手当は教職員の住宅費の負担に対する補助として、それぞれ支給されるものであるということができ、いずれも、従業員に対する福利厚生及び生活保障の趣旨で支給されるものであること、（ⅱ）授業を担当するのみならず、大学運営に関する幅広い業務を行い、これらの業務に伴う責任を負う立場にある専任教員として相応しい人材を安定的に確保するために、専任教員について福利厚生の面で手厚い処遇をすることに合理性がないとはいえないこと、（ⅲ）専任教員が、その職務の内容故に、大学との間の労働契約上、職務専念義務を負い、原則として兼業が禁止され、その収入を大学から受ける賃金に依存せざるを得ないこと等からすると、家族手当及び住宅手当の相違が不合理であると評価することはできない、と判断。

表3-2　不合理と評価した事例

5　日本郵便（東京）事件（東京高判平成30年12月13日）　　　　※再掲	
［事案］	［判決の概要］
正社員（一般職）と時給制契約社員（有期契約）間の住居手当の相違（支給の有無）が問題となった事案	住居手当は、その名称及び支給要件からして、従業員の住宅に要する費用を補助する趣旨で支給されるものと解され、会社側は、住居手当支給の趣旨として、正社員は配置転換等により勤務地が変更される可能性があることを主張するところ、（ⅰ）旧人事制度では、正社員のうちの旧一般職と時給制契約社員では転居を伴う配置転換等の有無で相違があったことから、住居手当の相違は、不合理であると評価することはできないと判断したが、（ⅱ）新人事制度では、新一般職は、転居を伴う配置転換等は予定されておらず、新一般職も時給制契約社員も住宅に要する費用は同程度とみることができるとして、住居手当の相違は、不合理であると評価することができる、と判断。

6	日本郵便（大阪）事件（大阪高判平成31年1月24日）　※再掲
	〈一審：大阪地判平成30年2月21日労判1180号26頁〉

[事案]	[判決の概要]
正社員（一般職）と契約社員（期間雇用社員）間の住居手当の相違（支給の有無）が問題となった事案	（ⅰ）正社員のうち、旧一般職については、転居を伴う配転の有無が契約社員と異なることから、住居手当の相違は、不合理と認めることはできない、と判断したが、（ⅱ）新一般職については、①住居手当が支給される趣旨目的は、主として、住宅に係る費用負担の軽減ということにあるが、配転の有無についても、考慮要素となると考えられること、②新一般職は、契約社員と同様に、転居を伴う配転が予定されていないにもかかわらず、住居手当が支給されていること、③住居手当の支給の有無によって、最大で月額2万7000円の差異が生じるところ、契約社員には、長期間の雇用が前提とされていないとはいえ、住居に係る費用負担の軽減という観点からは何らの手当等も支給されていないこと、等を考慮すると、住居手当には有為な人材の獲得、定着を図るといった人事上の施策、あるいは、福利厚生的な要素があること等を考慮したとしても、新一般職と契約社員との住居手当の相違は、不合理なものであるといわざるを得ない、と判断。

7	メトロコマース事件（東京高判平成31年2月20日）　※再掲

[事案]	[判決の概要]
正社員と有期契約社員間の住宅手当の相違（支給の有無）が問題となった事案	（ⅰ）住宅手当は、従業員が実際に住宅費を負担しているか否かを問わずに支給されることからすれば、職務内容等を離れて従業員に対する福利厚生及び生活保障の趣旨で支給されるものであり、その手当の名称や扶養家族の有無によって異なる額が支給されることに照らせば、主として従業員の住宅費を中心とした生活費を補助する趣旨で支給されるものと解するのが相当であること、（ⅱ）このような生活費補助の必要性は職務の内容等によって差異が生ずるものではないし、正社員であっても転居を必然的に伴う配置転換は想定されていないから、有期契約社員と比較して正社員の住宅費が多額になり得るといった事情もないこと、（ⅲ）会社側は、人事施策として、正社員採用の条件として住宅手当が支給されることを提示することによって採用募集への訴求を図り、有為な人材を確保し、採用後に現に支給することによって有為な人材の定着を図る趣旨であると主張するが、そのような効果を図る意図があるとしても、住宅手当の主たる趣旨は上記のとおりに解されるのであって、そうである以上、そのような理由のみで有期契約社員に住宅手当を支給しないことが正当化されるものとはいえないことから、住宅手当の相違は、不合理であると評価することができる、と判断。

8 井関松山製造所事件（高松高判令和元年7月8日）	※再掲

[事案]	[判決の概要]
無期契約労働者と有期契約労働者間の住宅手当の相違（支給の有無）が問題となった事案	住宅手当は、住宅費用の負担の度合いに応じて対象者を類型化してその者の費用負担を補助する趣旨であると認められ、住宅手当が無期契約労働者の職務内容等に対応して設定された手当と認めることは困難であり、有期契約労働者であっても、住宅費用を負担する場合があることに変わりはないことから（なお、本件では、従業員は、勤務地の変更を伴う異動は想定されていなかった）、住宅手当の相違は不合理であるとした一審（松山地判平成30年4月24日労判1182号20頁）の判断が維持された。

●2● 家族手当の相違

　裁判例の中には、家族手当が「長期雇用を前提として基本給を補完する生活手当としての性質、趣旨」を有するものと認定し、原則として短期雇用を前提とする有期契約労働者への不支給は不合理ではないと判断した高裁判決もありますが（後掲日本郵便（大阪）事件）、他方で、家族手当は「生活補助的な性質」を有するものと認定して、配偶者等がいることにより生活費が増加することは有期契約労働者であっても変わりがないとして、有期契約労働者に対する不支給を不合理と判断した高裁判決もあります（後掲井関松山製造所事件）。

　このように、家族手当の性質が生活補助的なものと評価された場合、パート・有期雇用労働者に支給しないことが不合理と判断される可能性がありますが、高裁の判断が分かれているようにも思われるため、今後最高裁でどのような判断がなされるかに注意をしておく必要があります（なお、長澤運輸事件最高裁判決では、家族手当の相違は不合理ではないと判断されましたが、定年後再雇用者であるという事情を考慮して判断されたものですので、定年後再雇用者ではないパート・有期雇用労働者の場合も同様の結論になるとは限りません）。

表3-3 不合理とは評価できないとした事例

9 長澤運輸事件（最二小判平成30年6月1日）	※再掲

	[判決の概要]
	前記 表3-1 の 2 参照。

表3-3 不合理とは評価できないとした事例（つづき）

10　日本郵便（大阪）事件（大阪高判平成31年1月24日）※再掲

［事案］	［判決の概要］
正社員（一般職）と契約社員（期間雇用社員）間の扶養手当の相違（支給の有無）が問題となった事案	（ⅰ）扶養手当は、いわゆる家族手当に該当するところ、家族手当は、一般的に生活手当の一種とされており、長期雇用システム（いわゆる終身雇用制）と年功的賃金体系の下、家族構成や生活状況が変化し、それによって生活費の負担が増減することを前提として、会社が労働者のみならずその家族の生活費まで負担することで、有為な人材の獲得、定着を図り、長期にわたって会社に貢献してもらうという効果を期待して支給されるものであること、（ⅱ）本手当の歴史的経緯（物価騰貴やインフレの進行等の大きな変動に対処するために導入・拡充されてきたものであり、支給額についてその都度労使協議を経て改正・決定されていること）や支給要件（扶養親族の状況に応じて支給）等からすれば、本手当も長期雇用を前提として基本給を補完する生活手当としての性質、趣旨を有するものといえること、（ⅲ）期間雇用社員は、原則として短期雇用を前提としており、賃金も年功的賃金体系は採用されておらず、基本的には従事する業務の内容や就業の場所等に応じて定められているから、長期雇用を前提とする基本給の補完といった扶養手当の性質及び支給の趣旨に沿わないし、期間雇用社員についても家族構成や生活状況の変化によって生活費の負担増もあり得るが、基本的には転職等による収入増加で対応することが想定されていることから、扶養手当に関する相違は、不合理と認めることはできない、と判断。

11　中央学院大学事件（東京地判令和元年5月30日）※再掲

	［判決の概要］
	前記 **表3-1** の **4** 参照。

表3-4 不合理と評価した事例

12　井関松山製造所事件（高松高判令和元年7月8日）※再掲

［事案］	［判決の概要］
無期契約労働者と有期契約労働者間の家族手当の相違（支給の有無）が問題となった事案	（ⅰ）家族手当は、生活補助的な性質を有しており、労働者の職務内容等とは無関係に、扶養家族の有無、属性及び人数に着目して支給されていること、（ⅱ）家族手当の歴史的経緯並びに同社における家族手当の性質及び支給条件からすれば、家族手当が無期契約労働者の職務内容等に対応して設定された手当と認めることは困難であること、（ⅲ）配偶者及び扶養家族がいることにより生活費が増加することは有期契約労働者であっても変わりがないことから、家族手当の相違は不合理であるとした一審（前掲）の判断を維持した。

Q4 賞与の相違の不合理性判断

賞与について、ガイドラインや裁判例はどのようになっているのでしょうか？

ココがポイント！

　ガイドラインは、一定の場合について、通常の労働者と同一の賞与を支給しなければならないなどとしつつ、業務上の目標値の達成・不達成に係る待遇上の不利益の有無に応じて、賞与の支給に相違を設けることは許されるともしています。裁判例では、一般に、職務の内容等が異なることを前提に、相違が不合理との評価は行わない傾向にあります。もっとも裁判例の中には、当該事案において、賞与の性質を、賞与算定期間に就労していたことそれ自体に対する対価とした上で、正職員との賞与の待遇差を一定範囲で不合理と判断したものもあります。

A 解　説 ●●●

1 賞　与

　賞与は、月々の賃金とは別に支給される一時金であり、労務の対価の後払い、功労報償、生活費の補助、将来の労働への意欲向上などといった様々な趣旨を含めることができます。また賞与支給額の決定基準についても、その趣旨に応じて、様々な基準を設けることができます。

2 ガイドライン

　前述のとおり、賞与支給額の決定基準については様々な基準が考えられる中で、ガイドラインは、賞与支給額の決定基準について、以下のとおりとしています。もっとも、あくまでも、賞与を「会社の業績等への労働者の貢献」に応じて支給する場合についてのものであることに注意が必要です。

表4-1　賞与について示すガイドラインの概要

パート・有期雇用労働者による、会社業績等への貢献の程度	支給額の決定基準
通常の労働者と同一	通常の労働者と同一の賞与を支給しなければならない。
通常の労働者と一定の相違あり	貢献の相違に応じた賞与を支給しなければならない。

　また、ガイドラインは、以下の 表4-2 のとおり、通常の労働者と有期雇用労働者との間で、業務上の目標値の達成・不達成に係る待遇上の不利益の有無に応じて、賞与支給に相違を設けることは許されるとしています。

表4-2 ガイドラインによる問題とならない例

> 　A社においては、通常の労働者であるXは、生産効率及び品質の目標値に対する責任を負っており、当該目標値を達成していない場合、待遇上の不利益を課されている。その一方で、通常の労働者であるYや、有期雇用労働者であるZは、生産効率及び品質の目標値に対する責任を負っておらず、当該目標値を達成していない場合にも、待遇上の不利益を課されていない。A社は、Xに対しては、賞与を支給しているが、YやZに対しては、待遇上の不利益を課していないこととの見合いの範囲内で、賞与を支給していない。

③ 裁判例

　通常の労働者とパート・有期雇用労働者との間での賞与の相違について、これまでの裁判例の動向を見ると以下のとおりであり、一般に、職務の内容等が異なることを前提に、相違が不合理との評価は行わない傾向にあります。もっとも裁判例の中には、正職員への賞与支給額が、基本給のみに連動し、正職員の年齢・成績や使用者の業績にも一切連動しない事案について、賞与の性質を、**賞与算定期間に就労していたことそれ自体に対する対価**とした上で、正職員と契約社員との賞与での待遇差を、一定範囲で不合理と判断したものがあります（後述の大阪医科薬科大学事件）。この裁判例は一般に、賞与は、労務の対価の後払い、功労報償、生活費の補助、労働者の意欲向上等といった多様な趣旨を含み得るとしつつ、当該事案での賞与の性質について、①「賞与算定期間に就労していたことそれ自体に対する対価としての性質を有する」とし、②「賞与にそのような趣旨（筆者注：「長期雇用への期待」）があるとしても、長期雇用を必ずしも前提としない契約職員に正職員の約80％の賞与を支給していることからは、上記の趣旨は付随的なものというべきである。」として、賞与での待遇差は不合理との結論を導いています。筆者としては、上記裁判例が、賞与の性質を上記①と認定することについて具体的根拠を十分に説明しているか疑問があるほか、正社員の賞与の趣旨を検討する上で、なぜ契約社員への賞与支給水準に着目するのかについても疑問があります。既に最高裁へ上訴されていることから、今後、最高裁でどのような判断がなされるのか、その判断内容に注意が必要と考えます。

表4-3 不合理とは評価できないとした事例

【定年退職前の世代での待遇差が問題となった事案】

1　**メトロコマース事件**（東京高判平成31年2月20日）	※再掲
［事案］	［判決の概要］
正社員：夏季と冬季に、本給の2か月分に17万6000円を加算した額を	**（両者の間に職務の内容、職務の内容・配置の変更範囲に大きな違いがあると事実認定した上で、以下のとおり判断）** ①　「一般に、賞与は、月例賃金とは別に支給される一時金であり、対象期間中の労務の対価の後払い、功労報償、生活補償、従業員の意

支給（平成25年度から平成29年度までの平均支給実績）。 契約社員B（有期契約）：夏季と冬季に各12万円支給。	欲向上など様々な趣旨を含み得るものであり、いかなる趣旨で賞与を支給するかは使用者の経営及び人事施策上の裁量判断によるところ、このような賞与の性格を踏まえ、長期雇用を前提とする正社員に対し賞与の支給を手厚くすることにより有為な人材の獲得・定着を図るという第1審被告〔筆者注：会社〕の主張する人事施策上の目的にも一定の合理性が認められることは否定することができない。」 ② 「従業員の年間賃金のうち賞与として支払う部分を設けるか、いかなる割合を賞与とするかは使用者にその経営判断に基づく一定の裁量が認められるものというべき。」 ③ 「契約社員Bに対する賞与の支給額が正社員に対する……平均支給実績と比較して相当低額に抑えられていることは否定することができないものの、その相違が直ちに不合理であると評価することはできない。」

2　日本郵便（東京）事件（東京高判平成30年12月13日）　　　　　　　　※再掲

[事案]	[判決の概要]
正社員：夏季手当及び年末手当の支給あり。 時給制契約社員（有期契約）：臨時手当を支給。 算定方法に違いあり	下記の記載は、原審（東京地判平成29年9月14日労判1164号5頁）から本判決が引用する箇所。 ① 「被告の正社員である新一般職または旧一般職と時給制契約社員との間には、職務の内容並びに職務の内容及び配置の変更の範囲に大きなまたは一定の相違があること」 ② <u>「賞与は、対象期間における労働の対価としての性格だけでなく、功労報償や将来の労働への意欲向上としての意味合いも有するところ、夏期年末手当も同様の意味合いを有することからすると、長期雇用を前提として、将来的に枢要な職務及び責任を担うことが期待される正社員に対する同手当の支給を手厚くすることにより、優秀な人材の獲得や定着を図ることは人事上の施策として一定の合理性があること」</u> ③ 「時給制契約社員に対しても労使交渉の結果に基づいた臨時手当が支給されていること」 ④ 「〔筆者加筆：以上の①〜③〕などの事情を総合考慮すれば、正社員の夏期年末手当と時給制契約社員の臨時手当に関する算定方法等の相違は、不合理と認めることはできない。」

3　井関松山製造所事件（高松高判令和元年7月8日）　　　　　　　　　※再掲

[事案]	[判決の概要]
正社員：賞与制度あり（平均35.9万円〜38.9万円を支給）。 有期契約社員：賞与はなし。寸志を夏季及び冬季に各5万円支給。	下記①の記載は、原審（松山地判平成30年4月24日労判1182号20頁）から本判決が引用する箇所。 ① 「業務に伴う責任の程度が一定程度相違していること、……無期契約労働者に対してより高額な賞与を支給することで、有為な人材の獲得とその定着を図ることにも合理性が認められること、原告ら（筆者注：有期契約労働者）にも……寸志が支給されていること、……有期契約労働者から無期契約労働者になることが可能でその実績もあり、両者の地位は必ずしも固定的でないことを総合して勘案すると、……賞与における原告らと無期契約労働者の相違が不合理

なものであるとまでは認められない。」

② 「賞与は、就業規則や労働契約において支給の定めを置かない限り、当然に支給されるものではないから、賞与を支給するか否かは使用者の経営及び人事施策上の裁量判断によるところ、このような賞与の性格を踏まえ、<u>長期雇用を前提とする正社員（無期契約労働者）に対し賞与の支給を手厚くすることにより有為な人材の獲得・定着を図る</u>という一審被告（筆者注：会社）の主張する人事施策上の目的にも相応の合理性が認められることは否定し得ない。」

4　中央学院大学事件 （東京地判令和元年5月30日）	※再掲

［事案］	［判決の概要］
専任教員（契約期間の定めなし）：賞与及び年度末手当支給あり。 非常勤講師（有期契約）：支給なし。	専任教員と非常勤講師とで、職務の内容に大きな違いがあり、専任教員は、大学運営に関する幅広い業務を行い、これらの業務に伴う責任を負う立場にあることなどを理由に、賞与の相違について、不合理と評価することはできないと判断した。

【定年退職前後の待遇差が問題となった事案】

5　長澤運輸事件 （最二小判平成30年6月1日）	※再掲

［事案］	［判決の概要］
正社員：賞与を支給。 嘱託乗務員（定年退職後に、有期で再雇用された者）：不支給。	① 「嘱託乗務員は、定年退職後に再雇用された者であり、定年退職に当たり退職金の支給を受けるほか、老齢厚生年金の支給を受けることが予定され、その報酬比例部分の支給が開始されるまでの間は被上告人から調整給の支給を受けることも予定されている。また、本件再雇用者採用条件によれば、嘱託乗務員の賃金（年収）は定年退職前の79％程度となることが想定されるものであり、嘱託乗務員の賃金体系は、……嘱託乗務員の収入の安定に配慮しながら、労務の成果が賃金に反映されやすくなるように工夫した内容になっている。」 ② 「これらの事情を総合考慮すると、嘱託乗務員と正社員との職務内容及び変更範囲が同一であり、正社員に対する賞与が基本給の5か月分とされているとの事情を踏まえても、正社員に対して賞与を支給する一方で、嘱託乗務員に対してこれを支給しないという労働条件の相違は、不合理であると評価することができるものとはいえない」

表4-4 不合理と評価した事例

6 　大阪医科薬科大学事件（大阪高判平成31年2月15日）　　　　　　　　※再掲

［事案］	［判決の概要］
正職員：賞与を支給。 アルバイト職員（有期契約）：賞与を不支給。 　なお、契約職員（有期契約）には、正職員の約80％の賞与を支給。	① 「賞与の支給額は、正職員全員を対象とし、基本給にのみ連動するものであって、当該従業員の年齢や成績に連動するものではなく、被控訴人〔筆者注：大学〕の業績にも一切連動していない。このような支給額の決定を踏まえると、被控訴人における賞与は、<u>正職員として被控訴人に在籍していたということ</u>、すなわち、<u>賞与算定期間に就労していたことそれ自体に対する対価としての性質を有するものというほかない</u>。そして、そこには、<u>賞与算定期間における一律の功労の趣旨も含まれるとみるのが相当である</u>。」 ② 「支給額は正職員の年齢にも在職年数にも何ら連動していないのであるから、賞与の趣旨が長期雇用への期待、労働者の側からみれば、長期就労への誘因となるかは疑問な点がないではない。仮に、被控訴人の賞与にそのような趣旨があるとしても、長期雇用を必ずしも前提としない契約職員に正職員の約80％の賞与を支給していることからは、上記の趣旨は付随的なものというべきである。」 ③ 「被控訴人における賞与が、正職員として賞与算定期間に在籍し、就労していたことそれ自体に対する対価としての性質を有する以上、<u>同様に被控訴人に在籍し、就労していたアルバイト職員、とりわけフルタイムのアルバイト職員に対し、額の多寡はあるにせよ、全く支給しないとすることには、合理的な理由を見出すことが困難であり、不合理というしかない</u>。」 ④ 「もっとも、被控訴人の賞与には、功労、<u>付随的にせよ長期就労への誘因という趣旨が含まれ</u>、先にみたとおり、<u>不合理性の判断において使用者の経営判断を尊重すべき面があることも否定し難い</u>。さらに、……正職員とアルバイト職員とでは、実際の職務も採用に際し求められる能力にも相当の相違があったというべきであるから、<u>アルバイト職員の賞与算定期間における功労も相対的に低いことは否めない</u>。これらのことからすれば、フルタイムのアルバイト職員とはいえ、その職員に対する賞与の額を<u>正職員に対すると同額としなければ不合理であるとまではいうことができない</u>。」 ⑤ 「被控訴人が契約職員〔筆者注：有期契約社員〕に対し正職員の約80％の賞与を支払っていることからすれば、控訴人〔筆者注：訴えを提起したアルバイト職員〕に対し、賃金同様、<u>正職員全体のうち平成25年4月1日付け</u>〔筆者注：訴えを提起したアルバイト職員の採用日と近接した日付〕<u>で採用された者と比較対照し、その者の賞与の支給基準の60％を下回る支給しかしない場合は不合理な相違に至るものというべきである</u>。」

退職金の相違の不合理性判断

Q5　退職金について、ガイドラインや裁判例はどのようになっているのでしょうか？

ココがポイント！

　ガイドラインでは、退職金について具体的な言及がされていません。退職金については、一般に、長期雇用を前提とした無期契約労働者に対しては、有為な人材の確保・定着を図るなどの目的をもって退職金制度を設ける一方、本来的に短期雇用を前提とした有期契約労働者に対しては退職金制度を設けないという制度設計をしても、人事施策上不合理であるということはできないと考えられますが、裁判例の中には、一定の範囲で不合理と判断したものがあります。

　解　説 ●●

1　ガイドライン

　通常の労働者と、パート・有期雇用労働者との、退職金（退職手当）での相違について、ガイドラインでは、具体的な記載はなく、「不合理と認められる待遇の相違の解消等が求められる」とされるにとどまっています。

2　裁判例～メトロコマース事件

　退職金については、一般に、賃金の後払い、功労報償など様々な法的性格があることからすると、長期雇用を前提とした無期契約労働者に対しては、有為な人材の確保・定着を図るなどの目的をもって退職金制度を設ける一方、本来的に短期雇用を前提とした有期契約労働者に対しては退職金制度を設けないという制度設計をしても、人事施策上一概に不合理であるということはできないと考えます（メトロコマース事件、東京高判平成31年2月20日）も同じ考えを示しています）。

　もっとも、裁判所は、正社員には勤続年数等に応じて退職金を支給するのに対し、契約社員の一部（契約社員A：無期契約）には退職金を支給するものの、別の契約社員（契約社員B：有期契約）には退職金を支給せず、正社員との待遇差が問題となった事案で、次の①②を考慮して、以下のように判断しました（前掲メトロコマース事件、東京高裁判決）。

表5-1 メトロコマース事件控訴審判決（東京高判平31.2.20）

---

① 有期労働契約は原則として更新され、定年が65歳と定められており、実際にも控訴人Ｘ２及び控訴人Ｘ３（筆者注：いずれも契約社員Ｂ）は定年まで10年前後の長期間にわたって勤務していたこと

② 契約社員Ｂと同じく売店業務に従事している契約社員Ａは、平成28年４月に職種限定社員に名称変更された際に無期契約労働者となるとともに、退職金制度が設けられたこと

以上の①及び②を考慮して

[判旨]
「少なくとも長年の勤務に対する功労報償の性格を有する部分に係る退職金（……正社員と同一の基準に基づいて算定した額の少なくとも４分の１……）すら一切支給しないことについては不合理といわざるを得ない。」と判断しました。

上記の裁判例について、筆者としては、（ⅰ）そもそも、退職金について、功労報償の性格を有する部分とそれ以外の部分を明確に切り分けることができるのか、（ⅱ）仮にできたとしても、本件において、何を根拠に４分の１としたのか、（ⅲ）正社員と契約社員とでは、従事する業務内容及びその業務に伴う責任の程度に大きな相違があり、そのことを待遇の相違の不合理性の判断の上では考慮すべきところ、本件でどのように考慮したのかが定かでない、といった点で疑問が残ります。もっとも、有期雇用労働者において、労働契約が原則として更新されるほか、定年が定められ、長期間にわたって勤務し続ける場合には、退職金の相違の不合理性について言及した、上記裁判例に留意すべきと考えます。

なお、上記の裁判例は、既に最高裁へ上訴されていることから、今後、最高裁でどのような判断がなされるのか、その判断内容に注意が必要です。

Ｑ6 福利厚生の相違の不合理性判断

福利厚生について正規社員（通常の労働者）と、パート・有期雇用労働者とで違いがあるのですが、ガイドライン・裁判例はどのような状況でしょうか？

ココがポイント！

ガイドラインでは、福利厚生施設及び慶弔休暇などについて、同一の取扱いを求めています。裁判例では、法定外休暇や、病気休暇・休職などで、待遇の相違の不合理性について、判断が分かれています。

解 説 ●●

1 福利厚生

　福利厚生について、通常の労働者と、パート・有期雇用労働者とで違いを設けているケースが、一般に企業において見られるところであり、この違いについても、不合理な待遇差として問題となる場面があります。

2 ガイドライン

　ガイドラインでは、以下のとおりとされています。

表6-1 福利厚生に関するガイドラインの考え方と問題とならない例

項　目	原則となる考え方	問題とならない例【抜粋】
福利厚生施設 （給食施設・休憩室・更衣室）	通常の労働者と同一の事業所で働く短時間・有期雇用労働者には、通常の労働者と同一の福利厚生施設の利用を認めなければならない。	
転勤者用社宅	通常の労働者と同一の支給要件（例えば、転勤の有無、扶養家族の有無、住宅の賃貸または収入の額）を満たす短時間・有期雇用労働者には、通常の労働者と同一の転勤者用社宅の利用を認めなければならない。	
慶弔休暇	短時間・有期雇用労働者にも、通常の労働者と同一の慶弔休暇の付与を行わなければならない。	A社においては、通常の労働者であるXと同様の出勤日が設定されている短時間労働者であるYに対しては、通常の労働者と同様に慶弔休暇を付与しているが、週2日の勤務の短時間労働者であるZに対しては、勤務日の振替での対応を基本としつつ、振替が困難な場合のみ慶弔休暇を付与している。
健康診断に伴う勤務免除・有給保障 （当該健康診断を勤務時間中に受診する場合の当該受診時間に係る給与の保障）	短時間・有期雇用労働者にも、通常の労働者と同一の健康診断に伴う勤務免除及び有給の保障を行わなければならない。	

項　目	原則となる考え方	問題とならない例【抜粋】
病気休職	短時間労働者（有期雇用労働者である場合を除く。）には、通常の労働者と同一の病気休職の取得を認めなければならない。また、有期雇用労働者にも、労働契約が終了するまでの期間を踏まえて、病気休職の取得を認めなければならない。	A社においては、労働契約の期間が1年である有期雇用労働者であるXについて、病気休職の期間は労働契約の期間が終了する日までとしている。 【筆者注：病気休職の期間を労働契約の期間が終了する日までとした場合でも、当該契約終了時に雇止めが認められるか否かは別問題であり、労契法19条等に従って判断されることになります。】
法定外の有給の休暇その他の法定外の休暇（慶弔休暇を除く。）**のうち、勤続期間に応じて取得を認めるもの**	通常の労働者と同一の勤続期間である短時間・有期雇用労働者には、通常の労働者と同一の法定外の有給の休暇その他の法定外の休暇を付与しなければならない。 なお、期間の定めのある労働契約を更新している場合には、当初の労働契約の開始時から通算して勤続期間を評価することを要する。	A社においては、長期勤続者を対象とするリフレッシュ休暇について、業務に従事した時間全体を通じた貢献に対する報償という趣旨で付与していることから、通常の労働者であるXに対しては、勤続10年で3日、20年で5日、30年で7日の休暇を付与しており、短時間労働者であるYに対しては、所定労働時間に比例した日数を付与している。

3 裁判例

●1● 法定外休暇（夏期冬期休暇）

　正社員には夏期冬期休暇があるものの、時給制契約社員（有期契約）には同休暇がないことの待遇差について、不合理か否かが争点となった事案で、裁判所は、以下の 表6-2 のとおり、待遇差が不合理との判断をしているものの、その範囲については、判断が分かれています（ 1 2 いずれも同じ会社での事件（日本郵便事件））。以下の 1 2 の裁判例は、既に最高裁へ上訴されていることから、今後、最高裁がどのように判断するのか、その判断内容に注意が必要と考えます。

表6-2 法定外休暇（夏期冬期休暇）に関する裁判例

1	**日本郵便（東京）事件**（東京高判平成30年12月13日）　　　　　　　　　　※再掲 ＊日本郵便（佐賀）事件（福岡高判平成30.5.24労経速2352号3頁）も結論において同じ。
[結論] <u>**待遇差は不合理**</u>	[判決の概要] 　夏期及び冬期休暇について、「官公庁及び大多数の民間企業等にお

いて夏期冬期休暇が設けられており、これは、夏期は古くから祖先を祀るお盆の行事、年末から正月三が日にかけて夏期と同様に帰省するなどの国民的な習慣や意識などを背景に、官公庁や大多数の民間企業等で制度化されてきたものであり、夏期及び冬期に休日に加えて休暇を取得することは、職種や繁忙期等との関係で取得時期や日数に差異があることは別として、一般的に広く採用されていることは公知の事実である。」「このように、夏期冬期休暇の趣旨は、内容の違いはあれ、一般的に広く採用されている制度を第1審被告においても採用したものと解される。したがって、第1審被告の従業員のうち正社員に対して上記の夏期冬期休暇を付与する一方で、時給制契約社員に対してこれを付与しないという労働条件の相違は、不合理であると評価することができる」

| 2 | 日本郵便（大阪）事件（大阪高判平成31年1月24日） | ※再掲 |

[結論]

通算契約期間が5年を超えた日以降の待遇差は不合理

[判決の概要]

　「長期雇用を前提とする正社員と原則として短期雇用を前提とする本件契約社員との間で、異なる制度や運用を採用すること自体は、相応の合理性があるというべきであり、本件比較対象正社員に対して付与される夏期冬期休暇が本件契約社員に対しては付与されないという相違が存在することは、直ちに不合理であると評価することはできない」としつつ、有期労働契約の通算契約期間が長期間に及んだ場合には、夏期冬期休暇について相違を設ける根拠は薄弱であるとして、通算契約期間が5年を超えた日以降の待遇の相違は不合理と判断した。

●2● 病気休暇・休職

　私傷病での病気休暇・休職について、正社員と時給制契約社員（有期契約）とで、私傷病での病気休暇と休職について以下のとおり待遇差がある事案で、裁判所の判断は 表6-3 のとおり、分かれています（ 3 ～ 5 いずれも同じ会社（日本郵便事件）、 3 5 の事案では私傷病での病気休暇のみが争点）。この点について、最高裁へ上訴されていることから、今後、最高裁がどのような判断をするのか、その判断内容に注意が必要と考えます。

	私傷病での病気休暇	休職
正社員	結核性疾患以外は少なくとも90日。有給。	あり
時給制契約社員	10日のみ。無給。	なし

表6-3 病気休暇・休職に関する裁判例

3　日本郵便（東京）事件（東京高判平成30年12月13日）　　　　　　　　　　　※再掲	
［結論］ （病気休暇の）**日数差**について、**不合理との認定なし。**しかし、**有給か否かの相違は不合理。**	**［判決の概要］** 「病気休暇は、労働者の健康保持のため、私傷病により勤務できなくなった場合に、療養に専念させるための制度」とした上で、「長期雇用を前提とした正社員に対し、日数の制限なく病気休暇を認めているのに対し、契約期間が限定され、短時間勤務の者も含まれる時給制契約社員に対し病気休暇を1年度において10日の範囲内で認めている労働条件の相違は、その<u>日数の点においては、不合理であると評価することができるものとはいえない</u>。しかし、<u>正社員に対し私傷病の場合は有給</u>（一定期間を超える期間については、基本給の月額及び調整手当を半減して支給）とし、<u>時給制契約社員に対し私傷病の場合も無給としている労働条件の相違は、不合理であると評価することができる</u>」と判断。

4　日本郵便（休職）事件（東京高判平成30年10月25日労経速2386号3頁）	
［結論］ 病気休暇及び休職についての待遇差は**不合理との認定なし。**	**［判決の概要］** 「病気休暇は、労働者の健康保持のため、私傷病によって勤務することができない場合に療養に専念させるための制度であり、正社員の病気休暇に関し、これを有給のものとしている趣旨は、正社員として継続して就労をしてきたことに対する評価の観点、今後も長期にわたって就労を続けることによる貢献を期待し、有為な人材の確保、定着を図るという観点」等によるものと解することができ、「一定の合理的な理由があるものと認められる。」 「これに対し、時給制契約社員については、①期間を6か月以内と定めて雇用し、長期間継続した雇用が当然に想定されるものではなく、……継続して就労してきたことに対する評価の観点、有為な人材の確保、定着を図るという観点が直ちに当てはまるものとはいえない。また、……②期間雇用社員の私傷病による欠務については、私傷病による欠務の届出があり、かつ診断書が提出された場合には、……問責の対象としない取扱いがされて……いる……。③そして、このような場合に、社会保険に加入している期間雇用社員については、一定の要件の下で傷病手当金を受給することができるため、著しい欠務状況でない限り、事実上は、ある程度の金銭的補てんのある療養が相当な期間にわたって可能な状態にあるという事情があるものと認められる。」【数字は筆者が加筆】 以上を前提に、病気休暇の待遇についての相違は不合理と評価することができるとまではいえないと判断（休職についても、基本的に同じ理由から、不合理と評価することができるとまではいえないと判断）。

| 5 | 日本郵便（大阪）事件（大阪高判平成31年1月24日）　※再掲 |

[結論]	[判決の概要]
病気休暇について、通算契約期間が5年を超えた日以降の<u>待遇差は不合理</u>。	「長期雇用を前提とする正社員と原則として短期雇用を前提とする本件契約社員との間で、病気休暇について異なる制度や運用を採用すること自体は、相応の合理性があるというべきであり、一審被告における本件契約社員と本件比較対象正社員との間で病気休暇の期間やその間有給とするか否かについての<u>相違が存在することは、直ちに不合理であると評価することはできない</u>」としつつ、有期労働契約の通算契約期間が長期間に及んだ場合には、病気休暇について相違を設ける根拠は薄弱との観点から、<u>通算契約期間が5年を超えた日以降の待遇の相違は不合理</u>と判断した。

●3● 欠勤控除

　私傷病で欠勤した場合の賃金控除について、以下の待遇差がある場合に、その待遇差が不合理か否かが争点となった事案（前掲**大阪医科薬科大学事件、大阪高判平成31年2月15日**）で、裁判所は、以下の 表6-4 のとおり判断しました。以下の裁判例についても、既に最高裁へ上訴されていることから、今後、最高裁がどのように判断するのか、その判断内容に注意が必要と考えます。

正職員	6カ月間は賃金が全額支払われる。 6カ月経過後は、休職が命ぜられた上で休職給として標準賃金の2割が支払われる。
アルバイト職員（有期契約）	上記の支払いなし。

表6-4　欠勤控除に関する裁判例

| 6 | 大阪医科薬科大学事件（大阪高判平成31年2月15日）　※再掲 |

[結論]	[判決の概要]
フルタイム勤務で契約期間を更新しているアルバイト職員に対し、私傷病による賃金支給につき1か月分、休職給の支給につき2か月分を下回る支給しかしないときは、<u>待遇の相違は不合理</u>と認定。	「被控訴人が私傷病によって労務を提供することができない状態の正職員に対して一定期間の賃金や休職給を支払う旨を定める趣旨は、正職員として長期にわたり継続して就労をしてきたことに対する評価または将来にわたり継続して就労をすることに対する期待から、正職員の生活に対する保障を図る点にあると解される。」 　「しかし、アルバイト職員も契約期間の更新はされるので、その限度では一定期間の継続した就労もし得る。アルバイト職員であってもフルタイムで勤務し、一定の習熟をした者については、被控訴人の職務に対する貢献の度合いもそれなりに存するものといえ、一概に代替性が高いとはいい難い部分もあり得る。そのようなアルバイト職員に

は生活保障の必要性があることも否定し難いことからすると、アルバイト職員であるというだけで、一律に私傷病による欠勤中の賃金支給や休職給の支給を行わないことには、合理性があるとはいい難い。」

「フルタイム勤務で契約期間を更新しているアルバイト職員に対して、私傷病による欠勤中の賃金支給を一切行わないこと、休職給の支給を一切行わないことは不合理というべきである。」

「もっとも、正職員とアルバイト職員の、長期間継続した就労を行うことの可能性、それに対する期待についての本来的な相違を考慮すると、被控訴人の正職員とアルバイト職員との間において、私傷病により就労をすることができない期間の賃金の支給や休職給の支給について一定の相違があること自体は、一概に不合理とまではいえない。」

「アルバイト職員の契約期間は更新があり得るとしても１年であるのが原則であり、当然に長期雇用が前提とされているわけではないことを勘案すると、私傷病による賃金支給につき１か月分、休職給の支給につき２か月分（合計３か月、雇用期間１年の４分の１）を下回る支給しかしないときは、正職員との労働条件の相違が不合理であるというべきである。」

● 4 ● その他（医療費補助、褒賞、祝金）

　その他、医療費補助、褒賞及び祝金の相違が問題となった裁判例としては以下の事案があります。以下の 7 9 のとおり、そもそも労働契約の内容である労働条件ではないとして、違法ではないと判断されています。

表6-5　その他の福利厚生に関する裁判例

7　大阪医科薬科大学事件（大阪高判平成31年2月15日）　　　　　　　　　　　　※再掲	
［事案］規定内規で、職員等が附属病院を受診する際の医療費補助措置について定めがあり、その対象について運用で、正職員は含めるものの、アルバイト職員（有期契約）は含めない取扱いがされていたところ、その差が不合理な労働条件の相違に該当するかが問題となった事案	［結論］ **不合理との認定なし。**

［判決の概要］

　「附属病院受診の際の医療費補助措置は、恩恵的な措置というべきであって、労働条件に含まれるとはいえず、正職員とアルバイト職員との間の相違は労契法20条に違反する不合理な労働条件の相違とはいえない」

　「同制度は、被控訴人との一定の関係を有する者に恩恵的に施されるものであって、労働契約の一部として何らかの対価として支出されるものではないというべき」である。

　「医療費補助措置の対象者が必ずしも労働契約の当事者のみに限られず、被控訴人の学生等広範な者が対象となっていることからすれば、これを労働契約の内容とみるのは困難といわざるを得ない。」

8	メトロコマース事件（東京高判平成31年2月20日）	※再掲

[事案] 正社員に対しては、褒賞として、勤続10年等に金銭等が支給されるのに対し、契約社員（有期契約）には支給がないという待遇差が不合理かが問題となった事案

[結論]
不合理と認定。

[判決の概要]

　当該会社において褒賞取扱要領に基づいて行われる褒賞の趣旨について、「業務の内容にかかわらず一定期間勤続した従業員に対する褒賞」とし、「その限りでは正社員と契約社員Bとで変わりはない。そして、契約社員Bについても、その有期労働契約は原則として更新され、定年が65歳と定められており、長期間勤続することが少なくない」と認定した上で、「労働条件の相違は、不合理であると評価することができる」と判断した。

9	北日本放送事件（富山地判平成30年12月19日）	※再掲

[事案] 正社員に対しては、祝金の支給があるものの、再雇用社員（有期契約）には祝金の支給がなされていないとして、待遇差が問題とされた事案

[結論]
不合理との認定なし。

[判決の概要]

　「被告の賃金規定及び再雇用者就業規則上、祝金に関する定めはなく、被告における記念年度等において、被告の決算状況等に鑑み、従業員に対する祝儀の趣旨で祝金を支給することがあるというものであることが認められる。」

　「祝金は、専ら被告の裁量に基づき支給されるものであって、これが労働契約法20条にいう「労働契約の内容である労働条件」に当たるとはいえず、祝金の支給に関する有期契約労働者と無期契約労働者の相違について同条の適用は問題とならない。」

Q7　不合理か否かのチェック

待遇差が不合理か否かのチェックに際しては、どのような点に留意すべきでしょうか？

ココがポイント！

　①社内での対象者を把握した後、②待遇差の有無・程度を整理し、③待遇差がある場合には、待遇の性質や目的を検討した上で、その内容を踏まえ、④待遇差が不合理か否かを、（ⅰ）職務内容、（ⅱ）職務内容・配置の変更範囲、（ⅲ）その他の事情のうち、当該待遇の性質及び目的のうち、適切と認められるものを考慮して、検討することになります。

解 説 ●●●

1 社内での対象者の把握

パート・有期労働法が定める、不合理な待遇差の禁止や、差別的取扱いの禁止（以下まとめて「不合理な待遇差の禁止等」といいます。8条、9条）で保護対象となる労働者は、パート・有期雇用労働者です。その上で、不合理な待遇差の禁止等との関係で、パート・有期雇用労働者の待遇を改善する場合には、事業主の人件費に影響が生じることになります。

したがって、事業主としては、不合理な待遇差の禁止等への対応等を検討する上で、まずは、①**現時点**で、パート・有期雇用労働者が、どの部署に、どの程度存在するか、②**今後**、パート・有期雇用労働者がどの程度存在する見通しか、検討しておくべきです。

2 待遇差の有無・程度の整理

以上のとおり、社内に存在する、パート・有期雇用労働者の数などを把握した上で、次に、通常の労働者とパート・有期雇用労働者との間での、待遇差の有無・程度を整理することになります。

●1● 待遇差の比較対象者

待遇を、パート・有期雇用労働者と比較すべき「通常の労働者」とは、パート・有期雇用労働者と同一の事業主に雇用される無期雇用フルタイム労働者となります。この点、行政は指針や通達等[1]で、通常の労働者の中に、様々な雇用管理区分がある場合（例えば、総合職、一般職など）でも、比較対象は、事業主が雇用する「全ての通常の労働者」としています。このような行政解釈については、待遇差が不合理か否かの検証を、事業主に対し、広く求めるものであり、事業主に過度な要求をするように思われますが、事業主としては、上記の行政解釈からすると、無期フルタイム労働者として複数の雇用管理区分を設けている場合には、全ての雇用管理区分の社員との関係で、パート・有期雇用労働者との待遇差が不合理ではないと言えるか確認・検討することが求められることに留意しておくべきと考えます。比較対象については**Q12**（**93頁**）もご覧ください。

●2● 待遇差の有無の比較単位等

パート・有期労働法8条では、「待遇のそれぞれについて、当該待遇に対応する通常の労働者

---

[1] 短時間・有期雇用労働者及び派遣労働者に対する不合理な待遇の禁止等に関する指針（平成30年12月28日厚生労働省告示第430号、前掲ガイドライン、「短時間労働者及び有期雇用労働者の雇用管理の改善等に関する法律の施行について」平成31年1月30日 基発0130第1号・職発0130第6号・雇均発0130第1号・開発0130第1号）

の待遇との間において」不合理な待遇差が禁じられていることからしますと、通常の労働者と
パート・有期雇用労働者との間での待遇差の有無の比較単位は、待遇（労働条件）全体ではなく、
待遇ごとに比較することになります。

　また、待遇差は、当該待遇の有無・内容（金額等）の違いだけでなく、待遇の適用要件での
差異についても問題となり得ます（例：通勤手当について、正社員は全員が支払われるが、有
期雇用労働者は通勤時間が一定時間以上の場合にのみ支給される）。

　さらに、そもそも「待遇」には、規定等で明記されている待遇だけでなく、規定等では明記
がないものの、労使慣行により労働契約上の効力が認められている待遇（規定等では定められ
ていないものの、特定の工場で独自に設けられた手当など）も含まれることに注意が必要です。

３　待遇差がある場合に、待遇の性質や目的を確認

　パート・有期労働法８条では、待遇差が不合理か否かを判断するに当たり、「当該待遇の性質
及び当該待遇を行う目的に照らして適切と認められるものを考慮」する旨が定められています。
このため、上記２で待遇差がある場合、その待遇差が不合理か否かを判断するに当たっては、
まず、当該待遇について、その性質及び目的を確認する必要があります。この点、当該待遇の
性質や目的が不明であれば、当該待遇の制定当時の資料等を確認すべきですし、それでもなお、
性質や目的が不明であれば、当該待遇の適用要件・効果などから推測するほかなく、その際に
は、労働組合等との話し合いで当該待遇の性質や目的について確認し、文書等で明確にするな
どの対応をとることが望ましいと考えます。

　この点、裁判例においても、待遇の性質等について、当該待遇の適用要件（支給要件）・内容
から認定するものがあります（例えば 表7-1 １ ２ ３ のとおり）。また、会社が、待遇の性
質等を明確にしたとしても、当該待遇の適用要件（支給要件）・内容と整合しなければ、当該待
遇の性質等として、裁判所に認めてもらえない可能性があることに注意が必要です（例えば
表7-1 ２ ３ のとおり）。

表7-1 待遇の性質等と支給要件・内容との整合性を判断した裁判例

１　長澤運輸事件（最二小判平成30年6月1日）　　　　　　　　　　　　　　　　※再掲
「被上告人における精勤手当は、<u>その支給要件及び内容に照らせば</u>、<u>従業員に対して休日以外は１日も欠かさずに出勤することを奨励する趣旨で支給されるもの</u>であるということができる。」 　「被上告人における住宅手当及び家族手当は、<u>その支給要件及び内容に照らせば</u>、前者は<u>従業員の住宅費の負担に対する補助</u>として、後者は<u>従業員の家族を扶養するための生活費に対する補助</u>として、それぞれ支給されるものであるということができる。」 　「被上告人における役付手当は、<u>その支給要件及び内容に照らせば</u>、<u>正社員の中から指定された役付者であることに対して支給されるもの</u>であるということができ」

2 大阪医科薬科大学事件（大阪高判平成31年2月15日） ※再掲

[判決の概要]

「被控訴人における賞与がどのような趣旨を有するものかをみるに、……明確な定めはないものの、……賞与の支給額は、正職員全員を対象とし、基本給にのみ連動するものであって、当該従業員の年齢や成績に連動するものではなく、被控訴人の業績にも一切連動していない。このような支給額の決定を踏まえると、被控訴人における賞与は、正職員として被控訴人に在籍していたということ、すなわち、賞与算定期間に就労していたことそれ自体に対する対価としての性質を有するものというほかない。そして、そこには、賞与算定期間における一律の功労の趣旨も含まれるとみるのが相当である。」

「被控訴人は、被控訴人には、正職員、嘱託職員、契約職員、アルバイト職員という契約形態があり、行う業務の内容、したがって、人材の代替性の程度が異なり、長期雇用への期待が契約形態に応じて段階的に相違することから、正職員や嘱託職員のほか、契約職員には一定の賞与を支給し、長期雇用の期待が乏しいアルバイト職員には全く賞与を支給していないと主張する。先にみた賞与の支給額の決定方法からは、支給額は正職員の年齢にも在職年数にも何ら連動していないのであるから、賞与の趣旨が長期雇用への期待、労働者の側からみれば、長期就労への誘因となるかは疑問な点がないではない。仮に、被控訴人の賞与にそのような趣旨があるとしても、長期雇用を必ずしも前提としない契約職員に正職員の約80％の賞与を支給していることからは、上記の趣旨は付随的なものというべきである」

3 メトロコマース事件（東京高判平成31年2月20日） ※再掲

[判決の概要]

「この住宅手当は、従業員が実際に住宅費を負担しているか否かを問わずに支給されることからすれば、職務内容等を離れて従業員に対する福利厚生及び生活保障の趣旨で支給されるものであり、その手当の名称や扶養家族の有無によって異なる額が支給されることに照らせば、主として従業員の住宅費を中心とした生活費を補助する趣旨で支給されるものと解するのが相当である」

「これに対し、第1審被告は、人事施策として、正社員採用の条件として住宅手当が支給されることを提示することによって採用募集への訴求を図り、有為な人材を確保し、採用後に現に支給することによって有為な人材の定着を図る趣旨であると主張する。しかしながら、第1審被告においてそのような効果を図る意図があるとしても、住宅手当の主たる趣旨は上記のとおりに解される」

4 待遇差が不合理か否かを判断

●1● 不合理か否かの判断要領

　事業主が上記 **3** のとおり、当該待遇の性質及び目的を確認した後には、待遇差が不合理か否かを、（ⅰ）職務内容、（ⅱ）職務内容・配置の変更範囲、（ⅲ）その他の事情のうち、当該待遇の性質及び目的に照らして適切と認められるものを考慮して、検討することになります。

　したがって、通常の労働者とパート・有期雇用労働者とで、「（ⅰ）職務内容」、「（ⅱ）職務内容・配置の変更範囲」に相違を設けた場合でも、当該待遇の性質や目的によっては、不合理な待遇差の禁止（パート・有期労働法8条）違反となる可能性があることに注意が必要です。近時の裁判例でも、「職務の内容並びに当該職務の内容及び配置の変更の範囲に大きな又は一定の相違がある」としつつ、住居手当等について、待遇差が不合理と判断したものがあります（日本郵便（東京）事件、東京高判平成30年12月13日）。

　事業主としては、ガイドラインや裁判例等を参考にするほか、場合によっては、専門家等の意見も確認しながら、待遇差が不合理か否かについて、慎重に検討する必要があります。具体的な検討手順について、下記事案を例にしてご説明します。

事案　正社員（通常の労働者）：住宅手当あり
　　　　契約社員（パート・有期雇用労働者）：住宅手当なし

	検討手順	上記事案での具体的対応の例
1	待遇差が問題となっている、当該待遇の性質及び目的を確認	当該会社における、住宅手当の性質及び目的は、同手当制定当時の労使間でのやり取りの記録からすると、「転居を伴う配転を予定されている従業員は、そのような配転が予定されていない従業員と比較して、住宅に要する費用が多額となり得ることから、住宅に要する費用を補助するために支給するもの」であることを確認。
2	（ⅰ）職務内容、（ⅱ）職務内容・配置の変更範囲、（ⅲ）その他の事情のうち、当該待遇の性質及び目的に照らして適切と認められるものを考慮	住宅手当の性質及び目的が上記のとおりであることから、（ⅰ）職務内容、（ⅱ）職務内容・配置の変更範囲、（ⅲ）その他の事情のうち、「配置の変更範囲」を考慮。
3	不合理と認められるものに当たるか否かを判断	当該会社では、契約社員については就業場所の変更が予定されていないのに対し、正社員については転居を伴う配転が予定されている。したがって、住宅手当の性質及び目的は正社員には当てはまるものの、契約社員には当てはまらない。 ↓ 住宅手当を正社員のみに支給する、待遇の相違は不合理と認められるものに当たらない。

　なお、通常の労働者とパート・有期雇用労働者との間での待遇の相違が不合理な待遇差の禁止（パート・有期雇用法8条）に抵触するか否かの判断は、最終的には裁判所が判断することになります。この点、不合理な待遇差の禁止に抵触するか否かはあくまでも、「不合理と評価することができるものであるか」が問題となっているのであり（ハマキョウレックス事件、最二

小判平成30年6月1日）、適法となるためには、待遇の相違が「合理的」であることまで求められていません。したがって、待遇の相違が合理的とまで言えずとも、不合理とまでは評価できない限り、裁判所は、適法と判断することになります。また、待遇の「有無」に相違がなく、あくまでも、待遇の「程度」での相違にとどまる場合（手当支給の有無では相違がないものの、支給額には違いがある場合など）には特に、経営の専門家でない裁判所としては、待遇差が不合理とまで言えるかについて、当該会社における個別の事情や経営判断を踏まえて慎重に判断するべきと、筆者としては考えます。

　以上を前提に、（ⅰ）職務内容、（ⅱ）職務内容・配置の変更範囲、（ⅲ）その他の事情とは、いかなる事情を指すのかを見ていくと、以下のとおりとなります。

●2● 「（ⅰ）職務内容」、「（ⅱ）職務内容・配置の変更範囲」

　「（ⅰ）職務内容」とは、業務の内容及び当該業務に伴う責任の程度を指すと解されています。
　また、「（ⅱ）職務内容・配置の変更範囲」については、通常は、転勤（勤務先事業所の変更）の有無・範囲、職務内容・配置の変更（勤務先事業所の変更に関わらない）の有無・範囲の順で検討することになり、その際に、まずは、就業規則上の文言で、変更の有無・範囲などに違いがあるか否かを判断することになります。もっとも、就業規則上で変更の有無・範囲に違いがある場合でも、実態として大きな差があるとは認められない場合には、職務の内容及び配置の変更の範囲が同一と判断される場合があり得ますので注意が必要です（正社員とパートタイム労働者とで、規則上は配置の変更の有無に違いがあるものの、実態に着目し、配置の変更が同一と判断した裁判例として、ニヤクコーポレーション事件、大分地判平成25年12月10日労判1090号44頁）。
　通常の労働者とパート・有期雇用労働者とで、「（ⅰ）職務内容」、「（ⅱ）職務内容・配置の変更範囲」が同一か否かの判断要領については、具体的には、15頁をご覧ください。
　なお、通常の労働者とパート・有期雇用労働者との間で待遇差があり、両者間で「（ⅰ）職務内容」、「（ⅱ）職務内容・配置の変更範囲」が仮に同一である場合、当該パート・有期雇用労働者は、不合理な待遇差の禁止（パート・有期労働法8条）でなく、差別的取扱いの禁止（パート・有期労働法9条）の適用対象となり、事業主は、「短時間・有期雇用労働者であることを理由として、基本給、賞与その他の待遇のそれぞれについて、差別的取扱いをしてはならない。」ことになります。この場合、事業主としては、待遇差が、「短時間・有期雇用労働者」であることを理由としたものではなく、それ以外の合理的理由に基づくもの（例：労働時間が短いことに比例した取扱いの差違）であることを積極的に主張立証しなければ、差別的取扱いの禁止に反するものとして、違法となり得ることに注意が必要です。

●3● 「(ⅲ) その他の事情」

「(ⅲ) その他の事情」としては、「(ⅰ) 職務内容」、「(ⅱ) 職務内容・配置の変更範囲」に関連する事情に限定されるものではなく、それ以外の事情も含まれるものと解されています（長澤運輸事件、最二小判平成30年6月1日）。具体的に、いかなる事情が「(ⅲ) その他の事情」として考慮され得るかについては、当該待遇の性質、目的などによって異なることに注意すべきです。以下では行政通達や裁判例で挙げられている内容を見ていきます。

① 行政通達

行政通達では、「(ⅲ) その他の事情」として、「職務の成果、能力、経験、合理的な労使の慣行、事業主と労働組合との間の交渉といった労使交渉の経緯などの諸事情」が挙げられています。

② 裁判例

裁判例で考慮された事情について、いくつかをご紹介します。

(ア) 定年退職後に再雇用された者であること

定年退職後に、再雇用制度により、パート・有期雇用労働者となり、その際に設定された待遇と、通常の労働者の待遇との相違差が問題になる場合があります。裁判例の中には、待遇差が不合理か否かを判断するに当たり、「有期契約労働者が定年退職後に再雇用された者であること」を、「その他の事情」として挙げるものがあります（**長澤運輸事件、最二小判平成30年6月1日**、ガイドラインも同じ）。この点について詳しくは**Q 11**（85頁）をご覧ください。

(イ) 他の待遇を踏まえて決定されたこと

通常の労働者には認められた待遇を、パート・有期雇用労働者に認めるか否かについて、パート・有期雇用労働者に認められた他の待遇を踏まえて決定された、との事情も、有期契約労働者と無期契約労働者との個々の待遇での相違が不合理と認められるか否かを判断するに当たり、考慮されることになります。具体的に裁判で問題となった事案としては、以下のとおりです。

表7-2 「他の待遇を踏まえて決定されたこと」を考慮した裁判例

4　長澤運輸事件（最二小判平成30年6月1日）　　　　　　　　　　　　　※再掲
[事案] 正社員に対し、基本給、能率給及び職務給を支給するものの、嘱託乗務員に対しては、基本賃金及び歩合給を支給していたところ、嘱託乗務員に対し、能率給及び職務給を支給していない待遇差が問題となった。

[裁判所の判断]

「ある賃金項目の有無及び内容が、他の賃金項目の有無及び内容を踏まえて決定される場合もあり得るところ、そのような事情も、有期契約労働者と無期契約労働者との個々の賃金項目に係る労働条件の相違が不合理と認められるものであるか否かを判断するに当たり考慮されることになるものと解される」

（当該会社の）「賃金体系の定め方に鑑みれば、被上告人は、嘱託乗務員について、正社員と異なる賃金体系を採用するに当たり、職種に応じて額が定められる職務給を支給しない代わりに、基本賃金の額を定年退職時の基本給の水準以上とすることによって収入の安定に配慮するとともに、歩合給に係る係数を能率給よりも高く設定することによって労務の成果が賃金に反映されやすくなるように工夫しているということができる。そうである以上、嘱託乗務員に対して能率給及び職務給が支給されないこと等による労働条件の相違が不合理と認められるものであるか否かの判断に当たっては、嘱託乗務員の基本賃金及び歩合給が、正社員の基本給、能率給及び職務給に対応するものであることを考慮する必要があるというべきである」

（以上を前提に、嘱託乗務員の基本賃金及び歩合給の合計額と、正社員の基本給、能率給及び職務給の合計額とを比較するなどをした結果、正社員に対して能率給及び職務給を支給する一方で、嘱託乗務員に対して能率給及び職務給を支給せずに歩合給を支給するという相違は不合理と認められるものに当たらない、と判断した。）

　もっとも、このように、通常の労働者とパート・有期雇用労働者との、個々の待遇項目での待遇差が、パート・有期雇用労働者に認められた他の待遇を踏まえて決定されたケースに該当するか（すなわち合理的な代償措置があると言い得るか）については慎重に判断する必要があります。この点については、以下のハマキョウレックス（第二次差戻後控訴審）事件（ 表7-3 ）が参考になります。

表7-3 「合理的な代償措置」に該当するか否かを判断した裁判例

5　ハマキョウレックス（第二次差戻後控訴審）事件（大阪高判平成30年12月21日）

[事案] 正社員には皆勤手当が支給される一方で、契約社員（有期雇用労働者）には、皆勤手当の支給がないとの待遇差がある事案で、契約社員の時給増減の評価において、皆勤を奨励する趣旨で翌年の時給の増額がなされ得る部分があることをもって、合理的な代償措置と位置づけ、待遇差は不合理と認められるものに当たらないと評価出来るかが問題になった。

[裁判所の判断]

　（契約社員の）「時給の増額は、①そもそも皆勤の評価が直ちに賃金に反映するのか不確実な制度であるというだけでなく、②控訴人のように再雇用がなされ、他の評価項目も年間を通して高評価であり、皆勤の事実が事実上昇給に反映されていると見得る余地がある場合であっても、皆勤手当（月額1万円、年額12万円）と比べると、わずかな金額（最大でも月額504円、年額6048円程度）にすぎないのであるから、契約社員である乗務員について、皆勤を奨励する趣旨で翌年の時給の増額がなされ得る部分があることをもって、皆勤手当を不支給とする合理的な代償措置と位置づけることはできない。」 ※番号は筆者が加筆

（ウ）長期雇用の事実

　　裁判例の中には、**長期雇用の事実**を、「その他の事情」として挙げるものがあります。具体的には、①基本給の相違が問題となった事案で、「1か月ないし1年の短期という条件で、しかも大学病院開院当時の人員不足を補う目的のために4年間に限り臨時職員として採用された有期契約労働者が、30年以上もの長期にわたり雇い止めもなく雇用されるという、その採用当時に予定していなかった雇用状態が生じたという事情」を「その他の事情」として挙げ、基本給の相違について一定の範囲で不合理と判断したものがあります（産業医科大学事件、福岡高判平成30年11月29日労判1198号63頁）。もっとも、筆者としては、この裁判例について、基本給の性質等を十分に検討することもなく、契約期間の長短を過度に重視する判断として疑問が残るところです）。また、その他にも、通常の労働者とパート・有期雇用労働者との間での、②退職金での相違、③年末年始勤務手当、祝日給、法定外休暇（夏期冬期休暇）、病気休暇での相違が不合理と認められるかが問題となった事案で長期雇用の事実を考慮し、待遇の相違は不合理と判断した裁判例があります（上記②について、定年が65歳と定められ、定年まで10年前後勤務していたことを考慮したものとして前掲メトロコマース事件判決、上記③について、通算契約期間が5年を超えた事情を考慮したものとして日本郵便（大阪）事件（大阪高判平成31年1月24日））。

（エ）通常の労働者への登用制度

　　パート・有期労働法13条は、事業主に対し、通常の労働者への転換を推進するため、一定の措置を講じることを義務付けていることなどから、企業によっては、パート・有期雇用労働者から通常の労働者への登用制度を設ける場合があります。こうした制度がある場合には、①通常の労働者とパート有期雇用労働者の地位が必ずしも固定的なものでないこと、②それぞれの職務及び採用に際し求められる能力が異なること、を示す「その他の事情」として、待遇の相違は不合理との評価を妨げる方向に働く余地があるものと考えます。この点で参考になる裁判例としては、以下のとおりです。なお、上記①に関しては、正社員への登用実績が少ないのであれば、「その他の事情」として重視されない可能性があることに注意が必要です。

表7-4　「通常の労働者への登用制度」を考慮した裁判例

6	日本郵便（東京）事件（東京高判平成30年12月13日） ※再掲

「正社員の登用制度が用意され、継続的に、一定数の時給制契約社員が正社員に登用され、正社員と時給制契約社員の地位が必ずしも固定的なものでないことは、労契法20条の不合理性の判断においても「その他の事情」として考慮すべき事情であるということができる。」
「上記登用制度により正社員に登用されるためには、人事評価や勤続年数等に関する応募

要件を満たす必要があり、その応募要件を満たした応募者の合格率も高いとはいえない上、実際に正社員に登用された時給制契約社員は平均すると1年に二千数百人であって、時給制契約社員の従業員数16万6983人……に比べ多数といえないから、多くの時給制契約社員には正社員に登用される可能性は大きくないと言わざるを得ない。加えて、上記登用制度が実施されなかった年度もあったことからすれば、上記登用制度が用意されていることを『その他の事情』として考慮するとしても、これを重視することは相当でない。」

---

7 大阪医科薬科大学事件（大阪高判平成31年2月15日）　　　　　　　※再掲

「被控訴人の正職員は、期間を定めず、部署を限定せずに採用し、かつ、多数の応募者の中から選定して採用するものであること、アルバイト職員は、期間を定め、特定の業務に限定し、正職員から業務指示を受けることを前提として募集及び採用をしていたことが認められる。このことからは、正職員は、将来にわたってどの部署にも適応し得る能力を有する者を選抜して採用しているのに対し、アルバイト職員は、定型的かつ簡便な作業を行う能力のある者を採用していたということができる。

このように、正職員とアルバイト職員とでは、実際の職務も、配転の可能性も、採用に際し求められる能力にも相当の相違があったというべきである。<u>被控訴人が、アルバイト職員から契約職員、契約職員から正職員へと登用される道を開く登用試験を実施していたことも……、それぞれの職務及び採用に際し求められる能力が異なっていたことを示すものである。</u>」

（オ）経営判断、労使交渉

　　その他に、裁判例では「雇用及び人事に関する経営判断」や、「団体交渉等による労使自治」も不合理か否かを評価する上での事情として挙げられています（**前掲ハマキョウレックス事件最高裁判決**、**長澤運輸事件最高裁判決**）。この点、**前掲日本郵便（大阪）事件**での、以下の内容も参考になります（**表7-5**）。

表7-5「経営判断」、「労使交渉」を考慮した裁判例

8 日本郵便（大阪）事件（大阪高判平成31年1月24日）　　　　　　　※再掲

[判旨]

「一審被告において、<u>正社員の待遇を手厚くすることで有為な人材の長期的確保を図る必要があるとの事情</u>や<u>一審被告における各労働条件が労使協議を経て設定されたという事情</u>がある。これら事情は、相応の重みのある労契法20条所定の『その他の事情』であり、労働条件の相違が不合理であるとの評価を妨げる事情ということができる」

表7-6 「（ⅲ）その他の事情」として考え得る事情

・職務の成果、能力、経験
・合理的な労使の慣行
・事業主と労働組合との間の交渉といった労使交渉の経緯
・定年退職後に再雇用された者であること
・他の待遇を踏まえて決定されたこと
・長期雇用の事実
・通常の労働者への登用制度
・経営判断、労使交渉　　　など

Q8　待遇差の解消方法

不合理な待遇差の解消方法としてはどのような方法がありますか？

ココがポイント！

　方法としては、①パート・有期雇用労働者の待遇を引き上げる、②通常の労働者の待遇を引き下げる、③パート・有期雇用労働者の職務内容等を限定させる、④無期雇用フルタイム労働者に転換させるなどが考えられますが、法的または労務管理上、留意すべき点があります。

A　解説 ●●●

1　待遇差が不合理と認められる場合の対応

　通常の労働者とパート・有期雇用労働者との間での待遇差について、検討の結果、不合理な待遇差の禁止（パート・有期労働法8条）に反すると判断されるリスクがある場合に、そのリスクを解消するために考えられる対応について、右の場合を事例に挙げて、検討していきます。

| 通常の労働者 | ：家族手当の支給あり |
| パート・有期雇用労働者 | ：家族手当の支給なし |

2　考えられる対応

検討1 ● パート・有期雇用労働者の待遇を引き上げる

　不合理な待遇差の禁止に反すると判断されるリスクを解消するための、最も単純な方法としては、パート・有期雇用労働者の待遇を、不合理な待遇差の禁止等に反しない程度にまで、引き上げることが考えられます。上記の事例で言えば、例えば、家族手当を、パート・有期雇用

労働者にも、通常の労働者と同額支給することが考えられます。

この場合、待遇を引き上げるのに伴い、事業主として留意すべき点がいくつかあります。まず、①パート・有期雇用労働者の待遇を引き上げることにより、一般に、事業主としては人件費が増加することになります。②また、不合理な待遇差を禁じる法規制自体は、今回の法改正前から既に存在し（パートタイム労働法8条、労契法20条）、今回の法改正は、その内容を明確にするものにすぎないことからすると、今回の法改正を機に待遇を引き上げた場合、これまでの待遇差があったことは適法だったのかについて疑義が生じる可能性がありますので、当該待遇のこれまでの取扱いが違法と判断されるリスクの程度及び遡及払いの要否等についても検討・確認しておかれる方がよいでしょう。

なお、パート・有期雇用労働者の待遇を引き上げる場合でも、不合理な待遇差と判断されるリスクを解消させるために、どの程度引き上げるか（通常の労働者の待遇と完全に一致させるか、それとも、一定程度の差を残すか）については、当該待遇の趣旨等に基づき、裁判例等を踏まえ、検討することになります。一定程度の待遇差を残す場合には、パート・有期雇用労働者との間で、その待遇について説明・協議手続きを丁寧に行った上で、パート・有期雇用労働者の待遇を設定するのが、不合理な待遇差と判断されるリスクを払拭する上で望ましいと考えます。

検討 2 ● 通常の労働者の待遇を引き下げる

■不利益変更の合理性

不合理な待遇差の禁止に反すると判断されるリスクを解消するための方法としては、通常の労働者の待遇を、労働協約や就業規則の変更により、引き下げることも考えられます。前述の事例で言えば、例えば、通常の労働者について、家族手当をなくすことが考えられます。

もっとも、この場合、通常の労働者の勤務意欲に悪影響が生じる懸念があるだけでなく、法的問題としては、既存の通常の労働者の待遇を下げる点で、不利益変更に当たります。この不利益変更が有効となるために、事業主としては、①労働協約で新たな労働条件を締結するか（労組法16条）、②就業規則の変更により労働条件の不利益変更を行うことになり（なお、労働協約で定められている待遇を不利益変更する場合に、変更が有効になるためには、就業規則の変更だけでは足らず、労働協約の変更も必要となります）、上記②が有効になるためには、就業規則の変更について対象労働者と合意するか（労契法9条）、または、就業規則の変更について合理性を持たせ周知させる（労契法10条）などといった、高いハードルを乗り越える必要があります。このうち、就業規則の変更について「合理性」が認められるか否かは、「労働者の受ける不利益の程度」、「労働条件の変更の必要性」、「変更後の就業規則の内容の相当性」、「労働組合等との交渉の状況」、「その他の就業規則の変更に係る事情」を総合考慮し

て判断するものとされており、判断基準が不明確であることから、訴訟となった際に、「合理性」が認められるか否かの判断が非常に難しいと言わざるを得ません。

　以上を前提にしつつ、既存の通常の労働者の待遇を引き下げることを内容とした、就業規則の変更に、「合理性」が認められやすくするための方法としては、通常の労働者との間で、待遇の引き下げについて説明・協議手続を丁寧に行うこと（前述の「労働組合等との交渉の状況」に関わる事情）のほか、代償措置や経過措置をとることが考えられます（前述の「変更後の就業規則の内容の相当性」に関わる事情）。例えば、代償措置としては、前述の例で言えば、通常の労働者について、家族手当をなくすことで待遇差を解消するとともに、通常の労働者の基本給額を、家族手当相当分引き上げることで、賃金総額の減少を免れさせ、実質上の不利益を避ける方法が考えられます。もっとも、このように代償措置などをとる場合にも、いくつかの点に留意する必要があります。まず、（ⅰ）一般に、家族手当、通勤手当、別居手当、住宅手当など一定の手当は、割増賃金の算定基礎から除外することができますが（労基法37条5項、労基則21条）、基本給であれば、割増賃金の算定基礎に含めることになりますので、手当をなくすとともに基本給を上げる場合には、割増賃金の単価が上がることになります。また、（ⅱ）就業規則の変更による場合には、変更に「合理性」が認められるか否かの判断自体が難しく、代償措置などをとったとしても、前述のとおり、「労働者の受ける不利益の程度」、「労働条件の変更の必要性」等を総合考慮した結果、変更に「合理性」が認められない場合もあり得ることに注意が必要です。

　なお、通常の労働者について、パート・有期雇用労働者との間で相違が生じている手当をなくす（または引き下げる）ことにより、形式上待遇差を解消したように見える場合でも、手当をなくすとともに基本給を手当相当分引き上げるという代償措置をとる限り、実質的には、基本給内に手当が存続し、未だ待遇差が残ったままであるとして、不合理な待遇差の禁止違反が継続していると評価されるかが問題となり得ます。この点については、否定した裁判例があります（九水運輸商事事件、福岡高判平成30年9月20日労判1195号88頁）。具体的には、①会社は、給与規程に基づき、通勤手当を正社員には1万円、パート社員（有期雇用）には5000円を支給、②その後、会社は給与規程を改定し

> [判旨]　　　（九水運輸商事事件、福岡高判平30.9.20）
> 職能給は社員の職務能力に応じ個別に決定する旨を定めていて……、本件改定後に正社員に支給されている職能給と通勤手当とは、別個の賃金であるといえるから、上記減額及び増額が同時にされたことやその変動額が対応していることをもって、直ちに職能給の一部が通勤手当に当たると認めることはできない。また、労働契約法20条は、労働条件の相違が不合理と評価されるか否かを問題とするものであり、その解消のために無期契約労働者の通勤手当が減額されたとしても、そのことが同条に違反すると解することもできない。したがって、労働契約法20条違反の状態が継続しているとの1審原告らの上記主張を採用することはできない。

て、正社員の通勤手当を5000円減額すると同時に、職能給を1万円増額したところ、パート社員からは、1万円増額のうち5000円は通勤手当減額の対価であるから、改定後も労契法20条違反が継続しているとの主張がされた事案であり、裁判所は、給与規程の改定前については労契法20条違反と判断しつつ、改定後については、前頁の判旨のとおりとし、労契法20条違反を否定しており、参考になります。

検討 3 ● パート・有期雇用労働者の職務内容等を限定させる

不合理な待遇差の禁止に反すると判断されるリスクを解消するための方法として、パート・有期雇用労働者の職務内容や、職務の内容及び配置の変更範囲を限定し、通常の労働者と、パート・有期雇用労働者との間で違いを設けることで対応しようとする場合があるかもしれません。

しかし、このように職務内容等を限定しても、不合理な待遇差の禁止という法的問題を必ずしもクリアできるわけではないことに留意が必要です。すなわち、そもそも待遇差が不合理か否かの判断は、（ⅰ）まずは、その待遇の性質や目的を明らかにした上で、（ⅱ）その性質や目的を踏まえると、その待遇に関連する考慮要素は「職務の内容」、「職務の内容・配置の変更の範囲」「その他の事情」のうち、いずれであるかを判断し、その上で（ⅲ）その考慮要素に基づいて、通常の労働者と、パート・有期雇用労働者との待遇差が不合理ではないと言えるのかを判断することになります。したがって、待遇の性質や目的次第では、職務の内容等において、通常の労働者と、パート・有期雇用労働者との間に違いを設けても、待遇差が不合理との判断は免れない場合があります。裁判例を見ても、有期労働契約社員と、正社員との間での年末年始勤務手当、住宅手当や夏季冬期休暇の相違について、不合理か否かが問題となった事案で、裁判所は、「職務の内容並びに当該職務の内容及び配置の変更の範囲に大きなまたは一定の相違がある」としつつ、年末年始勤務手当、住宅手当や夏季冬期休暇の相違について、それらの待遇の趣旨から検討した上で、待遇差は不合理と判断しています（前掲日本郵便（東京）事件）。

以上のとおり、不合理な待遇差と判断されるリスクを解消する方法として、パート・有期雇用労働者の職務内容等を限定することで対応しようとしても、待遇差が不合理との判断を必ずしも免れるものではない、という法的問題があるほか、労務管理上、懸念すべき点として、パート・有期雇用労働者等に対する人事権が限定的になるほか、パート・有期雇用労働者の勤務意欲減少のおそれがある点にも留意が必要と考えます。

検討 4 ● 無期雇用フルタイム労働者に転換させる

通常の労働者とパート・有期雇用労働者との間で待遇差がある場合に、不合理な待遇差の禁止に反すると判断されるリスクを解消する方法としては、パート・有期雇用労働者を、無期雇用フルタイム労働者に転換させることが考えられます。不合理な待遇差の禁止での保護対象は、

あくまでもパート・有期雇用労働者であり、無期雇用フルタイム労働者であれば、もはや不合理な待遇差の禁止での保護対象にはならないと解されるからです。もっとも、パート・有期雇用労働者から、無期雇用フルタイム労働者に転換された者であっても、パート・有期労働法8条の類推適用またはその趣旨を踏まえた公序法理によって司法救済の対象になり得るとする見解（水町勇一郎著『「同一労働同一賃金」のすべて（新版）』（有斐閣）74〜75頁ほか）もあります。

　無期雇用・フルタイム労働者に転換させる場合には、雇用形態が有期から無期に変わる（又は勤務時間がパートタイムからフルタイムに変更となる）点で、パート・有期雇用労働者からの同意が必要と考えます。

　また、通常の労働者と、定年後に高齢者雇用確保措置（高年法*1　9条）として有期契約で継続雇用された者との間で待遇差がある場合には、不合理な待遇差の禁止に反すると判断されるリスクを解消する方法としては、高齢者雇用確保措置として行う措置を、継続雇用（有期契約）から、定年の引上げ（無期契約）に変更、不合理な待遇差の禁止の保護対象である、有期契約労働者とはしないことが考えられます。もっとも、通常の労働者について、定年の引上げに伴い、定年前の期間の昇給幅を下げる、退職金の支給時期を遅らせる等の制度変更をする場合には、上記❷と同じく、不利益変更の問題が生じます。

表8-1　待遇差の解消方法

	検討内容	留意点
1	パート・有期雇用労働者の待遇を引き上げる	・人件費の増加。 ・当該待遇のこれまでの取扱いが違法と判断されるリスクの程度及び遡及払いの要否等についての検討・確認
2	通常の労働者の待遇を引き下げる	・正社員の勤務意欲への悪影響のおそれあり。 ・不利益変更の問題あり。
3	パート・有期雇用労働者の職務内容等を限定させる	・左記の限定をしても、待遇差が不合理との判断を必ずしも免れるものではない。 ・有期雇用労働者等に対する人事権が限定的になるほか、有期雇用労働者等の勤務意欲減少のおそれあり。
4	無期雇用フルタイム労働者に転換させる	・パート・有期雇用労働者からの同意が必要。 ・通常の労働者と、定年後に継続雇用された者との待遇差についてのリスクを解消するため、定年を引き上げた際に、通常の労働者について、不利益変更の問題が生じる場合がある。

---

*1　高齢者等の雇用の安定等に関する法律

●まとめ●

　不合理な待遇差と判断されるリスクを解消する方法としては、以上のとおり、様々な方法が考えられますが、それぞれについては、事業主として法的または労務管理上、留意すべき点があり、どれを採用するかについては、事業主として個別の事情を踏まえて、判断していくことになります。

就業規則の規定、待遇差の説明

　待遇差が不合理でないように整理した上で、規則上で、どのような点に留意すべきでしょうか？　また、従業員から説明を求められた場合に、どのような点に注意すべきでしょうか？

ココがポイント！

　規則上で、当該待遇の性質や目的について記載するのが望ましい。また、待遇差が不合理でない理由について、①職務の内容での違いや、②職務内容及び配置の変更範囲での違いを挙げる場合には、それらの違いも規則上で明らかにすることが望ましい。さらに、従業員から説明を求められた場合に確実に十分な説明ができるようにするため、待遇の相違の内容及び理由を記載した説明書をあらかじめ準備しておくのが望ましい。

A 解　説 ●●●

1 規則への明確化

　通常の労働者の待遇と、パート・有期雇用労働者の待遇との間での、不合理と認められる相違を設けることは禁じられており、また、相違が不合理か否かは、①職務内容、②職務内容及び配置の変更範囲、③その他の事情のうち、当該待遇の性質及び当該待遇を行う目的に照らして適切と認められるものを考慮して判断されます（パート・有期労働法8条）。

　したがって、通常の労働者とパート・有期雇用労働者との間で待遇の相違を設けるのであれば、その相違が不合理ではないことを示すために、当該待遇の性質や目的を確認する必要があります。当該待遇の性質や目的が不明であれば、当該待遇の適用要件などから推測するほかなく、その際には、労働組合等との話し合いで当該待遇の性質や目的について確認し、文書等で明確にするなどの対応をとることが望ましいと考えます。

　その上で、当該待遇の性質や目的に照らして、待遇の相違は不合理ではないと評価しうる場合、または不合理ではないと評価しうるように待遇を見直すなどの対応を採った場合には、就

業規則や、賃金関係の規則などに、以下のとおり、当該待遇の性質や目的を明文化しておくことが望ましいと言えます。規則に明文化することで、当該待遇の相違が不合理か否かについて訴訟等で紛争となった場合や、待遇の相違の理由について説明を求められた場合に、当該待遇の性質や目的について立証や説明をしやすくなるからです。

【正社員賃金規定】

（基本給）

第○条　会社は、正社員が、長期にわたり就労する中で、様々な部署及び役職において職務を遂行し、その能力を発揮することを期待して、正社員に対し、別紙○のとおり、職務遂行能力に応じた基本給を支給する。

（○○手当）

第○条　会社は、正社員に対し、○○のために、○○手当を支給する。

【有期契約社員賃金規定】

（基本給）

第○条　会社は、有期契約社員が、定型的補助業務に従事することへの対価として、別紙○のとおり、職務内容に応じた基本給を支給する。

　また、通常の労働者と、パート・有期雇用労働者との待遇の相違が不合理でない理由として、当該待遇の性質及び当該待遇を行う目的に照らし、①職務の内容での違いや、②職務内容及び配置の変更範囲での違いを挙げる場合には、そうした違いがあることについて、立証できるように用意しておくことが重要です。この点、通常の労働者とパート・有期雇用労働者との間での、「配置の変更範囲」の違いについては、一般に就業規則上での、配置転換に関する条項から明確ですが、「職務内容」の違いや、「職務内容の変更範囲」の違いについては、就業規則では明確でないケースが多いものと考えられます。そこで、これらの違いを明確にするため、就業規則や、賃金関係の規則などに、以下のように、労働者の種類ごとに、「職務内容」、「職務内容の変更範囲」に関する記載を入れておくことが考えられます。

第○○条（社員の種類と職務内容）

1　正社員とは、職務及び勤務地の限定がなく、様々な部署及び役職で、非定型的な企画業務等に従事し、一定の成果を出すほか、将来、会社の中枢を担う職務に就くことが期待される要員として、会社との間で、期間の定めのない労働契約を締結し、雇用された者を言う。

2　有期契約社員とは、職務及び勤務地が限定され、定型的な補助業務を行うことが予定された者として、会社との間で有期の労働契約を締結し、雇用された者を言う。

---

2 待遇の相違の内容及び理由を説明できるようにすること

　法改正により、事業主は、パート・有期雇用労働者から求めがあった場合には、通常の労働者との間での、待遇の相違の内容及び理由について説明義務が課されるようになりました（パート・有期労働法14条2項）。ここでいう「待遇の相違の内容」とは、具体的には、①比較対象となる無期雇用フルタイム労働者との間での、待遇に関する基準の相違の有無、②比較対象となる無期雇用フルタイム労働者とパート・有期雇用労働者それぞれの待遇の個別具体的内容または待遇に関する基準（賃金表など）となります（指針*1第3の2(2)）。

　また、「比較対象となる無期雇用フルタイム労働者」とは、同一の事業主に雇用される無期雇用フルタイム労働者のうち、その職務の内容、職務内容・配置の変更範囲等が、パート・有期雇用労働者の職務の内容、職務内容・配置の変更範囲等に最も近いと事業主が判断する無期雇用フルタイム労働者となります（同指針第3の2(1)）。

　その上で事業主が、比較対象による説明方法としては、パート・有期雇用労働者が理解することが出来るように、資料（就業規則や賃金表など）を活用しながら口頭で説明することが基本とされています。但し、説明すべき事項をすべて記載した資料で、パート・有期雇用労働者が容易に理解できるものを用いる場合には、その資料を交付する方法でも差し支えないと解されています（指針第3の2(4)）。

　パート・有期雇用労働者からの求めに対し、事業主が十分に説明できない場合には、そのことは、パート・有期雇用労働者が、均衡・均等待遇規定（パート・有期労働法8条、9条）違反を訴訟で主張する際に、事業主が待遇の相違の合理性を基礎づける理由として主張する事実について、その信ぴょう性を疑わせる事情になり得るものと考えられます（菅野和夫著『労働法（第12版）』（弘文堂）373頁。なお、行政通達*2でも、「待遇の相違の内容等について十分な説明をしなかったと認められる場合には、その事実も『その他の事情』に含まれ、不合理性を基礎付ける事情として考慮されうると考えられる」とされています）。したがって、事業主としては、パート・有期雇用労働者から求められた際には、待遇の相違の理由について、確実に、十分な説明をできるように、法改正に先立ち準備すべきです。また、口頭での説明では、説明内容がその都度異なりかねないことから、事業主としては、待遇の相違の内容及び理由を記載した、説明書を準備するのが望ましいと言えます。

　この点、厚生労働省が示している「説明書モデル様式」は **資料1**（**97頁参照**）記載のとおりであり、参考になります。

---

*1　事業主が講ずべき短時間労働者及び有期雇用労働者の雇用管理の改善等に関する措置等についての指針（平成19年10月1日厚生労働省告示第326号、改正：平成30年12月28日厚生労働省告示第429号。以下「パート・有期労働指針」という）
*2　前掲・平成31年1月30日基発0130第1号、職発0130第6号、雇均発0130第1号、開発0130第1号

無期転換者の待遇

Q10　無期転換したときの待遇について、不合理な待遇差の禁止などの関係で、留意すべき点があるのでしょうか？

ココがポイント！

　無期転換により、無期フルタイム勤務者となり、待遇が上がる場合には、不合理な待遇差の禁止等に抵触する可能性が出てきます。具体的には、まず、無期転換後に、①職務の内容、②職務の内容・配置の変更の範囲のいずれもが、無期転換前と同じままである場合には、無期転換していない有期雇用労働者との待遇差が、パート・有期雇用労働者であることを理由とした差別的取扱いに該当して、違法ではないか、確認しておくべきです。次に、上記①②のいずれかが無期転換前とは異なる場合には、無期転換していない有期雇用労働者との間で差が生じている待遇について、（ⅰ）その待遇の性質や目的を確認した上で、（ⅱ）「職務の内容」、「職務の内容・配置の変更の範囲」、「その他の事情」のうち、当該待遇の性質及び目的に照らして適切と認められるものを考慮して、無期転換していない有期雇用労働者との待遇差が不合理ではないと言えるのか、確認しておくべきです。

　解　説 ●●

1　無期転換

　有期雇用労働者は、同一の使用者との間で締結する、2以上の有期労働契約の通算契約期間が5年を超える場合には、使用者に対し、無期転換申込権を取得します。その結果、無期転換申込権を、現に締結している有期労働契約の契約期間満了までの間に行使したときは、使用者は当該申込みを承諾したものとみなされ（労契法18条1項）、無期労働契約が成立することになります（いわゆる無期転換）。

2　不合理な待遇差の禁止等の対象

●1●　適用範囲

　パート・有期労働法において、不合理な待遇差の禁止等の保護対象とされているのは、パートタイム労働者及び有期雇用労働者です（パート・有期労働法8条・9条）。したがって、無期フルタイム労働者は、不合理な待遇差の禁止等での保護対象ではなく、無期フルタイム労働者間（例えば、総合職と一般職）で待遇差があっても、不合理な待遇差の禁止等の適用対象にはなりません（**図10-1**　参照）。

図10-1 パート・有期労働法8条・9条の適用対象

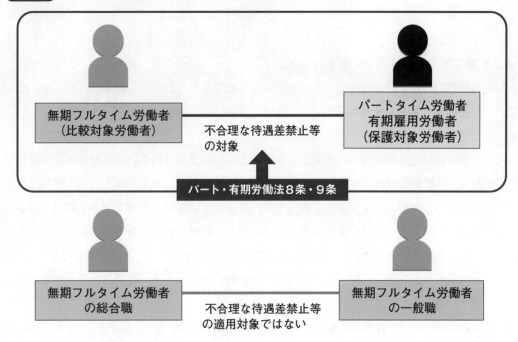

このため、（ⅰ）フルタイム勤務の有期雇用労働者が、無期転換した場合、または（ⅱ）パートタイム勤務の有期雇用労働者が無期転換を機に短時間勤務からフルタイム勤務となった場合には、他の無期フルタイム労働者との間で待遇差があっても、無期フルタイム労働者となった以上は、不合理な待遇差禁止等での保護対象にはならないものと考えます（むしろ、パートタイム労働者や有期雇用労働者との間では、不合理な待遇差禁止等の比較対象として位置づけられるものと考えます）。もっとも、裁判例の中には、通常の労働者には家族手当等を支給するのに対し、有期雇用労働者には支給せず、無期転換後も支給しない旨を規則で定めて支給しなかったことについて、その待遇差が、期間の定めがあることによる不合理な労働条件を禁止した、労契法20条（法改正後は、パート・有期労働法8条に統合）に反するか否かが問題となった事案で、有期雇用労働者について当該待遇差は不合理であり、契約法20条に違反すると判断し、不法行為に基づく損害賠償義務を事業主に認めたうえで、さらに無期転換後についても、規則制定に当たり労働組合と交渉した事情や当該労働者が受け入れたと認めうる事情がない、などとして、損害賠償義務がある旨の判断をしたものがあります（井関松山製造所事件、高松高判令和元年7月8日労判1208号25頁）。この裁判例については、労契法20条での保護対象が、条文上、有期雇用労働者とされていることと整合するのか、筆者としては疑問が残るところであり、既に上訴されていることから、最高裁での判断が待たれるところです。

　なお、有期雇用労働者が、無期転換した場合でも、パートタイム労働者である限りは、無期

転換前と同じく、無期フルタイム労働者との不合理な待遇差禁止等での保護対象であり続けることになります。

●2● 無期転換後の待遇を変更する場合

　有期雇用労働者が、無期転換により、無期雇用労働者となった際の労働条件について、法的には、契約期間を無期にする以外には、それまでの待遇（労働条件）を変更する必要はなく、従前どおりでよいのですが（労契法18条1項後段）、企業によっては、無期転換した際に、その待遇を、正社員に近づけた内容に変更するケースが見られます（例えば、正社員のみが対象となる手当や、休職制度の適用対象にするなど）。こうした対応は、無期転換した者の就労意欲向上に役立つという面がありますが、その一方で、無期転換により、無期**フルタイム**労働者となる場合には、パートタイム労働者や有期雇用労働者との間では比較対象労働者となり、その待遇差は、不合理な待遇差の禁止等に抵触する可能性が出てきますので、注意が必要です。

　以上の点を踏まえると、有期雇用労働者が無期転換した際に、その待遇改善を検討する場合には、以下の点に注意すべきです。

　まず、無期転換後における、①職務の内容、②職務の内容・配置の変更の範囲のいずれもが、無期転換前と同じままになっていないか、確認すべきです。これらのいずれもが無期転換前と同じである場合には、無期転換していない有期雇用労働者との待遇差が、パート・有期雇用労働者であることを理由とした、差別的取扱い（9条）として、待遇差があること自体が違法となる可能性が出てきます。

　また、無期転換後における、①職務の内容または②職務の内容・配置の変更の範囲のいずれ

表10-2　**無期転換時の待遇改善を検討する際に、確認しておくべき事項（まとめ）**

	無期転換前後での相違	確認しておくべき事項
1	①職務の内容、②職務の内容・配置の変更の範囲のいずれもが、無期転換前と同じままである場合	無期転換していない有期雇用労働者との待遇差が、パート・有期雇用労働者であることを理由とした差別的取扱いに該当して、違法ではないか、確認しておくべき。
2	①職務の内容、または②職務の内容・配置の変更の範囲のいずれかが無期転換前とは異なる場合	無期転換していない有期雇用労働者との間で差が生じている待遇について、 （ⅰ）その待遇の性質や目的を確認した上で、 （ⅱ）「職務の内容」、「職務の内容・配置の変更の範囲」、「その他の事情」のうち、当該待遇の性質及び目的に照らして適切と認められるものを考慮して、無期転換していない有期雇用労働者との待遇差が不合理ではないと言えるのか、 を確認しておくべき。

かが、無期転換前と異なる場合であっても、無期転換した際の待遇改善により生じる待遇差が、不合理な待遇差の禁止（8条）に抵触しないように注意する必要があります。具体的対応としては、無期転換した際に改善させた待遇について、（ⅰ）まずは、その待遇の性質や目的を確認した上で、（ⅱ）「職務の内容」、「職務の内容・配置の変更の範囲」、「その他の事情」のうち、当該待遇の性質及び目的に照らして適切と認められるものを考慮して、無期転換していない有期雇用労働者との待遇差が不合理ではないと言えるのか、確認しておくべきです。

Q11 定年後再雇用者の基本給

現在、定年後再雇用者の基本給を見直しているのですが、定年前の正社員の基本給と、どの程度の相違であれば、不合理と判断されないでしょうか。定年後再雇用者の基本給を点検・検討するに当たり留意すべき点を教えてください。

ココがポイント！

裁判例の中には、定年前の約半額という賃金月額の相違について不合理ではないと判断したものもありますが、他方で、時間単価で見ると定年前の半額に満たず、さらに月額給与で見ると定年前の25％になるという労働条件を会社が提案してそれに終始したことについて、高年法の趣旨に反し違法と判断したものもあります。定年後再雇用者の基本給額をどの程度にするかは様々な事情を考慮して個別に検討することになりますが、その際、パート・有期労働法との関係だけでなく、高年法の趣旨にも留意する必要があります。

A 解 説 ●●

1 不合理性の判断方法

パート・有期雇用労働者と通常の労働者との待遇の相違が不合理と認められるか否かは、①職務の内容（業務の内容及び当該業務に伴う責任の程度）、②当該職務の内容及び配置の変更の範囲（以下「変更範囲」）、③その他の事情のうち、当該待遇の性質及び当該待遇を行う目的に照らして適切と認められるものを考慮して判断されます（パート・有期労働法8条）。

「その他の事情」としては、様々な事情が考慮され、定年後再雇用者であるという事情も考慮されますが（長澤運輸事件、最二小判平成30年6月1日）、上記のとおり、不合理性の判断は、それぞれの事案が抱える様々な事情を総合的に考慮して判断されますので、定年後再雇用者であることのみをもって、直ちに通常の労働者との待遇の相違が不合理ではないと認められるわけではありません。

　また、不合理性を検討する際には、それぞれの待遇ごとに比較していくことになりますので、ある手当については不合理と認められなかったとしても、他の手当については不合理と判断されることもあります。

　前掲長澤運輸事件判決でも、「有期契約労働者と無期契約労働者との個々の賃金項目に係る労働条件の相違が不合理と認められるものであるか否かを判断するに当たっては、両者の賃金の総額を比較することのみによるのではなく、当該賃金項目の趣旨を個別に考慮すべきものと解するのが相当である。なお、ある賃金項目の有無及び内容が、他の賃金項目の有無及び内容を踏まえて決定される場合もあり得るところ、そのような事情も、有期契約労働者と無期契約労働者との個々の賃金項目に係る労働条件の相違が不合理と認められるものであるか否かを判断するに当たり考慮されることになるものと解される。」として、各賃金項目を個別に検討した結果、大部分の賃金項目の相違については不合理と認めませんでしたが、精勤手当については、嘱託乗務員（定年後再雇用者）と正社員との職務内容が同一である以上、その皆勤を奨励する必要性に相違はないとして、嘱託乗務員に対する同手当の不支給及び同手当を算定基礎に含めていなかった超勤手当（時間外手当）の相違については不合理と判断しました。

2 ガイドラインにおける基本給の考え方

　同一労働同一賃金ガイドラインは、基本給について、労働者の「能力または経験」、「業績または成果」、「勤続年数」に応じて支給する場合は、それぞれの要素について、パート・有期雇用労働者が通常の労働者と同一である場合は同一の基本給を、一定の相違がある場合にはその相違に応じた基本給を支給しなければならないとしています。

　上記の考え方は、通常の労働者とパート・有期雇用労働者との間で賃金の決定基準・ルールが同一であるときの考え方を示したものですが、実際には、両者の賃金の決定基準・ルールが異なる場合の方が多いと思われます。

　この点、ガイドラインは、通常の労働者とパート・有期雇用労働者との間に賃金の決定基準・ルールの相違がある場合について、「通常の労働者と短時間・有期雇用労働者との間で将来の役割期待が異なるため、賃金の決定基準・ルールが異なる」等の主観的または抽象的な説明では足りず、「賃金の決定基準・ルールの相違は、通常の労働者と短時間・有期雇用労働者の職務の内容、当該職務の内容及び配置の変更の範囲その他の事情のうち、当該待遇の性質及び当該待遇を行う目的に照らして適切と認められるものの客観的及び具体的な実態に照らして、不合理と認められるものであってはならない。」としています。

3 裁判例

　定年後再雇用者の基本給を検討するに当たり、参考となる裁判例（労契法20条違反が争われ

たもの）を以下にご紹介します。

表11-1 基本給相当部分の相違を不合理と認めなかった裁判例

1 長澤運輸事件（最二小判平成30年6月1日） ※再掲

［事案］	［判決の概要］
嘱託乗務員（定年後再雇用者）の年収（賞与を含む）は定年退職前の79％程度。 基本給相当部分※は、正社員の基準で試算した場合の金額より約2〜12％少なかった。 ※正社員：基本給＋能率給＋職務給 　嘱託乗務員：基本賃金＋歩合給 （なお、嘱託乗務員と正社員の職務内容及び変更範囲は同一であった。）	裁判所は、基本給相当部分について、 (a)「嘱託乗務員について、正社員と異なる賃金体系を採用するに当たり、職種に応じて額が定められる職務給を支給しない代わりに、基本賃金の額を定年退職時の基本給の水準以上とすることによって収入の安定に配慮するとともに、歩合給に係る係数を能率給よりも高く設定することによって労務の成果が賃金に反映されやすくなるように工夫している」こと (b)「嘱託乗務員に対して能率給及び職務給が支給されないこと等による労働条件の相違が不合理と認められるものであるか否かの判断に当たっては、嘱託乗務員の基本賃金及び歩合給が、正社員の基本給、能率給及び職務給に対応するものであることを考慮する必要がある」こと (c)「基本賃金及び歩合給を合計した金額並びに本件試算賃金につき基本給、能率給及び職務給を合計した金額を上告人ごとに計算すると、前者の金額は後者の金額より少ないが、その差は上告人X1につき約10％、上告人X2につき約12％、上告人X3につき約2％にとどまっている」こと (d)「嘱託乗務員は定年退職後に再雇用された者であり、一定の要件を満たせば老齢厚生年金の支給を受けることができる上、被上告人は、本件組合との団体交渉を経て、老齢厚生年金の報酬比例部分の支給が開始されるまでの間、嘱託乗務員に対して2万円の調整給を支給することとしている」こと を考慮して、基本給相当部分の相違は不合理ではないと判断。

2 学究社事件（東京地裁立川支判平成30年1月29日労判1176号5頁）

［事案］	［判決の概要］
定年後再雇用者の賃金は退職前の30〜40％前後を目安として設定されていた。	裁判所は、左記相違について (a)定年後再雇用者と正社員の間には職務内容に差があること、(b)原告が定年後再雇用者であることを考慮して、不合理ではないと判断。

3 五島育英会事件（東京高判平成30年10月11日）

［事案］	［判決の概要］
嘱託教諭（定年後再雇用者）の基本給、調整手当及び基本賞与の額は定年退職時	裁判所は、左記相違について、(a)「本件学校における賃金体系は年功的要素が強いものであるところ、このような賃金体系の下では定年直前の賃金が当該労働者のその当時の貢献に比して高い水準となり、このように、年功的要素を含む賃金体系においては就労開始から定年

の基本給の約6割の額と規定されていた。（なお、嘱託教諭と退職年度の専任教諭（無期契約労働者）の職務内容及び変更範囲は実質的には変わらない。）

退職までの全期間を通じて賃金の均衡が図られていることとの関係上、定年退職を迎えて一旦このような無期労働契約が解消された後に新たに締結された労働契約における賃金が定年退職直前の賃金と比較して低額となることは当該労働者の貢献と賃金との均衡という観点からは見やすい道理であり、それ自体が不合理であるということはできず、この理は、本件定年規程が高年齢者等の雇用の安定等に関する法律上の高年齢者雇用確保措置の対象年限たる65歳を超える雇用継続を前提とした制度であることを考慮すれば尚更であるといえる」こと、(b)労使間の交渉及び合意を経ていること等を理由に、不合理ではないと判断。

4 日本ビューホテル事件 （東京地判平成30年11月21日労経速2365号3頁）

[事案]

事業所内規において、定年後再雇用初年度及び2年度の年俸金額は260万円、それ以降、原則として段階的に減額する旨が定められていた。

定年後再雇用時の原告の賃金月額は定年退職時の約半額となった。

[判決の概要]

裁判所は、左記相違について、(a)定年退職前と職務内容が大きく異なり、変更範囲にも運用上相違があること、(b)定年退職時の年俸額は、その職務内容に照らすと役職定年後の激変緩和措置として高額に設定されていたこと、(c)正社員の賃金制度は長期雇用を前提として年功的性格を含みながら様々な役職に就くことに対応するように設計されたものである一方、定年後再雇用者の賃金制度は長期雇用を前提とせず年功的性格を含まず、原則として役職に就くことも予定されておらず、その賃金制度の前提が全く異なること、(d)雇用保険法は定年退職後に再雇用された者の賃金を補填する趣旨で高年齢者雇用継続基本給付金を支給するものとしているのであり、同給付金が支給されることや老齢厚生年金の支給開始年齢に達することは、定年退職後の再雇用における賃金制度を設計するにあたり、具体的賃金額の決定の基礎となり得るものであること、(e)定年後再雇用時の賃金額は、職務内容が近似する一般職の正社員との比較においては不合理に低いとまではいえないこと等から、本件では賃金額の決定過程で労使協議が行われていなかったが、不合理ではないと判断。

5 北日本放送事件 （富山地判平成30年12月19日） ※再掲

[事案]

再雇用社員の基本給は、就業規則上は、個別に労働契約書において定めることとされていたが、一律に時給1570円とされていた。

原告（定年後再雇用者）の平均月額賃金（基本給）は正社員時の約73%となった。

[判決の概要]

裁判所は、左記相違について、(a)正社員と定年後再雇用者とでは職務内容が大きく異なり、変更範囲も異なっていること、(b)原告は定年後再雇用者であり、「雇用保険法が、定年を迎えた者が再就職した場合のある月の賃金額が、同人が60歳に到達したときの賃金月額（原則として、60歳に到達する前6か月間の平均賃金）の61パーセント未満にまで下がることを想定している」こと、(c)再雇用社員の基本給に関する労働条件は、会社と組合の間で十分に行われた労使協議を踏まえて定められたものであること、(d)定年後再雇用時の月収は、高年齢雇用継続給付金及び企業年金を加えると、正社員時の基本給を上回ることから、不合理ではないと判断。

表11-2 大幅に賃金が減少する定年後再雇用時の労働条件を提示し、それに終始した行為が違法と判断された裁判例

6 **九州惣菜事件**（福岡高判平成29年9月7日労判1167号49頁）

［事案］	［判決の概要］
会社が定年を迎える社員に提案した定年後再雇用時の賃金が、時給に換算すると定年前の半額にも満たないものであり、さらに、短時間勤務となるため、月額賃金でみれば定年前の約25％になるものであったため、当該社員が同意せず、再雇用されなかった事案	裁判所は、定年後再雇用契約は締結されていないこと等から、労契法20条違反は認めなかったが、「同法（筆者注：高年法）9条1項に基づく高年齢者雇用確保措置を講じる義務は、事業主に定年退職者の希望に合致した労働条件の雇用を義務付けるといった私法上の効力を有するものではないものの、その趣旨・内容に鑑みれば、労働契約法制に係る公序の一内容を為しているというべきであるから、同法（同措置）の趣旨に反する事業主の行為、例えば、再雇用について、極めて不合理であって、労働者である高年齢者の希望・期待に著しく反し、到底受け入れ難いような労働条件を提示する行為は、継続雇用制度の導入の趣旨に違反した違法性を有するものであり、事業主の負う高年齢者雇用確保措置を講じる義務の反射的効果として当該高年齢者が有する、上記措置の合理的運用により65歳までの安定的雇用を享受できるという法的保護に値する利益を侵害する不法行為となり得る」と述べた上で、継続雇用制度（高年法9条1項2号）は、高年齢者の65歳までの「安定した」雇用確保措置の1つであることを重視し、⒜定年の前後における労働条件の継続性・連続性が一定程度、確保されることが前提ないし原則となると解するのが相当であること、⒝例外的に、定年退職前のものと継続性・連続性に欠ける（あるいはそれが乏しい）労働条件の提示が継続雇用制度の下で許容されるためには、同提示を正当化する合理的な理由が存することが必要であること、⒞本件では、会社が提案した定年後再雇用の労働条件は、月収ベースの賃金の約75％減少につながるような短時間労働者への転換であり、定年退職前の労働条件との継続性・連続性を一定程度確保するものとは到底いえないし、そのような大幅な賃金の減少を正当化する合理的理由も認められないことから、会社が大幅に賃金が減少する定年後再雇用時の労働条件を提示してそれに終始したことは、高年法の継続雇用制度の導入の趣旨に反し、裁量権を逸脱または濫用したもので、違法性があり、不法行為が成立するとして、慰謝料100万円を認めた（なお、慰謝料の算定に当たり、会社に有利な事情として、本人が、遺族厚生年金を受給しており、仮に再雇用されていた場合は高年齢雇用継続基本給付金も受給できる見込みであったことなどから、会社の提案内容は、直ちに控訴人の生活に破綻を来すようなものではなかったことを考慮）。 　（なお、上告棄却、上告受理申立ての不受理により判決確定（最一小決平成30年3月1日））

4 定年後再雇用者の基本給を点検・検討する際の留意点

留意点 ① ● すべての「通常の労働者」との関係で相違の理由を説明できるか確認

　定年後再雇用者と通常の労働者の基本給に相違がある場合、そのような相違を設けた理由を整理・確認しておく必要があります。

　その際、比較対象となる「通常の労働者」とは、事業主と期間の定めのない労働契約を締結しているフルタイム労働者を指しますので、いわゆる正社員だけでなく、地域限定正社員や無期転換社員等であっても無期・フルタイム雇用労働者であれば「通常の労働者」に当たります。そして、訴訟等になった場合、労働者側がどの社員の基本給を比較対象として主張するか分かりませんので、会社としては、どの「通常の労働者」との関係でも、待遇差の理由を説明できるように準備しておくべきでしょう（詳細は **Q12**（93頁）参照）。

留意点 ② ● 相違の不合理性を点検・検討する際の視点

ア　定年後再雇用者と通常の労働者の賃金体系の異同

　定年後再雇用者の基本給の決定基準・ルールが通常の労働者と同じものである場合は、基本的には、前記ガイドラインを参考にして、基本給の決定要素に応じた部分ついて、定年後再雇用者が通常の労働者と同一である場合は同一の基本給、一定の相違がある場合にはその相違に応じた基本給となっているかを確認していくことになるでしょう。

　もっとも、実際には、定年後再雇用者の基本給の決定基準・ルールが通常の労働者とは異なるものである場合が多いと思われます。その場合は、基本給の決定基準・ルールの相違が不合理ではないことについて、通常の労働者と定年後再雇用者の職務内容や変更範囲の違い、その他の事情から、客観的・具体的に説明できるかを確認しておく必要があります。たとえば、「正社員については長期雇用を前提に、様々な職務や勤務地及び役職に就くことを通じて、会社の職務全般を遂行しうる能力を向上させることが期待されており、そのため賃金制度は職能給としている。それに対して、定年後再雇用者の賃金制度は長期雇用を前提としておらず、担当職務も限定されており、役職に就くことも想定されていないため、職務給制度としている」といった説明を就業規則等の規定や客観的な実態に基づいて具体的に行えるように整理しておく必要があります（規定が不十分である場合は、規定の整備も検討すべきでしょう）。

　また、不合理性の判断は賃金項目ごとに行われますが、ある賃金項目の有無及び内容が、他の賃金項目の有無及び内容を踏まえて決定されたような場合、そのような事情も考慮されますので（前掲長澤運輸事件）、基本給が他の賃金項目の内容を踏まえて決定されたといった事情がある場合は、当該賃金項目の存在も考慮した説明が考えられます。

イ　基本給額の相違の程度等

　パート・有期労働法8条（不合理な待遇差の禁止）は、パート・有期雇用労働者について、通常の労働者との関係で、前提となる事情の違いに応じた均衡のとれた待遇の確保等を図ろうとするものですので、不合理性の判断に際しては、待遇の相違の程度も考慮されます。

　定年後再雇用者と通常の労働者の基本給の相違の不合理性が争われる裁判では、定年後再雇用者と定年前のフルタイム・無期雇用労働者の基本給の相違が問題とされますが、定年後再雇用者である原告から、職務の内容等が定年退職後の原告と最も類似する「通常の労働者」は、定年退職直前の原告自身であるとの主張がなされ、その結果、原告の定年前後の基本給額の差が考慮されることがあります。したがって、基本給額の相違の程度等を確認する際には、定年後再雇用者と定年前のフルタイム・無期雇用労働者の基本給額を比較するだけでなく、当該定年後再雇用者について定年前後でどの程度の相違が生じるかについても確認しておく方がよいでしょう。

　定年後再雇用者と通常の労働者との基本給額の相違がどの程度まで許容されるかについては、前記のとおり、不合理性の判断は、様々な事情を総合的に考慮して行われますので、一定のラインを設けることは困難ですが、前記 **3** で挙げた裁判例を参考にすると、職務内容及び変更範囲が異なっている場合には、その他の事情にもよりますが、基本給が通常の労働者の半額程度になるとしても不合理ではないと言える場合もあると考えます。

　一方、職務内容及び変更範囲が同一である場合については、長澤運輸事件では1割前後、五島育英会事件では約4割の相違が不合理ではないと判断されましたが、いずれも、それぞれの会社における賃金制度や労使交渉の経緯を考慮した結果ですし、五島育英会事件は定年が65歳であり、65歳以降の定年後再雇用の事案ですので、他の事案では異なる判断がなされる可能性も否定できません。

　また、職務内容及び変更範囲が同一である場合、パート・有期労働法9条が適用され、基本給の相違が差別的取扱いと判断されるリスクがあります。筆者としては、同条は、「短時間・有期雇用労働者であることを理由として」差別的取扱いをすることを禁止するものであるところ、定年後再雇用者と通常の労働者との待遇差については、「定年後再雇用であることを理由」とするものであり、「短時間・有期雇用労働者であることを理由」とするものではないから、同条で禁じる差別的取扱いには当たらないという解釈もあり得るものと考えます（水町勇一郎著『「同一労働同一賃金」のすべて（新版）』117頁）。しかし、この点についてはまだ確立した見解はありませんので、リスク回避という観点からは、定年後再雇用者の基本給を通常の労働者と異なるものとする場合には、職務内容または変更範囲を変えておく方がよいと考えます。

ウ　老齢厚生年金等の受給

　定年後再雇用者が、老齢厚生年金や高年齢者雇用継続給付金、あるいは企業年金等を受給していることは、不合理性の判断に当たり、「その他の事情」として考慮され得るものですので、定年後再雇用者の基本給額を検討する当たり、老齢厚生年金、高齢者雇用継続給付金、企業年金の受給額を考慮することも可能でしょう。

エ　労使協議の重要性

　定年後再雇用者の待遇を労使間の交渉を経て定めたという事情は、不合理性の判断に当たり「その他の事情」として考慮され得るものです。前掲長澤運輸事件判決も、「労働者の賃金に関する労働条件の在り方については、基本的には、団体交渉等による労使自治に委ねられるべき部分が大きいということもできる。」と述べており、団体交渉等の労使間のプロセスが不合理性の判断に当たり考慮され得ることを示しています。

　したがって、会社としては、現行の定年後再雇用者の賃金制度が、その制定・改正に当たり、労働組合や従業員に十分説明して意見を聴き、一定の調整を行うといったプロセスを踏んだものかどうかを確認するとともに、今後改正を行う際には、そうしたプロセスを踏むことにも留意すべきでしょう。

留意点 ❸ ● 高年法の趣旨との関係

　裁判例の中には、(a)会社が定年を迎える者に対し、定年前より大幅に賃金が減少する労働条件を提示してそれに終始したことについて、高年法の継続雇用制度の導入の趣旨に反するとして違法性を認めたもの（前掲九州惣菜事件）、あるいは、(b)「定年後の継続雇用としてどのような労働条件を提示するかについては一定の裁量があるとしても、提示した労働条件が、無年金・無収入の期間の発生を防ぐという趣旨に照らして到底容認できないような低額の給与水準であったり、社会通念に照らし当該労働者にとって到底受け入れ難いような職務内容を提示するなど実質的に継続雇用の機会を与えたとは認められない場合においては、当該事業者の対応は改正高年法の趣旨に明らかに反するものであるといわざるを得ない。」（トヨタ自動車ほか事件、名古屋高判平成28年9月28日労判1146号22頁）とするものもありますので、定年前より大幅に賃金が減少する労働条件を提示する場合には、高年法との関係でも注意が必要です。

　「高年齢者雇用確保措置の実施及び運用に関する指針」（平成24年11月9日厚生労働省告示560号。4(1)(2)）では、定年後再雇用者等の「賃金・人事処遇制度の見直しが必要な場合」の留意点として、「年齢的要素を重視する賃金・人事処遇制度から、能力、職務等の要素を重視する制度に向けた見直しに努めること。この場合においては、当該制度が、その雇用する高年齢者の雇用及び生活の安定にも配慮した、計画的かつ段階的なものとなるよう努めること。」「継続雇用制度を導入する場合における継続雇用後の賃金については、継続雇用されている高年齢者

の就業の実態、生活の安定等を考慮し、適切なものとなるよう努めること。」とされており、定年後再雇用者の基本給の制度設計に当たっては、定年後再雇用者の生活の安定に対する配慮（激変緩和措置等）という視点も持っておく方がよいでしょう。

なお、令和2年2月4日に高年法の一部改正を含む法律案が国会に提出され、同改正案では、事業主に対し、65歳から70歳までの高年齢者就業確保措置を講ずる努力義務が定められています。定年後再雇用者の賃金制度の設計に当たっては、こうした高年齢者に関する法律の改正や社会の動向もみながら、定年前の従業員の賃金制度に対する影響等も考慮して検討する必要がありますが、定年後再雇用者のモチベーション維持も重要な課題であり、定年後再雇用者に対する評価制度を整え、成果等が反映されるような賃金制度にする等の工夫も必要になってくるでしょう。

留意点 4 ● 相違の理由等に関する説明の準備

会社は、定年後再雇用者から求められた場合は、定年後再雇用者と通常の労働者との間の待遇の相違の理由等を説明する必要があります（パート・有期労働法14条2項）。説明を求められたにもかかわらず十分な説明をしなかった場合、待遇の相違の不合理性を基礎づける事情となり得ます。したがって、説明を求められた場合には速やかに十分な説明ができるように、相違の内容及び理由を整理して説明内容を文書にまとめておく方がよいでしょう。

なお、説明する際に比較の対象となる「通常の労働者」とは、職務内容及び変更範囲等が、定年後再雇用者の職務内容及び変更範囲等に最も近いと会社が判断する通常の労働者とされています（前掲通達第3の10(6)）。

Q 12 定年後再雇用者と比較対象労働者

当社には、無期フルタイム労働者として、正社員のほか、地域限定社員や職種限定社員がおり、それぞれ異なる賃金制度が適用されています。このような場合、定年後再雇用者の賃金の相違が不合理であるかどうかはどの社員と比較すればよいのでしょうか？

ココがポイント！

裁判例の中には、労働者が特定する無期契約労働者の待遇と比較すべきとするものもありますし、通達では、事業主が雇用する「全ての通常の労働者」との間で、不合理と認められる待遇の相違を設けてはならないとされていますので、正社員、地域限定社員及び職種限定社員のいずれとの関係でも、定年後再雇用者の賃金の相違が不合理ではないと言えるかを確

認・検討しておく方がよいでしょう。

　また、定年後再雇用者の場合、不合理性の判断に当たり、当該定年後再雇用者の定年前後の職務内容や賃金額の相違が考慮されることがありますので、定年前の職務内容や賃金額との相違の有無・程度も確認しておく方がよいでしょう。

 解　説 ●●

1 「通常の労働者」とは

●1● 通達等

　パート・有期労働法8条は、パート・有期雇用労働者と通常の労働者間の不合理な待遇の相違を禁止しています。

　行政通達（前掲通達）及びガイドラインは、待遇の相違を比較する際の対象となる「通常の労働者」について、いわゆる正規型の労働者及び事業主と期間の定めのない労働契約を締結しているフルタイム労働者をいい、無期フルタイム労働者の中に雇用管理区分が複数ある場合（総合職、一般職、限定正社員等）は、いずれも「通常の労働者」に当たり、事業主は、パート・有期雇用労働者の待遇について、その雇用する「全ての」通常の労働者との間で、不合理と認められる相違を解消する必要があるとしています（前掲通達第1の2⑶、第3の3⑶、ガイドライン第2）。なお、パート・有期労働法8条が、「当該待遇に対応する通常の労働者の待遇との間において」不合理と認められる相違を設けてはならないと定めていることからすると、待遇を比較すべき通常の労働者は、待遇ごとに変わり得るものと解されます。

　ところで、パート・有期労働法14条2項は、事業主に対し、パート・有期雇用労働者から求めがあったときは、当該パート・有期雇用労働者と通常の労働者との間の待遇の相違の内容・理由について、説明しなければならないと定めていますが、この説明をする際に比較の対象となる「通常の労働者」とは、「職務の内容、職務の内容及び配置の変更の範囲等が、短時間・有期雇用労働者の職務の内容、職務の内容及び配置の変更の範囲等に最も近いと事業主が判断する通常の労働者」とされており（パート・有期労働指針第3の2⑴）、同法8条と同じ「通常の労働者」という言葉が使われていますが、比較対象が異なり得るものですので、ご留意ください。

●2● 裁判例

　有期契約労働者と無期契約労働者間の労働条件の相違が不合理であるとして労契法20条に基づいて争われた裁判例では、以下のように、労働条件を比較対象すべき無期契約労働者に関する考え方が分かれています。

表12-1 比較対象とすべき無期転換労働者について判示した裁判例

1　メトロコマース事件（東京高判平成31年2月20日）　　　　　※再掲

[判決の概要]

　裁判所は、比較対象とする無期契約労働者を具体的にどの範囲の者とするかについては、その労働条件の相違が不合理と認められると主張する労働者側が特定して主張すべきものであり、裁判所はその主張に沿って当該労働条件の相違が不合理と認められるか否かを判断すれば足りるとした上で、当該事件で労働者は、比較対象を、正社員全体ではなく、当該労働者と同じ業務（売店業務）に従事している正社員に限定していたことから、当該業務に従事している正社員の労働条件と比較した。

2　大阪医科薬科大学事件（大阪高判平成31年2月15日）　　　　※再掲

　裁判所は、労契法20条は、「同一の使用者と期間の定めのない労働契約を締結している労働者」と規定していることを理由に、有期契約労働者の比較対象となる無期契約労働者は、同一の使用者と同一の労働条件の下で期間の定めのない労働契約を締結している労働者全体と解すべきであり、比較対象者は客観的に定まるものであって、有期契約労働者側が選択できる性質のものではないと判断した。

3　日本郵便（東京）事件（東京高判平成30年12月13日）　　　※再掲

　会社側は、「地域基幹職及び新一般職を含めた郵便局及び支社等に勤務する正社員全体と比較すべきである」と主張したが、裁判所は、地域基幹職と新一般職というコース別制度が採用され、昇格昇任や配置転換等において大きな差異を有するコースが各別に設けられ、コース間の変更には、新一般職の希望を前提に、勤務成績等の応募要件を満たした上でコース転換試験に合格する必要があることからすると、新一般職は地域基幹職とはコースによって区分され連続性がない各別の職員群ということができるから、正社員と時給制契約社員の労働条件の相違を検討するに当たって、新一般職と地域基幹職を一体とみるのは相当ではないとして、契約社員と労働条件を比較すべき正社員は、担当業務や異動等の範囲が限定されている点で類似する社員区分である新一般職とするのが相当と判断した。

　さらに、定年後再雇用者に関する裁判例では、その労働条件の比較に当たり、当該定年後再雇用者の定年退職前の労働条件を考慮したものもあります。

表12-2 定年前後の職務内容等を考慮した裁判例

4　日本ビューホテル事件（東京地判平成30年11月21日）　　　※再掲

[判決の概要]

　定年後再雇用者である嘱託社員等の労働条件と比較対照すべき正社員の範囲に関し、労働者側は、「定年退職後に再雇用された者については定年退職前の正社員と比較対照するほかなく、職務の内容等が定年退職後の原告と最も類似するのは定年退職直前の原告自身であることなどから、定年退職直前の原告と比較すべきである」と主張し、これに対し、会社側は、「嘱託社員及び臨時社員時の原告と業務内容等が共通するＸ1

事業所の営業課法人販売担当に所属するステージⅠの3ないし4等級の正社員と比較すべきである」と主張。

　裁判所は、「不合理性の有無の判断に当たっては、まずは、原告が措定する、有期契約労働者と無期契約労働者とを比較対照することとし、被告が主張するような他の正社員の業務内容や賃金額等は、その他の事情として、これらも含めて労働契約法20条所定の考慮要素に係る諸事情を幅広く総合的に考慮し、当該労働条件の相違が当該企業の経営・人事制度上の施策として不合理なものと評価されるか否かを判断するのが相当である」と述べた上で、定年後再雇用者である原告の労働条件と比較対照するのは、「まずはX1事業所において役職定年により営業課支配人の地位を離れた定年退職前の者となるが、定年退職前の原告自身のほかに上記のような正社員の例は証拠上見当たらないから、労働条件の具体的相違やその不合理性の判断における職務の具体的内容については定年退職前後の原告の職務内容を比較することとなる。」とした。そして、当該定年後再雇用者の定年後再雇用時の賃金額と定年退職時点の賃金額の相違について不合理性を検討するにあたり、定年前後の原告の職務内容等を比較するほか、「その他の事情」として、原告と職務内容が近似する一般職の正社員の賃金額も考慮して、不合理ではないと判断した。

2 ご質問のケースについて

　上記のとおり、前掲通達は、パート・有期労働法8条は、パート・有期雇用労働者の待遇について、事業主が雇用する「全ての通常の労働者」との間で、不合理と認められる相違を設けることを禁止したものであるとしています。

　筆者としては、「全ての通常の労働者」との関係で待遇差が不合理ではないかを確認することが必須とまで言えるか疑問ではありますが、裁判例の中には、労働者が特定する無期契約労働者の待遇と比較すべきとするものもありますし、行政通達でも、雇用する「全ての」通常の労働者との間で、不合理と認められる相違を解消する必要があるとされていますので、会社としては、どの「通常の労働者」の待遇が比較対象とされたとしても対応できるように、無期フルタイム労働者の中に複数の雇用管理区分を設けている場合は、いずれの雇用管理区分の無期フルタイム労働者との関係でも、定年後再雇用者の待遇の相違が不合理ではないと言えるかを確認・検討しておく方がよいでしょう。

　また、定年後再雇用者の場合、定年退職前の賃金から大幅に下がったことがきっかけでトラブルになることも少なくありませんし、不合理性の判断に当たり定年前の職務内容や賃金が考慮された裁判例もありますので、定年前の社員との比較だけでなく、当該定年後再雇用者の定年前の職務内容や賃金額との関係でも待遇差の有無・程度を確認し、説明できるように整理・検討しておく方がよいでしょう。

資料1 待遇の相違の内容及び理由についての説明書モデル様式

【第14条第2項の説明書の例】

年　　月　　日

殿　事業所名称・代表者職氏名

あなたと正社員との待遇の違いの有無と内容、
理由は以下のとおりです。
ご不明な点は「相談窓口」の担当者までおたずねください。

1　比較対象となる正社員

> 販売部門の正社員（おおむね勤続3年までの者）

比較対象となる正社員の選定理由

> 職務の内容が同一である正社員はいないが、同じ販売部門の業務を担当している正社員で、同程度の能力を有する者は、
> おおむね勤続3年までの者であるため。

2　待遇の違いの有無とその内容、理由

基本給	正社員との待遇の違いの有無と、ある場合その内容	（ある）　　ない

> アルバイト社員は時給1100円、比較対象となる正社員は、販売ノルマの達成状況に応じて
> 1100円〜1400円（時給換算）です。

待遇の違いがある理由

> 正社員には月間の販売ノルマがあり、会社の示したシフトで勤務しますが、アルバイト社員は希望に沿ったシフトで
> 勤務できるといった違いがあるため、正社員には重い責任を踏まえた支給額としています。

賞与

待遇の目的

> 社員の貢献度に応じて会社の利益を配分するために支給します。

	正社員との待遇の違いの有無と、ある場合その内容	（ある）　　ない

> アルバイト社員は店舗全体の売り上げに応じて一律に支給（ww円〜xx円）しています。正社員については
> 目標管理に基づく人事評価の結果に応じて、基本給の0か月〜4か月（最大zz円）を支給しています。

待遇の違いがある理由

> アルバイト社員には販売ノルマがないので、店舗全体の売り上げが一定額以上を超える場合、一律に支給しています。
> 正社員には販売ノルマを課しているため、その責任の重さを踏まえて、目標の達成状況に応じた支給とし、
> アルバイト社員よりも支給額が多くなる場合があります。

通勤 手当

待遇の目的

> 通勤に必要な費用を補填するものです。

	正社員との待遇の違いの有無と、ある場合その内容	ある　　（ない）

> 正社員、アルバイト社員ともに交通費の実費相当分（全額）を支給しています。

待遇の違いがある理由

>

第2章

派遣労働者の待遇に
関するルール

1 労働者派遣法の改正点の基本解説

令和2年4月1日施行

労働者派遣の特性と派遣法改正の趣旨

労働者派遣の場合、派遣労働者は派遣元事業主に雇用され、派遣就業を行う派遣先の指揮命令を受け、雇用関係と指揮命令関係が分離するという関係にあります。また、派遣就業は臨時的・一時的な働き方とされ、派遣を受け入れる場合には原則として期間制限がありますので、派遣労働者から見れば、派遣就業先である派遣先は比較的短期間で変わり得ます。

労働者派遣の三者関係

派遣元事業主（派遣会社）　労働者派遣契約　派遣先

雇用関係　派遣労働契約　　指揮命令関係

派遣労働者

一方、こうした労働者派遣の特性から、就業先の雇用主（派遣先）に直接雇用される労働者と比較して、派遣労働者の待遇改善やキャリア形成が十分に図られないといった問題があります。このため、直近では、平成27年の「労働者派遣事業の適正な運営の確保及び派遣労働者の保護等に関する法律」（以下「派遣法」といいます）の改正により、派遣労働者の雇用安定措置やキャリアアップ支援措置の実施を派遣元事業主に義務づけるとともに、派遣先にも派遣労働者の賃金の決定、教育訓練及び福利厚生といった待遇に関する配慮義務が課されることとなりました。

今回の働き方改革関連法による派遣法の改正は、パート・有期労働法と同様に、派遣労働者の待遇について各規定（均衡待遇・均等待遇、賃金の決定・教育訓練・福利厚生、説明義務、紛争解決制度等）を斉一的・一体的に整備する趣旨であることは前記のとおりです。その前提に立ちつつも、上記のような労働者派遣の特性を踏まえ、改正後の派遣法には、派遣労働者の均衡待遇・均等待遇に関して、パート・有期労働法の規定とは異なった特有の仕組みが新設されています。

● 派遣労働者の待遇改善のための制度見直し

（例）改正前　改正後
　　　　×　→　○

待遇に関する事項		改正による変更の有無
不合理な待遇差の解消	均等待遇規定	×　→　○＋労使協定
	均衡待遇規定	△　→　○＋労使協定 （配慮義務のみ）
	ガイドライン	×　→　○
説明義務	待遇内容 （本人に対する雇用管理上の措置の内容）	○　→　○
	待遇決定に当たっての考慮事項	○　→　○
	待遇差の内容・理由	×　→　○
履行確保措置・裁判外紛争解決等	行政による履行確保措置 （助言・指導等）	○　→　○
	行政ADR （労働局長による紛争解決援助、調停等）	×　→　○

■は新設　　○…規定あり　　×…規定なし

1 派遣労働者の待遇を決定するルールの整備

1 2つの待遇決定方式

新設　派遣元

派遣法 30条の3・30条の4

　派遣元事業主は、派遣労働者の待遇を決定する方式として、次のいずれかにより、派遣労働者の待遇を確保しなければならない。

(1) 派遣労働者の待遇について、派遣先の通常の労働者との間で均等・均衡待遇を確保する方式（派遣先均等・均衡方式）

(2) 派遣元事業主が過半数労働組合（なければ過半数代表者）と一定要件を満たす労使協定を締結し、その協定に基づいて派遣労働者の待遇を決定する方式（労使協定方式）

　派遣労働者の待遇についても、パート・有期雇用労働者の待遇と同様、通常の労働者との間で不合理な待遇の相違を設けてはならず、また、職務の内容や職務の内容・配置の変更の範囲が通常の労働者と同じ場合は、その派遣労働者に対して差別的な取扱いをしてはならない、というパート・有期労働法8条及び9条の規定の考え方が原則として当てはまります。不合理な

待遇を禁止するパート・有期労働法8条の規定に対応するのが派遣法30条の3第1項、差別的取扱いを禁止するパート・有期労働法9条の規定に対応するのが派遣法30条の3第2項です。

　派遣労働者の待遇の場合、この派遣法30条の3の規定において、その比較対象となる「通常の労働者」とは、派遣先に雇用される通常の労働者をいいます。つまり、派遣法は、派遣先の通常の労働者との比較において、派遣労働者の均等・均衡待遇を確保することを原則としています（派遣先均等・均衡方式）。

　しかし、派遣労働者については、このようなパート・有期労働法と同じ均等・均衡待遇のルールを当てはめることが不都合な場合があります。具体的には、派遣先が変わるごとに賃金水準が変わり、派遣労働者の所得が不安定になるとか、一般に賃金水準は企業規模に比例して大企業であるほど高い傾向にあるが、必ずしも派遣労働者が担う職務の難易度は同種の業務であっても企業規模に対応しないため、派遣労働者の希望が大企業へ集中し、派遣元事業主が派遣労働者のキャリア形成を考慮した派遣先への配置を行うことが困難になるといった問題があります。

⬤ 派遣先均等・均衡方式と労使協定方式

1　派遣先均等・均衡方式

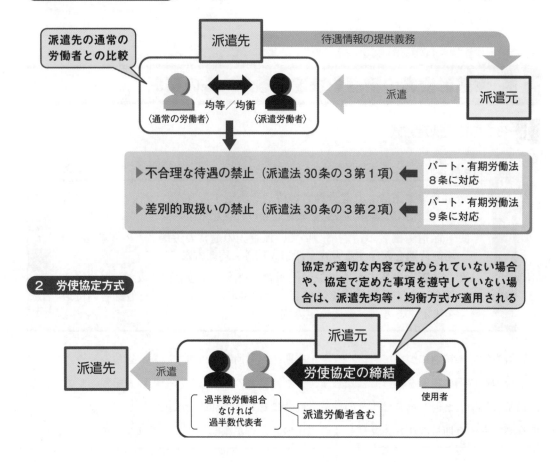

2　労使協定方式

このため、派遣法は、待遇決定の方式として、前記の派遣先均等・均衡方式のほか、派遣元事業主が、実情を踏まえながら、労働者の過半数で組織される労働組合（これがなければ労働者の過半数を代表する者）との話し合いにより、派遣労働者の保護が十分に図られるような一定の要件を満たす内容の協定を締結する「労使協定方式」によることも認めています（派遣法30条の4）。

後述するように、労使協定方式をとる場合には、協定で所定の事項を定める必要があります。また、協定で定めた内容に従って派遣労働者の待遇を決定しなければなりません。したがって、協定の内容が不適切であったり、協定で定めた事項が遵守されていなかったりすると、労使協定方式は適用されず、原則に戻って派遣先均等・均衡方式が適用されることになります。

▶それぞれの方式による派遣労働者の待遇に関する措置のおおまかな流れは**110頁**参照。

2 派遣先均等・均衡方式による均衡待遇・均等待遇の確保措置

派遣元　　　　　　　　　　　　　　　　　　　　　　**派遣法** 30条の3

新設

(1)　派遣元事業主は、その雇用する派遣労働者の基本給、賞与その他の待遇のそれぞれについて、その待遇に対応する派遣先の通常の労働者との間に、①職務の内容、②職務の内容・配置の変更の範囲、③その他の事情のうち、その待遇の性質・目的に照らして適切と認められるものを考慮して、不合理な相違を設けてはならない。【均衡待遇】

(2)　派遣元事業主は、派遣先に雇用される通常の労働者と①職務の内容、②職務の内容・配置の変更の範囲が同じ派遣労働者については、正当な理由がなく、基本給、賞与その他の待遇のそれぞれについて、その通常の労働者の待遇と比べて不利なものとしてはならない。【均等待遇】

（1）均衡待遇・均等待遇

派遣先均等・均衡方式の下では、前記のとおり、派遣先に雇用される通常の労働者との比較において、派遣労働者との間で、(1)不合理な待遇の相違を設けてはならないこと（派遣法30条の3第1項、均衡待遇）また、(2)当該通常の労働者と①職務の内容、②職務の内容・配置の変更の範囲が同じ派遣労働者については、正当な理由がなく、当該通常の労働者と比べて不利なものとしてはならないこと（同条2項、均等待遇）とされています。

これらの派遣労働者の均衡待遇・均等待遇規定についても、「均衡待遇」や「均等待遇」の考え方や、不合理か否かを判断する際の考慮要素、判断手法、(2)の均等待遇が適用される要件等はパート・有期労働法の規定と同様です（**12頁**参照）。すなわち、待遇差が不合理か否かの判断は、個々の待遇ごとに、①職務の内容、②職務の内容・配置の変更の範囲及び③その他の事情のうち、当該待遇の目的・性質に照らして適切と認められるものを考慮して判断します。また、

　これらの要素のうち、①及び②が派遣先の通常の労働者と同じ派遣労働者については、その通常の労働者と比較して不利な待遇としてはなりません（差別的な取扱いをしてはなりません）。

　なお、ここでいう派遣労働者の「待遇」は、基本給、賞与、手当、福利厚生、教育訓練、安全衛生等、すべての待遇が含まれます。

　派遣先均等・均衡方式による場合は、派遣先の通常の労働者と派遣労働者の待遇を比較しますので、派遣元事業主が派遣労働者の均衡待遇・均等待遇を確保する措置を講ずる前提として、派遣先の通常の労働者の待遇に関する情報を得る必要があります。このため、派遣先は、派遣元事業主に対して、比較対象となる通常の労働者について賃金等の待遇に関する情報を提供しなければなりません（派遣法26条7項。111頁参照）。

●「不利なものとしてはならない」

　均等待遇に関して定めた派遣法30条の3第2項は、「正当な理由がなく……当該通常の労働者の待遇に比して不利なものとしてはならない」と定めており、パート・有期労働法9条の「短時間・有期雇用労働者であることを理由として……差別的取扱いをしてはならない」とは規定ぶりが異なっています。これは、派遣元事業主が、派遣先に雇用される通常の労働者の待遇を決定する立場にないため「差別的取扱い」という文言を用いなかったことによるもので（業務取扱要領第7の4⑹ハ）、実質的には、パート・有期労働法9条と同義です。

●不利な取扱いにならない場合

　待遇の取扱いが同じでも、派遣労働者と派遣先に雇用される通常の労働者について査定や業績評価等を行うに当たり、意欲、能力、経験、成果等を勘案した結果、それぞれの賃金水準に違いが生じることは、客観的かつ公正な査定等が行われている限り問題はありません。

　また、労働時間が短いことに比例して賃金が時間比例分少ないといった合理的な差異は許容されます。

● 不合理な待遇の禁止（均衡待遇）

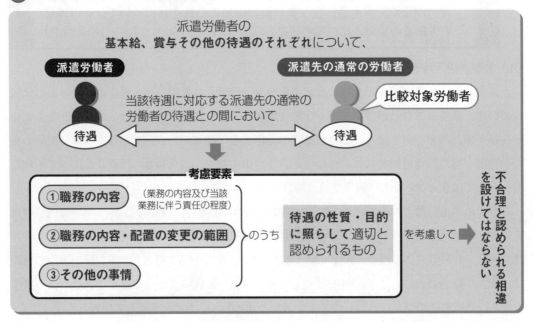

● 均等待遇の対象となる派遣労働者の要件と解釈

> 当該派遣先において繰り返し行われることによって
> 定着している人事異動等の態様を指す。

> 例えば、人事規程等により
> 明文化されたもの等。

■ （①職務の内容）が派遣先に雇用される通常の労働者と同じであること。

■ 当該労働者派遣契約及び 当該派遣先における慣行 その他の事情 からみて、当該派遣先における派遣就業が終了するまでの全期間において、（②職務の内容・配置）が 当該派遣先との雇用関係が終了するまでの全期間 における当該通常の労働者と同一の範囲で変更されることが 見込まれる こと。

> 当該派遣労働者が派遣先に雇用される通常の労働者と「職務の内容」が同一となり、かつ、「職務の内容及び配置の変更の範囲」（人材活用の仕組み、運用等）が派遣先に雇用される通常の労働者と同一となってから雇用関係が終了するまでの間。

> 将来の見込みも含めて判断。
> 労働者派遣契約の更新が未定であっても、更新した場合にはどのような扱いがなされるかを含めて判断。

（2）同一労働同一賃金ガイドライン（派遣先均等・均衡方式の場合）

19頁で触れた同一労働同一賃金ガイドラインは、派遣労働者の待遇についても、比較対象となる通常の労働者との待遇の相違が不合理か否かの原則となる考え方を示しています。賃金・教育訓練・福利厚生について、派遣先均等・均衡方式による場合の派遣労働者と派遣先の通常の労働者との比較において、ガイドラインが示す原則となる考え方の要点は次のとおりです。

基本給

■**基本給**▶労働者の①能力・経験に応じて、②業績・成果に応じて、③勤続年数（派遣就業期間）に応じて支給するなど、それぞれの趣旨・性格に照らして、**実態が同一であれば同一の、違いがあれば違いに応じた支給をしなければならない。**

■**昇給**▶労働者の勤続（派遣就業の継続）による能力の向上に応じて行うものについては、**勤続による能力が同一であれば同一の、違いがあれば違いに応じた昇給を行わなければならない。**

賞 与

会社（派遣先）の業績等への労働者の貢献に応じて支給するものについては、**同一の貢献には同一の、違いがあれば違いに応じた支給をしなければならない。**

 賃金の決定基準・ルールの相違がある場合

派遣先の通常の労働者と派遣労働者との間で賃金に相違がある場合、その要因として賃金の決定基準・ルールの相違があるときは、「派遣労働者に対する派遣元事業主の将来の役割期待は、派遣先の通常の労働者に対する派遣先の将来の役割期待と異なるため」という主観的・抽象的説明では足りず、賃金の決定基準・ルールの相違は、職務の内容、職務の内容・配置の変更の範囲、その他の事情の客観的・具体的な実態に照らして不合理なものであってはなりません。

各種手当

■**役職手当**▶役職の内容に対して支給するものについては、同一の内容の役職には同一の、違いがあれば違いに応じた支給をしなければならない。

≪次の場合は、派遣先の通常の労働者との間で同一の支給としなければならない≫

■**特殊作業手当**（業務の危険度・作業環境に応じて支給、同一の危険度または作業環境の業務に従事する場合）

■**特殊勤務手当**（交替制勤務等の勤務形態に応じて支給、同一の勤務形態で業務に従事する場合）

■**精皆勤手当**（業務の内容が同一の場合）

■**時間外・休日・深夜労働手当の割増率**（派遣先の通常の労働者の所定労働時間を超えて、同一の時間外労働を行った場合、派遣先の通常の労働者と同一の休日労働または深夜労働を行った場合）

■**通勤手当・出張旅費**

■**食事手当**（労働時間の途中に食事休憩時間がある場合）

■**単身赴任手当**（同一の支給要件を満たす場合）

■**地域手当**（特定地域での勤務に対する補償として支給、同一の地域で働く場合）

福利厚生・教育訓練

■**福利厚生施設**（給食施設・休憩室・更衣室）**の利用**▶派遣先の通常の労働者と働く事業所が同一であれば、同一の利用を認めなければならない。

■**転勤者用社宅、慶弔休暇、健康診断に伴う勤務免除等**▶同一の利用・付与を認めなければならない。

■**病気休職**▶無期雇用の派遣労働者には、同一の、有期雇用の派遣労働者には、**派遣就業が終了するまでの期間を踏まえて取得を認めなければならない。**

■**法定外休暇等**▶勤続期間（派遣就業期間）に応じて取得を認めているものについては、**派遣先の通常の労働者と同一の勤続期間（派遣就業期間）であれば同一の付与を行わなければならない。**

■**教育訓練**（現在の職務に必要な技能・知識習得のためのもの）▶同一の業務内容であれば同一の、違いがあれば違いに応じた実施を行わなければならない。

■**安全管理に関する措置・給付**▶派遣先の通常の労働者と同一の勤務環境に置かれている場合には**同一の措置・給付を行わなければならない。**

3 労使協定方式

派遣法 30条の4　　派遣則 25条の6〜25条の12

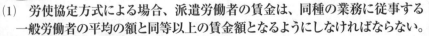

(1) 労使協定方式による場合、派遣労働者の賃金は、同種の業務に従事する一般労働者の平均の額と同等以上の賃金額となるようにしなければならない。

(2) 労使協定方式をとる場合でも、派遣法40条2項の教育訓練及び40条3項の福利厚生施設（給食施設・休憩室・更衣室）については、協定の対象とならない。

(3) 労使協定方式による場合は、所定の事項を協定で定め、その内容を労働者に周知するとともに、協定書面を3年間保存しなければならない。

（1）協定の対象となる待遇

　労使協定方式の場合でも、(a)派遣労働者が従事する業務と同種の業務に従事する派遣先の労働者に対し、業務の遂行に必要な能力を付与するために実施する教育訓練（派遣法40条2項）、(b)派遣先の労働者に利用の機会を与える福利厚生施設（給食施設・休憩室・更衣室）については、

協定の対象とはなりません。これらの待遇については、派遣先均等・均衡方式による場合と同様、派遣先の労働者との均衡待遇・均等待遇を図る必要があります。このため、労使協定方式による場合、これらの待遇については、派遣先は、派遣先の労働者の待遇に関する情報を提供しなければならないこととされています（派遣法26条7項、派遣則24条の4、**112頁**参照）。

　これらの教育訓練及び福利厚生施設以外の待遇については、協定で定めることができます。このうち基本給、手当、賞与、退職金といった賃金については、派遣労働者が就業する場所を含む地域において派遣労働者と同種の業務に従事する同程度の能力・経験を有する一般労働者がその比較対象となり、派遣労働者の賃金は、この一般労働者の平均額と同等以上の賃金とする必要があります。また、職務の内容に密接に関連して支払われる賃金（通勤手当等は除きます）は、派遣労働者の職務の内容、職務の成果、意欲、能力または経験等の向上があった場合に改善されることが必要です。賃金以外の待遇（例えば、安全管理、前記協定の対象とならない待遇以外の教育訓練・福利厚生等）については、派遣元の通常の労働者（派遣労働者以外の者）と比較して不合理な待遇差が生じないようにする必要があります。

● 対象となる待遇・比較対象・判断基準

			労使協定方式	派遣先均等・均衡方式
対象となる待遇			・**賃金**（基本給、賞与、手当等） ・**賃金以外**（福利厚生、教育訓練、安全管理等。②は除く）	**すべての待遇** （基本給、賞与、手当、福利厚生、教育訓練、安全管理等）
比較対象	①	賃金	就業場所を含む地域において同種の業務に従事する同程度の能力・経験を有する一般労働者	派遣先の通常の労働者
	②	教育訓練・福利厚生施設*	派遣先の労働者	
	③	①②以外	[派遣元事業主が実施すべきもの] 派遣元の通常の労働者（派遣労働者以外） [派遣先が実施すべきもの] 派遣先の通常の労働者	派遣先の通常の労働者
判断基準	①	賃金	・一般労働者の平均額と同等以上であること ・能力や意欲等の向上に応じた昇給等があること	個々の待遇ごとに派遣先の通常の労働者との間で均衡待遇・均等待遇を確保
	②	教育訓練・福利厚生施設*	[**法40条2項の教育訓練**] 派遣労働者と同種の業務に従事する派遣先の労働者に対して業務の遂行に必要な能力を付与するための教育訓練を実施している場合は、派遣元事業主の求めに応じ、派遣労働者に対しても実施する。 [**法40条3項の福利厚生施設**] 派遣先の労働者が利用できる福利厚生施設（給食施設・休憩室・更衣室）は、派遣労働者に対しても利用の機会を付与する。	
	③	①②以外	派遣元または派遣先の通常の労働者との間に不合理な待遇差がないこと	個々の待遇ごとに派遣先の通常の労働者との間で均衡待遇・均等待遇を確保

＊派遣法40条2項・3項の協定の対象とならない待遇

（2）労使協定方式による場合の必要事項

　労使協定方式による場合は、次の事項を行う必要があります。それぞれの詳細や実務上の対応や留意点については、**2**の各**Q**で解説していますので、併せて参照してください。

● 労使協定方式による場合の必要事項

---

1 **過半数代表者の選出等**　（派遣則25条の6）　　　　　▶詳細は**2**の**Q**10（163頁）参照

　協定締結当事者である労働者の過半数で組織する労働組合（過半数労働組合）がなければ、労働者の過半数を代表する者（過半数代表者）を選出する。

◆過半数代表者は、次の要件を満たす者でなければならない。

> ①　**管理監督者**（労基法41条2号）**でないこと**
>
> ②　協定締結当事者の選出であることを明らかにして実施される**投票、挙手等の民主的な方法**により選出された者であって、**派遣元事業主の意向に基づき選出されたものでないこと**

◆派遣元事業主は、過半数代表者であること、過半数代表者になろうとしたこと、過半数代表者として正当な行為をしたことを理由として、当該労働者に対して**不利益な取扱いをしてはならない。**

◆派遣元事業主は、**過半数代表者が協定に関する事務を円滑に遂行できるよう必要な配慮を行わ**なければならない。

2 **労使協定で定める事項**　（派遣法30条の4第1項・派遣則25条の8～25条の10）
　　　　　　　　　　　　　　▶各協定事項のポイントは**2**の**Q**11（168頁）参照

> ①　対象となる派遣労働者の範囲
> ②　賃金の決定方法（次のア、イを満たすこと）
>
> > 　　　　　　　　　　　　　　　職種ごとの賃金、能力・経験、地域別の賃金差をもとに決定。毎年6～7月に厚生労働省から示される局長通知による。
> >
> > ア　派遣労働者が従事する業務と同種の業務に従事する一般労働者の平均的な賃金の額と同等以上の賃金額となるもの
> > イ　派遣労働者の職務の内容、職務の成果、意欲、能力または経験等の向上があった場合に賃金（※）が改善されるもの　　　　※職務の内容に密接に関連して支払われる賃金
>
> ③　派遣労働者の職務の内容、職務の成果、意欲、能力または経験等を公正に評価して賃金を決定すること
> ④　「協定の対象とならない待遇（法40条2項の教育訓練、同条3項の福利厚生施設）及び賃金」を除く待遇の決定方法（派遣元事業主に雇用される通常の労働者（派遣労働者を除く）との間に不合理な相違がないこと）
> ⑤　派遣労働者に対して段階的・体系的な教育訓練（法30条の2第1項）を実施すること
> ⑥　有効期間（2年以内が望ましい）
> ⑦　労使協定の対象となる派遣労働者の範囲を派遣労働者の一部に限定する場合は、その理由
> ⑧　特段の事情がない限り、一の労働契約の期間中に派遣先の変更を理由として、協定の対象となる派遣労働者であるか否かを変えようとしないこと

 　上記②～⑤として労使協定に定めた事項を遵守していない場合は、労使協定方式は適用されず、派遣先均等・均衡方式が適用されることとなる。

---

3 **協定内容の労働者への周知**（派遣法30条の4第2項・派遣則25条の11）

▶詳細は **2** の **Q**11（169頁）参照

派遣元事業主は、締結した協定の内容をその雇用する労働者に周知しなければならない。

4 **協定書面の保存**（派遣則25条の12）

派遣元事業主は、締結した協定書面をその有効期間が終了した日から起算して3年を経過する日まで保存しなければならない。

5 **事業報告**（派遣則17条）

派遣元事業主は、毎年度6月30日までに提出する事業報告書に労使協定を添付して提出しなければならない。

報告事項 ▶ 協定対象となる派遣労働者の
・職種ごとの人数　・職種ごとの賃金額の平均額

> **協定対象派遣労働者に対する安全管理**
> 安全管理に関する措置・給付のうち、協定対象派遣労働者の職務の内容に密接に関連するものについては、派遣先に雇用される通常の労働者との間で不合理と認められる相違等が生じないようにすることが望ましいとされています（派遣元指針第2の8⑻）。

(3) 同一労働同一賃金ガイドライン（労使協定方式の場合）

労使協定方式による場合の賃金・教育訓練・福利厚生について、ガイドラインが示す原則となる考え方の要点は次のとおりです。

賃　金

- ■同種の業務に従事する一般の労働者の平均的な賃金の額と同等以上の賃金の額となるものでなければならない。
- ■職務の内容、職務の成果、意欲、能力または経験その他の就業の実態に関する事項の向上があった場合に賃金が改善されるものでなければならない。
- ■協定対象派遣労働者の職務の内容、職務の成果、意欲、能力または経験その他の就業の実態に関する事項を公正に評価し、賃金を決定しなければならない。

福利厚生・教育訓練

- ■**福利厚生施設**（給食施設・休憩室・更衣室）**の利用** ▶ 派遣先の通常の労働者と働く事業所が同一であれば、同一の利用を認めなければならない。
- ■**転勤者用社宅** ▶ 派遣先の通常の労働者と支給要件が同一であれば、同一の利用を認めなければならない。
- ■**慶弔休暇、健康診断に伴う勤務免除等** ▶ 派遣先の通常の労働者と同一の付与を認めなければならない。
- ■**病気休職** ▶ 無期雇用の派遣労働者には、派遣元の通常の労働者と同一の、有期雇用の派遣労働者には、労働契約が終了するまでの期間を踏まえて取得を認めなければならない。
- ■**法定外休暇等** ▶ 勤続期間に応じて取得を認めているものについては、派遣元の通常の労働者と同一の勤続期間（派遣就業期間）であれば同一の付与を行わなければならない。
- ■**教育訓練**（現在の職務に必要な技能・知識習得のためのもの）
  ▶ 派遣先の通常の労働者と同一の職務内容であれば同一の、違いがあれば違いに応じた実施を行わなければならない。
- ■**安全管理に関する措置・給付** ▶ 派遣元の通常の労働者と同一の勤務環境に置かれている場合には同一の措置・給付を行わなければならない。

⬤ 派遣労働者の待遇改善までのおおまかな流れ

派遣先均等・均衡方式の場合	労使協定方式の場合

派遣先 ⟶ 派遣元
比較対象労働者の待遇情報の提供
（法26条7項・10項）

派遣元 派遣労働者の待遇の検討・決定
（法30条の3）
◆均衡待遇・均等待遇いずれの対象か
◆個々の待遇ごとに、派遣労働者と比較対象労働者との間で、適用の有無、決定基準に違いがあるかを確認
◆適用の有無、決定基準に違いがある場合は、当該待遇の性質・目的を確認、これに適合する考慮要素を特定。当該考慮要素に基づき、待遇の相違が適切に説明できるかどうかを検討

派遣元 労使協定の締結 （法30条の4）
◆過半数代表者の選出（過半数労働組合がない場合）
◆局長通知で示された最新の統計を確認
◆協定すべき事項を定める
◆協定による賃金の定めを就業規則等に記載
◆労働者への協定の周知
◆協定の保存
◆行政への報告（事業報告）

派遣先 ⟶ 派遣元
比較対象労働者の待遇情報の提供
（法40条2項の教育訓練、40条3項の福利厚生施設に関する情報に限る）（法26条7項・10項）

派遣料金に関して配慮　**派遣先 ― 派遣元**
派遣料金の交渉 （法26条11項）

派遣先 ― 派遣元
労働者派遣契約の締結 （法26条1項等）

【派遣労働者の雇入れ時】　**派遣元 ⟶ 派遣労働者**
労働条件に関する事項の明示・待遇に関する説明 （法31条の2第2項）

【派遣時】　**派遣元 ⟶ 派遣労働者**
労働条件の明示・待遇に関する説明 （法31条の2第3項）・就業条件等の明示 （法34条1項）

派遣労働者からの求めに応じて

派遣元 ⟶ 派遣労働者
比較対象労働者との待遇の相違の内容・理由等の説明 （法31条の2第4項）

派遣労働者からの求めに応じて

派遣元 ⟶ 派遣労働者
労使協定の内容を決定するに当たって考慮した事項等の説明 （法31条の2第4項）

派遣先 派遣先の労働者に関する情報、派遣労働者の業務の遂行の状況等の情報の追加提供の配慮 （法40条5項）

2 派遣先の比較対象労働者に関する待遇情報の提供義務

派遣先　[派遣法] 26条7項〜10項　[派遣則] 24条の3〜24条の6　[元指針] 第2の11

新設

(1)　派遣先は、労働者派遣契約を締結するに当たり、あらかじめ、派遣元事業主に対し、派遣労働者が従事する業務ごとに、比較対象労働者の賃金等の待遇等に関する情報を提供しなければならない（これらの情報に変更があった場合も同様）。

(2)　派遣元事業主は、派遣先から、当該情報提供がないときは、その者との間で、労働者派遣契約を締結してはならない。

派遣元事業主が派遣労働者の均等・均衡待遇を確保するためには、派遣先の労働者の待遇等に関する情報が必要となることから、改正後の派遣法は、労働者派遣の役務の提供を受けようとする者（本項では「派遣先」といいます）に対し、労働者派遣契約を締結するに当たり、あらかじめ、比較対象労働者の待遇等に関する情報を派遣元事業主に提供する義務を課すこととしています（同法26条7項）。

また、派遣元事業主は、派遣先から、当該情報提供がないときは、その者との間で、労働者派遣契約を締結してはなりません（同条9項）。

1 比較対象労働者

派遣労働者の均等・均衡待遇を確保するための前提として、派遣労働者の待遇が不合理か否か、あるいは均等待遇の対象となる要件を満たすか否かを判断するときに派遣労働者と比較すべき対象となる労働者（比較対象労働者）を選定する必要があります。派遣先の待遇に関する情報提供義務を定める派遣法26条7項にいう「比較対象労働者」とは、労働者派遣の役務の提供を受けようとする者（派遣先）に雇用される通常の労働者であって、その業務の内容及び当該業務に伴う責任の程度（職務の内容）並びに当該職務の内容及び配置の変更の範囲が、その派遣労働者と同一であると見込まれるものその他の当該派遣労働者と待遇を比較すべき労働者をいいます（派遣法26条8項）。具体的には、**次頁**のような順序で派遣先が比較対象労働者を選定します（派遣則24条の5）。

なお、比較対象労働者の具体的な選定方法や留意点、派遣労働者と比較対象労働者の職務の内容、職務の内容・配置の変更の範囲の同一性の判断等については、**2**の**Q4**（134頁）をご参照ください。

> ●**比較対象労働者の選定の範囲**
>
> 　比較対象労働者の選定に際しては、派遣労働者が就業する場所にとどまらず、労働者派遣の役務の提供を受けようとする者（派遣先）の事業所全体の労働者が対象となります。

◯ 比較対象労働者の選定順序（派遣則24条の５）

❶ ①職務の内容 と ②職務の内容・配置の変更の範囲 が派遣労働者と同一であると見込まれる通常の労働者

⬇ ❶に該当する者がいないとき

❷ ①職務の内容 が派遣労働者と同一であると見込まれる通常の労働者

⬇ ❷に該当する者がいないとき

❸ ❶及び❷に準ずる者（詳しくは135頁参照）

2 提供すべき情報と提供方法

　派遣先が比較対象労働者の待遇について提供しなければならない情報は、派遣先均等・均衡方式、労使協定方式のいずれをとるかによって違いがあります。派遣先均等・均衡方式をとる場合は、賃金、教育訓練、福利厚生、安全管理等のすべての待遇について派遣先の通常の労働者との比較における均等・均衡待遇が求められますので、派遣先が提供すべき情報は、すべての待遇に関する事項が対象となります。一方、労使協定方式をとる場合は、前記のとおり、賃金等の待遇については派遣先の通常の労働者との比較はしないので、派遣先の情報提供義務はありませんが、派遣労働者と同種の業務に従事する派遣先の労働者に対して実施する業務の遂

◯ 提供すべき情報と提供方法（派遣則24条の４）

	派遣先均等・均衡方式の場合 （労働者派遣契約に派遣労働者を協定対象派遣労働者に限定しないことを定める場合）	労使協定方式 （労働者派遣契約に派遣労働者を協定対象派遣労働者に限定することを定める場合）
提供すべき情報	①比較対象労働者の職務の内容、当該職務の内容及び配置の変更の範囲並びに雇用形態 ②比較対象労働者を選定した理由 ③比較対象労働者の待遇のそれぞれの内容（昇給、賞与その他の主な待遇がない場合には、その旨を含む） ④比較対象労働者の待遇のそれぞれの性質及び当該待遇を行う目的 ⑤比較対象労働者の待遇のそれぞれを決定するに当たって考慮した事項	①法40条２項の教育訓練の内容 ②法40条３項の福利厚生施設（給食施設・休憩室・更衣室）の内容（当該福利厚生施設がない場合にはその旨）
提供方法	書面の交付・ファクシミリの送信・電子メール等の送信	

◯ 書面等の保存義務
　派遣元事業主は派遣先から提供された待遇情報に係る書面等を、派遣先は当該書面等の写しを、派遣が終了した日から３年間保存しなければなりません（派遣則24条の３第２項）。

行に必要な能力を付与するための教育訓練の実施（派遣法40条2項）及び給食施設・休憩室・更衣室の利用機会の付与（同法40条3項）については、労使協定方式の場合でも派遣先の労働者との比較においてその措置が求められますので、派遣先は、これらの教育訓練・福利厚生施設に関する情報を提供しなければなりません。

提供すべき待遇に関する情報とその提供方法については**前頁**の表のとおりですが、詳細については、**2**の**Q3（130頁）**をご覧ください。

> ● **待遇情報が変更された場合**
>
> 派遣先は、比較対象労働者の待遇情報に変更があった場合には、遅滞なく、派遣元事業主に対し、変更の内容に関する情報を提供しなければなりません（派遣法26条10項）。ただし、派遣されている派遣労働者が協定対象派遣労働者のみである場合など、変更情報の提供が不要な場合があります（**2**の**Q5（140頁）**参照）。

3 個人情報の保護、守秘義務の観点からの待遇情報の取扱いに関する留意点

派遣先から提供を受けた比較対象労働者の待遇等に関する情報には、個人情報に該当するものもありますので、派遣元事業主は、その取扱いに留意する必要があります（派遣元指針第2の11）。また、このような待遇情報は、派遣法24条の4に定める守秘義務の対象となりますので（派遣元指針第2の12）、派遣元事業主及びその代理人、その従業員等は、正当な理由なく上記の待遇情報を他に漏らしてはなりません（派遣法24条の4）。

● **待遇情報の取扱い**

比較対象労働者の待遇等に関する情報

- （ **個人情報に当たるもの** ）の保管・使用
  - ▶ 派遣先の通常の労働者との均等・均衡待遇の確保等の目的の範囲に限られる。〈派遣元指針第2の11(1)ニ〉
- （ **個人情報に当たらないもの** ）の保管・使用
  - ▶ 派遣先の通常の労働者との均等・均衡待遇の確保等の目的の範囲に限定する等適切な対応が必要。〈派遣元指針第2の11(4)〉

3 派遣労働者の待遇に関する派遣元・派遣先が講ずべき措置

1 派遣元事業主が講ずべき措置

（1）職務の内容等を勘案した賃金の決定

派遣元　　　　　　　　　　　　　派遣法 30条の5　派遣則 25条の13

新設　派遣元事業主は、派遣先に雇用される通常の労働者との均衡を考慮しつつ、派遣労働者の職務の内容、職務の成果、意欲、能力または経験その他の就業の実態に関する事項を勘案し、その賃金を決定するように努めなければならない。

　均衡待遇を確保する対象となる派遣労働者の賃金については、職務の内容、職務の内容及び配置の変更の範囲その他の事情のうち、当該賃金の性質及び目的に照らして適切と認められるものを考慮して、不合理と認められる相違を設けてはならないこととされています（派遣法30条の３第１項）。今回の改正では、この規定に加え、職務の内容に密接に関連する賃金の決定について、派遣元事業主が派遣先の通常の労働者との均衡を考慮しつつ、派遣労働者の職務の内容、職務の成果、意欲、能力または経験その他の就業の実態に関する事項を勘案し、その賃金を決定すべき努力義務規定（同法30条の５）が新設されました。同条は、派遣先の通常の労働者との賃金の相違が不合理と認められない場合においても、派遣労働者の納得感の向上、就業の促進等を図るためには、働きや貢献に関する事情を考慮して賃金を決定するように努めることが望ましいことから、均衡待遇の確保の上乗せの措置として、職務の内容等を勘案し

● 対象とならない派遣労働者

　均等待遇の対象となる派遣労働者については、派遣先に雇用される通常の労働者と同様の賃金が担保されています。また、協定対象派遣労働者については、職務の内容等の向上があった場合に賃金が改善されるもの等の要件を満たす賃金の決定方法を労使で合意して労使協定に定めて遵守することとされています。

　このため、これらの派遣労働者は、派遣法30条の５の職務の内容等を勘案した賃金の決定の対象とはなりません。

● 職務の内容に密接に関連する賃金以外の賃金

　派遣法30条の５の「賃金」の対象外とされる職務の内容に密接に関連して支払われる賃金以外の賃金は、一般的には通勤手当、家族手当、住宅手当等がこれに該当するものと考えられますが、名称のいかんを問わず、実態を見て職務の内容に密接に関連するものか否かが判断されます。このため、例えば「家族手当」とされていても、家族の人数にかかわらず一律に支給されているものであれば、職務の内容に密接に関連して支払われる賃金に該当する可能性があります。

て派遣労働者の賃金を決定する努力義務を課すこととしたものです。

　派遣法30条の５の「賃金」には、職務の内容に密接に関連して支払われる賃金以外の賃金（通勤手当、家族手当、住宅手当、別居手当、子女教育手当等）は含まれません（派遣則25条の13）。

職務の内容等を勘案して賃金を決定する措置とポイント

■どの要素をどのように考慮して賃金を決定したのかを客観的・具体的に説明できるようにしておく。
　職務の内容、職務の成果、意欲、能力、経験等のうちどれを考慮するかは派遣元事業主の判断による。「その他の就業の実態に関する事項」には、例えば派遣先における就業期間が該当する。

■職務の内容等を勘案した措置の例としては、職務の内容等の就業の実態に関する事項を踏まえた①賃金水準の見直し、②昇給・昇格制度や成績等の考課制度の整備、③職務手当、役職手当、成果手当の支給等が考えられる。

■派遣労働者の職務の内容が同一の派遣先の通常の労働者だけではなく、職務の内容が異なる派遣先の通常の労働者との均衡も考慮する。

■職務の内容等を考慮した賃金決定措置は、派遣元の通常の労働者の定期昇給や賃金表の改定に合わせて実施するほか、労働者派遣契約の更新のタイミングで均衡を考慮したものに見直すことも考えられる。

（2）就業規則の作成手続き

派遣元　　　　　　　　　　　　　　　　　　　　　　　　派遣法 30条の6

派遣元事業主は、派遣労働者に係る事項について就業規則を作成・変更しようとするときは、あらかじめ、当該事業所の派遣労働者の過半数を代表すると認められるものの意見を聴くように努めなければならない。

　労基法では、常時10人以上の労働者を使用する事業場において、就業規則の作成・変更が義務づけられており、その際、事業場の過半数労働組合（これがない場合は過半数代表者）の意見を聴かなければならないとされています（同法89条、90条）。これは、派遣労働者に適用される就業規則についても同様ですが、労基法の規定では、事業場のすべての労働者の過半数で組織される労働組合（これがない場合は事業場のすべての労働者の過半数を代表する者）からの意見を聴くこととなりますので、派遣労働者に適用される就業規則について、必ずしも派遣労働者の意見が十分に反映されるわけではありません。そこで、労基法による過半数代表者等からの意見聴取とは別に、その事業所に雇用される派遣労働者の過半数を代表すると認められるものの意見を聴くことが派遣元事業主の努力義務として派遣法に新たに定められました（派遣法30条の6）。この「事業所に雇用される派遣労働者の過半数を代表すると認められるもの」とは、事業所の派遣労働者の過半数で組織する労働組合がある場合はその労働組合、派遣労働者の過半数で組織する労働組合がない場合は派遣労働者の過半数を代表する者をいいます。

　なお、同趣旨の規定は、従前からパートタイム労働法に規定がありましたが、今回の改正により、有期雇用労働者に係る就業規則についても同様に適用されることとなりました（パート・有期労働法7条、6頁参照）。

2 派遣先が講ずべき措置

（1）派遣料金の交渉における配慮義務

派遣先　　　　　　　　　　　　　派遣法 26条11項　先指針 第2の9(2)

派遣先は、派遣料金について、派遣先均等・均衡方式または労使協定方式による待遇改善が行われるよう配慮しなければならない。

　労働者派遣の役務の提供を受けようとする者及び派遣先（以下「派遣先」といいます）は、当該労働者派遣に関する料金の額（派遣料金）について、派遣元事業主が派遣先に雇用される通常の労働者との間の均等・均衡待遇の確保のための措置及び一定の要件を満たす労使協定に基づく待遇の確保のための措置を遵守することができるように配慮しなければならないことと

されました（派遣法26条11項）。

　この派遣料金の配慮義務は、労働者派遣契約の締結・更新の時だけではなく、締結・更新された後にも求められます（派遣先指針第2の9(2)イ）。

　なお、派遣料金への配慮義務に関する留意点等については、**2**の**Q6**（142頁）をご参照ください。

（2）派遣先による均衡待遇の確保

改正　　派遣先　　　　　　　　派遣法 40条2項〜5項　派遣則 32条の2・32条の3

> (1)　派遣先は、派遣元事業主から求めがあったときは、派遣先の労働者に対して行う業務の遂行に必要な能力を付与するための教育訓練を、派遣労働者にも実施する等の必要な措置を講じなければならない。
>
> (2)　派遣先は、派遣先の労働者に利用させている福利厚生施設（給食施設・休憩室・更衣室）について、派遣労働者にも利用の機会を与えなければならない。
>
> (3)　派遣先は、派遣元事業主から求めがあったときは、派遣先の労働者に関する情報、派遣労働者の業務の遂行の状況等の必要な情報を提供する等必要な協力をするよう配慮しなければならない。

　派遣労働者と派遣先の労働者との均衡待遇を推進し、派遣労働者の処遇改善を図るのは一義的には雇用主である派遣元事業主です。しかし、派遣労働者の就業先である派遣先による対応がなければ、実際には均衡待遇の確保や待遇の改善につながっていきません。このため、派遣

● 派遣労働者の待遇に関する派遣先の責務規定の強化

	改正前		改正後
賃金等に関する情報提供	**配慮義務**（旧法40条5項）	↗	**情報提供義務**（新法26条7項）
業務に必要な教育訓練	〈派遣元の求めに応じ〉**配慮義務**（旧法40条2項）	↗	〈派遣元の求めに応じ〉**措置義務**（新法40条2項）
福利厚生施設	給食施設・休憩室・更衣室の利用機会の**配慮義務**（旧法40条3項）	↗	給食施設・休憩室・更衣室の利用機会の**付与義務**（新法40条3項）
	上記以外の福利厚生施設の利用に関する**努力義務**（旧法40条4項）	↗	上記以外の福利厚生施設の利用に関する**配慮義務**（新法40条4項）
情報の提供等の必要な協力	〈派遣元の求めに応じ〉派遣元事業主が適切に措置を講じられるよう、情報提供等の必要な協力をする**努力義務**（旧法40条6項）	↗	〈派遣元の求めに応じ〉派遣元事業主が適切に措置等を講じられるよう、情報提供等の必要な協力をする**配慮義務**（新法40条5項）

法は、派遣先においても、教育訓練、福利厚生等に関し、必要な措置を講じるものとして各種の派遣先の責務規定を置いていました。

今回の改正では、**前頁**の表のように、これらの従来の規定を努力義務から配慮義務、配慮義務から措置義務といったように、派遣先の責務を強化しています。

● 業務に必要な教育訓練

今回の改正で派遣先に措置義務が課せられた派遣法40条2項の教育訓練は、派遣先の労働者に対して行っている業務の遂行に必要な能力を付すための教育訓練です。派遣元事業主から求めがあった場合に、派遣先は派遣労働者に対してその教育訓練を実施する等の必要な措置を行わなければなりません。ただし、当該派遣労働者が既に当該業務に必要な能力を有している場合や派遣元事業主で同様の訓練を実施することが可能である場合には、派遣先はこの措置を講ずる必要はありません。

● その他の待遇等に関する派遣先の配慮義務

派遣先は、①セクシュアルハラスメントの防止等適切な就業環境の維持、②派遣先が設置及び運営し、その雇用する労働者が通常利用している物品販売所、病院、診療所、浴場、理髪室、保育所、図書館、講堂、娯楽室、運動場、体育館、保養施設等の施設の利用に関する便宜の供与の措置を講ずるように配慮しなければならないとされています（派遣法40条4項、派遣先指針第2の9(1)）。

---

3 その他の改正事項

● 記載・通知事項等の追加

		法条文	追加された事項		
			派遣労働者が従事する業務に伴う責任の程度	派遣労働者を協定対象派遣労働者に限るか否かの別	協定対象派遣労働者であるか否かの別
元 先	労働者派遣契約の記載事項	26条1項	○	○	
元	就業条件等の明示事項	34条1項	○		
元	派遣先への通知事項	35条			○
元	派遣元管理台帳の記載事項	37条	○		○
先	派遣先管理台帳の記載事項	42条	○		○

4 派遣労働者に対する労働条件の明示・説明義務

派遣元 　　　派遣法 31条の2　派遣則 25条の14〜25条の20　元指針 第2の9

新設

(1)　派遣元事業主は、派遣労働者の雇入れ時及び派遣時に、派遣労働者に対し、労働条件に関する事項を明示するとともに、不合理な待遇差を解消するために講ずる措置について説明しなければならない。

(2)　派遣元事業主は、派遣労働者からの求めに応じ、派遣労働者と比較対象労働者との間の待遇の相違の内容・理由について説明しなければならない。

1 労働条件に関する事項の明示義務・待遇に関する事項の説明義務の追加

改正前の派遣法において、派遣元事業主には、(1)派遣労働者として雇用しようとする際の派遣労働者として雇用した場合における待遇に関する説明義務及び(2)派遣労働者からの求めに応じその待遇の決定に当たって考慮した事項の説明義務が課されていました（旧法31条の2）。

前述したパート・有期雇用労働者の場合と同様に、派遣労働者についても、自らの労働条件や待遇についてよく理解し、納得性を高めることが重要です。また、派遣労働者が待遇に納得できないといった場合には、まずは労使間での対話を行い、不合理な待遇差の是正につなげていくとともに、事業主しか持っていない情報のために、派遣労働者が訴えを起こすことができないことを防止する必要があります。

今回の改正では、このような趣旨を踏まえて従前の説明義務を強化し、派遣元事業主に対し、派遣労働者の雇入れ時及び派遣労働者を派遣しようとする時にそれぞれ、①労働条件に関する事項を明示すること、及び②派遣元事業主が派遣労働者の不合理な待遇差を解消するために講ずる措置の内容を説明することを義務づけています。

さらに、パート・有期労働法と同様に、派遣法にも、派遣労働者から求めがあった場合には、派遣元事業主は、派遣先の通常の労働者等の比較対象労働者との間の待遇の相違の内容及び理由を説明しなければならないことが定められました。

ここでは、従前の説明義務を含め派遣労働者の待遇に関する派遣元事業主の明示・説明義務について簡単にまとめます。今回新設された明示義務・説明義務の詳細や留意点については、**120頁**及び**2**の**Q13**（**181頁**）をご参照ください。

> ● 派遣時にも明示・説明が必要
>
> 　派遣労働者に対する労働条件に関する事項の明示や待遇差の解消のために講ずる措置に関する説明は、派遣労働者の雇入れ時のみではなく、派遣先へ派遣労働者を派遣しようとする時にも必要です。
>
> 　これは、パート・有期雇用労働者とは異なり、派遣労働者の場合は、派遣先が変わることにより労働条件や待遇が変更されることがあり得るためです。労働条件や待遇の内容が変わることにより、派遣元事業主が講ずる措置も変更されることがありますので、派遣法は、労働者を派遣しようとする都度、派遣元事業主に明示・説明義務を課しているわけです。

待遇に関する事項の説明方法

　雇入れ時や派遣時に待遇差を解消するために講ずる措置について説明する場合や、派遣労働者からの求めに応じて待遇差の内容・理由を説明する場合の方法として、書面（資料）を活用する等の説明方法が示されています。併せて次の点にも留意してください。

■説明のための資料としては、就業規則、賃金規程、派遣先に雇用される通常の労働者の待遇のみを記載した書面が考えられる。

■説明に活用した書面を派遣労働者に交付することが望ましい。

■説明すべき事項をすべて記載した派遣労働者が容易に理解できる内容の書面を用いる場合には、当該書面を交付する等の方法でもよい。

■就業規則の条項を書面に記載し、その詳細は、別途就業規則を閲覧させる方法でもよいが、派遣元事業主は、就業規則を閲覧する者からの質問に、誠実に対応する必要がある。

比較対象労働者がパート・有期雇用労働者や仮想の通常の労働者である場合

　派遣元事業主は、派遣労働者の求めに応じて、比較対象労働者との間の待遇差の内容・理由を説明する際、比較対象労働者がパート・有期雇用労働者である場合や、「仮想の通常の労働者」（派遣労働者と同一の職務の内容で業務に従事させるために新たに通常の労働者を雇い入れたと仮定した場合の当該通常の労働者）である場合には、次の事項も説明する必要があります。

比較対象労働者		説明が必要な事項
パート・有期雇用労働者	➡	比較対象労働者と派遣先の通常の労働者との間で均衡（パート・有期労働法8条）が確保されている根拠
仮想の通常の労働者	➡	比較対象労働者と派遣先に雇用される通常の労働者との間で、適切な待遇が確保されている根拠

　派遣元事業主は、労働者派遣契約の締結に際して派遣先から提供された比較対象労働者の待遇等に関する情報（派遣法26条7項）をもとに待遇差の内容・理由について説明することが基本です。しかし、このような情報による説明が困難な場合には、派遣元事業主は、派遣法40条5項（派遣元事業主の求めに応じ、派遣先の労働者に関する情報提供等必要な協力をすべき派遣先の配慮義務）により、派遣先に対し、派遣先の労働者に関する情報の提供を求めることができます。派遣先は、派遣元事業主からの求めに応じ、的確に対応することが求められます。

●書面（文書）の交付等

　派遣労働者の雇入れ時・派遣時の昇給・退職手当・賞与の有無等の労働条件の明示や、派遣時の派遣労働者に対して行う就業条件等の明示の方法は、書面（文書）の交付による方法のほか、派遣労働者の希望により、ファクシミリまたは電子メール等の送信による方法も認められます（派遣則25条の16）。この「電子メール等」の送信については、ＷＥＢメールやSNSのメッセージ機能を利用する場合も含まれますが、派遣労働者が明示された内容を出力して書面を作成できるものでなければなりません（**9頁**参照）。

● 派遣労働者の待遇に関する事項の明示義務・説明義務（法31条の２）

	条項	どんなとき	義務	明示・説明事項
	1項	労働契約締結前	説明義務	①派遣労働者として雇用した場合の賃金額の見込み、社会・労働保険の資格取得（被保険者となること）に関する事項その他の待遇に関する事項 ②事業運営に関する事項（派遣会社の概要） ③労働者派遣制度の概要
新設	2項	雇入れ時	労働条件に関する明示義務	①昇給の有無 ②退職手当の有無 ③賞与の有無 ④協定対象派遣労働者か否か（協定対象者の場合は当該協定の有効期間の終期） ⑤苦情処理に関する事項
			説明義務	不合理な待遇差を解消するために講ずる措置 ◆派遣先均等・均衡方式（法30条の３）により講ずることとしている措置の内容 ◆労使協定方式（法30条の４）により講ずることとしている措置の内容 ◆職務の内容、職務の成果、意欲、能力、経験等のうちどの要素を勘案してどのように賃金（＊）を決定するか（法30条の５）
新設	3項	労働者を派遣しようとするとき	労働条件に関する明示義務	①賃金（退職手当・臨時に支払われる賃金を除く）の決定等に関する事項 ②休暇に関する事項 ③昇給の有無 ④退職手当の有無 ⑤賞与の有無 ⑥協定対象派遣労働者か否か（協定対象者の場合は当該協定の有効期間の終期）
			説明義務	不合理な待遇差を解消するために講ずる措置（上記雇入れ時の説明義務と同じ事項）
改正	4項	派遣労働者から求められたとき	説明義務	◆派遣労働者と比較対象労働者との待遇の相違の内容・理由、それぞれの待遇決定方式により講ずべきこととされている事項に関する決定をするに当たって考慮した事項 **派遣先均等・均衡方式** [待遇の相違の内容] （ⅰ）それぞれの待遇を決定するに当たって考慮した事項の相違の有無 （ⅱ）待遇の個別具体的な内容または実施基準 }を説明。 [待遇の相違の理由] 　職務の内容、職務の内容・配置の変更の範囲その他の事情のうち、待遇の性質・目的に照らして適切と認められるものに基づき説明。 **労使協定方式** 協定対象派遣労働者の賃金が協定で定めた賃金水準、公正な評価に基づき決定されていることなどを説明。 ◆法30条の５の規定よる事項（職務の内容等を勘案した賃金の決定）に関する決定をするに当たって考慮した事項 ◆法30条の６の規定よる事項（就業規則の作成の手続き）に関する決定をするに当たって考慮した事項
				［改正前派遣法31条の２第２項］（待遇の決定に当たって考慮した事項に関する説明義務）

＊職務の内容に密接に関連して支払われる賃金以外の賃金（通勤手当、家族手当、住宅手当、別居手当、子女教育手当等）を除く。

明示・説明方法	備　考
❶書面の交付 ❷ファクシミリの送信 ❸電子メール等の送信 ❹その他の適切な方法（口頭、インターネット等）	賃金の見込みについては、❶～❸のいずれかによらなければならない。
❶文書の交付 　[本人の希望がある場合のみ❷❸によることも可] ❷ファクシミリの送信 ❸電子メール等の送信	◆労基法15条１項に基づく労働条件の明示も必要（**8頁**参照）。 ◆事実と異なる明示をしてはならない。 ◆有期雇用派遣労働者の場合は、労働契約の更新の都度、明示・説明が必要。 ◆明示・説明は、個々の派遣労働者ごとに行うほか、雇入れ時の説明会等において複数の派遣労働者に同時に説明を行う等の方法でもよい。
書面の活用その他の適切な方法（書面を活用し、口頭で行うのが基本）（**119頁**の上枠参照）	◆派遣先が決まっていないときは、その時点で締結しようとしている労働契約に基づく明示、待遇決定方法に関する制度の説明で足りる。
❶文書の交付 　[本人の希望がある場合のみ❷❸によることも可] ❷ファクシミリの送信 ❸電子メール等の送信 　労働者派遣の実施について緊急の必要がある場合は上記の方法以外の方法も可（ただし、a.派遣労働者から請求があったとき、b.派遣の期間が１週間を超えるときは、派遣開始後遅滞なく上記の方法により明示）。	◆派遣法34条に基づく就業条件の明示も必要。 ◆事実と異なる明示をしてはならない。 ◆協定対象派遣労働者の場合は、⑥の事項のみ明示すれば足りる。また、労使協定方式により講ずることとしている措置の内容については説明不要。
書面の活用その他の適切な方法（書面を活用し、口頭で行うのが基本）（**119頁**の上枠参照）	
書面の活用その他の適切な方法（書面を活用し、口頭で行うのが基本）（**119頁**の上枠参照）	◆協定対象派遣労働者に待遇の相違の内容・理由を説明する際は、次の事項を、派遣先均等・均衡方式の場合の説明の内容に準じて説明しなければならない。 ・　協定の対象とならない法40条２項の教育訓練及び法40条３項の福利厚生施設→派遣先の通常の労働者との均等・均衡が確保されていること ・　賃金及び上記以外の待遇について、派遣元事業主に雇用される通常の労働者（派遣労働者を除く）との間で不合理な相違がなく決定されていること

2 説明を求めたことを理由とする不利益取扱いの禁止

派遣元　　　　　　　　　　　　　　　　　　　　　　派遣法 31条の２第５項

新設　　派遣元事業主は、派遣労働者が待遇に関して説明を求めたことを理由として、その派遣労働者に対して解雇その他不利益な取扱いをしてはならない。

　派遣元事業主は、派遣労働者が法31条の２第４項の規定により待遇の相違の内容・理由及び待遇の決定に当たって考慮した事項について説明を求めたことを理由として、当該派遣労働者に対して解雇その他不利益な取扱いをしてはならないことが、法律に明文化されました。これは、前記の説明義務を強化する一環として、派遣労働者が派遣元事業主に対し待遇に関する事項について説明を求めやすいようにするためです。

> ●**派遣労働者から説明の求めがない場合**
> 　派遣元事業主は、派遣労働者から求めがない場合でも、その派遣労働者に対し、比較対象労働者との間の待遇の相違の内容・理由及び法30条の３から30条の６までの規定により講ずべきとされている事項に関する決定をするに当たって考慮した事項に変更があったときは、その内容を情報提供することが望ましいとされています（派遣元指針第２の９(4)）。

2 改正法の仕組みとこれを踏まえた実務対応Q＆A（労働者派遣法）

弁護士　木村 恵子

　派遣法で定められている各種制度は、従前から複雑で分かりにくいとも言われています。これに加え、今回の改正では、パート・有期雇用労働者の待遇に関するルールと統一的に、派遣労働者についても、派遣先の通常の労働者等との均等・均衡待遇に関するルールが新たに設けられました。現在のところ、派遣労働者の待遇の合理性について争われた裁判例はまだ少ないですが、改正派遣法の施行後、派遣労働者の待遇をめぐる事案も出てくるものと予想されます。

　本稿では、今回の派遣法改正により見直し・新設された待遇に関する制度のうち特に重要なものについて、その仕組みを解説しながら、生じ得る問題や実務対応上の留意点について考えてみます。

Q1　改正法成立の経緯、趣旨等

　　　改正派遣法が令和2年4月に施行されると聞きました。今回の改正は、どのような目的で改正されたのでしょうか？

　　　また、派遣元事業主、派遣先として対応すべきポイントはどのような点でしょうか？　改正派遣法の施行に合わせて、現在の個々の派遣契約の派遣可能期間等も影響を受けるのでしょうか？

ココがポイント！

　今回の派遣法の改正は、「ニッポン一億総活躍プラン」において、実現すべき課題とされた、いわゆる「同一労働同一賃金」の実現を目的とする改正です。

　改正法のポイントとしては、（1）派遣元事業主においては、①派遣労働者の待遇を決定するに際し、ア）派遣先均等・均衡方式、または、イ）労使協定方式によることとすること、②派遣時や派遣労働者から求めがあった場合等に、待遇に関する説明をすること、（2）派遣先は、①派遣契約締結に先立ち、派遣先労働者の待遇に関する情報提供をすること、②業務遂行に必要な教育訓練をすることや給食施設等の一定の福利厚生施設の利用機会を付与すること等が義務づけられました。また、（3）「派遣労働者が従事する業務に伴う責任の程度」及び「派遣労働者を協定対象派遣労働者に限定するか否かの別」を派遣契約において定める

とともに、派遣元管理台帳及び派遣先管理台帳の必要的記載事項も追加されました。さらに、（4）派遣労働者の「同一労働同一賃金」については行政による履行確保措置及び行政ADRの対象となりました。

　なお、今回の改正により、派遣労働者の待遇が変わる可能性がありますが、個々の派遣契約の派遣可能期間等には影響はありません。

 解 説 ●●

1 改正派遣法制定経緯の特徴

●1● 従前の派遣法改正

　派遣法は、昭和60年に制定、昭和61年に施行されて以降、これまで数次にわたる大きな改正を経てきました。

　具体的には、平成11年改正では、それまでは専門26業務のみを対象としていた労働者派遣の対象業務を原則自由化とし、平成15年改正では、派遣を禁止していた製造派遣（物の製造業務への派遣）も解禁する等の規制緩和の流れの中で改正されました。

　その後、行きすぎた規制緩和に対する批判を受けた規制強化の流れの中で、平成24年改正では、日雇い派遣の原則禁止、グループ派遣の8割規制、離職後1年以内の労働者の派遣禁止、労働契約申込みみなし制度の創設等が規定され、平成27年改正では、労働者派遣事業の許可制への一本化や派遣期間制限の見直し等がなされてきました。

　これらの改正は、派遣法が、元々、労働者派遣事業の適正な運営の確保を目的として定められた、いわゆる「業法」として制定されたという経緯もあり、派遣労働者の保護を図りながらも、労働者派遣の対象業務や派遣可能期間制限等、労働者派遣事業のあり方に改正の主眼を置いていた点に特徴があります。

●2● 今回の改正派遣法の特徴

　これに対して、今回の改正派遣法は、労働者派遣事業のあり方を論ずるのではなく、政策の一環として派遣労働者の待遇改善を目的とした点に特徴があると言えるでしょう。

　すなわち、安倍政権が掲げる経済政策である「ニッポン一億総活躍プラン」において、いわゆる「同一労働同一賃金」の実現が掲げられ、これを受けて成立した「働き方改革を推進するための関係法律の整備に関する法律」（働き方改革関連法）では「雇用形態にかかわらない公正な待遇の確保」として、派遣労働者を含む非正規雇用労働者と正規雇用労働者との間の不合理な待遇差の解消が目的とされ、その一環で派遣法も改正されました。

　この改正の背景には、平成27年改正派遣法成立と同時に成立した「労働者の職務に応じた待遇の確保等のための施策の推進に関する法律」（以下「同一労働同一賃金推進法」といいます）

が、政府に対して、①雇用形態が異なることによる待遇差の相違が不合理なものとならないよう、正規・非正規労働者の待遇に係る制度の共通化の推進等の必要な施策を講じること、及び、②派遣労働者と派遣先雇用労働者との均等・均衡待遇の実現を図るために3年以内に法制上の措置を含む必要な措置を講じることを求めていたこともありました。

もっとも、今回の派遣法改正は、同一労働同一賃金推進法の成立を踏まえた労使の議論の中で導き出されたというよりは、我が国の少子高齢化を踏まえた経済施策としての「ニッポン一億総活躍プラン」において、実現すべき課題と位置づけられたことを受けた改正です。旧来の法施行状況の検証を踏まえた労使合意を基本とした法改正とは異なり、政府主導のトップダウン型の政策として改正がなされた点に、今回の派遣法改正の特徴があると言えるでしょう。

なお、改正法は、施行後5年を目途に施行状況を踏まえた見直しが予定されています（働き方改革関連法附則12条3項）。次回の改正では、労働者派遣の実務に即した見直しが期待されるところです。

② 改正派遣法のポイント

●1● 派遣元事業主に求められる対応

改正派遣法のポイントとしては、派遣労働者の不合理な待遇差の解消を図るために、派遣元事業主においては、①派遣労働者の待遇を決定するに際しては、ア）派遣先の通常の労働者との均等待遇・均衡待遇を確保する「派遣先均等・均衡方式」（改正法30条の3第1項及び2項）、または、イ）一定の要件を満たす労使協定を締結し、それに基づいて待遇を決定する「労使協定方式」（同法30条の4第1項）のいずれかにすることが義務づけられました（本稿では**Q8**（**150頁**）において詳述します）。

待遇差が存在する場合にいかなる待遇差が不合理となるか否かについては、同一労働同一賃金ガイドラインにおいて、原則となる考え方及び具体例が示されていますので、派遣元事業主としては、かかる指針を参考に、派遣労働者の待遇を決定する必要があります。

また、②派遣労働者に対する待遇に関する説明義務の強化の一環として、派遣労働者を雇い入れる時及び派遣をする時のみならず派遣労働者から求めがあった時には、不合理な待遇差を解消するために講じた措置等に関して説明をすることが義務づけられました（本稿では**Q13**（**181頁**）で詳述します）。

●2● 派遣先に求められる対応

これに対して、派遣先においては、①派遣元事業主が自己の雇用する派遣労働者に対して派遣先の通常の労働者との均等・均衡待遇を確保することができるように、派遣契約締結に先立ち、あらかじめ、派遣先の労働者の待遇に関する情報提供をすること（ただし、個別派遣契約

において派遣労働者が労使協定方式の対象となる派遣労働者に限定する場合には、同種業務に従事する派遣先労働者に対して業務遂行に必要な能力付与のために実施している教育訓練及び給食施設等一定の福利厚生施設の利用に関する情報等に限定されます。派遣法26条7項、派遣則24条の4第1項、2項）が義務づけられました（本稿では**Q**3（130頁）及び**Q**4（134頁）で詳述します）。

　また、②派遣先が受け入れている派遣労働者に対して、派遣元事業主の求めに応じ、業務遂行に必要な能力付与のための教育訓練をすること（派遣法40条2項）及び給食施設等の一定の福利厚生施設の利用機会を付与すること等が義務づけられました（派遣法40条3項、派遣則32条の3。**Q**7（145頁）において詳述します）。

● 3 ● 派遣契約における契約事項並びに派遣元管理台帳及び派遣先管理台帳の記載事項の追加

　派遣元事業主と派遣先とが締結する派遣契約において定めるべき事項は法定されていますが、上記 1 及び 2 の改正を踏まえて、「派遣労働者が従事する業務に伴う責任の程度」及び「派遣労働者を協定対象派遣労働者に限定するか否かの別」も、派遣契約において定めるべき事項となりました（派遣法26条1項、派遣則22条）。

　また、「派遣労働者の従事する業務に伴う責任の程度」及び、当該派遣労働者の「協定対象派遣労働者であるか否かの別」は、派遣元管理台帳及び派遣先管理台帳の記載事項となりました。

● 4 ● 行政による履行確保措置及び行政ADRの対象

　上記 1 及び 2 による派遣労働者の公正な待遇の確保の履行を確実なものとするために行政による履行確保措置及び裁判外紛争解決手続き（行政ADR）の制度が整備されました（**Q**14（186頁）において詳述します）。

Q2 改正法の施行日と経過措置、施行日をまたぐ派遣契約の留意点等

　　当社は、派遣先として、複数の派遣元会社と1年単位で派遣契約を締結して、派遣労働者を受け入れています。改正派遣法が令和2年4月1日に施行されると聞いていますが、施行前に締結した、令和2年4月1日を含む派遣契約については改正派遣法は適用されないのでしょうか？

ココがポイント！

　改正派遣法は、令和2年4月1日から施行され、個別派遣契約の締結時期にかかわらず、同日から、すべての労働者派遣について適用されます。施行日前に締結した派遣契約につい

ても、新たな派遣契約締結事項については、施行日までに派遣契約の変更等により定める必要があります。

　また、派遣先等の派遣元事業主への情報提供及び派遣元事業主の派遣先に対する派遣労働者が協定対象派遣労働者か否かの別に係る通知については、経過措置があり、改正法施行前に実施することも可能です。

　なお、派遣期間が、施行日をまたぐ労働者派遣契約を締結する場合には、同日以降派遣労働者の賃金が変わる可能性があり、それに伴って派遣料金も影響を受けることが想定されますから、派遣先及び派遣元事業主は、同日以降の派遣料金の取扱いについても定めておくべきでしょう。さらに、施行日を挟んで派遣契約を2分割する場合には、日雇い派遣の禁止に反することがないように留意すべきでしょう。

 解　説 ●●

1　改正派遣法の施行時期

　改正派遣法は、令和2年4月1日から施行されます。

　この施行に伴い、派遣契約の締結時期にかかわらず、同日以降のすべての労働者派遣に改正派遣法が適用されることになります。

　平成27年改正法の施行時には、派遣可能期間の制限等との関係では、施行に伴う経過措置として、施行日前に締結された派遣契約に基づく労働者派遣には適用されませんでした。しかし、今回の改正派遣法の施行については、このような契約締結時期により適用の有無に相違を設ける経過措置は設けられておらず、以下の情報提供等に関する経過措置が定められているにとどまります。

2　新たな派遣契約締結事項

　改正派遣法の下では、「派遣労働者が従事する業務に伴う責任の程度」（以下「責任の程度」といいます）及び「派遣労働者を協定対象派遣労働者に限定するか否かの別」も、派遣契約において定めるべき事項となります。そのため、これらの新たな派遣契約の締結事項については、派遣契約の変更等により施行日までに定める必要があるとされています（「協定QA」＊1問1－2）。

3　派遣先等の派遣元事業主への情報提供に関する経過措置

　改正派遣法は、派遣労働者の公正な待遇確保のために、派遣契約の締結に先立ち、あらかじめ、労働者派遣の役務の提供を受けようとする者（以下「派遣先等」といいます）が、派遣元

＊1　厚生労働省HP「労使協定方式に関するQ&A」

事業主に対して、派遣先等に雇用される比較対象労働者の待遇等に関する情報を派遣元事業主に提供することを義務づけています（派遣法26条7項。以下「派遣先等の情報提供義務」といいます。情報提供の内容等については **Q3（130頁）** 参照）。

　そこで、派遣先等と派遣元事業主間で、改正法施行日前に、既に施行日以後の派遣期間を含む派遣契約を締結している場合の取扱いが問題となり得ます。

　この点について、「働き方改革関連法」は、附則において経過措置を設けており、改正派遣法施行日前に派遣契約を締結した派遣先等が、この契約に基づいて同法施行日後に労働者派遣を受け入れる場合は、派遣元事業主に対して、施行日である令和2年4月1日に、派遣先等の情報提供義務に基づき、比較対象労働者の情報等の必要な情報を派遣元事業主に提供することとし（働き方改革関連法附則7条1項）、併せて、施行日前においても、改正法に従って派遣先等が派遣元事業主に対して比較対象労働者等の情報を提供した場合には、この情報提供が、改正法の規定に基づいてなされたものとみなす旨を定めています（同条2項）。

　そのため、派遣先等は、施行日前に、派遣期間に施行日以降の期間を含む派遣契約を締結する場合は、この契約の締結に先立って派遣元事業主に対して情報提供をする必要まではありませんが、遅くとも、施行日までには、派遣元事業主に対して、比較対象労働者の情報等の情報提供をする必要があることには留意すべきでしょう。

4　派遣元事業主の派遣先への通知

　派遣法は、派遣元事業主に対して、派遣先に労働者を派遣する時は、あらかじめ、派遣労働者の氏名、派遣労働者が無期雇用労働者か否か等、派遣する労働者に係る事項を派遣先に通知をすることを義務づけています（派遣法35条1項）。

　改正派遣法は、この派遣先への通知事項に、派遣する派遣労働者が、「協定対象派遣労働者か否かの別」も加えました（派遣法35条1項2号）。

　この点についても働き方改革関連法は附則において経過措置を設けており、改正派遣法施行の際、現に派遣されている派遣労働者については、派遣元事業主は、派遣先に対して、施行日である令和2年4月1日に、派遣先への通知として「協定対象派遣労働者か否かの別」を通知することとし（働き方改革関連法附則8条1項）、併せて、施行日前においても、改正法に従って、派遣元事業主が派遣先に対して「協定対象派遣労働者か否かの別」を通知した場合には、施行日に通知がなされたものとみなす旨の経過措置を規定しています（同条2項）。

　そのため、派遣元事業主は、派遣期間に施行日以降の期間を含む派遣契約に基づいて労働者を派遣する場合は、施行日までには、派遣先に対して、当該労働者が「協定対象派遣労働者か否かの別」を通知する必要があることには留意すべきでしょう。

5 派遣期間が施行日をまたぐ労働者派遣契約を締結する際の留意点

　派遣期間が施行日をまたぐ労働者派遣契約を締結する際の主な留意点としては、上記3点になりますが、実務上は、派遣先等と派遣元事業主が派遣契約を締結する際に、施行日以降の派遣料金についてはどのように取り扱うかについても、あらかじめ協議をして、その取扱いについても定めておくべきでしょう。

　すなわち、改正派遣法は、派遣労働者の待遇については、施行日から、派遣先の労働者との均等・均衡待遇方式、または、労使協定方式により公正な待遇が確保されることを求めていることから、派遣労働者の待遇、殊に派遣労働者の賃金が、施行日から上がる可能性があります。他方で、改正派遣法は、派遣先等に対して、派遣元事業主が派遣労働者に関して公正な待遇を確保することができるような派遣料金とするように配慮することを求めているほか（派遣法26条11項）、派遣先指針は、当該配慮は、派遣契約の締結または更新の時だけではなく、当該締結または更新がなされた後にも求められるものであることとしています（派遣先指針第2の9(2)イ）。このような派遣先等の配慮義務に鑑みれば、派遣期間が施行日をまたぐ派遣契約を締結する際には、施行日になってトラブルが生じることがないよう、施行日以降の派遣労働者の賃金の変動に合わせて、派遣料金を変更するか否か等について、あらかじめ派遣先等と派遣元事業主間で、十分に協議をした上で派遣契約を締結することが望ましいでしょう。

　その上で、施行日の前後で派遣料金が変わる場合には1つの派遣契約において、施行日までの派遣料金の額と施行日以降の派遣料金の額を併記することも一考でしょう。

　なお、施行日の前後で派遣料金が変わることに伴い、1つの派遣契約を施行日前後で分けて2つの派遣契約を締結することも可能ですが、その場合には、一方の派遣契約期間が30日以内の短期になることに伴って当該派遣契約を前提とする派遣労働契約（派遣元事業主と派遣労働者との労働契約）も30日以内となり、結果的に日雇い派遣の禁止（法35条の4第1項）に違反することがないように留意すべきでしょう。

派遣先等の情報提供義務

当社は、派遣先として、派遣労働者を受け入れています。改正派遣法では、派遣先の社員の待遇を派遣元事業主に情報提供をしなければならないと聞いていますが、具体的には、いつまでに、どのような情報を提供すればよいのでしょうか？

また、派遣契約を締結する際、派遣元事業主に対して、派遣する労働者を協定対象派遣労働者に限定するよう提案することは許されるのでしょうか？

ココがポイント！

　派遣先等から派遣元事業主に対する情報提供は、派遣契約締結に先立ち、あらかじめ提供する必要があります。情報提供をする内容は、派遣契約において、派遣する労働者を協定対象派遣労働者に限定する旨を定めるか否かで異なります。協定対象派遣労働者に限定しない場合は、派遣先等の雇用する比較対象派遣労働者の待遇情報等を提供する必要がありますが、限定する場合は、派遣先が実施する業務遂行に必要な能力付与のための教育訓練や給食施設等の特定の福利厚生施設に係る情報のみになります。

　また、派遣契約を締結する際に、派遣先等が、派遣元事業主に対して、派遣する派遣労働者を協定対象労働者に限定するよう提案することも可能と考えます。

 解　説 ●●

1 派遣先等の情報提供義務

　改正派遣法では、派遣労働者の待遇は、不合理な待遇差を解消し公正な待遇を確保するために、「派遣先均等・均衡方式」または「協定方式」によって決定する必要があります。

　そのためには、派遣元事業主としては、派遣先から待遇に関する情報を得ておく必要があります。殊に、派遣先均等・均衡方式の場合、派遣元事業主が雇用する派遣労働者の公正な待遇を確保するためには、派遣先の労働者の待遇に関する情報をあらかじめ入手しておくことは不可欠です。

　そこで、改正派遣法は、派遣先等に対して、派遣契約を締結するに当たり、あらかじめ、派遣先の労働者の待遇に関する情報を派遣元事業主に対して提供することを義務づける一方で（派遣法26条7項）、派遣元事業主には、派遣先等から当該情報提供がない場合には、派遣契約を締結してはならないとして（同条9項）、確実に派遣先等から派遣元事業主に対して必要な情報が提供される仕組みとしました。

2 派遣先等の派遣元事業主に対する情報提供の内容

●1● 協定対象派遣労働者に限定するか否かによる区分

派遣元事業主が派遣先等の労働者の詳細な待遇情報が必要になるのは、派遣労働者が派遣先均等・均衡方式により公正な待遇の確保が図られる場合です。これに対して、協定方式による場合は、労使協定で定めた待遇が確保されることで派遣労働者の公正な待遇が確保されることから、派遣先等に雇用される労働者のすべての待遇に係る情報までは必ずしも必要ではありません。

そのため、改正派遣法では、派遣契約において派遣される派遣労働者を協定対象派遣労働者のみに限定するか否かによって、派遣先等が派遣元事業主に提供する情報の内容が大きく異なります。

なお、改正派遣法では、労使協定を締結しているか否か等が派遣元事業主による事業所ごとの情報提供（法23条5項）の項目に加わりました。そのため、派遣先等は、派遣元事業主のHPや厚生労働省の人材サービス総合サイトでこれらを確認することも可能です。

●2● 協定対象派遣労働者に限定しない場合

派遣契約において、派遣する派遣労働者を、「協定対象派遣労働者」のみに限定することを定めていない場合には、派遣先等は、派遣元事業主に対して、派遣先等に雇用される通常の労働者であって、その業務の内容及び当該業務に伴う責任の程度（以下「職務の内容」といいます）並びに当該職務の内容及び配置の変更の範囲が、当該労働者派遣に係る派遣労働者と同一であると見込まれる者等の当該派遣労働者と待遇を比較すべき労働者（以下「比較対象労働者」といいます。比較対象労働者の選定方法については**Q**4（134頁）参照）の待遇等に関する情報を、派遣元事業主に提供する必要があります。

派遣先均等・均衡方式においては、派遣先に雇用されるいわゆる正社員に該当する通常の労働者との間で均等・均衡待遇を確保することが求められていますが、派遣元事業主が、職務の内容等が全く異なる労働者の待遇情報の提供を受けたとしても、そこから均衡ある待遇を決定することは困難であろうことから、職務の内容等が近い比較対象労働者の待遇情報が提供されることになりました[*1]。

具体的な情報提供すべき事項及びその留意点は、以下のとおりです。なお、比較対象労働者の待遇等に関する情報提供の書式については厚生労働省がモデル様式（厚生労働省ホームページに掲載）を定めていますので、これに従って情報提供することが望ましいでしょう。

＊1 第12回労働政策審議会 職業安定分科会 雇用環境・均等分科会同一労働同一賃金部会議事録

① 比較対象労働者の職務の内容、当該職務の内容及び配置の変更の範囲並びに雇用形態（派遣則24条の４第１号イ）

・ 「業務の内容」については、「厚生労働省編職業分類」等を参考に具体的な内容を提供する必要があります。

・ 「責任の程度」については、業務に伴って行使する具体的な権限、程度等（例えば、権限の範囲、緊急対応の要否、成果への期待・役割、所定外労働の対応等）を指します。

・ 「職務の内容及び配置の変更の範囲」については、転勤、昇進を含むいわゆる人事異動や役割の変化等の有無等を具体的に提供する必要があります。

・ 「雇用形態」については、通常の労働者、有期雇用労働者等のうち、比較対象労働者が、どの雇用形態に該当するかとともに、有期雇用労働者の場合には雇用期間についても提供する必要があり、有期労働契約が更新されている場合は、当初の労働契約の開始時からの通算雇用期間を提供する必要があります。

② 比較対象労働者を選定した理由（同ロ）

・ 「派遣労働者と職務の内容が同一の通常の労働者はいないが、業務の内容が同一の通常の労働者がいるため」等比較対象労働者として選定した理由を提供する必要があります。

③ 比較対象労働者の待遇のそれぞれの内容（昇給、賞与その他の主な待遇がない場合には、その旨を含む）（同ハ）

・ 基本給、賞与等のみならず、家族手当等の手当関係や社宅制度、病気休職制度、慶弔休暇制度等の福利厚生に係る待遇についても提供をする必要があります。

・ また、基本給等が時給単位で確認できるよう、年間の所定労働時間も、併せて提供する必要があるとされていることには留意すべきでしょう。

・ なお、派遣先の株式に係る従業員持株会制度のように、持株会という派遣先とは異なる団体が実施する制度は、派遣先の労働者としての待遇には該当しないため、情報提供の対象とする必要はありません。

④ 比較対象労働者の待遇のそれぞれの性質及び当該待遇を行う目的（同ニ）

・ それぞれの待遇の具体的な性質や当該待遇を行う目的についても情報提供する必要があります。ところで、皆勤手当等の一般的な手当についても、その手当を設ける目的等は各企業によって異なります。そのため、派遣先等においては、安易にモデル情報提供例を流用するのではなく、自社の手当・制度等の導入経緯等も精査検討した上で、自社の当該待遇を設けた目的等を情報提供すべきでしょう。殊に派遣先等において通常の労働者とパート・有期雇用労働者等との間に、ある待遇に関して相違があり、かかる相違の不合理性が問題となって当該待遇を設けた目的等に疑義が生じた場合等においては、当該派遣先等が派遣元事業主に対して情報提供をした内容に基づいて当該待遇の目的等

が認定される可能性があることも、派遣先等としては留意しておくべきでしょう（▶右枠「補足」参照）。

⑤ 比較対象労働者の待遇のそれぞれについて、職務の内容、当該職務の内容及び配置の変更の範囲その他の事情のうち、当該待遇に係る決定に当たって考慮したもの（同ホ）

・ 待遇決定に当たって考慮した具体的な内容を提供する必要があります。

> **補足** 待遇情報を記載した書面等は訴訟で証拠となり得る
>
> 待遇に係る情報提供は書面等でする必要があるほか、当該書面等は、派遣契約終了後３年間の保存義務があります。そのため、派遣先のパート・有期雇用労働者との間の不合理な待遇をめぐる訴訟等において、派遣先が派遣元事業主に提供した情報が記載された書面等が証拠として利用される可能性もあるでしょう。

●3● 協定対象派遣労働者に限定する場合

派遣契約において、派遣する労働者を協定対象派遣労働者に限定する場合は、以下の2項目が情報提供の対象となります。

① 派遣先等が派遣元事業主の求めに応じて派遣労働者と同種の業務に従事する派遣先等に雇用される労働者に対して行う業務の遂行に必要な能力を付与するための教育訓練の内容（当該教育訓練がない場合には、その旨）

当該教育訓練はOJTで実施をすることでも差し支えないとされていますが、その場合には、情報提供に当たり、単に「OJT」とのみ記載をするのではなく、「○○業務の研修（OJT）」等のように具体的な教育訓練の内容を記載することが望ましいでしょう。

② 派遣先等が派遣先等に雇用される労働者に対して利用の機会を与える福利厚生施設（給食施設、休憩室及び更衣室）の内容（福利厚生施設がない場合は、その旨）

福利厚生施設のそれぞれの利用の機会の付与の有無及び利用時間等の具体的内容を情報提供する必要があります。

3 派遣する労働者を協定対象派遣労働者に限定することを求めることの可否

ところで、派遣契約を締結する際、派遣先等が、派遣元事業主に対して、派遣する労働者を協定対象派遣派遣労働者に限定するよう求めることは許されるのでしょうか。派遣法が、派遣先等が派遣労働者を特定する行為をしないよう求めていることから（同法26条6項）、疑問の生じるところです。

この点については、派遣契約は取引契約として、その内容は派遣先と派遣元事業主の合意により決めることができるところ、改正に伴って、派遣契約において規定すべき事項に「派遣労働者を協定対象派遣労働者に限るか否かの別」が加わり（派遣則22条6号）、当該事項も契約内

容となっていることからすれば、派遣契約の締結の際に、契約締結の一方当事者として派遣先等が派遣元事業主に対して派遣労働者を協定対象派遣労働者に限るよう提案をすることは、派遣先等の特定行為には該当せず、特段問題はないものと筆者は考えます。

 比較対象労働者の選定

　派遣契約で派遣される派遣労働者を協定対象派遣労働者に限定しない場合は、派遣先は、派遣元事業主に対して比較対象労働者の待遇に関して情報提供をする必要があると聞きましたが、この「比較対象労働者」は、どのように選定するのでしょうか？

　また、当社の小規模な支店では、役員１名と派遣労働者のみの支店もあります。この場合は、比較対象労働者がいない以上、情報提供をする必要はないのでしょうか？

　さらに、支店によっては、比較対象労働者の対象となる社員が１人となる場合も想定されます。この場合は、当該社員の個人情報を提供することにならないでしょうか？

ココがポイント！

　比較対象労働者の選定については、①職務の内容並びに当該職務の内容及び配置の変更の範囲が派遣労働者と同一であると見込まれる通常の労働者、②①がいない場合は、職務の内容が派遣労働者と同一であると見込まれる通常の労働者、③①及び②がいない場合は、①及び②に準ずる者の順に選定することになります。

　また、比較対象労働者の有無は、事業所単位ではなく、事業主単位で確認する必要があります。比較対象労働者が一定の個人に特定される可能性がある場合は、当該労働者の個人情報に該当しないよう「標準モデル」としての待遇情報として提供する等の配慮をした上で、情報提供をする必要があるでしょう。

 解　説 ●●●

1 比較対象労働者とは

　派遣契約において、派遣する派遣労働者を協定対象派遣労働者に限定することを定めていない場合には、派遣先等は、当該労働者派遣に係る派遣労働者が「従事する業務ごとに」、「比較対象労働者」の待遇等に関する情報を、派遣元事業主に提供する必要があります（派遣法26条７項）。

●1● 「従事する業務ごと」の比較対象労働者の待遇情報

ここで「従事する業務ごと」に比較対象労働者の待遇情報を提供することとされているのは、労働者派遣が業務を特定して行われることが一般的であることによるとされています*1。実務上は、派遣契約にて特定する派遣労働者が従事する業務に応じ、中核的業務が1つの場合（例えば、「精算入力業務その他付随する業務」等）には、1つの比較対象労働者の待遇情報を提供することになるでしょう。

これに対して、派遣労働者1人が複数の業務を行う場合（労働者派遣契約の業務内容に複数記載されている場合）には、1つの業務の比較対象労働者の待遇に関する情報だけでは、正確に派遣労働者の待遇を決めることができないおそれがあることから、原則、その業務ごとに比較対象労働者の待遇に関する情報を提供する必要があるとされています（「派遣先均等・均衡QA」*2問1-1）。ただし、派遣労働者が従事する複数の業務が、比較対象労働者と一致している場合には、まとめて1つの比較対象労働者の情報を提供することで足りるとされています（同問1-2）。

●2● 比較対象労働者の選定順序

上記の「比較対象労働者」について、派遣則では、

> ❶ 「職務の内容」並びに「当該職務の内容及び配置の変更の範囲」が派遣労働者と同一であると見込まれる通常の労働者（派遣則24条の5第1号）
>
>
>
> ❷ ❶がいない場合は、「職務の内容」が派遣労働者と同一であると見込まれる通常の労働者（同2号）
>
> ❶及び❷がいない場合は、❶及び❷に準ずる者（同3号）

の順に選定することを定めています。

これを受けて要領*3は、上記の「❶及び❷に準ずる者」について、より詳細に、以下のとおり定めています（要領第6の2(3)ハ(イ)）。

> ❸ ❶及び❷に該当する労働者がいない場合にあっては、「業務の内容」または「責任の程度」のいずれかが派遣労働者と同一であると見込まれる通常の労働者
>
> ❹ ❶～❸に該当する者がいない場合にあっては、「職務の内容及び配置の変更の範囲」が派遣労働者と同一であると見込まれる通常の労働者

---

*1　水町勇一郎著『「同一労働同一賃金」のすべて（新版）』（有斐閣）131頁
*2　厚生労働省HP「派遣先均等・均衡方式に関するQ&A」
*3　労働者派遣事業関係業務取扱要領

❺　❶〜❹に該当する労働者がいない場合にあっては、❶〜❹までに相当するパート・有期雇用労働者

❻　❶〜❺に該当する労働者がいない場合にあっては、派遣労働者と同一の職務の内容で業務に従事させるために新たに通常の労働者を雇い入れたと仮定した場合における当該通常の労働者（以下「仮想の通常の労働者」という）

そのため、比較対象労働者を選定する際には、この６分類の順で選定する必要があります。

２ 比較対象労働者選定の留意点

比較対象労働者の選定においては、以下の点に留意する必要があります。

●１● 選定の範囲

比較対象労働者は、「派遣先等に雇用される通常の労働者」であって、職務の内容等が同一であると見込まれるものその他の当該派遣労働者と待遇を比較すべき労働者ですから、「派遣先等に雇用される労働者」から選定されることになります。そのため、その選定に際しては、派遣労働者が就業する就業場所にとどまらず、労働者派遣の役務の提供を受けようとする事業主が雇用する労働者全体の中から選定することになります。

したがって、派遣労働者を受け入れている事業所では派遣先等が雇用する労働者がいない場合であっても、他の事業所に比較対象労働者となる労働者がいるか否かを確認する必要があることには留意すべきでしょう。

●２● 派遣先による派遣労働者の特定行為との関係

労働者派遣では、派遣先による派遣労働者を特定することを目的とする行為をしないことが求められています（派遣法26条６項）。そのため、派遣先等は、派遣元事業主から派遣労働者に係る通知を受ける前の時点では、どのような雇用形態の派遣労働者が派遣されるかも知り得ません。そのような中で、派遣労働者と比較対象労働者の職務の内容等をどのように比較するのか疑問の生じるところです。

もっとも、労働者派遣においては、派遣労働者に従事させる業務の内容や責任の程度、配置の変更の範囲を派遣先等が特定し、それを踏まえて締結された派遣契約を前提に、その範囲で派遣労働者が就業することになりますから、個々の派遣労働者の雇用形態によって、業務の内容等に事後的に変動が生じるものではありません。

そこで，以下の「職務の内容」、「配置の変更の範囲」等の比較においては，派遣先等が派遣労働者に従事させることを予定する職務の内容や配置の変更の範囲（同一の組織内での担当変更を含め）と、派遣先等の雇用する労働者の職務の内容等を比較して比較対象労働者を選定す

べきでしょう。

●3● 「職務の内容」が同一であるとの判断手法

要領では、「職務の内容」が同一であるとは、個々の作業まで一致する必要はなく、それぞれの労働者の職務の内容が実質的に同一であることを意味し[*4]、「業務の内容」が実質的に同一であるかどうかを判断し、次に「責任の程度」が著しく異なっていないかを判断するものとしています。これらの判断に当たっては、将来にわたる可能性についても勘案することとしています（要領第6の2(3)ニ(ロ)）。

また、「業務の内容」の同一性判断に際しては、「業務の種類」を「厚生労働省編職業分類」の細分類を目安として比較し、業務の種類が同一の場合には、次に業務分担表や職務記述書等により個々の業務に分割し、その中から「中核的業務」を抽出して比較することとし、これが同一の場合に、「責任の程度」の差異が「著しい」と言えるか否かで同一性を判断することになります。

●4● 「職務の内容及び配置の変更の範囲」が同一であるとの判断手法

「職務の内容及び配置の変更の範囲」が同一であるとの判断手順としては、まず「配置の変更」に関して、転勤の有無が同一か否か、仮に双方「転勤あり」となった場合にはその範囲が実質的に同一か否かにより判断されることになります。その上で、転勤が双方にない、あるいは、双方あっても、その範囲が同一であると判断された場合には、「職務の内容」の変更の態様（従事業務や役割の変化等）について比較することになります（要領第6の2(3)ニ(ハ)）。

① 当該派遣先内で「転勤の有無」等を比較する

派遣労働者の「転勤の有無」については、派遣元事業主との労働契約において他の派遣先をも含めた「転勤の有無」等と、派遣先の通常の労働者の「転勤の有無」等を比較すべきようにも解されますが、派遣先均等・均衡方式における「職務の内容及び配置の変更の範囲」は、ある労働者が、ある事業主に雇用されている間またはある派遣先に派遣されている間にどのような職務経験を積むこととなっているかを見るものですから、ここでいう「転勤の有無」等の比較は、ある派遣先において派遣就業する中で、当該派遣先の他の事業所等への転勤が予定されているか否か等、あくまでも当該派遣先における派遣労働者の人材活用の仕組み、運用等の実態に基づいて判断することになります。そのため、ある派遣先のある事業所で就

[*4] 要領では、平成31年1月30日付のパート・有期労働法の施行通達（基発0130第1号、職発0130第6号、雇均発0130第1号、開発0130第1号）と同じ内容が記載されていますが、ここでいう「それぞれの労働者の職務の内容」とは、労働者派遣においては、個別具体的な派遣労働者と派遣先等の労働者との比較ではなく、派遣契約で特定された「職務の内容」と派遣先等の労働者の職務の内容を比較すべきでしょう。

業していた派遣労働者が、当該派遣先での就業が終了した後、たまたま同じ派遣先の他の事業所の派遣業務に応募し、就業することになったとしても、人材活用の仕組みとして「転勤有り」と評価し得るものではないでしょう。

② 「将来にわたる可能性」を含めて比較考慮する

「職務の内容及び配置の変更の範囲」は将来にわたる可能性についても勘案するものであるとともに、ある職務に従事する派遣労働者については転勤等がないという場合にも、形式的な判断だけではなく、例えば、同じ職務に従事している他の派遣労働者には転勤等があるといった「可能性」についての実態を考慮して具体的な見込みの有無で判断するものとされています（要領第６の２(3)ニ(ハ)）。

そのため、例えば、ある派遣契約で特定された業務内容としては、ある製造工程のライン作業に従事することのみが業務内容であり職務の内容や配置の変更が予定されていないとしても、同じ派遣就業場所において１年前に同じライン作業に従事していた派遣労働者が、経験を積んで現在は当該ラインのリーダー業務に従事している等、派遣先としてリーダー業務にも派遣労働者を活用しており、ライン作業に従事していた派遣労働者がリーダー業務に従事することもある場合には、その範囲内において職務の内容の変更はあるものとして、派遣先の通常の労働者等と比較すべきでしょう。

●5● パート・有期雇用労働者を比較対象労働者とする場合

派遣法がパート・有期雇用労働者を派遣労働者の比較対象労働者としているのは、その前提において、派遣先等が雇用する当該パート・有期雇用派遣労働者については、派遣先等の雇用する通常の労働者との間においてパート・有期労働法に照らして、不合理と認められる待遇の相違がないことを前提としています。

そのため、派遣先等が、比較対象労働者に係る情報を提供する際、自己の雇用するパート・有期雇用労働者の待遇に係る情報を提供する時には、当該パート・有期雇用労働者と自己の雇用する通常の労働者の待遇の相違が不合理でないことを確認した上で、情報提供をすべきでしょう。

●6● 仮想の通常の労働者を比較対象労働者とする場合

要領では、仮想の通常の労働者を比較対象労働者とする場合は、この仮想の通常の労働者の待遇については、実際に雇い入れた場合の待遇であることを示す根拠に基づいて決定されていることが必要であるとしています（要領第６の２(3)ハ(イ)⑥）。

具体的には、これまで適用実績はないものの、仮に雇い入れた場合には適用される待遇が示されている就業規則等が整備されている場合等が考えられるとしています。

　なお、仮想の通常の労働者については、その時点では実在しないものの、１年以内に雇用していた者や適用実績のある労働者の標準的なモデルがある場合は、上記❶～❺に該当する可能性があるとされていることには留意すべきでしょう。

3 比較対象労働者が１人の場合の配慮

　派遣先等において雇用される通常の労働者が１人の場合等、比較対象労働者が一定の個人に容易に特定される場合には、待遇に係る情報は、当該労働者の個人情報に該当する可能性があります。また、待遇には基本給等のプライバシーに係る情報を含むことから、これを濫りに派遣元事業主に開示をすることは、当該比較対象労働者とされたもののプライバシー侵害にもなりかねません。

　そのため、要領では、このような場合には、「標準的なモデル」としての待遇情報を提供すること等の配慮を行うことが考えられるとしています（要領第６の２(3)ト(ニ)）。

　また、派遣元事業主は、待遇に関する情報には、個人情報に該当する部分が含まれる部分もあることから、当該情報については、派遣先均等・均衡方式による派遣労働者の待遇の確保等の目的に限って利用するとともに、当該情報の保管または使用及び情報の消去等については個人情報保護法に照らして適正に管理する必要があることには留意すべきでしょう（派遣元指針第２の11(1)ニ、要領第６、２(3)ト(イ)）。

Q5 派遣先の情報提供の方法等

　派遣先が派遣元事業主に対して、比較対象労働者の待遇に係る情報を提供する場合、情報提供の方法について定めはあるのでしょうか？　また、派遣契約を更新する場合に、既に提供している情報に変更がない場合でも、再度、提供する必要があるのでしょうか？

　さらに、情報提供の内容に誤りがあった場合には、派遣契約自体が無効になるのでしょうか？

ココがポイント！

　派遣先等から派遣元事業主に対する情報提供は、書面の交付等にて行う必要があります。

　また、派遣契約を更新する場合に、提供する情報に変更がない時でも、更新の都度、あらかじめ情報提供をする必要があります。

　情報提供に際して誤った内容を提供していたり、情報提供を失念していた場合には、行政の指導、助言さらには勧告の対象となり、勧告に従わない場合には社名が公表される可能性もありますが、それにより派遣契約が直ちに無効になることはないでしょう。

　なお、比較対象労働者の選定に誤りがあったことによるトラブルを招かないためにも、派遣先等は、比較対象労働者の選定は慎重に行うとともに、受け入れている派遣労働者に対して、派遣契約に定めた業務内容、責任の程度を超えた業務に従事させることのないよう留意すべきでしょう。

 解　説 ●●●

1 派遣先等の情報提供の方法等

●1● 提供の方法

　派遣先等が、派遣元事業主に対して、比較対象労働者の待遇に関する情報を提供する方法については、派遣契約締結に際し、あらかじめ派遣先等から派遣元事業主に対し、情報提供すべき事項に係る書面の交付もしくはファクシミリを利用してする送信または電子メール等の送信をすることにより行わなければならないとされています（派遣則24条の3第1項）。

●2● 情報提供に係る書面等の保存

　上記の書面等については保存義務が定められており、派遣元事業主は、当該書面等を、派遣先等は当該書面の写しを、当該派遣契約に基づく労働者派遣が終了した日から起算して3年を経過する日まで保存することが義務づけられています（派遣則24条の3第2項）。

2 変更時の情報提供

　派遣先等は、比較対象労働者の待遇等に関する情報に変更があった時は、遅滞なく、派遣元事業主に対して、当該変更の内容に関する情報を提供しなければなりません。（派遣法26条10項）。

　これは、待遇に関して変更があった際に、派遣労働者の待遇が変更されることなく放置され、その結果、派遣先に雇用される通常の労働者との間で不合理な待遇差が生じることとなりかねないことから定められたものです。

　ここでいう「遅滞なく」とは、1か月以内に派遣労働者の待遇に適正に反映されるよう可能な限り速やかに情報提供を行うこととされています（要領第6の2(3)リ(ニ)）。

　ただし、①派遣契約では、協定対象派遣労働者のみに限定する内容となってはいないものの、当該契約に基づいて派遣されている派遣労働者に協定対象派遣労働者以外の者がいない場合（教育訓練及び福利厚生施設に係る情報を除く）、及び②派遣契約が終了する1週間以内における変更であり、変更をしなくとも派遣先均等・均衡の趣旨に反せず、かつ、当該変更の内容に関する情報提供を要しないとして派遣契約で定めた範囲を超えない場合には、当該変更の内容に関する情報提供は要しないとされています（派遣則24条の6第3項）。

なお、変更に関する情報提供の際も、書面の交付等の方法による必要があり、また、当該書面等を、当該派遣契約に基づく労働者派遣が終了した日から３年間保存する義務があることは、**1**の場合と同様です。

3 更新の際の情報提供

ところで、派遣契約が更新される際、派遣先等が提供した情報の内容に変更がない場合にも、派遣先等は、派遣元事業主に対する情報提供をしなければならないのでしょうか。

この点については、派遣契約の更新であっても契約締結に変わりはないことから、更新の都度、提供をする必要があるとされています（「派遣先均等・均衡QA」問１－６）。

もっとも、提供する情報の内容に変更がない場合は、例えばメール等により「○月○日付比較対象労働者の待遇に関する情報にて提供した内容に変更がない」とする情報提供をすることでも足りるものと解されています。

4 情報提供の内容に誤りがある場合等

派遣先等が派遣元事業主に対する情報提供をせず、もしくは虚偽の情報を提供した場合、または派遣先が比較対象労働者の待遇の変更を提供せず、もしくは虚偽の情報を提供した場合、または、これらの場合に、派遣先等が指導または助言（派遣法48条１項）を受けたにもかかわらず、その指導等に従わなかった場合等には、勧告を受ける可能性があり（同法49条の２第１項）、派遣先等が勧告を受けたにもかかわらず、これに従わない場合は、社名公表の対象になり得ます（同条２項）。

もっとも、これらの行政による指導がなされたとしても、それにより直ちに派遣契約の民事上の効力が否定されるものではありません。そのため情報提供の内容に誤りがあったり、失念していたとしても、そのことのみで派遣契約自体が無効となることはないでしょう。

5 比較対象労働者に係る情報提供をめぐるトラブルを防ぐための留意点

上記の行政指導とは別に、派遣先等による比較対象労働者に係る待遇情報に誤りがあった場合には、この情報に基づいて決定された派遣労働者の待遇が、不合理な待遇差がある状態に置かれ、かかる待遇差に関し、派遣労働者から派遣元事業主に対して損害賠償請求がなされるにとどまらず派遣先に対しても損害賠償を求める等のトラブルを招く可能性もあります。

殊に、派遣先等が、派遣元事業主に情報提供をする際に、派遣料金を低く抑えるために、受け入れる派遣労働者と業務の内容が同じ限定正社員がいるにもかかわらず、限定正社員より賃金が低いアルバイトの待遇情報を提供する等し、その結果、派遣労働者が派遣先の通常の労働者と比較して不合理な相違ある状態で処遇された場合等には、派遣労働者から派遣先等に対し

て不法行為に基づく損害賠償請求がなされる可能性は否定できないように考えます。

　また、派遣先が、受け入れた派遣労働者を、派遣契約で定めた業務内容や責任の程度を超えた業務に従事させた場合にも、トラブルになる可能性が否定できません。

　派遣法が想定する派遣先等の情報提供から派遣契約締結までの流れは、まずは、派遣先等が、自ら派遣労働者に従事させることを予定する業務の内容や責任の程度並びに配置の変更の範囲（同一の組織内で担当の変更をさせるか否かを含め）等を特定し、かかる特定した業務内容等を前提に派遣元事業主に比較対象労働者の待遇に係る情報提供をし、それを踏まえて派遣元事業主が派遣先と派遣契約を締結し、この契約を前提に派遣元事業主が派遣労働者の待遇を決定し、その上で派遣労働者が就業するという流れにありますから、派遣先等が比較対象労働者の選定を精査検討の上決定し、派遣契約の定めに従って派遣労働者を就業させていた場合には、本来、比較対象労働者の待遇情報に大きな誤りが生じる可能性は、さほど高くはないはずです。

　ところが、派遣先が、派遣された派遣労働者に期待以上の能力がある、あるいは、想定より多様な業務が増えた等の理由により、派遣契約を変更することなく、派遣契約で定める業務の内容等の範囲を超えた高度な業務に派遣労働者を従事させたり、新たな役割を与える等した場合には、当初の想定とは職務の内容の変更の範囲が異なり、結果的に比較対象労働者が異なる可能性があります。そのような場合には、比較対象労働者に係る情報提供に誤りがあったとしてトラブルになる可能性は否定できません。

　かかるトラブルを防止するためにも、派遣先としては、比較対象労働者の選定に際しては十分に精査するとともに、派遣労働者を就業させるに際しては、派遣契約に定めた内容から外れた業務を命じることのないよう、十分に留意すべきでしょう。

Q6　派遣労働者の賃金水準と派遣料金の関係

　当社では、２年前から、注文書や請求書の作成業務、受発注の確認等の業務に従事してもらうため、派遣社員を１人受け入れてきました。この２年間、業務の内容が変わっていないことから、派遣料金はほとんど変えておりません。

　ところで、改正派遣法では、派遣先等は、派遣労働者の均衡待遇が確保されるように、派遣料金を設定するように配慮することが求められると聞きました。当社のように、派遣業務の内容が全く変わらない場合でも、派遣元会社において、当該派遣労働者の賃金を上げた場合には、派遣料金も自動的に上げなければならないのでしょうか？

ココがポイント！

　派遣先等は、派遣料金の設定に際し、派遣元事業主が派遣労働者の公正な待遇を確保するための措置を講じることができるよう配慮する必要があります。そのため、派遣元事業主が、派遣先均等・均衡方式または労使協定方式に基づく賃金確保のために必要な額を示したにもかかわらず、これに応じないような場合には行政指導の対象にもなり得ます。

　ただし、派遣料金がこれらの必要な額を上回っている場合に、さらに派遣労働者の賃金が上がったことのみにより自動的に派遣料金を上げることまで求められているものではありません。

A 解 説 ●●●

1 派遣先等の派遣料金に関する配慮義務

●1● 趣旨、概要等

　改正派遣法は、派遣元事業主が、「派遣先均等・均衡方式」または「労使協定方式」に基づき待遇の確保のための措置を行う場合には、これらの措置を行うための原資を確保することが必要となることに鑑み、派遣先等に対し、派遣料金に関し、派遣元事業主が、これらの措置を遵守することができるように配慮することを義務づけています（派遣法26条11項）。

　ここでいう「配慮」の内容については、法律上は、具体的には示されていませんが、同規定が設けられた趣旨に鑑みれば、派遣元事業主が、派遣先均等・均衡方式または労使協定方式に基づいた派遣労働者の賃金（時給のみならず通勤交通費、退職給付等を含めた賃金）や派遣元事業主が負担する社会保険料、教育訓練にかかる費用等を含めた公正な待遇確保のために必要な額を派遣先等に示し、それに見合った派遣料金とするように要請をした場合には、かかる必要額を考慮した上で派遣料金を決定する必要があるでしょう。

　要領でも、「派遣元事業主からの要請があるにもかかわらず、派遣先が派遣料金の交渉に一切応じない場合」や派遣元事業主が派遣先均等・均衡方式または労使協定方式に基づき「賃金を確保するために必要な額を派遣先に提示した上で派遣料金の交渉を行ったにもかかわらず、派遣料金が当該額を下回る場合には、配慮義務を尽くしたとは解されず、指導の対象となり得るものであること」としています（要領第6の2(4)ハ(ハ)）。

●2● 留意点

　上記の派遣先等の派遣料金に係る配慮義務は、労働者派遣契約の締結または更新の時のみではなく、当該派遣契約が締結または更新がなされた後も求められています（派遣先指針第2の9(2)イ）。

　また、派遣先は、派遣料金の決定に当たっては、派遣労働者の就業の実態、労働市場の状況、

当該派遣労働者が従事する業務の内容及び当該業務に伴う責任の程度並びに当該派遣労働者に要求する技術水準の変化等を勘案するように努めなければならないとされていること（派遣先指針第2の9⑵ロ）には、留意する必要があるでしょう。

2　派遣先等の派遣料金に係る配慮義務違反

ところで、派遣元事業主が派遣労働者の公正な待遇確保のために必要な額を示して交渉をしたにもかかわらず、派遣先等が一切応じることなく低額の派遣料金とすることに拘った場合に、派遣元事業主は、派遣先等に対して配慮義務違反を理由に損害賠償請求等をすることはできるのでしょうか。

この点について、「働き方改革実現会議」のメンバー（議員）であった水町勇一郎教授は「派遣先が派遣元事業主に対し、均等・均衡待遇の確保を困難とする低額の派遣料金しか支払おうとしない場合には」、派遣法26条11項の配慮義務違反として「不法行為（民法709条）に基く損害賠償請求を行うことも考えられよう」とする見解を示しています（水町勇一郎著『「同一労働同一賃金」のすべて』（有斐閣）102頁）。

いずれにしても、上記のとおり、派遣料金にかかる派遣先の配慮義務違反は、行政指導の対象となり得ることからすれば、派遣先等は、派遣料金の額に係る配慮義務を尽くすようにすべきでしょう。

> **派遣料金に係る配慮義務違反による損害賠償請求の可否（筆者見解）**
>
> 　派遣法は行政取締法規であって、当事者に直接権利義務を付与する規定ではなく、労働契約申込みみなし制度を定めた同法40条の6等一部の規定を除いては、民事的効力を有するものではないと解されていることからすると、派遣先の派遣料金に係る配慮義務違反が不法行為に該当すると認めることには、筆者は躊躇を覚えるところです。殊に、派遣契約は取引契約であり、本来派遣料金の額をいくらとするかは当事者の自由であって、派遣料金に係る派遣先の配慮義務も「配慮」を求めているにとどまり、派遣労働者の公正な待遇確保のために派遣元事業主に必要となる額を機械的に算定し、同額を下回る派遣料金の定めを無効とするような最低派遣料金の額を定めた規定ではありません。そのため、低額の派遣料金にて派遣契約を締結することが直ちに無効となるものではなく、かかる派遣契約を締結した場合には「損害」が発生したと認め難いところです。また、仮に、派遣先が定額の派遣料金に拘った結果派遣契約が締結できなかった場合にも、取引自由の原則からすれば、この場合も「損害」が発生したとは認め難いように考えます。

3　業務委託形態へ移行する際の留意点

ところで、改正派遣法の下では、従前に比して派遣料金が上がることが想定されます。そのため、派遣先の中には、派遣労働者が従事した業務を業務委託（請負契約）に切り替える等の対応を検討するケースも想定されます。

この場合、適正な業務委託（請負）と認められるには、発注者が受託会社の労働者に対して指揮命令をしない等、「労働者派遣事業と請負により行われる事業との区分に関する基準」（昭和61年4月17日　労働省告示37号）を満たす必要があることに留意すべきでしょう。殊に、

万一偽装請負との認定がなされた場合には、労働契約申し込みみなし制度（特定の派遣法違反が存した場合に、労働者派遣の役務提供を受ける者から当該派遣労働者に対して労働契約の申し込みをしたとみなされる制度、派遣法40条の6）の適用を受けるリスクがあることに鑑みても、適正な請負となるよう慎重に対応すべきでしょう。

4 本件における対応

本件では、この2年間業務の内容が変わっていないとのことですので、現在の派遣料金の額が、派遣労働者の公正な待遇確保のために派遣元事業主に必要となる額を相当程度上回っている場合には、派遣労働者の賃金が上がったとしても、直ちに派遣元事業主からの派遣料金アップの要請に応じなければならないわけではないでしょう。

ただし、当該派遣労働者が仕事にも慣れ、実態として請求書作成等の処理件数が増えているような場合には、派遣先としては、かかる業務実態を勘案して派遣料金アップに努めるべきでしょう。

Q7 **派遣先による均衡待遇の確保**

当社は、機械部品を海外に輸出している商社です。当社では、営業部において、主に貿易関係の書類を作成する営業アシスタントとして派遣労働者1名を受け入れています。

ところで、今回、派遣法が改正され、派遣労働者にも社員と同じ教育を実施しなければならないと聞きました。当社では、営業アシスタント業務に従事する一般職には、入社時研修として貿易実務の基礎研修を受講させていますが、現在、受け入れている派遣労働者は、既に他社において貿易実務に従事した経験があり、貿易実務の基礎知識は有しています。このような場合でも、当社において貿易実務の研修を実施していない場合には、新たに研修を実施する必要があるのでしょうか？

また、当社社内には診療所がなく、当社の社員は親会社グループの健康保険組合が運営する診療所を健康保険組合員として利用しています。このような場合にも、派遣労働者が診療所を利用できるようにしなければならないのでしょうか？

ココがポイント！

　派遣法では、派遣先が、派遣先の労働者に対して業務の遂行に必要な教育訓練を実施している場合は、同種業務に従事する派遣労働者にも、派遣元事業主からの求めに応じ、当該訓練を実施する必要があります。ただし、当該派遣労働者が必要な能力を有している場合は、その必要はありません。また、派遣法では、診療所等の福利厚生施設についても、派遣労働者が利用できるよう配慮する必要がありますが、派遣先が設置運営していない施設についてまで、配慮義務を課すものではありません。

A　解　説 ●●●

1 派遣先による均衡待遇の確保

●1● 趣旨等

　派遣労働者と派遣先の労働者との均衡待遇を推進し、派遣労働者の処遇改善を図るのは、一義的には、雇用主である派遣元事業主の責務です。もっとも、派遣労働者は派遣先において就業することから、その処遇の改善には派遣先が対応することが適しているものも少なくありません。

　そのため、派遣法では、派遣先に対して、業務遂行に必要な教育訓練、及び特定の福利厚生施設の利用については、派遣労働者にも、自社社員と同様に実施することを求めるとともに、その他の福利厚生施設についても、その利用について必要な措置を講ずるよう配慮をすることを求めています。

●2● 教育訓練・能力開発

　派遣法では、派遣先は、派遣元事業主からの求めに応じ、派遣労働者が従事する業務と同種の業務に従事する派遣先の労働者に対して業務の遂行に必要な能力を付すための教育訓練を行っている場合は、当該派遣労働者が、当該業務に必要な能力を習得することができるようにするため、当該派遣労働者に対しても、同じ訓練を実施する等の必要な措置を講じることを義務づけています。ただし、当該派遣労働者が既に当該業務に必要な能力を有している場合や派遣元事業主で同様の訓練を実施することが可能な場合は、この限りではありません（派遣法40条2項）。

　これは、今回の平成30年改正前の派遣法（以下「改正前派遣法」といいます）では配慮義務としていた派遣先による派遣労働者に対する教育訓練等を、派遣先が確実に実施するように措置義務としたものです。

　ここでいう「教育訓練」には、研修の受講等のみならず、OJTも含まれると解されています。

　派遣先に実施することが求められている教育訓練は、派遣先が同種の業務に従事する労働者

に対して実施している教育訓練になります。そのため、例えば、派遣先において、将来海外赴任が予定されている総合職社員には英会話研修を実施しているものの、海外赴任が予定されていない一般職社員には英会話研修を実施しておらず、貿易実務の基礎研修の受講にとどめているような場合には、一般職社員と同種の貿易関係の事務業務に従事する派遣労働者には、貿易実務の基礎研修を実施することは必要ですが、英会話研修を実施する必要まではないでしょう。また、この教育訓練は、派遣労働者が従事する業務に必要な能力を習得することを目的にしていますから、当該派遣労働者が既に貿易実務の基礎知識を有している等、既にその能力を習得している場合には、研修を実施する必要はありません。

では、この教育訓練にかかった費用について、派遣先は派遣元事業主に対して請求できるのでしょうか。派遣法は、当該費用負担については明確に定めていません。もっとも、次項で述べる福利厚生施設については、派遣先は「利用の機会を与える」義務を負うのに対して、教育訓練については、派遣先は「実施する等必要な措置を講じる」義務を負うことからすれば、教育訓練にかかる費用については、基本的には派遣先が負担すべきもののように筆者は考えます。

なお、派遣先指針は、上記の措置義務に加えて、派遣先に対して、派遣元事業主が派遣労働者に対して段階的かつ体系的な教育訓練を実施するに際し、派遣元事業主から求めがあった場合は、派遣元事業主と協議等を行い、当該派遣労働者が教育訓練を受けられるよう可能な限り協力するほか、必要に応じ当該教育訓練に係る便宜を図るよう努めることを求めています（派遣先指針第2の9(3)）。派遣先としては、この点についても留意すべきでしょう。

●3● 特定の福利厚生施設（給食施設、休憩室、更衣室）

派遣法は、派遣先に対して、当該派遣先に雇用される労働者に対して利用の機会を与える福利厚生施設のうち、給食施設、休憩室、更衣室については、その指揮命令の下に労働させる派遣労働者に対しても、利用の機会を与えることを義務づけています（派遣法40条3項）。

これらも、改正前派遣法では配慮義務にとどめていたものを、改正派遣法では、派遣労働者に対して同様の利用の機会を与えることを派遣先の義務としたものです。

そのため、これらの施設に関しては、改正前派遣法では、施設の定員や広さ等の関係から、派遣労働者の利用する時間帯を別の時間帯にする等の対応をするにとどめても配慮義務を尽くしたと解されていたところですが、改正後は、このように別の取扱いをすることは認められず、同様の取扱いをする必要があることには留意すべきでしょう。ただし、派遣労働者の従事する業務では更衣の必要がないために当該業務に従事している派遣先の通常の労働者も含めて更衣室の利用の機会を与えていない場合にまで、他の業務に従事している派遣先の通常の労働者が更衣室を利用しているからといって、当該派遣労働者に更衣室の利用の機会を与える必要まではないと解されています（「派遣先均等・均衡QA」問4−1参照）。

　また、給食施設（食堂）については、派遣先が利用の機会を与える必要がありますが、給食施設の利用料金についてまで、派遣先の通常の労働者と同額であることまで、直ちに求められているものではありません（同問4－2参照。▶なお、下記「**補足**」参照）。

> **補足** 派遣料金設定の際には給食施設の利用料金の負担分にも考慮
>
> 　派遣労働者の公正な待遇の確保が派遣先均等・均衡方式による場合には、「給食施設の料金」も待遇の一つとして、派遣元事業主は、派遣先均等・均衡方式により派遣先の通常の労働者との間の均等・均衡を確保する必要があります。また、派遣先としても、派遣料金の設定に際して、派遣労働者に係る「給食施設の利用料金」の負担分を考慮するなどが求められていることには留意する必要があるでしょう（「派遣先均等・均衡QA」問4－2）。

●4● 前項以外の福利厚生施設

　派遣法は、派遣先に対して、給食施設、休憩室、更衣室以外の福利厚生施設であって、派遣就業が適正かつ円滑に行われるようにするため、適切な就業環境の維持、診療所等の施設であって、現に派遣先に雇用される労働者が通常利用しているものの利用に関する便宜の供与等必要な措置を講ずるように配慮することを義務づけています（派遣法40条4項）。ここでいう「福利厚生施設」とは、派遣先が雇用する労働者が通常利用している売店、病院、診療所、浴場、保育所、図書館、娯楽室、体育館、保養施設等種々のものが含まれます。

　これは、改正前派遣法では努力義務にとどめていたものを、改正派遣法では配慮義務に位置づけたものです。

　そのため、診療所等の利用についても、派遣労働者が利用し得るよう、何らかの具体的な措置を講ずることが求められますが、「配慮義務」にとどまることから、派遣先の労働者と同様の取扱いをすることが困難な場合まで同様の取扱いを求めるものではありません。定員等の関係から派遣先の労働者と同様に保養施設の利用をさせることが困難な場合には、比較的空いている時期に利用を認める等の措置を行うことでも配慮義務を尽くしたものと解されるでしょう。

　いずれにしても、これらの福利厚生施設についても、具体的な措置を講じることを検討する必要があることには留意する必要があるでしょう。

　なお、これらの福利厚生施設は、派遣先が設置及び運営している施設を指すと解されていますので（要領第8の4(4)）、健康保険組合や共済会等、派遣先とは異なる法人が設置運営している施設は含まれません。

●5● 派遣先の労働者に関する情報、派遣労働者の職務遂行状況等の情報提供の配慮義務

　派遣法は、派遣先に対して、派遣元事業主の求めに応じ、派遣元事業主において段階的かつ体系的な教育訓練やキャリアコンサルティング、派遣労働者の公正な待遇確保のための措置等が適切に講じられるようにするため、派遣先の労働者に関する情報や派遣労働者の業務遂行の

状況等の情報を提供するために必要な協力をするよう配慮することを義務づけています（派遣法40条5項）。

これも、改正前派遣法では努力義務に位置づけていたものを配慮義務としたものです。

ここでいう「派遣労働者の業務の遂行の状況」とは、仕事の処理速度や目標の達成度合いに関する情報を指し、派遣先の能力評価の基準等で示されたもので足りると解されています（要領第8の4(5)）。もっとも、派遣元事業主が自社において派遣労働者の評価制度を設けており、かかる評価制度における参考とするために、派遣先に対して当該評価基準に基づく評価をすることを派遣先に求めた場合には、特段、困難な事情がない限り、派遣先としては、派遣元事業主の評価基準に基づいた情報提供をすることが望ましいように筆者は考えます。

２ 派遣先の情報提供義務

派遣先には、派遣契約締結に先立ち、派遣元事業主に対して派遣先労働者の待遇に関する情報提供する義務（派遣法26条7項）がありますが、派遣契約において、派遣する労働者を協定対象派遣労働者に限定する旨を定めている場合であっても、上記 **1** ●2●及び●3●に該当する教育訓練及び福利厚生施設に関する情報を提供する必要があることには留意すべきでしょう（**Q**3（133頁）参照）。

３ 派遣先が必要な教育訓練等を実施しない場合

派遣先が、派遣元事業主の求めがあったにもかかわらず、派遣労働者に対して業務の遂行に必要な能力を付与するための教育訓練を実施しない場合、もしくは給食施設、休憩室、更衣室の利用の機会を付与しない場合に、派遣先が行政から指導をもしくは助言を受けたにもかかわらず、これに従わない場合には、勧告の対象となります。

また、厚生労働大臣は、派遣先が勧告を受けたにもかかわらず、これに従わない場合は、社名公表の対象にもなり得ます（派遣法49条の2第2項）。

派遣元事業主による派遣労働者の公正な待遇の確保

　改正派遣法では、派遣元事業主は、派遣先均等・均衡方式または労使協定方式により、派遣労働者の公正な待遇確保を図る必要があるとのことですが、どちらの方式によるかは、事業所ごとに定める必要があるのでしょうか？

　また、当社では、無期雇用派遣労働者については、業務上の必要があれば、当社が発注者から受託した請負業務に従事させるケースもあります。このように、派遣労働者が内勤業務に従事する場合も、労使協定方式等により待遇を決定しなければならないのでしょうか？

　なお、派遣労働者の公正な待遇の確保は、派遣法に基づいて実施される以上、パート・有期労働法の適用はないと考えてよいのでしょうか？

ココがポイント！

　派遣先均等・均衡方式を選択するか、または労使協定方式を選択するかは事業所ごとに定める必要はなく、1つの事業所内において、一部の業務についてのみ派遣先均等・均衡方式を採用することも可能です。また、派遣労働者が派遣元事業主の内勤業務に従事する場合は、派遣法の適用はありません。

　なお、パート・有期雇用労働者である派遣労働者については、パート・有期労働法も重畳適用されると解されていることには留意すべきでしょう。

 解　説 ●●●

1 派遣元事業主による派遣労働者の公正な待遇の確保

　改正前派遣法では、派遣労働者の待遇に関しては、賃金の決定について配慮義務を定めていたにとどまりましたが（改正前派遣法30条の3第1項）、改正派遣法では、派遣元事業主は、賃金水準のみではなくすべての待遇に関し、派遣先との均等・均衡方式または労使協定方式により派遣労働者の公正な待遇を確保することが必要です。

　このような2方式については、派遣労働者の就業場所が派遣先であり、待遇に関する派遣労働者の納得を考慮する上で、派遣先の労働者との均等・均衡を図ることが重要であることから、派遣先均等・均衡方式が原則とされています。もっとも、一般に賃金水準は大企業であるほど高く、小規模の企業になるほど低い傾向があるところ、必ずしも派遣労働者が担う職務の難易度は、大企業ほど高度で小規模の企業ほど容易とは言えず、派遣先均等・均衡方式によった場合には、結果として派遣労働者の段階的・体系的なキャリアアップ支援と不整合になる事態を招くこともあり得ます。そこで、派遣労働者の公正な待遇の確保は、派遣先均等・均衡方式ま

たは労使協定方式の選択制の下で図られることとされました*1。

2 派遣先均等・均衡方式または労使協定方式の選択方法

上記のような経緯で2つの方法からの選択制とされていますから、どちらの方法を選択するかは、派遣労働者の公正な待遇の確保のためには、基本的には、どちらが適しているかにより判断すべきでしょう。

例えば、派遣先が変更される頻度が高い業務については、派遣先が変わるごとに賃金水準が変わり、派遣労働者の所得が不安定となる可能性があることから労使協定方式とする方が適しているでしょうし、長期にわたり同一の派遣先で継続的な派遣就業が見込まれるとともに、派遣労働者が業務に従事する際、派遣先の労働者と全く同じ業務に従事する場合等は、派遣先の労働者等と同じ待遇で働く方が派遣労働者の納得を得やすい派遣先均等・均衡方式が適しているでしょう。

このように業務内容等により、いずれの方法が適しているかが変わり、事業所単位で一律に決めることに適していないことから、派遣法は、事業所単位で派遣先均等・均衡方式または労使協定方式とするかを決めることを求めていません。

そのため、一事業所内において、一部の業務に従事する派遣労働者のみを協定方式の対象者等とすることも可能です。ただし、その場合には、一部の対象者を協定方式とする理由（例えば、「対象となる業務は、派遣先が変更される頻度が高いことから、派遣労働者の所得の不安定化を防ぐため」等）を、協定に記載する必要があることには留意すべきでしょう（派遣則25条の10第2号）。

なお、改正派遣法では、労使協定を締結しているか否か、並びに締結している場合には対象となる者の範囲及び当該協定の有効期間の終期が、派遣元事業主による事業所ごとの情報提供の対象になりました（法23条5項，派遣則18条の2第3項3号、4号）。そのため、派遣元事業主としては自社のHPで公表をする等して関係者（派遣先、派遣労働者等）に情報提供する必要があります。

3 1つの労働契約期間中の変更

また、1つの労働契約期間中に、派遣先の変更を理由として、派遣先均等・均衡方式か労使協定方式かが変わることは、所得の不安定化を防止し、中長期的なキャリア形成を可能とする労使協定制度の趣旨に反するとして、特段の事情がない限り、認められないとされています（派遣則25条の10第3号）。

ここでいう「1つの労働契約期間」とは、無期雇用派遣労働者については、「無期雇用」すな

---

*1　平成29年6月16日付労働政策審議会「同一労働同一賃金に関する法整備について」（建議）

わち、定年までが「1つの労働契約期間」になると解されますから、無期雇用派遣労働者との雇用契約期間が長期であっても、派遣先均等・均衡方式と労使協定方式を容易に変更できないことには注意する必要があるでしょう。

　要領では、1つの労働契約期間途中において変更することができる「特段の事情」として、例えば、労使協定の対象となる派遣労働者の範囲が職種によって定められている場合であって派遣労働者の職種の転換によって待遇決定方式が変更される場合や、待遇決定方式を変更しなければ派遣労働者が希望する就業機会を提供できない場合であって当該派遣労働者から合意を得た場合等のやむを得ないと認められる事情がある場合が考えられるとされています（要領第7の5(6)ヘ(ハ)）。

　いずれにしても、派遣労働者の公正な待遇の確保を図るに当たり、安易に、派遣先均等・均衡方式と労使協定方式の使い分けをすべきでないことには留意すべきでしょう。

４ 派遣労働者が内勤業務に従事する場合

　無期派遣労働者等は、派遣元事業主が発注者から受託した業務に一時的に従事する場合のように、派遣就業と受託業務に従事する内勤就業を繰り返すケースも少なくありません。このような場合には、内勤就業期間にも、派遣法は適用されるのでしょうか。

　派遣法は、派遣先の指揮命令の下で就業する派遣労働に対して適用されることから、労働者が派遣元事業主の内勤業務に従事する場合には、派遣法の適用はありません（「派遣先均等・均衡QA」問2－1参照）。そのため、例えば派遣就業期間中は労使協定方式に基づいて一般労働者の平均的な賃金額以上となる職務別の給与テーブルを協定で定め、同テーブルに基づいて賃金を支給していた場合であっても、内勤就業期間中は、必ずしも同テーブルに基づいた賃金とする必要はありません（▶なお、右記「補足①」参照）。ただし、派遣就業中と内勤就業中とで賃金の決定方法を変えるのであれば（なお、▶右記「補足②」参照）、就業規則や賃金規程等で、派遣就業中と内

補足①　人事権の濫用となる賃金減額にならないようにする

　内勤就業となることに伴い、派遣就業時に比較して合理的範囲を超えるような著しい賃金低下となる場合には、人事権の濫用として賃金減額が無効と判断される可能性があることには留意すべきでしょう（Q11（168頁）参照）。

補足②　内勤就業を含めた労使協定方式による賃金決定

　派遣就業時に労使協定方式により公正な待遇を確保している場合において、派遣就業と内勤就業を繰り返すケースでは、労働者の所得の不安定化を避けるために、内勤就業中も派遣就業中と同様、労使協定で定めた給与制度に基づいて処遇をすることにも合理性が認められるように筆者は考えます。
　その場合に、内勤正社員と職務の内容、人材活用の仕組み等が異なるのであれば、派遣就業と内勤就業を繰り返す雇用形態のパート・有期社員に対して内勤正社員とは異なる賞与、退職金の支給方法（例えば、内勤正社員は年に2回の賞与支給、退職制度に基づいた退職金支給であるのに対し、派遣労働者同様、労使協定を準用して賞与、退職金を時給に含めて支払う等）を採用したとしてもパート・有期労働法8条との関係で、直ちに不合理とまでは言えないように筆者は考えます。

勤就業中とで賃金の決定方法が異なることを明記しておくべきでしょう。

　なお、派遣元事業主の内勤正社員が一時的に派遣先において派遣就業をする際にも、派遣法の適用はありますから、同法に基づいて公正な待遇を確保する必要があることには留意すべきです。もっとも、派遣先均等・均衡方式または労使協定方式の水準に比較して内勤正社員の処遇が高い場合には、派遣先の水準等に合わせて高い処遇を下げる必要はありません。この場合に、内勤正社員の賃金等は、基本的には内勤業務に従事することを想定して設定されている以上、派遣就業中は他の派遣労働者同様に、派遣先均等・均衡方式または労使協定方式に基づいて設定される賃金を基本給とし、内勤正社員時の賃金額との差額分は調整給として支給することも一考と筆者は考えます（▶下記**「補足③」**参照）。

> **補足③** **内勤就業時の差額分相当の調整給の支給**
>
> 　派遣法上は、派遣労働者の処遇が派遣先均等・均衡方式または労使協定方式の水準を上回っていれば差し支えありませんから、派遣就業中も内勤正社員の基本給額を変える必要はありません。
>
> 　もっとも、同じ派遣先で同種職務に従事するパート・有期派遣労働者が就業しており、それらの者と待遇差がある場合に、パート・有期労働法との関係で問題となる可能性があります（ただし、内勤正社員が管理職となるためのキャリアコースの一環として派遣就業をする場合については問題とならないと解されます（同一労働同一賃金ガイドライン第3の1(1)「問題とならない例」ロ参照））。
>
> 　そのため、派遣就業中も内勤正社員の処遇を実質的に変更しない場合には、派遣就業中は派遣労働に対する対価としての基本給は、労使協定方式等により設定し、内勤正社員としての基本給との差額分は、激変緩和のための調整給等とすることも一方法でしょう。この場合は、賃金の内訳を派遣就業時に明示する労働条件通知書や就業条件明示書に記載すべきでしょう。
>
> 　なお、賃金額の激変緩和のために導入された手当支給に係る相違が労契法20条に照らして問題とされた事案で、その制定経緯に照らして不合理とは言えないと判断された参考となる裁判例として**日本郵便（非正規格差）事件**（大阪高判平成31年1月24日労判1197号5頁）等があります。

5 パート・有期労働法の重畳適用

　派遣労働者と同様に「非正規雇用」と位置づけられているパートタイム労働者及び有期雇用労働者については、その公正な待遇の確保のために、パート・有期労働法において、通常の労働者との均等・均衡待遇を図る規定が設けられています。

　では、パート・有期雇用労働者である派遣労働者については、派遣法のみならず、パート・有期労働法も適用されるのでしょうか。

　この点について、パート・有期労働法の施行通達*2及び要領では、パート・有期雇用労働者である派遣労働者については、派遣法及びパート・有期労働法の両方が適用されるとし、基本的に、派遣先の通常の労働者との間の待遇の相違が問題になるとともに、派遣元事業主の通常の労働者との間の待遇の相違が問題になるとしています（要領第7の4(8)）。

＊2　「短時間労働者及び有期雇用労働者の雇用管理の改善等に関する法律の施行について」（平成31年1月30日基発0130第1号、職発0130第6号、雇均発0130第1号、開発0130第1号）

　その上で、職務の内容に密接に関連する待遇（一般に、賞与、役職手当、特殊作業手当、精皆勤手当、時間外労働手当、深夜及び休日労働手当、教育訓練、安全管理に関する措置・給付等）については、派遣労働者が派遣先の指揮命令の下、派遣先の業務に従事するという労働者派遣の性質から、特段の事情がない限り、派遣元事業主の通常の労働者との待遇の相違は、実質的に問題にならないと解されるとしながら、職務の内容に密接に関連しない待遇（一般に、通勤手当、出張旅費、食事手当、単身赴任手当、福利厚生等）については、派遣元事業主の通常の労働者との待遇の相違が問題になると考えられるとしています。

　そのため、派遣元事業主としては、パート・有期雇用派遣労働者の待遇を検討する際には、派遣先均等・均衡または労使協定方式に照らして問題がないことを確認した上で、自社社内の通常の労働者との公正な待遇が確保されていることをも確認すべきでしょう。

　なお、無期雇用フルタイム派遣労働者とパート・有期雇用派遣労働者との間でも、パート・有期労働法において公正な待遇の確保が問題となり得ることにも留意すべきでしょう（▶「補足④」、「補足⑤」参照）。

補足④　派遣労働者間でパート・有期労働法が問題となり得る場合

　職務に密接に関連する待遇であっても、派遣先に雇用される通常の労働者との均等・均衡待遇（派遣先均等・均衡方式の場合）や一般労働者の平均的な賃金額との比較（協定方式の場合）とは異なる観点から無期雇用フルタイム派遣労働者に対してパート・有期雇用派遣労働者よりも高い水準の待遇としている場合には、パート・有期労働法において問題となることがあると考えられています（要領第7の4⑻二）。

補足⑤　派遣労働者間でパート・有期労働法が問題とならない場合

　要領は、職務の内容に密接に関連するものに当たらない待遇であっても、パート・有期雇用労働者である派遣労働者と無期雇用フルタイム派遣労働者が、異なる派遣先に派遣されている場合において待遇を比較すべき派遣先に雇用される通常の労働者が異なることにより待遇に相違がある場合は、パート・有期労働法において問題になるものではないとしています（要領第7の4⑻ホ）。

Q9 派遣先均等・均衡方式の留意点

　当社は、製造現場に労働者派遣をしている派遣元会社です。当社では、派遣労働者の公正な待遇確保については、派遣先均等・均衡方式によることを検討しています。この場合、派遣労働者の待遇については、どのように決定すればよいのでしょうか？

　また、当社では内勤正社員を含めて皆勤手当制度等はありませんが、派遣先の中には、皆勤手当を支給している派遣先もあります。この場合には、当該派遣先において同じ業務に従事する派遣労働者には皆勤手当を支給する必要があるのでしょうか？　さらに、派遣先に合わせて皆勤手当を支給していた派遣労働者を、皆勤手当制度のない他の派遣先に派遣する場合に、皆勤手当を不支給とすることは可能でしょうか？

ココがポイント！

　「派遣先均等・均衡方式」によって派遣労働者の公正な待遇を確保する場合には、あらかじめ派遣先から提供される比較対象労働者の待遇情報に基づいて、派遣先の通常の労働者と均等・均衡を確保した待遇を決定し、労働条件通知書等で明示すべきでしょう。

　また、派遣先均等・均衡方式では、派遣先に皆勤手当等の制度があり、同様の支給をしないことが職務の内容、職務の内容及び配置の変更の範囲その他の事情に照らして不合理となり得る場合は、派遣元事業主において同様の制度がなくとも、派遣先の制度に準じて手当を支給する等の対応をすべきでしょう。

　なお、派遣先の制度に合わせてある手当を支給していた派遣労働者を、当該手当制度のない他の派遣先に派遣する際に、当該手当を不支給とすることも、著しい労働条件の低下にならない限り認められるでしょう。

Ａ 解　説 ●●●

1 派遣先均等・均衡方式の意義

　派遣先均等・均衡方式は、同一就業先における通常の労働者と派遣労働者との間の不合理な待遇差を解消することを目的に、派遣元事業主に対し、派遣労働者の待遇について、派遣労働者が就業する派遣先の通常の労働者との間で、均等・均衡を確保する措置を講ずることを義務づけるものです。

　基本的には、パート・有期労働法における通常の労働者とパート・有期雇用労働者との間の均衡・均等待遇の原則を、派遣先の通常の労働者と派遣労働者との間にスライドさせて、同趣旨の規定が設けられています*1（制度の概要については**10**頁参照）。もっとも、実務上は、パ

＊1　ガイドラインについても、パート・有期雇用労働者を派遣労働者に置き換えたような内容が規定されていますが、雇用と使用が一致するパート・有期雇用労働者と、雇用と使用が分離した派遣労働者とでは、その仕組みが大きく異なります。派遣労働の特殊性を十分に考慮したとは言い難いガイドラインの定め方が、はたして派遣労働者の公正な待遇確保の方法として適しているか疑問な点もあります。

ート・有期労働法は、同法に基づいてパート・有期雇用労働者の現行の待遇が不合理か否かを検証する場面が多いのに対して、派遣先均等・均衡方式は、派遣先からの情報提供を踏まえて新たに派遣労働者の待遇を決定する際に検証することが多い点に相違があるものと考えられます。そのため、以下では、派遣先の労働者との均衡待遇確保措置及び均等待遇確保措置の留意点を指摘した上で、派遣先均等・均衡方式による派遣労働者の待遇決定の具体的手順等について述べます。

2 派遣先の労働者との均衡待遇確保措置

●1● 概要

　派遣法30条の3第1項は、派遣先の労働者との均衡待遇確保措置として、派遣元事業主は、派遣労働者の待遇のそれぞれについて、当該待遇に対応する派遣先に雇用される通常の労働者の待遇との間において、「職務の内容」、「職務の内容及び配置の変更の範囲」、「その他の事情」のうち、当該待遇の性質及び当該待遇を行う目的に照らして適切と認められるものを考慮して、不合理と認められる相違を設けてはならない旨規定しています。

　この規定は、民事的効力を有するとされていますので、この規定に違反する部分の派遣労働者の待遇は無効となり、派遣元事業主に故意・過失があれば、不法行為に基づく損害賠償請求の対象となり得ます。

●2● 留意点

　ここでいう「通常の労働者」は、派遣先において無期、フルタイムで直接雇用されている派遣先のいわゆる正社員を指しますが、派遣労働者が就業する派遣先事業所に在籍する通常の労働者に限定されることなく、派遣先に雇用されるすべての通常の労働者との間で均衡待遇を図ることが求められています。

　また、「職務の内容及び配置の変更の範囲」については、1つの派遣契約で定められている「職務の内容及び配置の変更の範囲」のみならず、当該派遣先における派遣労働者の人材活用の仕組み、運用等の実態に基づいて判断されることにも留意すべきです（**Q**4（137頁）参照）。

　なお、均衡待遇を検討する際の考慮事情としては、「その他の事情」も含めて考慮すべきとされているところ、要領では、派遣法31条の2第4項に基づいて雇用する派遣労働者から派遣先の通常の労働者との間の相違の内容及びその理由等に関する説明を求められた場合に十分な説明をしなかった場合には、その事実も「その他の事情」として「不合理性を基礎付ける事情と

して考慮されうる」としていることには留意すべきでしょう（要領第７の４(3)ヘ）*²。

●3● 「不合理な待遇の相違」の判断基準等

不合理な待遇の相違の判断基準については、同一労働同一賃金ガイドラインや従前のパートタイム労働法８条や労契法20条に関する裁判例等を参考に判断されることになるでしょう。

3 派遣先均等待遇確保措置

●1● 概要

派遣法30条の３第２項は、派遣先の労働者との均等待遇確保措置として、派遣元事業主は、

> ① 「職務の内容」が派遣先に雇用される通常の労働者と同一であること
> ② 「職務の内容及び配置の変更の範囲」が、「当該労働者派遣契約及び当該派遣先における慣行その他の事情からみて」当該派遣先における派遣就業が終了するまでの全期間において、派遣先に雇用される通常の労働者と同一であることが見込まれること

の２要件を満たす派遣労働者については正当な理由がなく、それぞれの待遇について、派遣先の通常の労働者の待遇に比して不利なものとしてはならないとしています。

この規定も民事的効力を有しますので、この規定に違反する部分は無効となり、派遣元事業主に故意・過失があれば、不法行為に基づく損害賠償請求の対象となり得ます。

●2● 留意点

ここでいう「正当な理由なく……不利なものとしてはならない」とは、パート・有期労働法９条と同趣旨を定めたものであり、「派遣労働者であることを理由」として、不利な取扱いをすることを許さないことを定めた規定と解されています（要領第７の４(6)ハ）。

そのため、仮に上記２要件を満たす定年後再雇用の派遣労働者について、派遣先の正社員と一定の待遇の相違が存したとしても、定年後再雇用者であることを考慮して設けられた相違であれば、「派遣労働者であることを理由」として不利な取扱いに該当しないと解することも可能なように筆者は考えます*³。

---

*2 ただし、待遇決定に至るまでの労使交渉とは異なり、既に派遣労働契約を締結し、同契約において決定されている待遇に関して、契約締結後に求めに応じてなされた説明が不十分であったという事後的な事情である以上、かかる事情は、派遣労働者の求めに応じて適切な説明ができないことが、派遣元事業主が公正な待遇決定をしたとする主張の信用性を減殺する間接事情になり得ても、遡及的に、決定された待遇の不合理性を直接基礎づける事情になるものではないように筆者は考えます。

*3 パート・有期労働法との関係に関して、定年後再雇用の有期雇用労働者について定年前の無期雇用労働者と一定の相違があることについては、定年後再雇用であることを考慮して設けられた相違であり「有期雇用」を理由とした差別的取扱いに該当しないとする見解もあります（水町勇一郎著『「同一労働同一賃金」のすべて』（有斐閣）117頁）

　なお、上記②の要件に関しては、一派遣契約期間内に限らず、将来の見込みも含めて判断されることには留意すべきでしょう＊4。

4　同一労働同一賃金ガイドライン

　同一労働同一賃金ガイドラインは、派遣先均等・均衡方式については、基本的には、パート・有期雇用労働者に係る定め（同ガイドライン「第3　短時間・有期雇用労働者」の部分）と同様の定め方をしていますが、派遣法上、派遣先が措置を講じることが求められている教育訓練及び一定の福利厚生施設（給食施設、休憩室、更衣室）の利用については、派遣先が措置を講じることとされています。

5　派遣先均等・均衡方式を前提とした待遇の決定方法

　上記の派遣先均等・均衡方式を前提とする場合、派遣元事業主としては、具体的にはどのような手順で派遣労働者の待遇を決定すればよいのでしょうか。

●1● 就業規則、給与規程等における定め方

　まず、派遣労働者の待遇は、派遣労働者に適用される就業規則及び給与規程等において定めておく必要があります。この場合、派遣先均等・均衡方式では、派遣先によって待遇が異なることから画一的に規定することには適していません。

　そこで、例えば、休暇、休職等については、就業規則上は、原則となる規定を定めた上で「ただし、派遣法30条の3第1項及び第2項に基づき、これと異なる取扱いをする場合は、労働条件通知書にて定めるところによる。」旨を定めておくことも一考

> **補足①　パート・有期雇用派遣労働者の場合の就業規則等の定め方**
>
> 　パート・有期労働法が重畳適用されるパート・有期派遣労働者については、パート・有期労働法8条違反が生じることがないように、福利厚生等職務の内容と密接に関連しない待遇について派遣元事業主の通常の労働者と均等・均衡のとれた待遇を原則として定めておき、派遣先均等・均衡方式によった場合に、それを上回る待遇を講じる必要がある部分については、派遣先に合わせて個別に待遇を決定することも一つの方法でしょう。

でしょう。また、待遇ごとに例外規定を設けるのではなく、派遣先均等・均衡方式の特則を○条として定める方法もあります（下記 規定例 参照）。

　第○条（派遣先均等・均衡方式に係る特則）
　　派遣法30条の3第1項及び第2項に基づき、本規則の定めと異なる取扱をする待遇については、本規則の定めは適用せず、労働条件通知書または労働契約書にて定めるところによる。

＊4　派遣契約が更新されることが未定の段階であっても、更新をした場合には、どのような扱いがされるかを含めて判断されるものであるとされています（要領第7の4⑸へ）。

　同様に、基本給や手当等についても、給与規程等で、賃金支払日や支払い方法等派遣先が変わる都度変更することが適さない事項について規定した上で、基本給の具体的金額やその他の手当等については、「派遣法30条の３第１項及び第２項に基づき、派遣先の通常の労働者と均等・均衡を図った待遇を労働条件通知書で定める。」等の規定を設けておくことも一考でしょう（規定例参照）（▶下記「**補足②**」参照）。

> **第○条（賃金の決定方法）**
> 　派遣労働者の賃金は、原則として時間給とし、派遣法30条の３第１項及び第２項に基づき、派遣先の通常の労働者と均衡・均等の取れた賃金額を労働条件通知書または労働契約書にて定める。

> **補足②** **労使協定方式の場合**
> 　派遣先均等・均衡法式の対象の派遣労働者のみならず、労使協定法式の対象となる派遣労働者にも同一の就業規則及び給与規程を適用することが予定される場合は、給与規程上は、「派遣法30条の３第１項及び第２項または派遣法30条の４に基づき、労働条件通知書または労働契約書で定める。」と規定しておくことも考えられます。

> **補足③** **待遇の変動に対応できる規定を置く**
> 　派遣先均等・均衡方式では、派遣先の業務ごとに待遇が変動することがあり得ることから、トラブルを防止するためにも、給与規程上も、基本給等の額が増減する可能性があることも記載しておくことが望ましいでしょう。例えば、「なお、派遣先または従事業務の変更等に伴い基本給の額が増減することがある。」等の規定を定めておくことも一考です。

●2● 具体的な待遇決定における留意点

　派遣労働者の個々の待遇は、派遣契約締結に先立ち、あらかじめ派遣先から提供される比較対象労働者の待遇情報に基づいて、同一労働同一賃金ガイドラインで示された考え方等に則して決定することになります。

　具体的には、まず、派遣労働者が、「均等待遇」と「均衡待遇」のいずれの対象となるのかを判断します。この場合、派遣先から情報提供された比較対象労働者が「職務の内容」及び「職務の内容及び配置の変更の範囲」が同一の派遣先の通常の労働者であるときには、基本的には、均等待遇の対象として、派遣先から情報提供を受けた待遇と比較して派遣労働者の待遇が「派遣労働者であることを理由として」不利なものとならないよう留意する必要があります。そのため、この場合に相違を設けることの可否を検討する場合には、相違がある理由が派遣労働者であることを理由とするか否か

> **補足④** **退職金の取扱い**
> 　派遣先均等・均衡方式では、基本的にすべての待遇が含まれることから、退職金の支給の有無についても、派遣労働者と派遣先の通常の労働者のそれぞれの職務の内容、職務の内容及び配置の変更の範囲その他の事情のうち、当該退職金の性質及び目的に照らして適切と認められるものを考慮して判断されるとされています（「派遣先均等・均衡QA」問２－２）。

を検討し、仮に、派遣労働者であることが理由となる場合には、基本的には比較対象労働者の待遇と同じ待遇とすべきでしょう。

　次に、派遣労働者が均衡待遇の対象者の場合には、情報提供されたすべての待遇について（ただし、派遣先が公正な待遇確保措置を講じることとされている教育訓練及び特定の福利厚生施設（給食施設、休憩室及び更衣室）の利用は除きます）、待遇ごとに、その待遇の性質、目的を踏まえて、「職務の内容」、「職務の内容及び配置の変更の範囲」、「その他の事情」を考慮して不合理な相違のない待遇にする必要があります。

> **補足⑤　その他の留意点**
> 　比較対象労働者が派遣先のパート・有期雇用労働者の場合には、派遣先の通常の労働者と比較対象労働者との間で、適切な待遇が確保されている根拠等を確認すること、必要に応じて追加の情報提供を求める等の対応が求められていることには留意すべきでしょう（要領第7の4⑼イ）。

●3● 労働条件通知書による明示

　対象となる派遣労働者が登録型の派遣労働者の場合には、その雇入れの際に、あらかじめ、上記にて決定した待遇を記載した労働条件通知書を交付する等によって明示した上で派遣労働契約を締結する必要があります（労基法15条1項、派遣法31条の2第1項）。また、対象となる派遣労働者が既に雇用している無期派遣労働者等の場合であっても、派遣先均等・均衡方式の場合には、同様に、決定した待遇を記載した労働条件通知書を交付する等により明示する必要があります（派遣法31条の2第3項）。

　なお、労働条件通知書等を交付する際に、公正な待遇確保のために講じた措置の内容等を説明する必要もあることには留意すべきでしょう。

●4● 施行日前後で同じ派遣先の業務に従事する場合の留意点

　派遣先均等・均衡方式は派遣先の通常の労働者の待遇に比して不合理な待遇差の解消を目的とする制度ですから、派遣先の通常の労働者の待遇が、派遣労働者の待遇より低い場合に、派遣労働者の待遇を低下させる必要はありません。殊に施行日前後で同じ派遣先の業務に従事するにもかかわらず、派遣先均等・均衡方式に移行するに伴って、派遣労働者の待遇を低下させることは改正派遣法の趣旨に照らして問題があると評価される可能性があることには留意すべきでしょう。

> **補足⑥　調整給等の支給による対応**
> 　改正法施行後に新たに同一の派遣就業先で就業する派遣労働者には、派遣先に準じた待遇とすることを予定している場合に、同じ派遣元事業主から同じ派遣先の同一業務に従事する派遣労働者間で基本給等の待遇が大きく相違することがトラブルを招くリスクがあるときには、施行時前から就業する派遣労働者の基本給等については派遣先の待遇に準じたものとし、それを上回る施行時前の待遇との差分については調整給等として支給することも一方法でしょう。

6 派遣元事業主において制度のない手当等の取扱い

　人事・賃金制度が各企業により異なる以上、派遣先においては、ある手当制度等を設けていても、派遣元事業主において同様の手当制度を設けているとは限りません。では、このように派遣元事業主には同様の制度がない場合にまで、派遣元事業主は、派遣労働者に対して派遣先と同様の待遇を講じる必要はあるのでしょうか。

　この点、派遣先均等・均衡方式は、派遣元事業主に同様の制度があるか否かを問うことなく、派遣先の通常の労働者と均等・均衡のとれた取扱いをすることを求めています。そのため、派遣元事業主は、自社に同様の制度があるか否かにかかわらず、派遣労働者に対して、派遣先の通常の労働者と均等・均衡のとれた待遇を確保する必要があります。

　本問でも、派遣先の通常の労働者には皆勤手当が支給されているところ、同一労働同一賃金ガイドラインは、精皆勤手当については、派遣先の通常の労働者と業務の内容が同一の派遣労働者には同一の支給をすることを原則としていることから、欠勤についてマイナス査定をする等の事情がない場合や代替となる手当支給がない場合には*5*6、派遣先と同様の支給をすることが無難なように筆者は考えます（▶右記「**補足⑦**」参照）。

> **補足⑦　派遣労働者への精皆勤手当の支給**
>
> 派遣は、臨時的一時的な就業形態であり、派遣先においても補助的に派遣を活用するケースも少なくないことから、同種業務に従事したとしても、派遣先にとっては派遣労働者が従事する業務に係る精勤を奨励する必要性が派遣先の通常の労働者が従事する業務とは異なる場合も想定されます。そのような場合には派遣先の通常の労働者と同額の皆勤手当を支給しないことが必ずしも不合理と評価されるものではないように考えます。派遣元事業主としては、派遣先における精皆勤手当支給の目的や対象業務を十分に確認して判断すべきでしょう。

7 派遣先が異なることによる賃金等の減額

　従前ある手当を支給している派遣先に就業していた派遣労働者が、当該手当支給のない別の派遣先に異動することとなった場合に、継続して当該手当を支給する必要があるのでしょうか。

　派遣先均等・均衡方式は、ある派遣先の通常の労働者との均等・均衡待遇を確保することを求めているにとどまり、当該手当支給のない派遣先で就労する場合にまで、当該手当を継続して支給することまで求めていません。

　そのため、個別の派遣契約を前提に派遣労働契約を締結する登録型派遣では、派遣先に準じてある手当の支給を受けていた派遣労働者が、当該手当の支給制度のない派遣先で派遣就業する際に、当該手当を不支給とする労働条件の提示を受け、これに同意をして派遣労働契約を締

---

*5　同一労働同一賃金ガイドラインでは「問題とならない例」として欠勤に関するマイナス査定について相違がある場合に、その見合いの範囲内で派遣労働者に精皆勤手当を支給していないケースを例示しています。
*6　従前の裁判例でも、前掲ハマキョウレックス事件（最二小判平成30年6月1日労判1179号34頁）は皆勤手当について、前掲長澤運輸事件（最二小判平成30年6月1日労判1179号20頁）も精勤手当について、正社員にこれらの手当を支給し、有期契約社員に不支給とする点を不合理と判断しています。

結して派遣就業する以上、特段の事情がない限り、当該手当の支給をしないことが直ちに問題となるものではないでしょう。

　他方、無期派遣労働者に対し、派遣元事業主が、就業規則上規定された配転権の行使として業務上の必要性に基づいて一方的に別の派遣先での就業を命じるケース＊7では、当該手当の不支給を含めて、著しい労働条件の低下となることがないように配慮すべきでしょう。

　すなわち、就業規則上根拠規定がある場合には、使用者である派遣元事業主は、業務上の必要に応じて、人事権の行使として、その裁量により派遣就業先の変更を含む配転を命じることは可能ですが、業務上の必要性がない場合または業務上の必要性が存する場合であっても、それが他の不当な動機・目的を持ってされたものであるときもしくは労働者に通常甘受すべき程度を超える不利益を負わせるものであるとき等、特段の事情がある場合には、人事権の濫用として無効になると解されています＊8。そのため、無期派遣労働者に対して、他の派遣先での就業を命じる際に、派遣先の通常の労働者の待遇を基準に待遇を設定した場合に、従前の待遇に比して著しい不利益をもたらす場合には、激変緩和のために、一定期間調整給を支給する等の対応を検討することが望ましいと筆者は考えます。

> **補足⑧　従事業務の変更に伴う待遇の不利益変更への対応**
>
> 　派遣先均等・均衡方式においては、派遣先にて従事する業務が異なることにより待遇が変動することは、ある程度折り込み済みではありますが、著しい不利益変更となる場合には、調整給を支給する等の対応を検討することも一方法でしょう。この場合に、どの程度の不利益変更であれば許されるかについては明確な基準はありませんが、職務等級制度の下で職務変更に伴うグレード格下げと賃金減額の有効性が争われた事案で、基本給の減額は22％である一方で、調整額支給等を含めた減額割合は10.5％にとどまり、さらに賞与等を含めた年収の減額率は4.5％から5.9％程度であったこと、職務内容。職責に変動が生じていること等を勘案し、かかる減収程度の不利益は通常甘受すべき程度を超えていると見ることはできないと判断されている事案（L産業（職務等級降級）事件、東京地判平成27年10月30日労判1132号20頁）もあることからすれば、従前に比して10％を超える減収となる場合には、調整給の支給を検討することが望ましいように筆者は考えます。

＊7　無期派遣労働者については、登録型と異なり特定の派遣契約を前提にしていないことから、就業規則上、使用者である派遣元事業主が、業務上の必要に応じて、他の派遣先での就業を命じ得る規定を設けているのが一般的です。

＊8　東亜ペイント事件（最二小判昭和61年7月14日労判477号6頁）

Q10 労使協定の締結単位、過半数代表者選出の留意点

当社は、登録型派遣を主たる事業として、20か所の事業所で事務業務を中心に労働者派遣をしています。派遣労働者の公正な待遇確保の方法としては、労使協定方式によることを検討していますが、労使協定は、事業所単位で締結する必要があるのでしょうか？　また、過半数代表者の選出は、具体的にはどのような方法で行えばよいのでしょうか？　協定締結に際して留意する点はありますか？

ココがポイント！

労使協定の締結単位は、派遣元事業主単位または労働者派遣事業を行う事業所単位で締結する方法に加え、数か所の事業所をまとめて1つの締結単位とする（例えばブロックごと）ことも可能です。労使協定締結の際の過半数代表者選出に際しては、民主的方法によるとともに、協定に関する事務の円滑化のための配慮等が求められていることには留意すべきでしょう。

なお、過半数代表者の選出に関し、任期の定めを設けたり、正代表とともに副代表を選出する等の手続きも労使協定で定めておくことも一考でしょう。

 解　説 ●●

1 労使協定の締結単位

●1● 労使協定方式とは

派遣法は、派遣労働者の公正な待遇確保の方法の一つとして、労働者の過半数で組織する労働組合（以下「過半数労働組合」といいます）がある場合は当該労働組合、過半数労働組合がない場合は、労働者の過半数を代表する者（以下「過半数代表者」といいます）との間で、派遣労働者の待遇に係る一定の要件を満たした書面による労使協定を締結し、同協定を遵守して派遣労働者の労働者の待遇を決定する方法（労使協定方式）を定め、この方法による場合は、派遣先均等・均衡方式の適用はないとしています（派遣法30条の4）。

●2● 労使協定締結単位

この労使協定は、事業場ごとに締結することが法律上定められている36協定等とは異なり、法律上は締結単位が定められていません。そのため、派遣元事業主単位または労働者派遣事業を行う事業所単位で締結することが可能であるとともに、数か所の事業所を1つの単位（例えば、各地方ブロック単位等）として締結することも可能とされています（「協定QA」問1-3）。どの締結単位で労使協定を締結するかは、基本的には派遣元事業主の裁量に委ねられていますが[*1]、過半数労働組合が存せず、過半数代表者との間で労使協定を締結する場合には、締結単

[*1] ただし、待遇を引き下げることなどを目的に数箇所の事業所を1つの締結単位とすることは労使協定方式の趣旨に反するものであり、認められないとされています（「協定QA」問1-3）。

位ごとに、次のような特徴があることに留意して締結単位を決めるべきでしょう。

> **補足　派遣労働者の就業規則の作成・変更に係る努力義務との関係**
>
> 派遣法は、派遣労働者に適用される就業規則の作成・変更の際には、あらかじめ、当該事業所において雇用する派遣労働者の過半数代表者の意見を聴取する努力義務を定めていますが（同法30条の６）、当該事業所の98％以上が派遣労働者の場合は、労使協定方式の協定締結のための過半数代表者選出と併せて、派遣労働者に適用する就業規則に係る意見聴取のための過半数代表者選出をも目的とすることを明示して実施し、その結果、派遣労働者が過半数代表者として選出された場合には、当該代表者が労使協定締結の当事者になるとともに、派遣労働者に適用する就業規則に関しては、当該代表者に意見聴取をすることで同条の努力義務を満たすことになるでしょう。

① **事業所単位の場合**

　事業所単位は、事業主単位等に比較して範囲が狭く、過半数代表者による意見集約が容易な面があります。

　もっとも、事業所ごとに協定の内容が異なる可能性があり、その場合には、同種業務に従事しながらも派遣労働者が在籍する事業所の変更に伴って待遇が変わることになり、労務管理が困難になる可能性はあります。

　なお、通常、派遣法上の「事業所」と労基法上の「事業場」は一致しますから、事業所単位で締結する場合は、過半数代表者を選出する際、36協定の締結当事者である労基法に係る過半数代表者の選出時に、併せて労使協定方式の協定締結を目的とすることも示して労使協定方式の過半数代表者を選出することも可能でしょう。

② **派遣元事業主単位の場合**

　派遣元事業主単位は、36協定等とは締結単位が異なりますので、労使協定方式の協定締結のためのみに過半数代表者を選出する必要があります。また、多数の事業所を有する派遣元事業主が事業主単位で締結する場合は、派遣先の業種、地域等も広範になり、過半数代表者による派遣労働者の意見集約が難しい面もあります。

　他方、事業所ごとに協定内容が異なる可能性は低く、事業所単位に懸念されるような労務管理上の支障はないでしょう。

③ **ブロック単位の場合**

　ブロック単位は、事業所単位と事業主単位の中間に位置づけられます。労使協定締結のためのみに過半数代表者を選任する必要があることは事業主単位と変わりませんが、業種、地域等の各事業所の特性に応じて区分した場合には、その特性に応じて統一した協定が締結されることが期待されるほか、事業主単位に比較すれば、過半数代表者による意見集約がなされやすい面があるでしょう。

2 過半数代表者選出方法

●1● 「過半数」代表者の要件

過半数労働組合が存在しない場合には過半数代表者を選任することになりますが、過半数代表者は、以下の2要件を満たす者である必要があります。

> ① 労基法41条2号に規定する管理監督者ではないこと。
>
> ② 労使協定を締結することを明らかにして実施される投票、挙手等の民主的な方法による手続きにより選出された者であり、派遣元事業主の意向に基づいて選出された者でないこと。

この要件は、36協定等における過半数代表者選出の要件と同じですが、労使協定方式に関しては、過半数代表者選出が民主的方法でなされていない等、瑕疵があった場合には、協定は無効となり、派遣先均等・均衡方式によることになりますので、派遣労働者及び派遣先に与える影響も少なくないことから、代表者選出は、より慎重に実施されるべきでしょう。

●2● 過半数代表者の具体的選出方法

過半数代表者の選出方法としては、 **図10-1** のようにすべての労働者（派遣労働者のみではなく内勤社員を含みます。以下同じ）に対してメールで通知する方法等により、労使協定方式の協定締結のための過半数代表者選出のための手続きであることを示した上で、一定期間を定めて過半数代表者となる者の立候補者（自薦他薦を問わず）を募り、複数の候補者に対して、労働者が各候補者に対して直接投票をして過半数の得票を得た者を過半数代表者とする方法があります。また、 **図10-2** のように、上記と同様に立候補者（自薦他薦を問わず）を募った上で、予備選挙をして候補者を絞り、信任・不信任投票により過半数の支持を得ていることを確認する方法も有効です。

図10-1 労働者の直接投票により過半数代表者を選出する場合

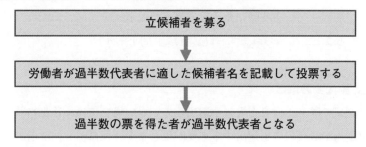

立候補者を募る

↓

労働者が過半数代表者に適した候補者名を記載して投票する

↓

過半数の票を得た者が過半数代表者となる

図10-2 予備選挙で候補者を絞り過半数代表者を選出する場合

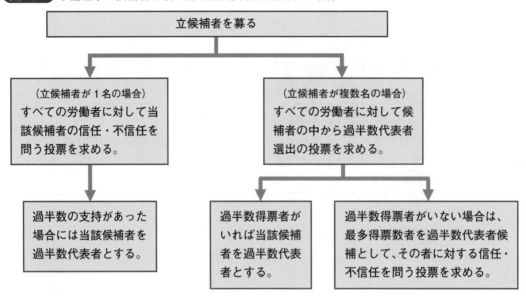

> **不信任投票による過半数支持の確認（筆者見解）**
> 　過半数代表候補者が過半数の支持を得ていることを確認する方法として、不信任の場合のみ意思表示を求める不信任投票については、不信任投票では積極的に候補者を支持していると評価できないとして、不信任投票による方法は認めないとする意見もあるようです。しかし、意思表示は明示の意思表示のみならず黙示による意思表示も認められているところです。そのため、あらかじめ、信任・不信任の意思表示の方法として、不信任の場合（異議ある場合）にのみ積極的な意思表示を求め、意思表示がない場合には信任したものとみなす旨を十分に説明し、かつ、不信任の申出が容易な場合（異議ある旨をメールで通知する、WEB上の不信任ボタンを押す等）には、意思表示がないことをもって黙示の信任の意思表示がなされたものとし、不信任の申出が半数に満たない場合には、候補者は過半数の信任を得られたものと評価することも可能なように筆者は考えます。
> 　この点については、全く同じ制度ではありませんが、最高裁判所の裁判官の任命に関する国民審査も、当該裁判官の解職を求める場合のみ×を付す方法となっているところ、この制度について最高裁は「任命後最初に行なわれる国民審査においては、任命後の解職の可否いかんという形式のもとで、任命についての審査が行なわれるという実質をもつものということもでき（る）」としてかかる制度も有効と判断している判例（最三小判昭和47年7月20日最高裁判所裁判集民事106号513頁）も参考になるでしょう。

　なお、派遣労働者が異なる派遣先に派遣されており過半数代表者の選出が困難な場合には、派遣労働者の賃金明細を交付する際や派遣元事業主が派遣先を巡回する際に、立候補の呼びかけや投票を行わせることも考えられます（「協定QA」問1-4）。

●3● **正代表と副代表の選出**

　過半数代表者選出の際、正代表1人しか選出していない場合には、後日当該正代表が退職等をした時は、再度過半数代表者を選出する必要が生じます。殊に、有期雇用の派遣労働者が過半数代表者として選出された場合には、労使協定締結時点において派遣元事業主との雇用が継続しているとは限りません。

そのため、実務的には、過半数代表者選出の際、あらかじめ、正代表が退職等により不在となった場合には副代表が繰り上がって正代表になることを示した上で、正代表と併せて副代表も選任しておくことが望ましいでしょう。正代表と副代表の選出方法としては、正代表候補者と副代表候補者それぞれについて信任・不信任投票をして、それぞれの過半数の支持を得ていることを確認する方法もあれば、正代表と副代表をペアにして、そのペアに対して信任・不信任投票をして、過半数の支持を得ていることを確認する方法等も考えられます。

●4● 任期の定め

過半数代表者の任期については、法律上決まりがありません。そのため、労使協定見直しの度に、過半数代表者を選出する方法も考えられます。もっとも、労使協定方式における協定の有効期間は目安として2年以内とされている一方で（要領第7の5⑹ヘ⑴）、一般労働者の賃金水準は毎年見直しがなされ、協定の有効期間中に再度協定の見直しをする可能性があります。また、最低賃金の改正に合わせて協定の内容を見直す可能性もあります。

そこで、実務上は、頻繁に過半数代表者を選出する負担を回避するために、労使協定の有効期間と同じ期間の任期を設けて過半数代表者を選出しておき、その期間中の協定見直しの際には、任期中の当該代表者との間で協定を締結し得るようにしておくことも一考でしょう。

●5● 過半数代表者の選出に関する労使協定上の定め

過半数代表者の選出方法は、労使協定の必要的記載事項ではありません。もっとも過半数代表者選出の際に、副代表を設けることや過半数代表者の任期等については、場当たり的に対応するべき事項ではないこと等からすれば、過半数代表者の選出方法についても労使協定に規定をしておくことも有益なように筆者は考えます。

3 派遣元事業主に求められる配慮等

派遣元事業主には、過半数代表者が労使協定の事務を円滑に遂行できるように、派遣労働者の意見集約の際にメールの利用を認める等必要な配慮をすることが求められています（派遣則25条の6第3項）。そのため、過半数代表者選出の際に、派遣労働者から意見や希望等を提出させたり、アンケートにより意見等を聴取し、これを過半数代表者が集約する等して、協定締結に際し、派遣労働者の意思が反映されるようにすることも望ましい対応でしょう。

なお、派遣法では、労働者が過半数代表者であることもしくは過半数代表者になろうとしたことまたは過半数代表者として正当な行為をしたことを理由として不利益取扱いをすることが禁止されています（派遣則25条の6第2項）。派遣元事業主としては、この点についても留意すべきでしょう。

労使協定方式における待遇決定の留意点等

Q11
　当社は、事務業務とIT関連業務を中心に派遣事業を行っています。事務業務については登録型派遣を主としていますが、IT関連事業については、無期雇用で採用したIT技術者を派遣しています。

　これまで登録型派遣労働者の賃金については、種々の事情を盛り込み時給を決定してきましたが、労使協定方式の下では、具体的には、どのように賃金を決定すればよいのでしょうか？　また、IT技術者については、職能資格制度を採用していますが、職務給制度に変えなければならないのでしょうか？

ココがポイント！

　労使協定方式では、派遣労働者の賃金は、局長通達で示された一般賃金以上とすることが求められています。この一般賃金のうち基本給（賞与・手当を含みます）については、職種別の基準値に能力・経験指数及び地域指数を乗じて算定されます。そのため、協定では、職務ごとに業務の難易度や地域指数等に応じた一般賃金以上の職務給テーブルを定め、実際の派遣労働者の賃金決定に際しては、従事する業務内容が、どの職種、どの職務レベルに該当するかを精査した上で、派遣先事業所等の地域を勘案して待遇を決定すべきでしょう。また、各職務に能力・経験調整指数を乗じた額と現行の職能資格制度との対応関係を明確にすることができれば、必ずしも職能資格制度を職務給制度に変更する必要はないでしょう。

A　解　説 ●●

1　労使協定方式について

●1●　労使協定の内容

　派遣労働者の公正な待遇を労使協定方式によって確保する場合には、まず、過半数労働組合、過半数労働組合がない場合は、過半数代表者との間で以下の事項を定めた労使協定を締結する必要があります。

表11-1　協定で定めるべき事項とそのポイント

	定めるべき事項	ポイント
ア	労使協定の対象となる派遣労働者の範囲	◆一部の派遣労働者のみを労使協定の対象とする場合は、客観的な基準によること。 ◆一部に限定する場合は、その理由も記載する必要あり（派遣則25条の10第2号）。
イ	以下2要件を満たす派遣労働者の賃金決定方法 ①　同種業務に従事する一般労働者の平均的な賃金水準と同	◆派遣先の事業所・就業場所の所在地を含む地域において派遣労働者が従事する業務と同種業務に従事する一般労働者であり、同程度の能力・経験を有する者の平均額以上であること。

	等以上の額であること ② 職務の内容、職務の成果、意欲、能力または経験その他の就業の実態に関する事項の向上があった場合に賃金が改善されるものであること	◆職務の内容、職務の成果等の就業の実態に関する事項のうち、どの事項を勘案するか、また、どのように勘案するかは、基本的には労使の決定に委ねられる（要領第7の5⑹ロ）。 ②の要件に関しては、賃金テーブルにおいて職務の内容及び職務ランクを詳細に定め、職務内容の向上があった場合に賃金が改善される仕組みや、職務ランクが上がらない場合であっても、一定の能力の向上が認められた場合には別途手当を支給する仕組みとすること等も一つの方法でしょう。
ウ	公正な評価に基づく賃金の決定	◆派遣労働者の職務の内容、成果等の就業の実態に関する事項が公正に評価され、賃金改善に反映されるよう適切な評価方法を定めること。
エ	賃金以外の待遇の決定方法	◆派遣元事業主に雇用される通常の労働者の待遇との間において、職務の内容、職務の内容及び配置の変更の範囲その他の事情のうち、当該待遇の性質及び目的に照らして適切と認められるものを考慮して、不合理な相違がないもの。 この要件を満たす待遇が派遣労働者に適用される就業規則で定めている場合には、労使協定上は、「教育訓練（派遣法30条の2による場合を除く。）、福利厚生その他の待遇については、正社員の待遇と均衡のとれたものとし、具体的には派遣労働者に適用される就業規則で定める。」等の記載にとどめておくことも可能でしょう（「協定QA」問1−7）。
オ	段階的かつ体系的な教育訓練	◆派遣法30条の2に規定する教育訓練に関する事項を記載する必要がある。
カ	その他の事項（下記事項を記載） ① 有効期間 ② 特段の事情がない限り、1つの労働契約期間中に、派遣先の変更を理由として協定対象派遣労働者か否かを変更しないこと	◆労使協定は、その対象となる派遣労働者の待遇の根拠となることから、労使協定上、有効期間が明確に分かるよう、協定の始期と終期を記載することとされている。なお、有効期間の長さについては、2年以内とすることが望ましいとされている（要領第7の5⑹ヘ⑷）。

●2● 周知方法及び保存期間等

締結した労使協定は、以下のいずれかの方法で雇用する労働者に周知する必要があります。

① 書面の交付による方法

② 派遣労働者が希望した場合のファクシミリ・電子メール等による方法（ただし、出力することで書面作成可能なものに限られる）

③ 電子計算機に備えられたファイル、磁気ディスクその他これに準ずるものに記録し、かつ、派遣労働者がその内容を常時確認できるもの

④ 派遣元事業主の事業所の見やすい場所に掲示し、または備え付けること（ただし、協定の概要について、書面化の交付等により合わせて周知する場合に限る）

　また、労使協定は労使協定の有効期間が終了した日から３年を経過する日まで保存する必要があります。

　なお、行政機関への事業報告の際、労使協定を添付する必要があります。

●３● 同一労働同一賃金ガイドライン

　労使協定方式について、同一労働同一賃金ガイドラインは、「第５　協定対象派遣労働者」において原則となる考え方等を示しています。このうち、賞与、手当等を含む賃金については、 **1** ●１● の労使協定の内容のイ及びウに基づいて決定することが求められています。

　これに対して、特定の福利厚生施設（給食施設、休憩室及び更衣室）の利用については、派遣先が、派遣先の通常の労働者と同一の利用を認めることが求められていますが、それ以外の福利厚生については、転勤用社宅、慶弔休暇並びに健康診断に伴う勤務免除及び有給の補償、病気休職、法定外の休暇等を含め、基本的には派遣元事業主の雇用する通常の労働者と同一の扱いをすることが求められています。

表11-2 ガイドラインが示す協定対象派遣労働者の福利厚生に関する原則となる考え方と問題とならない例

項　目	原則となる考え方	問題とならない例（要約）
慶弔休暇 健康診断に伴う勤務免除 有給の保障	協定対象派遣労働者にも、派遣元事業主の雇用する通常の労働者と同一の慶弔休暇の付与並びに健康診断に伴う勤務免除及び有給の保障を行わなければならない。	【慶弔休暇】 （勤務日を考慮し、）週２日の勤務の協定対象派遣労働者に対しては、勤務日の振替での対応を基本としつつ、振替が困難な場合のみ慶弔休暇を付与している。
病気休職	協定対象派遣労働者（有期雇用労働者である場合を除く）には、派遣元事業主の雇用する通常の労働者と同一の病気休職の取得を認めなければならない。 また、有期雇用労働者である協定対象派遣労働者にも、労働契約が終了するまでの期間を踏まえて、病気休職の取得を認めなければならない。	労働契約の期間が１年である有期雇用労働者である協定対象派遣労働者について、病気休職の期間は労働契約の期間が終了する日までとしている。
法定外の休暇 （法定外の有給の休暇その他の法定外の休暇。慶弔休暇を除く）	法定外の休暇であって、勤続期間に応じて取得を認めているものについて、派遣元事業主の雇用する通常の労働者と同一の勤続期間である協定対象派遣労働者には、その通常の労働者と同一法定外の休暇を付与しなければならない。 なお、期間の定めのある労働契約を更新している場合には、当初の労働契約の開始時から通算して勤続期間を評価することを要する。	【長期勤続者を対象とするリフレッシュ休暇】 業務に従事した時間全体を通じた貢献に対する報償という趣旨で付与していることから、協定対象派遣労働者に対し、所定労働時間に比例した日数を付与している。

●4● 令和２年局長通達

　令和２年４月から令和３年３月まで適用される派遣労働者が従事する業務と同種の業務に従事する一般労働者の平均的な賃金（以下「一般賃金」といいます）については、令和元年７月８日発出の局長通達[1]（以下「令和２年局長通達」といいます）により、①基本給、賞与、手当等、②通勤手当、③退職金に分けて、以下の考え方が示されており、協定対象派遣労働者の賃金は、各項目において、同等以上とすることが求められています。

①　基本給・賞与・手当等

　基本給・賞与・手当等（以下「一般基本給・賞与等」といいます）については「職種別の基準値」として賃金構造基本統計調査に基づいて算出された額または職業安定業務統計に基づいて算出された額[2]（賞与分として２％を上乗せして賞与込みの時給に換算された額）の２種類の基準値に、「能力・経験調整指数」による調整をした額が、それぞれ令和２年局長通達の別添１及び別添２として示されています。この調整した額に、派遣先の事業所または就業場所の物価等を反映するため「地域指数」（局長通達別添３）を乗じて算出した額が一般基本給・賞与等の額となります[3]。

　局長通達の別添１または別添２のうちどの統計を選択するかは労使の選択に委ねられていますが、協定対象派遣労働者の基本給（実際に支給される所定内給与）・賞与・手当等を合算し、時給換算した額が、一般基本給・賞与等の額と同額以上とする必要があります。

　なお、「能力・経験調整指数」の「○年」は、派遣労働者の勤続年数を示すものではなく、同種業務に従事する一般労働者であって「当該派遣労働者と同程度の能力・経験を有する者の平均的な賃金の額」を示すために用いられた一般労働者の勤続年数に基づく指数です。協定対象派遣労働者の賃金決定方法に応じて、この指数を考慮することになりますが、職務給の場合には派遣労働者の業務の内容、難易度等が一般労働者の勤続何年目に相当するか勘案して決定すること等が考えられます。

②　通勤手当

　通勤手当については、実費支給によるか、通勤手当として支給される賃金を時給換算した

---

[1]　令和２年度の「労働者派遣事業の適正な運営の確保及び派遣労働者の保護等に関する法律第30条の４第１項第２号イに定める『同種の業務に従事する一般労働者の平均的な賃金の額』」等について（令和元年7月8日職発0708第２号）

[2]　職業安定業務統計に基づいて算出された額には賞与分が含まれていないことから、賞与分として２％を乗じて賞与込みの時給が示されています。

[3]　派遣先の事業所その他派遣就業の場所は、「工場、事務所、店舗等、場所的に他の事業所その他の場所から独立していること、経営の単位として人事、経理、指導監督、労働の態様等においてある程度の独立性を有すること、一定期間継続し、施設としての持続性を有すること等の観点から実態に即して判断することとなり、常に雇用保険の適用事業所と同一であるわけではない。」（「協定QA（第２集）」問２－２）とされていることに留意すべきでしょう。

額が一般労働者の通勤手当に相当する額である72円以上となるようにする方法があります＊４。

③　退職金

退職金については、ⅰ）一般労働者の退職手当制度（局長通達別添４）、ⅱ）一般退職金として一般基本給・賞与等に退職給付等の費用の割合として６％を乗じた額、ⅲ）中小企業退職金共済制度に加入する場合の３つの方法から労使で選択することとされています。

2 労使協定方式を前提とした待遇の決定方法

労使協定方式による派遣労働者の待遇決定方法は、改正派遣法により新たに導入される制度ですから、労使協定を採用する多くの派遣元事業主においては、新たな人事・賃金制度を整備することになるでしょう。そこで以下では、労使協定方式を前提とした具体的な待遇決定方法について検討します。

●1● 労使協定の締結

労使協定の締結に当たっては、以下の点がポイントになるでしょう。

①　基本給・賞与等の決定方法——職務給テーブルに基づいて賃金を決定する方法

労使協定方式では、局長通達で示された一般賃金以上とすることが求められていますが、職務給や職能給といった賃金の決定方法については、労使で定めることが可能です。この点、労働者派遣では、派遣契約で特定された業務に従事する対価として賃金が支払われることから、登録型派遣を中心に職務給制度が採用されることが多いようです。

職務給制度の下で、派遣労働者の賃金が、一般基本給・賞与等以上となるように決定する方法として、派遣労働者が従事する業務の種類、業務の難易度等の業務レベルごとに詳細に職務ランクを定め、当該職務ランクの賃金額が、対応する一般基本給・賞与等の額を上回るように職務給テーブルを定め、当該職務給テーブルによって賃金を決定することを労使協定に定めることも一方法でしょう（▶右記「補足」参照）。

> **補足　職務給テーブルに基づく賃金決定**
>
> 労使協定方式による場合に、必ずしも派遣労働者の賃金を職務給テーブルに基づいて決定することまで求められているものではありませんが、局長通達によって示される一般労働者の賃金額が、派遣労働者が従事する業務と同種の業務に同程度の能力・経験を有する一般労働者が従事したと仮定した場合の平均的な賃金額であり、いわば派遣労働における職務給に馴染むこと、また、賃金決定に係る第二の要件として職務の内容、成果、能力または経験等の向上があった場合に賃金が改善されるものであることが求められていることから、第二の要件をも満たすものとして、従事する職務内容の難易度等が向上した場合に賃金が改善することが明示されている賃金テーブル（例えば各職務ランク内に、より詳細なグレードを定める等）、同テーブルに基づいて賃金を決定することも一方法と筆者は考えます。

＊４　協定対象派遣労働者に通勤手当として支給される額のほか、「直近の事業年度において協定対象派遣労働者に支給された額の平均額」等から労使で選択することも可能とされています。

なお、一般基本給・賞与等が賞与分を含めた額として示されていることから、比較が容易なように、協定対象派遣労働者の職務給には賞与分を含むものとして設計することが実務的なように筆者は考えます。

② 通勤手当、退職金

通勤手当については実費支給とした場合には、税法上非課税になりますが、一般通勤手当額を基本給と合わせて支給する場合には非課税扱いにならないこと、時間外割増手当等の算定基礎となる賃金に含まれることになること等も考慮して労使で決定すべきでしょう。

また、退職金についても一般退職金相当額を前払いする場合には、時間外割増手当等の算定基礎となる賃金に含まれることになる一方で、退職金制度を設ける場合には、会計上、退職引当金の計上等に対応する必要があること等も考慮して、どの方法によるかを決めるべきでしょう。

③ 派遣労働契約ごとの手当等

派遣労働では、同種業務の同じ職務レベルの業務であっても、時間外労働の有無、業務量、就業時間帯のみならず派遣労働者の募集状況等様々な事情が勘案されて派遣労働者の賃金が決定されるという事情があります。もっとも、このような事情を職務給テーブルに組み入れることは困難であるほか、職務給の趣旨とも不整合です。そこで、職務給とは別に、派遣労働契約ごとに、これらの事情を考慮した手当の支給を定めることも一考でしょう。かかる手当を設ける場合は、賃金の決定方法の一つとして労使協定に定めておくべきです。

●2● 就業規則等への記載

労使協定が締結されたとしても、その内容が直ちに派遣労働者と派遣元事業主間の労働契約の内容となるものではありません。

そのため、労使協定で定めた内容を就業規則、賃金規程等に定める必要があります（賃金の決定方法については、就業規則の必要的記載事項です。労基法89条2号）この場合、労使協定に詳細な定めを設けている場合には、就業規則や賃金規程上は、「派遣法30条の4第1項に基づく労使協定おいて定める」とのみ規定をする方法でも差し支えないでしょう（下記 **規定例** 参照）。

規定例 賃金の決定方法に関する就業規則の規定例

〈個別の賃金額を派遣労働契約にて決定する場合〉

> 第○条（賃金の決定方法）
> 　派遣労働者の賃金は、原則として時間給とし、労働者派遣法30条の4第1項に基づく労使協定に従って、従事する職務の内容、難易度、就業地域に応じて個別に労働契約にて定める。

〈就業規則・賃金規程の適用対象となる派遣労働者のうち、一部例外的に派遣先均等・均衡方式とする場合〉

> 第○条（賃金の決定方法）
>   派遣労働者の賃金は原則として時間給とし、労働者派遣法第30条の４第１項に基づく労使協定に従って、個別の労働契約で定める。ただし、労働者派遣法第30条の３第１項及び第２項の適用対象となる派遣労働者の賃金については、同条第１項及び第２項に従い、派遣先の通常の労働者と均衡・均等のとれた賃金額を、個別の労働契約で定める。

　また、退職金について派遣労働者に適用する退職金制度を設ける場合には、派遣労働においては、短期の就業を繰り返すケースも多く、退職金支給要件である「退職」の時期や「入社」の時期が判然としないケースが想定されます。そこで、前の派遣労働契約の終了から、どの程度の期間が空いた場合に、「新たな入社」と評価するのか、いつの時点をもって退職金の支給要件となる「退職」と評価するか等を、退職金規程上に定めておくべきでしょう。

　なお、賃金以外のその他の待遇（転勤用社宅、慶弔休暇並びに健康診断に伴う勤務免除及び有給の補償、病気休職、法定外の休暇等）についても、派遣元事業主の通常の労働者の待遇と均衡のとれた待遇を就業規則で規定する必要があります。

●3● 個別労働契約における待遇の決定

　協定対象派遣労働者の賃金については、一般賃金が業務内容を勘案して定められていますから、従事する業務ごとに賃金を決定する必要があります。そのため、派遣元事業主としては、派遣契約締結時に、派遣先に対して、派遣労働者が従事することとなる業務の内容及び責任の程度等について詳細に確認する必要があります。殊に、職務給の場合には、従事する業務の難易度等が派遣元事業主の定めた職務ランクのどれに該当するかを判断する必要があることから、あらかじめ派遣元事業主において、職務ランクの基準となる要素を定めた上で、派遣先に確認する等の対応が望ましいでしょう。その上で、労使協定で定めた職務ランクに応じて賃金を決定し、労働条件通知書で明示することになります。

　また、派遣労働者となろうとする者に明示する労働条件通知書には、賃金額のみではなく、どのランクの職務に従事するかが、派遣労働者に分かるように（例えば職務ランクはA等）明示することが望ましいでしょう。

　なお、局長通達で示された一般基本給・賞与等の額が、主に現役世代を対象とした統計に基づいて設定されていることに鑑みれば、定年後再雇用となる派遣労働者の賃金についても、一般基本給・賞与等の額を基準とすることに違和感があるところです。もっとも、局長通達が一般基本給・賞与等の額に関しては、定年後再雇用者への適用について異なる定めを設けていな

い以上、この額を基準とする必要があるでしょう＊５。

●４● 施行日前後で同じ派遣先の同一業務に従事する場合の留意点

派遣労働者が、施行日前後で同じ派遣先の同じ業務に従事する場合に、施行日以降の賃金について、労使協定方式に基づいた新たな賃金決定方法に従って算定し直した結果、従前の賃金総額を下回ることとなるケースも想定されます。もっとも、労使協定方式に移行するに伴って、派遣労働者の賃金総額を低下させることは、派遣労働者の待遇改善を目的とした改正派遣法の目的に照らして問題があると評価される可能性があることには留意すべきでしょう＊６。

3 既存の職能資格制度と労使協定の対応関係

ところで、無期派遣労働者等については、職能が上がることを奨励するとともに長期在籍を促す観点から、年功を考慮した職能資格制度を定め、業務上の必要に応じて派遣就業を命じており、実際に従事する業務の難易度等によらず、職能資格制度に基づいて賃金を決定しているケースも少なくありません。

これに対して、局長通達で示された一般基本給・賞与等は、派遣労働者が従事する業務の内容が勘案されており、職務給に馴染むことから、職能給制度とは不整合が生じるようにも考えられます。

もっとも、労使協定方式は、あくまでも局長通達で定めた額以上となることを求めているにとどまり、必ずしも職務給テーブルを定めることが求められているものではありません。

とはいえ、一般基本給・賞与等の対応関係において、「職能ランク１＝１年」、「職能ランク２＝２年」等と、１対１対応で決めた場合には、自社（派遣元事業主）の職能ランクにおける昇給率と一般基本給・賞与における「能力・経験指数」に応じた昇給率との間に乖離が生じたり、実際に従事する業務の難易度と乖離が生じる可能性もあります。そこで、このような場合には、職務ごとに「能力・経験指数１年の業務には、職能等級１以上の者が従事する」「能力・経験指数２年の業務には、職能等級２以上の者が従事する」等のように、職能資格制度において、能力・経験指数を乗じて算定された一般基本給・賞与等の額以上の賃金水準となる職能等級の者が当該業務に従事するように対応関係を設定することも一考のように考えます。

＊５　ただし、退職金については労使協定で、一般退職金と異なる定めをすることも認められるものと解されます（「協定QA」問４−７）。
＊６　施行日前後で、派遣労働者が同じ派遣先の同一業務に従事する場合に、労使協定方式に基づいて賃金を算定すると従前より低くなる場合には、制度との整合性を図るために、差額を調整給として職務給に上乗せして支給することも一考でしょう。

労使協定方式に瑕疵があったことが判明した場合

当社は、労使協定方式を採用することを予定しています。締結した労使協定が法定要件を満たしていなかったり、協定に定めた評価方法に基づいて賃金決定をしていない場合には、原則に戻り派遣先均等・均衡方式によることになると聞きました。派遣契約で「派遣労働者を協定対象派遣労働者に限る」と定め、労使協定対象者を派遣していた場合に、事後的に協定内容に不備があったことが判明したときは、当社は、当該派遣契約を前提に派遣していた派遣労働者を派遣することができなくなるのでしょうか？また、派遣労働者との派遣労働契約は無効になるのでしょうか？

ココがポイント！

　労使協定方式を採用したものの協定が法定要件を満たしていない等の不備（以下「瑕疵」といいます）があったとき等は、原則に戻り、派遣先均等・均衡方式によって派遣労働者の公正な待遇が確保されることになります。もっともこの場合には、協定対象とされた派遣労働者の派遣が、直ちにできなくなるものではなく、また、派遣契約や派遣労働契約自体が無効となるものではないと筆者は考えます。事後的に派遣先均等・均衡方式が適用されることが判明した場合は、派遣先から比較対象労働者の待遇に係る情報を取得して、遡及して派遣労働者の待遇を見直すとともに、将来に向かって派遣労働契約を是正すべきでしょう。

A 解 説 ●●●●●●●●●●●●●●●●●●●●●●●●●●●●●●●●●●●●●

1 労使協定方式に瑕疵がある場合

●1● 労使協定締結に瑕疵がある場合

　派遣法では、派遣労働者の公正な待遇の確保は、原則、派遣先均等・均衡方式によるものとし、一定の要件を満たす労使協定により公正な待遇が確保されている場合（労使協定方式による場合）には、例外的に派遣先均等・均衡方式の適用がないとされています。

　そのため、労使協定締結に瑕疵がある場合、すなわち、①労使協定締結のための過半数代表者選出手続きに法定要件を欠くような重大な手続的瑕疵があった場合や②労使協定の内容が法の定める要件を満たしていない場合には、原則に戻り派遣先均等・均衡方式が適用されることになります（同法30条の4第1項）。この場合には、対象とされた派遣労働者が瑕疵ある労使協定の適用を受けたときから、遡及的に派遣先均等・均衡方式が適用されることになるでしょう。

　もっとも、労使協定方式は、派遣先均等・均衡方式によったのでは派遣労働者の所得が不安定になる等の支障もあること等から認められたという経緯もあり、一概に派遣先均等・均衡方式の方が派遣労働者にとって有利になると言えるものではありません。

　それゆえ、労使協定方式によることが否定される「労使協定締結に瑕疵がある場合」とは、

> **補足** 労使協定の内容に軽微な瑕疵があった場合
>
> 労使協定の内容に係る瑕疵として、労使協定で定めた基本給・賞与等の額が地域別最低賃金や特定最低賃金を下回っているにもかかわらず、局長通達で示された額を基準としているケース等が考えられます。これらは速やかに遡及して是正することが可能である以上、労使協定全体を無効とするほどの瑕疵とは認められない様に筆者は考えます。なお、局長通達は毎年6～7月に公表される一方で、最低賃金は毎年10月から発効しますので、派遣元事業主としては、最低賃金の見直しがなされた際には、一般基本給・賞与等の額が最低賃金を下回らないことを確認した上で、仮に、下回っていた場合には、最低賃金の額を基準値（0年次）の額として一般基本給・賞与等の額を算定する必要があることに留意すべきでしょう。

労使協定方式の趣旨を没却する重大な瑕疵がある場合に限定されるべきであり、瑕疵が軽微であって容易に遡及的に是正し得る場合（▶上記「**補足**」参照）までをも含むものではないように筆者は考えます。

●2● 運用において協定が遵守されていない場合

適正に労使協定が締結されていても、その運用において、賃金や待遇に係る協定の定めを遵守していない場合や、協定で定めた公正な評価に取り組んでいない場合も、派遣先均等・均衡方式が適用されることになります（同項ただし書き）。この場合には、協定が定めた内容や評価方法によらずに賃金等の待遇決定等がなされた時から派遣先均等・均衡方式が適用されることになるでしょう。

もっとも、協定が遵守されていないと評価された場合は、労使協定方式を否定するという重大な効果をもたらすことからすれば、「運用において協定が遵守されていない場合」とは、賃金等の決定が労使協定の定めた基準に一切よらず大幅に基準を下回る賃金額となっている場合や、派遣労働者の評価を一切実施していない等、労使協定方式の趣旨をも没却する場合に限定されるべきであり、事務手続き上のミスにより一時的に協定で定めた賃金額とは異なる賃金額となっていた場合等は「協定が遵守されていない」と評価し得るものではないように筆者は考えます。

2 協定対象派遣労働者の派遣の可否

●1● 協定対象派遣労働者派遣の可否

ところで、労使協定方式に重大な瑕疵（運用上の瑕疵も含みます。以下同じ）があることが、派遣労働者を派遣している期間中に判明した場合に、派遣元事業主は、協定対象とした派遣労働者を引き続き派遣することは可能でしょうか。また、派遣先としては、当該派遣労働者の派遣を受け入れることは可能でしょうか。

この点、派遣法には、離職後1年以内の労働者の派遣禁止（法35条の5、法40条の9）や日雇い派遣の禁止（法35条の4）のように、瑕疵ある労使協定方式が適用された派遣労働者を派遣することや当該派遣労働者の受入れを禁止する明文の定めはありません。

　そのため、仮に労使協定方式に瑕疵があり、派遣先均等・均衡方式の適用を受けることになったとしても、改正派遣法上は、派遣元事業主が協定対象とされていた派遣労働者を引き続き派遣をすることも、当該派遣労働者を派遣先が受け入れることも許されているものと筆者は考えます。

●2● 「派遣労働者を協定対象派遣労働者に限る」条項との関係

　では、この場合に、個別派遣契約において「派遣労働者を協定対象派遣労働者に限る」と定めていた時に（派遣法26条1項10号、派遣則22条）、瑕疵ある労使協定方式の協定対象とされていた派遣労働者を派遣することは、派遣契約上、問題ないのでしょうか。この点については、当該派遣労働者は派遣先均等・均衡方式の対象者となるところ、派遣契約上は「派遣労働者を協定対象派遣労働者」に限定している以上、派遣元事業主は当該派遣労働者を派遣することができないと解すべきとする意見もあるでしょう。

　しかし、派遣契約において「派遣労働者を協定対象派遣労働者に限る」か否かが必要的記載事項とされている趣旨は、あくまでも派遣労働者の公正な待遇確保のためには、派遣先による情報提供が必要となるところ、協定対象派遣労働者のみを派遣する場合とそれ以外の場合では、必要とされる情報の内容が異なることから、その基準を明確にするために派遣契約に記載することとされたものであって、派遣契約の主たる債務である派遣の役務提供自体を直ちに不能とするような契約上の条件ではありません。

　そのため、筆者は、派遣契約において「派遣労働者を協定対象派遣労働者に限る」とする付随条件に適合していないとしても、かかる条件は派遣労働者の待遇に係る事情であり主たる債務である派遣の役務提供に影響がない以上、派遣契約上も、派遣元事業主は当該派遣労働者を派遣することは可能であり、後述のように派遣契約も直ちに無効となるものではないように考えます。

　そもそも、派遣労働者の公正な待遇確保のために設けられた派遣契約上の条項があることにより、派遣労働者の派遣就業が継続できず、派遣労働者が雇用を失うようなことは本末転倒です。その意味でも、当該派遣労働者を引き続き派遣をすることが、認められるべきでしょう。

③ 派遣契約及び派遣労働契約の効力

●1● 比較対象労働者の待遇に係る情報提供がなされていない派遣契約の効力

　派遣先等から比較対象労働者の待遇に係る情報提供を受けることなく派遣契約が締結されている点については、どのように考えるべきでしょうか。派遣法が、派遣先等からの情報提供のない派遣契約の締結を許していないことから、かかる派遣契約の効力を否定する見解もあるようです。しかし、派遣法が行政取締法規であり一部の規定（派遣法30条の3、30条の4及び40

条の6）を除いて民事的効力を有さないことからすれば、派遣先等からの情報提供のない派遣契約の民事上の効力が否定されるものではなく、有効に存続していると解すべきように考えます。

●2● 労使協定方式を前提としていた派遣労働契約の効力

では、労使協定方式を前提としていた派遣元事業主と派遣労働者間の派遣労働契約の効力は、どのように考えるべきでしょうか。この点については、労使協定方式が否定され訴求的に派遣先均等・均衡方式が適用されることになっても、派遣法30条の3の規定が同条に違反する部分の効力を否定するにとどまり、派遣労働契約そのものの効力を否定するものでないことからすれば、派遣労働契約自体は有効に存続する（派遣法30条の3に反する部分を除き）と解すべきと考えます。

4 労使協定に瑕疵があった場合の約定解除条項

●1● 法定解除該当性

上記のように、派遣契約上「派遣労働者を協定対象派遣労働者に限る」と定めていたところ労使協定方式に瑕疵があり、派遣される派遣労働者が派遣先均等・均衡方式が適用されることになったとしても、主たる債務である派遣の役務提供が可能である以上、債務不履行による解除の対象となるものではないように筆者は考えます。

●2● 約定解除条項

では、派遣契約において労使協定に瑕疵があった場合には、派遣先が解除し得る約定解除条項を定めることは可能でしょうか。

派遣契約において「派遣労働者を協定対象派遣労働者に限る」と定めていたにもかかわらず、労使協定方式に瑕疵があり派遣先均等・均衡方式の適用を受けることとなった場合には、派遣先としても比較対象労働者の待遇に関する情報提供が求められる等、当初の想定とは異なる負担を強いられる可能性があることから、このような場合に備えて、派遣先の中には、派遣契約において、派遣元事業主が瑕疵なく労使協定を締結し、かつ、瑕疵なく運用していることを表明保証する条項を設け、これに派遣元事業主が違反した場合には、派遣先が当該派遣契約を解除し得るとする約定解除権を定めた条項を設けることを求める派遣先もあるでしょう。

このような条項の効力については、かかる条項は、派遣労働者の公正な待遇確保のための原則である派遣先均等・均衡方式によることを阻むものとして、公序良俗に反し（民法90条）、認められないとする意見もあり得るところです。

もっとも、派遣先とすれば、派遣契約締結時には、瑕疵なく労使協定方式が採用されている

ものと信頼して派遣元事業主と派遣契約を締結したにもかかわらず、事後的に労使協定方式が否定される等かかる信頼関係を失わせる事情が生じた場合に、約定により契約を解除する条項を設けることにも、それなりに理由があることからすれば、直ちに公序良俗に反すると評価し得るものではないように考えます。

　とはいえ、仮に、かかる約定解除条項に基づいて派遣先が当該派遣契約を解除した場合に、最も影響を受けるのは、当該派遣契約を前提に派遣就労している派遣労働者であり、派遣先としても、安易に派遣契約を解除して派遣労働者の雇用の安定を失わせるような対応をすべきではないことからすれば[1]、派遣契約においては、派遣元事業主の注意喚起のために瑕疵なく労使協定方式が実施されていることの表明を求めるにとどめ、約定解除権まで設定すべきではないように、筆者は考えます。

5 事後的に派遣先均等・均衡方式によることとなった場合の対応

　労使協定方式を採用していたにもかかわらず、事後的に、労使協定方式に瑕疵があることが判明し、遡及的に派遣先均等・均衡方式が採用されることとなった場合に、派遣元事業主としては具体的には、どのように対応すべきでしょうか。

　まず、派遣先との関係では、速やかに、派遣先に対して、比較対象労働者の待遇に関する情報提供を求めるべきでしょう。この場合に、改正派遣法上は、かかる場合の対応方法について明確な定めを置いていませんが、派遣先の情報提供の内容に変更があった場合に準じて（派遣法26条10項）、派遣先は速やかに比較対象労働者に係る情報提供をすべきように考えます。

　併せて、派遣契約が実態に即したものとなるよう、派遣契約の「派遣労働者を協定対象派遣労働者に限る」とする定めをしている場合には、かかる内容を変更した派遣契約を締結し直すべきでしょう。この場合に、派遣料金については、派遣契約自体は有効に成立していた以上、直ちに派遣料金が変更になるものではないように筆者は考えます。

　また、派遣元事業主は、派遣労働者との関係では、派遣先から必要な情報提供を受け次第、派遣労働者の待遇を見直し、仮に賃金等に差額等があれば遡及して支払うとともに、派遣労働契約の内容を派遣先均等・均衡方式を前提にした内容に変更して、将来に向かって派遣労働契約を締結し直すべきように考えます。この場合に、派遣先均等・均衡方式によると待遇が下がるときは、労働条件の不利益変更となることから基本的には派遣労働者の同意なくして待遇を下げることはできないものと考えます（労契法8条）。

---

[1]　派遣先が、派遣元事業主の労使協定方式に瑕疵があったことを理由に派遣契約を解除した場合には、派遣労働者とトラブルになる可能性が高いでしょう。

説明義務の強化

Q13　当社では、派遣労働者の待遇に関し、製造業務に従事する無期雇用派遣労働者については派遣先均等・均衡方式によることとし、それ以外の派遣労働者（登録型派遣労働者や無期転換した派遣労働者）については、労使協定方式によって決定することとしています。

このように待遇の決定方式が異なる場合に、派遣労働者への労働条件明示等に関し、どのように準備をしておけばよいでしょうか？

ココがポイント！

派遣法では、派遣労働者への労働条件明示等における明示事項や説明義務の内容は、対象となる派遣労働者が派遣先均等・均衡方式の対象か、または労使協定方式の対象かによって異なります。そのため、雇入れ時や派遣時のみならず、派遣労働者から求めがあった場合に適切に説明できるよう、各方式に応じてあらかじめ備えておくべきでしょう。

解説

1 派遣労働者に対する待遇に関する事項等の説明

派遣法は、労働条件に関する疑義が生じること等を防止するとともに、公正な待遇確保のために派遣元事業主が講じている措置の内容を派遣労働者が認識することができるように、派遣元事業主に対して、雇入れ時、派遣時及び派遣労働者が説明を求めた際に、以下の事項についても明示または説明をすることを義務づけています（同法31条の2第2項ないし4項）。

なお、派遣時の明示事項や派遣労働者から求められた際の説明事項については、対象となる派遣労働者が派遣先均等・均衡方式の適用対象か、または、労使協定方式の適用対象かにより、内容が異なることには留意すべきでしょう。

●1● 雇入れ時の明示・説明

① 明示すべき労働条件に関する事項と明示の方法

派遣元事業主は、派遣労働者の雇入れ時に、労基法15条に基づく労働条件の明示事項に加え、 表13-1 の事項についても明示をする必要があります（派遣法31条の2第2項、派遣則25条の16）。雇入れ時の明示事項については、派遣先均等・均衡方式の対象か労使協定方式の対象かにより概ね相違はありません＊1。

＊1　ただし、協定対象派遣労働者の場合には、労使協定の有効期間の終期を記載する必要があります。

表13-1 雇入れ時の明示事項

ア	昇給の有無
イ	退職手当の有無
ウ	賞与の有無
エ	労使協定の対象となる派遣労働者か否か （協定対象派遣労働者の場合は、協定の有効期間の終期）
オ	派遣労働者から申出を受けた苦情の処理に関する事項

要領では、「昇給」は一労働契約期間中の賃金の増額を指し、有期労働契約の更新時の賃金改定は「昇給」に当たらないとしています。（要領第７の10⑵ハ）。

　この明示の方法は、文書（労働条件明示書）の交付によるか、派遣労働者がファクシミリまたは電子メールの送信等を希望した場合には、希望した方法のいずれかで行う必要があります（派遣則25条の15）。

② 説明すべき事項と説明の方法

　派遣元事業主は、派遣労働者の雇入れ時に、上記の労働条件の明示に加えて、以下についても説明をする必要があります（派遣法31条の２第２項、派遣則25条の16）。これらの説明は、資料（書面）を活用して口頭で行うこととされていますが（派遣則25条の18）、派遣労働者が容易に理解できる内容の書面を用いる場合は、説明すべき事項をすべて記載した書面を交付する方法でも差し支えないとされています（派遣元指針第２の９⑶）。

　ア 派遣先均等・均衡方式の対象者の場合（派遣法30条の３、30条の５）

　派遣先均衡・均等の対象となる派遣労働者については、派遣先に雇用される通常の労働者との間で不合理な相違とならないよう（均衡対象者）、または、不利な取扱いとならないよう（均等対象者）、どのような待遇としているかについて説明する必要があります。

　また、均衡対象となる派遣労働者については、職務の内容、成果、意欲、能力または経験その他の就業実態に関する事項のうち、どの要素を勘案して賃金を決定するかについても説明する必要があります。

　イ 労使協定方式の対象者の場合（派遣法30条の４）

　労使協定方式の対象となる派遣労働者については、派遣労働者の賃金及び賃金以外の待遇*2が、労使協定方式に基づいてどのような待遇としているかについて説明する必要があります。

●2● 派遣時（派遣しようとする時）の明示・説明

① 明示すべき労働条件に関する事項

---

*2　ただし、派遣先により措置が講じられるとされている給食施設等の福利厚生施設の利用と業務遂行の能力付与のための教育訓練は除外されます。

ア　派遣先均等・均衡方式対象者の場合

派遣先均等均衡方式が適用される場合は、１つの労働契約期間内においても派遣先が変わることによって待遇が変わる可能性があります。そのため、派遣元事業主は、派遣先均等・均衡対象者を派遣するに際しては、当該派遣労働者に対して、就業条件明示事項及び　**表13-1**　のアないしエの事項に加えて、　**表13-2**　の記載の項目についても明示をする必要があります（派遣法31条の２第３項、派遣則25条の20）。

この明示の方法は、上記雇入れ時の明示方法と基本的には同じですが（派遣則25条の18）、労働者派遣の実施について緊急の必要があるため、あらかじめ上記の方法による明示ができないときは、これらの方法以外の方法によることも可能です。ただし、派遣労働者から請求があった時、または、派遣期間が１週間を超える時は、労働者派遣の開始後遅滞なく上記方法により明示する必要があります（派遣則25条の19）。

表13-2　派遣時の明示事項（**表13-1**　のアないしエに加え）

カ	賃金（退職手当及び臨時に支払われる賃金を除く）の決定に関する事項
キ	休暇に関する事項

イ　協定対象派遣労働者の場合

要領では、協定対象派遣労働者については、　**表13-1**　のエの事項（労使協定の有効期間の終期）のみ明示が必要としています[*3]。

②　説明すべき事項

派遣元事業主は、派遣先・均衡対象派遣労働者を派遣しようとする時は、当該派遣労働者に対して、雇入れ時の説明義務の内容と同じ内容を同じ方法で説明する義務があります（派遣法31条の２第３項、派遣則25条の18）。

●3●　派遣労働者から求めがあった場合の説明義務

改正派遣法は、派遣労働者の待遇に関する納得性を高めるとともに、不合理な待遇差の是正を図ることができるようにするため[*4]、派遣元事業主に対して、派遣労働者から求めがあった時は、以下について説明をすることを義務づけました。

[*3]　ただし、派遣法31条の２第３項は、労使協定対象派遣労働者に係る労働者派遣を除外し、派遣時の労働条件明示、説明義務の対象外としています。

[*4]　派遣元事業主のみしか持っていない情報のために、派遣労働者が訴えを起こすことができないことを防止することも説明義務の目的に含まれています（要領第７の10(4)ロ）。派遣元事業主としては、合理的な説明ができない場合には、訴訟等が起こされる可能性があることも念頭において対処すべきでしょう。

① 説明すべき事項（派遣法31条の２第４項）

　ア　派遣先均等・均衡方式または労使協定方式により待遇決定に当たり考慮した事項

　（ア）派遣先均等・均衡方式対象者の場合

　　派遣元事業主は、派遣先から提供を受けた情報に基づいて、派遣労働者及び比較対象労働者の待遇の相違の内容及びその理由を説明する必要があります。

　　具体的には、派遣労働者と比較対象労働者の待遇に関する基準が同一の場合は、同一の基準の下で相違が生じている理由（職務の成果、能力、経験の相違等）を、待遇に関する基準が異なる場合には、待遇の性質・目的を踏まえ、待遇に関する基準に相違がある理由並びにそれぞれの基準を派遣労働者及び比較対象労働者にどのように適用しているかを説明する必要があるとされています（要領第７の10⑷ハ(イ)）。

　　なお、比較対象労働者がパート・有期雇用労働者の場合は、比較対象労働者と派遣先に雇用される通常の労働者との間で均衡待遇が確保されている根拠も、また、比較対象労働者が仮想の通常の労働者の場合には、比較対象労働者と派遣先の通常の労働者の待遇との間で適切な待遇が確保されている根拠も説明する必要があるとされていることには留意すべきでしょう（要領第７の10⑷ヘ）。

　（イ）労使協定方式対象者の場合

　　派遣元事業主は、協定対象派遣労働者の賃金が協定で定めた事項及び協定で定めた公正な評価に基づいて決定されていることについて説明する必要があります。

　　また、賃金以外の待遇についても、当該待遇が労使協定で定めた決定方法により決定されていること等を説明する必要があります。

　イ　職務の内容等を勘案した賃金の決定について考慮した事項

　　派遣元事業主は、派遣先均衡待遇の対象となる派遣労働者に対して、職務の内容、職務の成果、意欲、能力、経験等のうちどれを、どのように勘案しているかを説明する必要があります（派遣法30条の５）。

　ウ　派遣労働者に適用する就業規則作成等の手続きに関する事項

　　改正派遣法は、派遣労働者に関する事項について就業規則を作成、変更する際には、あらかじめ、当該事業所において雇用する派遣労働者の過半数を代表する者の意見を聴取するよう努めることとしているところ（派遣法30条の６）、この点について、派遣労働者から説明を求められた場合には、派遣元事業主は、就業規則の作成または変更しようとするときの意見聴取の対象となった派遣労働者がどのように選出され、どのような事項に関して意見聴取をしたのかについても説明をする必要があります。

② 説明の方法等

　アないしウに関する説明は、雇入れ時の説明と同様の方法（資料を活用し口頭で行う方法

等）で行うこととされています。

2 派遣元事業主の説明事項等に関する留意点

●1● 派遣先均等・均衡方式の場合

派遣先・均等均衡方式においては、派遣元事業主は、派遣労働者から求められた場合には、派遣労働者の待遇に係る情報のみならず、比較対象労働者に係る情報も言及して待遇の相違等について説明をする必要がありますが、その際、比較対象労働者が、どの類型（**Q4**の類型）か、及び派遣先による比較対象労働者の選定理由についても説明をする必要があります。なお、比較対象労働者の個人情報保護の観点から、派遣労働者に対して比較対象労働者の待遇に関して説明するときは、比較対象労働者が特定されることのないようにする必要があります。

また、派遣労働者から待遇の相違に関して説明を求められた場合に、比較対象労働者が、パート・有期雇用労働者、または仮想の通常の労働者の場合には、比較対象労働者と派遣先の通常の労働者の待遇との間で均衡待遇が確保されている根拠や適切な待遇が確保されている根拠も説明する必要があるとされています。そのため、派遣先から比較対象労働者として、これらの者に関する待遇情報の提供を受けた際には、後日、派遣労働者から説明を求められた際に十分な説明ができるように、均衡な待遇が確保されている根拠等についても十分に情報提供を求めるべきでしょう。

●2● 労使協定方式の場合

労使協定方式では、派遣労働者から求められた場合には、協定で定めた公正な評価に基づき賃金を決定していることを説明する必要があります。そのためには、協定で定めた評価方法を

図13-3 比較対象労働者がパート・有期雇用労働者等の場合

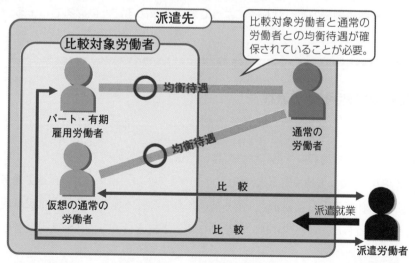

実施できるように、評価制度等（例えば、「当該業務に必要な知識・スキルの程度」、「業務への取組姿勢」、「周囲とのコミュニケーション」、「業務遂行に伴う成果の有無」等を低から高の4段階に分けて評価する等）を構築するとともに、当該評価項目に関して派遣先から派遣労働者の業務遂行に係る情報提供を受け、それらに基づいて評価をすることが望ましいでしょう。また、派遣労働者から説明を求められた際に説明できるように派遣先からの情報や評価結果については、それを記録として残しておくべきでしょう。

なお、派遣においては、派遣労働者に対して日常的に指揮命令をする指揮命令者が派遣先の管理職とは限らず、評価者研修等を受けていないことも想定されます。そのような場合には、派遣先から派遣労働者に対する偏りのない客観的な評価情報を取得し得るように、評価項目の趣旨、評価のポイント等について、派遣元事業主から派遣先指揮命令者に伝え、その上で派遣先から評価情報を取得する等の取組をすることが望ましいでしょう。

Q14 新たな紛争解決手続き

派遣法が改正されて新たな紛争解決手続きができたと聞きました。仮に、派遣契約の終了に伴って、登録型の派遣労働者を雇止めにしてトラブルになった場合には、この手続きによって解決を図ることになるのでしょうか？

ココがポイント！

改正派遣法では、新しい紛争解決手続きとして、派遣先均等・均衡方式や労使協定方式等をめぐるトラブルについて、当事者間の自主的解決がかなわない場合に備えて、都道府県労働局紛争調整委員会による調停の手続きが設けられました。もっとも、この手続きは、派遣先均等・均衡方式や労使協定方式をめぐるトラブルを対象としていますから、派遣労働者の雇止め等は対象外となり、これらのついては個別労働関係紛争の解決の促進に関する法律に基づき、都道府県労働局のあっせん等によって解決を求めることになるでしょう。

A 解説 ●●●

1 新たな紛争解決手続きの流れ

●1● 意 義

改正派遣法は、派遣労働者の待遇については、派遣先均等・均衡方式とするか（同法30条の3第1項、2項）、または労使協定方式（同法30条の4第1項）によって、派遣労働者の公正な待遇が確保される仕組みとしています。そして、これらに係る派遣法の規定は民事的効力を有するものとして定められ、最終的には、訴訟等の司法手続きによって、派遣労働者の公正な待

遇が確保されることとされています。

　もっとも、訴訟等の司法手続きは、時間を要し、経済的負担も伴うことから、その救済が容易に期待できるものではありません。そこで、改正派遣法では、都道府県労働局長による紛争解決援助や裁判外紛争解決手続き（行政ADR）の制度が設けられました。

●2● 自主的解決の努力義務

① 派遣元事業主の努力義務

　派遣元事業主は、以下の事項について派遣労働者から苦情の申立てを受けたとき、または、派遣先からその旨の通知を受けたときは、苦情の自主的解決を図るよう努める必要があります（同法47条の4第1項）。

表14-1 苦情の自主的解決の努力義務の対象となる事項（派遣元事業主）

①	派遣先均等・均衡方式	派遣法30条の3
②	労使協定方式	同法30条の4
③	雇入れ時の説明・派遣時の説明	同法31条の2第2項、3項
④	派遣労働者から求めがあった場合の説明	同法31条の2第4項
⑤	派遣労働者が④の説明を求めたことに対する不利益取扱いの禁止	同法31条の2第5項

② 派遣先の努力義務

　派遣先は、派遣先が措置を講じるべき以下の事項について派遣労働者から苦情の申し立てを受けた時、または、派遣元事業主からその旨の通知を受けたときは、苦情の自主的解決を図るよう努める必要があります（同法47条の4第2項）。

表14-2 苦情の自主的解決の努力義務の対象となる事項（派遣先）

①	業務の遂行に必要な能力を付与するための教育訓練の措置	派遣法40条2項
②	給食施設、休憩室及び更衣室の利用機会の付与	同法40条3項

※派遣法47条の4は、令和2年6月からは47条の5となります。

●3● 都道府県労働局長による紛争解決の援助

　都道府県労働局長は、上記●2●の事項に係るトラブル（派遣労働者と派遣元事業主間の紛争または、派遣労働者と派遣先間の紛争）に関して、トラブル当事者の双方または一方から、その解決に関して援助を求められた場合には、必要な助言、指導または勧告をすることができます。

　ただし、これらの助言、指導及び勧告は、強制力を有するものではなく、具体的な解決策を提示し、これを当事者が自発的に受け入れることを促すにとどまります。

●4● 調　停

　都道府県労働局長は、上記●2●の事項に係るトラブルに関して、トラブル当事者の双方または一方から調停の申請がなされ、その解決のために必要があると認めたときは、紛争調整委員会に調停を行わせるものとされました。

　なお、当事者が、都道府県労働局長による紛争解決の援助を先に求めるか、直接調停を求めるかは、当事者の意向により選択をすることが可能です。

2 留意点

　上記の紛争解決手続きの対象となるトラブルについては、個別労働関係紛争の解決の促進に関する法律に基づいたあっせん制度の対象外です。他方、上記の調停等は、公正な待遇確保のための制度に関するトラブルに限定され、それ以外の事項については派遣元事業主及び派遣労働者間の紛争であっても、調停によって解決することはできません。

　そのため、派遣元事業主と派遣労働者間のトラブルにおいて、派遣労働者が派遣契約終了に伴う雇止めを争うとともに、派遣期間中の待遇に関して苦情を申し立てている場合等は、派遣期間中の待遇に関してのみ調停で解決し、雇止めについては、あっせんで解決することとなるケースも想定されます。そのようなケースにおいて、調停またはあっせんのいずれかの手続きにおいて調停や和解をする際には、どの部分の紛争について調停等により解決をするのか、その範囲を明確にした上で和解等の合意をすべきでしょう。

資料 **適正な派遣の受入れのチェックポイント（派遣先用）**

■適正な派遣の受入れフロー

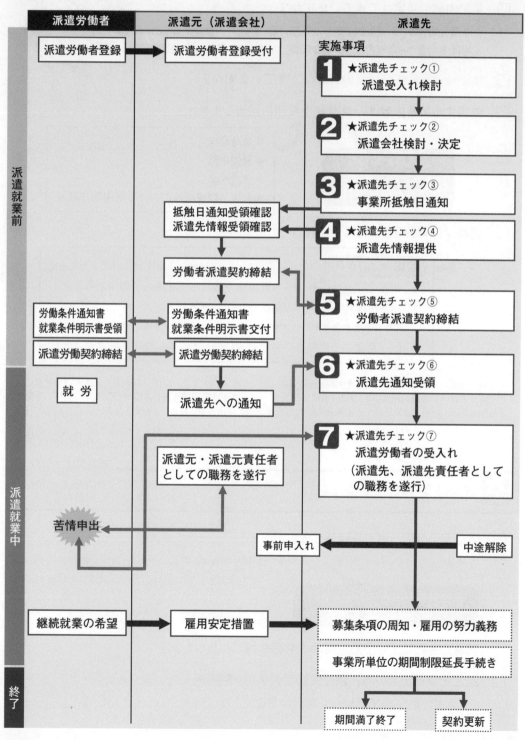

1 派遣受入れ検討段階

☐ **業務内容の特定はできていますか？**

☆派遣労働者は、派遣契約で定めた業務の範囲内でのみ就業することになります。

☆指揮命令者から業務内容、必要な知識、技術または経験の水準等を確認して特定すること。

☐ **業務に伴う責任の程度の特定はできていますか？**

☐ **依頼する業務内容は、<u>派遣禁止業務</u>に該当しませんか？**

> 派遣禁止業務に
> 従事させた場合は
> 申込みみなし*対象

> ＊港湾業務
> ＊警備業務
> ＊建設業務
> ＊病院、診療所等における医療関連業務

☐ **<u>組織単位</u>の特定はできていますか？**

> **組織単位の要件**　　　☆組織の最小単位より大きな単位を想定
>
> ☐ 業務の関連性に基づいて派遣先が設定した組織の単位であること
> ☐ 職務上業務の遂行を指揮命令する地位にある者が、
>   ☐ 所属する労働者の業務の配分を直接決定できる権限があること
>   ☐ 所属する労働者の労務管理に関して直接の権限を有すること

＊労働者派遣の役務の抵抗を受ける者（派遣先等）が、違法派遣（①派遣禁止業務への派遣、②無許可事業者による派遣受入れ、③派遣可能期間の制限に違反する派遣、④派遣法等の規制を免れる目的での偽装請負等）を受け入れた場合に、当該派遣先等は、派遣労働者に対し労働契約の申込みをしたものとみなされる（派遣法40条の6）。

2 派遣会社検討・決定段階

☐ **派遣元会社の、許可を確認しましたか？**

☆派遣元会社が許可等を取得しているか否かは、厚生労働省HP（人材サービス総合サイト）で確認可。

▶ https://jinzai.hellowork.mhlw.go.jp/JinzaiWeb/

> 無許可事業者からの受入れは
> 申込みみなし対象

☐ **派遣元会社にて労使協定締結の有無を確認しましたか？**

☐ **派遣元会社決定の際、派遣労働者の事前面接等をしていませんか？**

☆　派遣労働者の特定を目的とする行為は禁止。

3 派遣会社検討・決定段階

■ 派遣可能期間制限のある派遣労働者*の受入の場合 ■

☐ <u>事業所等単位の抵触日</u>を、<u>事業所等</u>ごとに確認しましたか？

> **事業所とは**
>
> ☐ 工場、事業所、店舗等、場所的に他の事業所から独立していること
>
> ☐ 経営の単位として人事、経理、指導監督、労働の態様等においてある程度の独立性あること
>
> ☐ 一定期間継続し、施設としての持続性有すること

> **初回事業所等単位の抵触日は**
>
> ☐ 平成27年9月30日以降に締結された労働者派遣契約に基づいて当該事業所で、最初に派遣の役務の提供*を受けた日から起算して3年を経過した日
>
> または
>
> ☐ 延長手続きにより延長した派遣可能期間を経過した日

> 派遣可能期間制限違反は、申込みみなし対象

> *無期雇用者の派遣、60歳以上の派遣、有期プロジェクト業務への派遣等、派遣可能期間制限の対象ではないものは、対象外。

☐ 事業所単位の抵触日を、派遣元に書面等で通知しましたか？

4 派遣先の情報提供

☐ ■ 協定対象派遣労働者のみの場合 ■

派遣先の教育訓練*¹、福利厚生*²に関する情報提供はしましたか？

> *1　同種業務に従事する派遣先労働者に実施する業務遂行に必要な能力付与のための教育訓練
> *2　給食施設、休憩室及び更衣室の利用

☐ ■ 労使協定方式のみ以外の場合 ■

☐ 比較対象労働者の選定に誤りはありませんか？

☐ 比較対象労働者を選定した理由は記載されていますか？

    ☐　比較対象労働者の賃金のみならず全ての待遇が記載されていますか？

    ☐　比較対象労働者の待遇の性質、目的は記載されていますか？

    ☐　待遇決定に当たって考慮した事項も記載されていますか？

    ☐　比較対象労働者が1人の場合、プライバシーに配慮した対応がなされていますか？

    ☐　比較対象労働者の待遇等に関する情報に変更があった場合に遅滞なく、変更内容に関する情報提供をする体制が整備されていますか？

☐　派遣先の情報提供を、派遣元に書面等で通知しましたか？

☐　情報提供をした写しを3年間保存する管理体制はできていますか？

派遣先チェック⑤

5　労働者派遣契約（個別契約）締結

☐　個別派遣契約書には、<u>法定記載事項</u>が網羅されていますか？

◆業務内容は、詳細かつ具体的に記載のこと。
◆単に「正社員と同じ業務」はNG。
◆派遣令4条1項の号数を記載した場合には、当該号数の業務に限定されることに注意。

☐　従事業務の内容
☐　業務に伴う責任の程度
☐　派遣先事業所名、所在地、就業場所
☐　組織単位（組織の名称、組織の長の職名を記載）
☐　派遣先指揮命令者
☐　派遣期間及び派遣就業する日
☐　派遣就業時間（開始及び終了時刻等）
☐　就業時間外労働及び就業日外労働の有無、範囲
☐　安全及び衛生に関する事項
☐　苦情処理に関する事項（苦情処理窓口、苦情処理の方法、連携体制等）
☐　派遣契約解除に当たって講ずる派遣労働者の雇用安定措置に関する事項
☐　派遣先責任者、派遣元責任者
☐　派遣人数
☐　便宜供与
☐　派遣の役務の終了後、当該派遣労働者を派遣先が雇用する場合は、その雇用意思を事前に派遣元に示すこと、派遣元が職業紹介の許可等を有する場合は、手数料を支払うことその他紛争を防止するために講ずべき措置
☐　派遣労働者を無期雇用派遣労働者または60歳以上の者に限定するか否か
☐　派遣労働者が協定対象労働者のみか否か

☐　派遣料金額の決定に際し派遣元が公正な待遇を確保できるよう配慮していますか？

6 派遣元事業主からの派遣先通知受領、確認

☐ 通知された派遣労働者の労働・社会保険加入を、派遣元からの書類の提示等によって確認しましたか？

☐ 通知された派遣労働者が派遣先離職後1年以内ではないですか？

☐ 通知された派遣労働者が、有期雇用派遣労働者の場合には、<u>同一の組織単位の業務への従事事実の有無の確認は？</u>

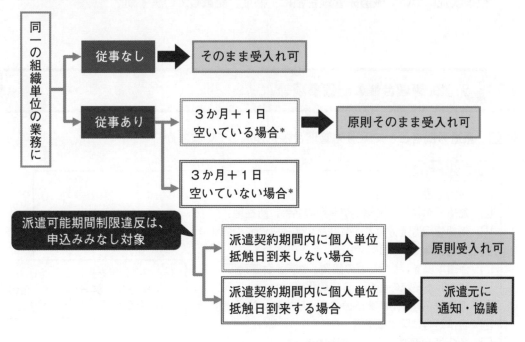

＊直前に受け入れていた派遣の終了との間の期間

7 派遣労働者の受入れ〜派遣先として適切な派遣就業条件確保のために

☐ 指揮命令者等に派遣労働者の就業条件を周知していますか？

☐ 派遣労働者を受け入れるに際し、苦情処理窓口等を説明しましたか？

☐ 当該派遣労働者に係る36協定を確認しましたか？

☐ 定期的に就業場所を巡回し、就業状況が契約違反ではないことを確認していますか？

☐　派遣労働者に対し、派遣元の求めに応じ、派遣先の同種業務従事者に実施する業務遂行に必要な能力付与のための教育訓練を同様に実施していますか？

☐　派遣労働者にも給食施設、休憩室、更衣室を利用させていますか？

☐　他の福利厚生施設の利用の配慮をしていますか？

☐　派遣元の求めに応じ、派遣労働者の業務遂行状況等の情報を提供するよう配慮していますか？

☐　苦情申立て（セクハラ・パワハラ含む）には、適切に対応し、苦情申出年月日、内容、処理状況について派遣先管理台帳に、都度、記載していますか？

⑧　派遣先管理台帳の記載事項等

☐　派遣労働者ごとに派遣先管理台帳を作成していますか？

↓

法定記載事項

☐　派遣労働者の氏名
☐　派遣元事業主の名称、事業所の名称、所在地
☐　無期雇用派遣労働者か有期雇用派遣労働者かの別
☐　派遣就業をした日
☐　派遣就業をした日ごとの始業、就業、休憩時間
☐　従事した業務の種類、責任の程度
☐　派遣就業をした事業所の名称、所在地、組織単位
☐　苦情処理に関する事項

　◆苦情申し出を受けた年月日、内容等、都度、詳細に記載。苦情は、セクハラ、パワハラ含む。

☐　紹介予定派遣に係る派遣労働者については紹介予定派遣に関する事項
☐　教育訓練を行った日時及び内容
☐　派遣先責任者、派遣元責任者
☐　期間制限を受けない業務について行う労働者派遣に関する事項
☐　派遣元事業主から通知を受けた健康保険、厚生年金保険及び雇用保険の被保険者資格取得届の提出の有無（「無」の場合は、具体的理由を付す）
☐　派遣労働者が協定対象労働者か否か

☐　派遣先管理台帳は３年間保存していますか？

第3章

行政による履行確保
措置と紛争解決制度

1

行政による履行確保措置

令和2年4月1日施行

中小企業へのパート・有期労働法の適用は令和3年4月1日から

改正の趣旨―パート・有期雇用労働者、派遣労働者の待遇に関する規定の実効性確保

　従来からパートタイム労働法等に定められ、今回改正されたパート・有期労働法の均衡待遇・均等待遇に関する規定（8条、9条）や、この改正で派遣法に新たに設けられた均等・均衡待遇に関する規定（30条の3、30条の4）は、パート・有期雇用労働者や派遣労働者がその待遇の改善を求めて裁判所に訴訟を提起することなども視野に入れた民事的な効力を持つ規定と解されています。しかし、これらの労働者にとって、訴訟を提起することは、時間的・経済的にも、あるいは労力の点でも、負担が大きい場合が少なくありません。

　そこで、これらの法律が定める均等・均衡待遇に関する規定の実効性を確保し、パート・有期雇用労働者や派遣労働者がその待遇に関して救済を求めやすくするため、①行政による履行確保措置（報告徴収・助言・指導等）及び②行政による紛争解決制度（裁判外紛争解決制度、あるいは行政ADRとも呼ばれます）が整備されました。

　ここでは、①について、パート・有期労働法、派遣法それぞれに定められた行政による履行確保措置の概要を説明します（②については **2** (201頁) 参照）。

1 パート・有期労働法上の行政による履行確保措置

1 報告徴収・助言・指導・勧告等

　パート・有期労働法は、法の目的を達成するため、厚生労働大臣または都道府県労働局長は、パート・有期雇用労働者の雇用管理の改善等を図るために必要があると認めるときは、事業主に対し、報告を求め、または助言、指導もしくは勧告を行うことができると定めています（同法18条1項）。具体的には、パート・有期労働法やパート・有期労働指針、同一労働同一賃金ガイドラインによって事業主が講ずべきとされている措置について、事業主の実施状況を確認す

るときや、その措置が十分に講じられていないと考えられる場合に、その措置を講ずる必要があると認められるときは、厚生労働大臣（都道府県労働局長）が事業主に対し、報告徴収や助言・指導・勧告を行うこととなります。

　この規定は従来のパートタイム労働法にも置かれていた規定ですが、今回の改正で、パートタイム労働者のほか有期雇用労働者の雇用管理の改善等をも図ることとなったほかは、基本的に従来と同様の取扱いです。

 参考 **行政による助言・指導等** ･･･････････

　行政による報告徴収、助言、指導及び勧告とは、次のようなものです。

報告の徴収	パート・有期労働法18条1項の助言、指導、勧告のために行う事実の調査として、文書の提出の要請、出頭を求めての事情聴取、事業所への現地実情調査等を行うほか、法の施行に関し必要な事項につき事業主から報告を求めること。
助　言	パート・有期労働法、パート・有期労働指針及びガイドラインの規定に違反する状況を解消するために、事業主に対して口頭または文書により行うもの。
指　導	助言の対象となった事案のうち、助言を行っても事業主に是正措置を講ずる意向が確認できないものについて、事業主に対して文書の手交または郵送の方法により行うもの。
勧　告	指導の対象となった事案のうち、指導を行っても事業主に是正措置を講ずる意向が確認できないものについて、事業主に対して文書の手交または郵送の方法により行うもの。 事業主が当該勧告に係る必要な是正措置を講じるまでに一定の期間を要すると認められるときは、必要に応じて、事業主に対し、是正措置の実施に至るまでのスケジュール等を明記した措置計画の作成を求める。

 一定の義務規定について勧告に従わない場合

公　表

> ● **不合理な待遇差を禁止する法8条に関する助言・指導等**
>
> 　パート・有期労働法8条の均衡待遇に関する規定は、パート・有期雇用労働者と通常の労働者との待遇の相違が不合理と認められる場合には、当該待遇が無効となるという民事的な効力について定める規定です。その待遇差が不合理か否かの判定は、個別事案によって、職務の内容等の法定の考慮要素を勘案して判断されるべきものです。待遇差が不合理か否かについて、労使当事者間に争いがある場合には、最終的には裁判所の判断に委ねられます。
>
> 　したがって、個別の事案について行政が不合理か否かを判断することになじまないため、例えば職務の内容、職務の内容・配置の変更の範囲、その他の事情に違いはないのにパート・有期雇用労働者であることを理由に支給しないといった場合など、8条に違反することが明確な場合を除き、8条については、行政による助言・指導・勧告の対象としないものとされています。

2 公表制度

　パート・有期労働法では、同法が事業主に一定の措置を義務づけている右の規定について違反があった場合に、事業主が、厚生労働大臣（都道府県労働局長）から法違反の是正を求める勧告を受けてもこれに従わないときは、公表の対象となります（同法18条２項）。

　この公表制度も、今回の改正により、パートタイム労働者のほか有期雇用労働者の待遇に関する義務違反についても対象となりましたが、制度そのものや対象となる義務規定等については、従来と取扱いに変更はありません。

 公表の対象となる規定

① 労働条件の明示義務（６条１項）
② 差別的取扱いの禁止（９条）
③ 職務の遂行に必要な能力を付与するための教育訓練の実施義務（11条１項）
④ 福利厚生施設（給食施設・休憩室・更衣室）の利用機会の付与義務（12条）
⑤ 通常の労働者への転換推進措置義務（13条）
⑥ 待遇に関する説明義務（14条）
⑦ 相談体制の整備義務（16条）

　不合理な待遇差の禁止（８条）は対象となっていないことに注意。

2 派遣法上の行政による履行確保措置

1 指導・助言、報告徴収等

　派遣法では、厚生労働大臣（都道府県労働局長）は、法の施行に関し必要があると認めるときは、労働者派遣をする事業主（派遣元事業主等）及び労働者派遣の役務の提供を受ける者（派遣先等）に対し、労働者派遣事業の適正な運営または適正な派遣就業を確保するために必要な指導及び助言をすることができることとされています（派遣法48条１項）。

　また、違法行為の行われているおそれのある等特に必要がある場合について、その事業運営の状況及び派遣労働者の就業状況を把握するため、厚生労働大臣（都道府県労働局長）は、当該事業主等に対して、個別的に必要な事項を報告させることができるとされています（派遣法50条）。さらに、違法行為の申告があり、許可の取消し、事業停止命令等の行政処分をするに当たって、その是非を判断する上で必要があるといった場合等には、派遣元事業主等または派遣先等の事業所等へ立入検査が行われる場合があります（派遣法51条）。

　今回改正された派遣労働者の派遣先の通常の労働者等との均等・均衡待遇や、派遣先の通常の労働者の待遇に関する情報提供義務、教育訓練・福利厚生等に関する派遣先の各種責務、待遇に関する説明義務などについても、これらの行政による指導及び助言、報告徴収の対象となります。

2 勧告・公表制度

　労働者派遣事業を行う事業主から労働者派遣の役務の提供を受ける者（派遣先等）が、派遣法の下記の規定に違反する行為があったとき、またはこれらの規定に違反して指導もしくは助言を受けたにもかかわらず、なお違反するおそれがあると認めるときは、厚生労働大臣（都道府県労働局長）は、派遣先等に対し、是正のための必要な措置等を講じるよう勧告することができることとされています（派遣法49条の2第1項）。

　さらに、勧告を受けてもなお従わない場合には、公表の対象となります（同条2項）。

● 勧告・公表の対象となる規定

① 派遣禁止業務への派遣の受入れ（4条3項）
② 無許可事業主からの派遣の受入れ（24条の2）
③ 派遣先の通常の労働者の待遇に関する情報提供義務（変更があった場合も同様）（26条7項・10項）
④ 業務遂行に必要な能力を付与するための教育訓練に関する措置義務（40条2項）
⑤ 福利厚生施設（給食施設・休憩室・更衣室）の利用機会の付与義務（40条3項）
⑥ 事業所単位の派遣期間制限（40条の2第1項・4項・5項）
⑦ 派遣労働者個人単位の派遣期間制限（40条の3）
⑧ 離職後1年以内の派遣の受入れ禁止（40条の9第1項）

色文字は改正により追加となったもの

● 派遣元事業主に対する処分

　派遣元事業主（労働者派遣事業を行う者）に派遣法に違反する行為があった場合は、事業許可の取消し（法14条1項）、事業停止命令（同条2項）、改善命令（法49条1項）等の行政処分の対象となります。

3 派遣労働者の待遇に関する規定の違反行為への対応

　今回改正・新設された派遣労働者の待遇に関する各規定について、違反のおそれがある場合は、前記のとおり、まずは指導・助言等により改善を促すこととなりますが、指導・助言等を受けてもなお違反行為が見られるといった場合には、次のような行政処分や罰則の対象となります。

● 待遇に関する規定に違反した場合

違反行為	法条文	行為者	罰則・行政上の対応
労働者派遣契約			
所定の事項を定めていない 所定の手続きを行わない ← 「派遣労働者が従事する業務に伴う責任の程度」、「協定対象派遣労働者に限るかの別」についても定めなければならない。	26条1項	派遣元	許可取消し・事業停止命令・改善命令

違反行為	法条文	行為者	罰則・行政上の対応
待遇の情報提供義務			
派遣元事業主に情報提供をしていない 虚偽の情報を提供した （情報に変更があった場合も同様）	26条7項・ 10項	派遣先	勧告 公表（勧告に従わない場合）
派遣先から情報提供がないのに派遣契約を締結した	26条9項	派遣元	許可取消し・事業停止命令・ 改善命令
派遣先から提供された情報（変更された情報も含む）を所定の期間保存しなかった	派遣則 24条の3 2項	派遣元	許可取消し・事業停止命令・ 改善命令
派遣元事業主が講ずべき措置			
不合理な待遇の禁止 差別的取扱い禁止	30条の3	派遣元	許可取消し・事業停止命令・ 改善命令
雇入れ時・派遣時に待遇に関する説明をしなかった	31条の2 1項〜3項	派遣元	許可取消し・事業停止命令・ 改善命令
派遣労働者から求められたのに、待遇差の内容・理由または待遇に当たって考慮した事項について説明しなかった	31条の2 4項	派遣元	許可取消し・事業停止命令・ 改善命令
待遇に関する説明を求めたことを理由としてその派遣労働者に不利益な取扱いをした	31条の2 5項	派遣元	許可取消し・事業停止命令・ 改善命令
派遣時に、派遣労働者に対して、あらかじめ就業条件等を明示していない ←「派遣労働者が従事する業務に伴う責任の程度」についても明示しなければならない。	34条1項	派遣元	30万円以下の罰金（61条3号） 許可取消し・事業停止命令・ 改善命令 ※罰則が適用された場合は許可取消し
派遣先へ所定の事項を通知していない 虚偽の通知をした 所定の方法をとらなかった ←「協定対象派遣労働者か否かの別」についても通知しなければならない。	35条	派遣元	30万円以下の罰金（61条4号） 許可取消し・事業停止命令・ 改善命令 ※罰則が適用された場合は許可取消し
派遣元管理台帳を所定の方法により作成・記載・保存していない ←「派遣労働者が従事する業務に伴う責任の程度」、「協定対象派遣労働者か否かの別」についても記載等しなければならない。	37条	派遣元	30万円以下の罰金（61条3号） 許可取消し・事業停止命令・ 改善命令 ※罰則が適用された場合は許可取消し
派遣先が講ずべき措置			
派遣元事業主から求めがあったのに、通常の労働者に対して実施する業務遂行に必要な教育訓練について派遣労働者には実施していない	40条2項	派遣先	勧告 公表（勧告に従わない場合）
通常の労働者に利用させている給食施設、休憩室または更衣室を派遣労働者には利用させていない	40条3項	派遣先	勧告 公表（勧告に従わない場合）
派遣先管理台帳を所定の方法により作成・記載・保存・通知していない ←「派遣労働者が従事する業務に伴う責任の程度」、「協定対象派遣労働者か否かの別」についても記載等しなければならない。	42条	派遣先	30万円以下の罰金（61条3号）

2 裁判外紛争解決制度（行政ADR）

令和2年4月1日施行

中小企業へのパート・有期労働法の適用は令和3年4月1日から

改正の趣旨—これまで規定のなかった有期雇用労働者、派遣労働者も利用可能に

　従来から、パートタイム労働法には、例えば、適切な雇用管理上の措置が実施されていない、通常の労働者と比べ、就業の実態に見合った待遇になっていないといったパートタイム労働者の待遇に関する労使間のトラブルを解決するための仕組みとして、都道府県労働局長による助言・指導・勧告制度及び紛争調整委員会（調停会議）による調停制度が設けられていました。

　これらの制度は、時間・費用等の点で負担の大きい訴訟によらずに、早期に、無料で解決を図ることができる行政による裁判外紛争解決制度（行政ADR）の一つです。

　今回の改正では、これまでこのような制度がなかった有期雇用労働者や派遣労働者についても、その待遇に関する事業主とのトラブルの解決や救済を求めることができるよう、パート・有期労働法及び派遣法において、紛争解決制度の規定が整備されました。

　いずれの法律も、制度の基本的な仕組みは共通していますので、ここでは、両者を併せて説明します。

1 苦情の自主的解決

パート・有期法 22条 **派遣法** 47条の4 ※1

　事業主は、待遇に関して法律で義務づけられている措置に関し、パートタイム労働者・有期雇用労働者・派遣労働者から苦情の申出を受けたときは、自社内の苦情処理機関にその処理を委ねる等、自主的な解決を図るように努めるものする。

※1　令和2年6月からは47条の5

　事業主は、パート・有期労働法で義務づけられている雇用管理上の措置に関し、パート・有期雇用労働者から苦情の申出を受けたときは、労使による苦情処理機関にその苦情の処理を委

ねる等その自主的な解決を図るように努めるものとされています（パート・有期労働法22条）。

　派遣元事業主、派遣先は、それぞれ義務とされる派遣労働者の待遇に関する事項について、派遣労働者から苦情の申出を受けたときは、その自主的な解決に努めなければなりません（派遣法47条の4※1）。また、派遣元事業主については、派遣労働者が派遣先に対して申し出た苦情の内容が派遣先から通知されたときも同様です。

　これらの努力義務に係る対象となる苦情は、次のとおり、パート・有期雇用労働者を雇用する事業主、派遣元事業主、派遣先でそれぞれ異なります。

　なお、この他の事項に関する苦情についても、企業内で自主的に解決することが望まれます。

● 対象となる苦情

パート・有期労働者を雇用する事業主〔パート・有期労働法〕	派遣元事業主〔派遣法〕	派遣先〔派遣法〕
①労働条件の明示（6条1項） ②不合理な待遇の禁止（8条） ③差別的取扱いの禁止（9条） ④教育訓練の実施（11条1項） ⑤給食施設・休憩室・更衣室の利用機会の付与（12条） ⑥通常の労働者への転換（13条） ⑦雇入れ時の説明（14条1項） ⑧パート・有期雇用労働者からの求めによる説明（14条2項） ⑨説明を求めたことを理由とする不利益取扱いの禁止（14条3項）	①派遣先均等・均衡方式（30条の3） ②労使協定方式（30条の4） ③雇入れ時の説明（31条の2第2項） ④派遣時の説明（31条の2第3項） ⑤派遣労働者からの求めによる説明（31条の2第4項） ⑥説明を求めたことを理由とする不利益取扱いの禁止（31条の2第5項）	①業務遂行に必要な教育訓練（40条2項） ②給食施設・休憩室・更衣室の利用機会の付与（40条3項）

2　パート・有期労働法、派遣法上の紛争解決制度

　パート・有期法　24〜26条　　派遣法　47条の6※2〜47条の8※3

　パート・有期雇用労働者及び派遣労働者の待遇に関するトラブルについては、労使当事者は、パート・有期労働法及び派遣法に基づく①都道府県労働局長による援助（助言・指導・勧告）及び②調停会議による調停を利用することができる。

※2　令和2年6月からは47条の7　　※3　令和2年6月からは47条の9

1　紛争解決援助制度の概要

　パート・有期雇用労働者や派遣労働者と事業主との間で待遇をめぐってトラブルになった場

合、本来は労使間で自主的に解決することが望ましいですが、企業内での解決が難しい場合等には、行政による紛争解決制度を利用することができます。パート・有期労働法及び派遣法には、このような紛争の解決のための

●企業内の自主的解決の努力義務との関係
①の都道府県労働局長の紛争解決の援助及び②の委員会による調停の制度は、それぞれ紛争の解決のための独立した手段であり、前記の自主的解決の努力は、①や②の開始の要件とされているわけではありません。

援助として、①都道府県労働局長による紛争解決の援助制度（助言・指導・勧告）、②紛争調整委員会（調停会議）による調停制度が設けられています。

これらの制度は、都道府県労働局長または調停委員が公平な第三者として紛争の当事者の間に立ち、両当事者の納得が得られるよう解決策を提示するものです（パート・有期雇用労働者

● パート・有期労働法及び派遣法に基づく紛争解決制度の流れ

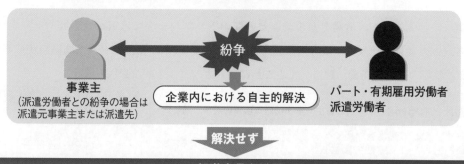

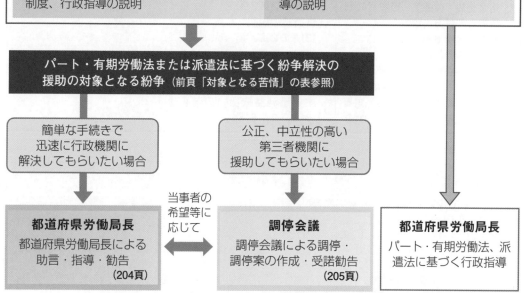

厚生労働省リーフレット「職場のトラブルで悩んでいませんか？　男女雇用機会均等法　育児・介護休業法　パートタイム労働法に基づく紛争解決援助制度のご案内」を参考に作成

との紛争については都道府県労働局雇用環境・均等部（室）が、派遣労働者との紛争について
は都道府県労働局の職業安定部または需給調整事業部が所掌しています）。このような制度は、
男女雇用機会均等法や育児・介護休業法にも設けられており、基本的な仕組みは同様です。

　なお、個別労使間の労働問題に関するトラブルについては、「個別労働関係紛争の解決の促進
に関する法律」に基づき、都道府県労働局長による助言・指導や紛争調整委員会によるあっせ
んを行う個別労働紛争解決制度がありますが、パート・有期雇用労働者または派遣労働者の待
遇に関する紛争（前記 **1** の企業内での自主的解決に係る苦情の対象と同じ）については、これ
によらず、パート・有期労働法及び派遣法に基づく上記①及び②の制度によることとなります。

2 　都道府県労働局長による援助

　都道府県労働局長が、労働者と事業主との間のトラブルを法に忠実かつ客観的な立場から、
当事者双方の意見を聴取し、双方の意見を尊重しつつ、法律の趣旨に沿って問題解決に必要な
具体策を提示（助言・指導・勧告）することによりトラブルの解決を図ります。

● 対象となる紛争（202頁の自主的解決に係る苦情の対象と同じ）

パート・有期労働者を雇用する 事業主〔パート・有期労働法〕	派遣元事業主〔派遣法〕	派遣先〔派遣法〕
①労働条件の明示（6条1項） ②不合理な待遇の禁止（8条） ③差別的取扱いの禁止（9条） ④教育訓練の実施（11条1項） ⑤給食施設・休憩室・更衣室の利用機会の付与（12条） ⑥通常の労働者への転換（13条） ⑦雇入れ時の説明（14条1項） ⑧パート・有期雇用労働者からの求めによる説明（14条2項） ⑨説明を求めたことを理由とする不利益取扱いの禁止（14条3項）	①派遣先均等・均衡方式（30条の3） ②労使協定方式（30条の4） ③雇入れ時の説明（31条の2第2項） ④派遣時の説明（31条の2第3項） ⑤派遣労働者からの求めによる説明（31条の2第4項） ⑥説明を求めたことを理由とする不利益取扱いの禁止（31条の2第5項）	①業務遂行に必要な教育訓練（40条2項） ②給食施設・休憩室・更衣室の利用機会の付与（40条3項）

● 対象とならない紛争

・労働組合と事業主の間の紛争や労働者と労働者の間の紛争

[原則として援助の対象とならない場合]
　・援助対象事項からの逸脱がある場合
　・申立てに係る紛争に関し、確定判決が出されている場合
　・申立てに係る紛争が既に司法的救済または局長の援助以外の行政的救済に係属している場合
　・申立てに係る紛争が集団的な労使紛争にからんだものである場合
　・申立てに係る紛争に関し、調停に係属し、既に調停案受諾勧告が行われ、当事者双方が調停
　　案を受諾した、または打ち切られた場合
　・事業主の措置が行われた日、または措置の内容が終了した日から1年以上経過している場合　等

● **都道府県労働局長による援助の流れ**

援助の申立て
■「紛争の当事者」（パート・有期雇用労働者、派遣労働者、事業主）からの援助の申立てにより手続きを開始 ■来局のほか、文書（連絡先記載）または電話での申立ても可能

> 労働組合、使用者団体など紛争の当事者以外の第三者は対象とならない。

援助の実施
■申立者、被申立者に対する事情聴取 ■第三者に対する事情聴取（紛争の内容などの把握に必要な場合で、申立者及び被申立者の了承を得た場合に実施） ■問題の解決に必要な援助（助言・指導・勧告）の実施

> 助言・指導・勧告は、具体的な解決策を提示し、これを自発的に受け入れることを促す手段であり、紛争当事者にこれに従うことを強制するものではない。

解 決	打切り
当事者双方による援助の内容の受入れ	①本人の死亡、法人の消滅などがあった場合 ②申立てが取り下げられた場合 ③被申立者が非協力的で度重なる要請にもかかわらず事情聴取に応じない場合 ④対立が著しく強く、歩み寄りが困難である場合　等

3 調停会議による調停

　パート・有期労働法及び派遣法により設けられている調停制度は、公正、中立な第三者機関である調停会議の調停委員が、当事者である労働者と事業主双方から事情を聴取し、紛争解決の方法として調停案を作成し、当事者双方に調停案の受諾を勧告することにより紛争の解決を図るものです。

　都道府県労働局長は、関係当事者の双方または一方から調停の申請があった場合、紛争解決のために必要があると認めるときは、前述した個別労働紛争解決制度における紛争調整委員会に調停を行わせることと

● **調停の特徴**

　「調停」とは、紛争の当事者の間に第三者が関与し、当事者の互譲によって紛争の現実的な解決を図ることを基本とするものであり、行為が法律に抵触するか否か等を判定するものではなく、むしろ行為の結果生じた損害の回復等について現実的な解決策を提示して、当事者の歩み寄りにより当該紛争を解決しようとするものと解されています（パート・有期労働法施行通達）。

　この点、個別労働紛争解決制度で取り扱う紛争は、解雇等の労使間の個別の事情に関わるものが多いため、委員が労使間に入ってその話し合いを促進するあっせんの手法がとられます。

　パート・有期労働法や派遣法では、パート・有期雇用労働者や派遣労働者の均衡待遇等に関する紛争の性格上、紛争解決のために有効な手段として、上記のような調停制度が設けられています。

されています。調停を行う委員会は、パート・有期雇用労働者の待遇に関する事案を取り扱うものは「均衡待遇調停会議」、派遣労働者の待遇に関する事案を取り扱うものは「派遣労働者待遇調停会議」と呼ばれます。調停会議は、弁護士や大学教授、社会保険労務士などの労働問題の専門家等により構成されます。

● 調停会議による調停の流れ

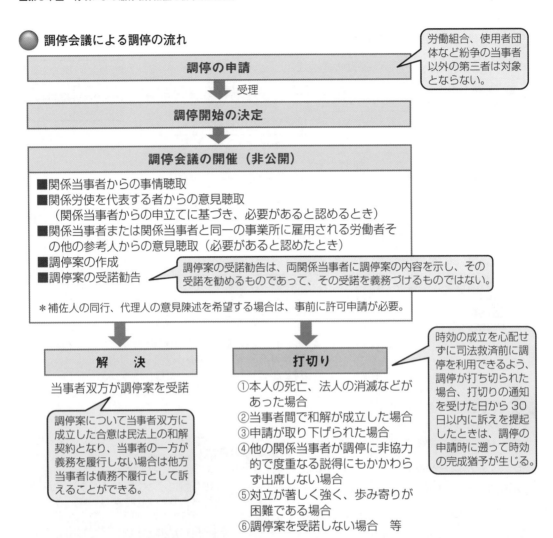

調停の申請

受理

調停開始の決定

調停会議の開催（非公開）

■関係当事者からの事情聴取
■関係労使を代表する者からの意見聴取
　（関係当事者からの申立てに基づき、必要があると認めるとき）
■関係当事者または関係当事者と同一の事業所に雇用される労働者その他の参考人からの意見聴取（必要があると認めたとき）
■調停案の作成
■調停案の受諾勧告

＊補佐人の同行、代理人の意見陳述を希望する場合は、事前に許可申請が必要。

労働組合、使用者団体など紛争の当事者以外の第三者は対象とならない。

調停案の受諾勧告は、両関係当事者に調停案の内容を示し、その受諾を勧めるものであって、その受諾を義務づけるものではない。

解　　決

当事者双方が調停案を受諾

調停案について当事者双方に成立した合意は民法上の和解契約となり、当事者の一方が義務を履行しない場合は他方当事者は債務不履行として訴えることができる。

打切り

①本人の死亡、法人の消滅などがあった場合
②当事者間で和解が成立した場合
③申請が取り下げられた場合
④他の関係当事者が調停に非協力的で度重なる説得にもかかわらず出席しない場合
⑤対立が著しく強く、歩み寄りが困難である場合
⑥調停案を受諾しない場合　等

時効の成立を心配せずに司法救済前に調停を利用できるよう、調停が打ち切られた場合、打切りの通知を受けた日から30日以内に訴えを提起したときは、調停の申請時に遡って時効の完成猶予が生じる。

＊　「補佐人」とは、事実関係の説明等を補佐する者をいう。
　　「代理人」とは、意見の陳述を代わりに行う者をいう。

4　不利益取扱いの禁止

　事業主（労働者派遣の場合な派遣元事業主及び派遣先）は、パート・有期雇用労働者や派遣労働者が都道府県労働局長による援助を求めたことまたは調停を申請したことを理由として、当該パート・有期雇用労働者または派遣労働者に対して解雇その他不利益取扱いをしてはなりません（パート・有期労働法24条2項、25条2項、派遣法47条の6※4第2項、47条の7※5第2項）。

　なお、不利益取扱いの具体的な内容等については**27頁**を参照してください。

※4　令和2年6月からは47条の7　　※5　令和2年6月からは47条の8

巻末資料

短時間労働者及び有期雇用労働者の雇用管理の改善等に関する法律（抄）

（平成５年６月18日法律第76号　改正：平成30年７月６日法律第71号）

（傍線部分は改正部分）

短時間労働者及び有期雇用労働者の雇用管理の改善等に関する法律

第１章　総則

（目的）

第１条　この法律は、我が国における少子高齢化の進展、就業構造の変化等の社会経済情勢の変化に伴い、短時間・有期雇用労働者の果たす役割の重要性が増大していることに鑑み、短時間・有期雇用労働者について、その適正な労働条件の確保、雇用管理の改善、通常の労働者への転換の推進、職業能力の開発及び向上等に関する措置等を講ずることにより、通常の労働者との均衡のとれた待遇の確保等を図ることを通じて短時間・有期雇用労働者がその有する能力を有効に発揮することができるようにし、もってその福祉の増進を図り、あわせて経済及び社会の発展に寄与することを目的とする。

（定義）

第２条　この法律において「短時間労働者」とは、１週間の所定労働時間が同一の事業主に雇用される通常の労働者（当該事業主に雇用される通常の労働者と同種の業務に従事する当該事業主に雇用される労働者にあっては、厚生労働省令で定める場合を除き、当該労働者と同種の業務に従事する当該通常の労働者）の１週間の所定労働時間に比し短い労働者をいう。

2　この法律において「有期雇用労働者」とは、事業主と期間の定めのある労働契約を締結している労働者をいう。〈新設〉

3　この法律において「短時間・有期雇用労働者」とは、短時間労働者及び有期雇用労働者をいう。〈新設〉

（基本的理念）

第２条の２　短時間・有期雇用労働者及び短時間・有期雇用労働者になろうとする者は、生活との調和を保ちつつその意欲及び能力に応じて就業することができる機会が確保され、職業生活の充実が図られるように配慮されるものとする。〈新設〉

（事業主等の責務）

第３条　事業主は、その雇用する短時間・有期雇用労働者について、その就業の実態等を考慮して、適正な労働条件の確保、教育訓練の実施、福利厚生の充実その他の雇用管理の改善及び通常の労働者への転換（短時間・有期雇用労働者が雇用される事業所において通常の労働者として雇い入れられることをいう。以下同じ。）の推進（以下「雇用管理の改善等」という。）に関する措置等を講ずることにより、通常の労働者との均衡のとれた待遇の確保等を図り、当該短時間・有期雇用労働者がその有する能力を有効に発揮することができるように努めるものとする。

2　事業主の団体は、その構成員である事業主の雇用する短時間・有期雇用労働者の雇用管理の改善等に関し、必要な助言、協力その他の援助を行うように努めるものとする。

（国及び地方公共団体の責務）

第４条　国は、短時間・有期雇用労働者の雇用管理の改善等について事業主その他の関係者の自主的な努力を尊重しつつその実情に応じてこれらの者に対し必要な指導、援助等を行うとともに、短時間・有期雇用労働者の能力の有効な発揮を妨げている諸要因の解消を図るために必要な広報その他の啓発活動を行うほか、その職業

能力の開発及び向上等を図る等、短時間・有期雇用労働者の雇用管理の改善等の促進その他その福祉の増進を図るために必要な施策を総合的かつ効果的に推進するように努めるものとする。

2　地方公共団体は、前項の国の施策と相まって、短時間・有期雇用労働者の福祉の増進を図るために必要な施策を推進するように努めるものとする。

第2章　短時間・有期雇用労働者対策基本方針

第5条　厚生労働大臣は、短時間・有期雇用労働者の福祉の増進を図るため、短時間・有期雇用労働者の雇用管理の改善等の促進、職業能力の開発及び向上等に関する施策の基本となるべき方針（以下この条において「短時間・有期雇用労働者対策基本方針」という。）を定めるものとする。

2　短時間・有期雇用労働者対策基本方針に定める事項は、次のとおりとする。
一　短時間・有期雇用労働者の職業生活の動向に関する事項
二　短時間・有期雇用労働者の雇用管理の改善等を促進し、並びにその職業能力の開発及び向上を図るために講じようとする施策の基本となるべき事項
三　前2号に掲げるもののほか、短時間・有期雇用労働者の福祉の増進を図るために講じようとする施策の基本となるべき事項

3　短時間・有期雇用労働者対策基本方針は、短時間・有期雇用労働者の労働条件、意識及び就業の実態等を考慮して定められなければならない。

4　厚生労働大臣は、短時間・有期雇用労働者対策基本方針を定めるに当たっては、あらかじめ、労働政策審議会の意見を聴かなければならない。

5　厚生労働大臣は、短時間・有期雇用労働者対策基本方針を定めたときは、遅滞なく、これを公表しなければならない。

6　前2項の規定は、短時間・有期雇用労働者対策基本方針の変更について準用する。

第3章　短時間・有期雇用労働者の雇用管理の改善等に関する措置等

第1節　雇用管理の改善等に関する措置

（労働条件に関する文書の交付等）

第6条　事業主は、短時間・有期雇用労働者を雇い入れたときは、速やかに、当該短時間・有期雇用労働者に対して、労働条件に関する事項のうち労働基準法（昭和22年法律第49号）第15条第1項に規定する厚生労働省令で定める事項以外のものであって厚生労働省令で定めるもの（次項及び第14条第1項において「特定事項」という。）を文書の交付その他厚生労働省令で定める方（次項において「文書の交付等」という。）により明示しなければならない。

2　事業主は、前項の規定に基づき特定事項を明示するときは、労働条件に関する事項のうち特定事項及び労働基準法第15条第1項に規定する厚生労働省令で定める事項以外のものについても、文書の交付等により明示するように努めるものとする。

（就業規則の作成の手続）

第7条　事業主は、短時間労働者に係る事項について就業規則を作成し、又は変更しようとするときは、当該事業所において雇用する短時間労働者の過半数を代表すると認められるものの意見を聴くように努めるものとする。

2　前項の規定は、事業主が有期雇用労働者に係る事項について就業規則を作成し、又は変更しようとする場合について準用する。この場合において、「短時間労働者」とあるのは、「有期雇用労働者」と読み替えるものとする。〈新設〉

（不合理な待遇の禁止）

第8条　事業主は、その雇用する短時間・有期雇用労働者の基本給、賞与その他の待遇のそれぞれについて、当該待遇に対応する通常の労働者の待遇との間において、当該短時間・有期雇用労働者及び通常の労働者の業務の内容及び当該業務に伴う責任の程度（以下「職務の内容」という。）、当該職務の内容及び配置の変更の範囲その他の事情のうち、当該待遇の性質及び当該待遇を行う目的に照らして適切と認められるものを考慮して、不合理と認められる相違を設けてはならない。

（通常の労働者と同視すべき短時間・有期雇用労働者に対する差別的取扱いの禁止）

第9条　事業主は、職務の内容が当該事業所に雇用される通常の労働者と同一の短時間・有期雇用労働者（第11条第1項において「職務内容同一短時間・有期雇用労働者」という。）であって、当該事業所における慣行その他の事情からみて、当該事業主との雇用関係が終了するまでの全期間において、その職務の内容及び配置が当該通常の労働者の職務の内容及び配置の変更の範囲と同一の範囲で変更されることが見込まれるもの（次条及び同項において「通常の労働者と同視すべき短時間・有期雇用労働者」という。）については、短時間・有

209

期雇用労働者であることを理由として、基本給、賞与その他の待遇のそれぞれについて、差別的取扱いをしてはならない。

（賃金）

第10条 事業主は、通常の労働者との均衡を考慮しつつ、その雇用する短時間・有期雇用労働者（通常の労働者と同視すべき短時間・有期雇用労働者を除く。次条第2項及び第12条において同じ。）の職務の内容、職務の成果、意欲、能力又は経験その他の就業の実態に関する事項を勘案し、その賃金（通勤手当、退職手当その他の厚生労働省令で定めるものを除く。）を決定するように努めるものとする。

（教育訓練）

第11条 事業主は、通常の労働者に対して実施する教育訓練であって、当該通常の労働者が従事する職務の遂行に必要な能力を付与するためのものについては、職務内容同一短時間・有期雇用労働者（通常の労働者と同視すべき短時間・有期雇用労働者を除く。以下この項において同じ。）が既に当該職務に必要な能力を有している場合その他の厚生労働省令で定める場合を除き、職務内容同一短時間・有期雇用労働者に対しても、これを実施しなければならない。

2 事業主は、前項に定めるもののほか、通常の労働者との均衡を考慮しつつ、その雇用する短時間・有期雇用労働者の職務の内容、職務の成果、意欲、能力及び経験その他の就業の実態に関する事項に応じ、当該短時間・有期雇用労働者に対して教育訓練を実施するように努めるものとする。

（福利厚生施設）

第12条 事業主は、通常の労働者に対して利用の機会を与える福利厚生施設であって、健康の保持又は業務の円滑な遂行に資するものとして厚生労働省令で定めるものについては、その雇用する短時間・有期雇用労働者に対しても、利用の機会を与えなければならない。

（通常の労働者への転換）

第13条 事業主は、通常の労働者への転換を推進するため、その雇用する短時間・有期雇用労働者について、次の各号のいずれかの措置を講じなければならない。

一 通常の労働者の募集を行う場合において、当該募集に係る事業所に掲示すること等により、その者が従事すべき業務の内容、賃金、労働時間その他の当該募集に係る事項を当該事業所において雇用する短時間・有期雇用労働者に周知すること。

二 通常の労働者の配置を新たに行う場合において、当該配置の希望を申し出る機会を当該配置に係る事業所において雇用する短時間・有期雇用労働者に対して与えること。

三 一定の資格を有する短時間・有期雇用労働者を対象とした通常の労働者への転換のための試験制度を設けることその他の通常の労働者への転換を推進するための措置を講ずること。

（事業主が講ずる措置の内容等の説明）

第14条 事業主は、短時間・有期雇用労働者を雇い入れたときは、速やかに、第8条から前条までの規定により措置を講ずべきこととされている事項（労働基準法第15条第1項に規定する厚生労働省令で定める事項及び特定事項を除く。）に関し講ずることとしている措置の内容について、当該短時間・有期雇用労働者に説明しなければならない。

2 事業主は、その雇用する短時間・有期雇用労働者から求めがあったときは、当該短時間・有期雇用労働者と通常の労働者との間の待遇の相違の内容及び理由並びに第6条から前条までの規定により措置を講ずべきこととされている事項に関する決定をするに当たって考慮した事項について、当該短時間・有期雇用労働者に説明しなければならない。

3 事業主は、短時間・有期雇用労働者が前項の求めをしたことを理由として、当該短時間・有期雇用労働者に対して解雇その他不利益な取扱いをしてはならない。〈新設〉

（指針）

第15条 厚生労働大臣は、第6条から前条までに定める措置その他の第3条第1項の事業主が講ずべき雇用管理の改善等に関する措置等に関し、その適切かつ有効な実施を図るために必要な指針（以下この節において「指針」という。）を定めるものとする。

2 第5条第3項から第5項までの規定は指針の策定について、同条第4項及び第5項の規定は指針の変更について、それぞれ準用する。

（相談のための体制の整備）

第16条 事業主は、短時間・有期雇用労働者の雇用管理の改善等に関する事項に関し、その雇用する短時間・有期雇用労働者からの相談に応じ、適切に対応するために必要な体制を整備しなければならない。

（短時間・有期雇用管理者）

第17条 事業主は、常時厚生労働省令で定める数以上の短時間・有期雇用労働者を雇用する事業所ごとに、厚生労働省令で定めるところにより、指針に定める事項その他の短時間・有期雇用労働者の雇用管理の改善等に関する事項を管理させるため、短時間・有期雇用管理者を選任するように努めるものとする。

（報告の徴収並びに助言、指導及び勧告等）

第18条 厚生労働大臣は、<u>短時間・有期雇用労働者</u>の雇用管理の改善等を図るため必要があると認めるときは、<u>短時間・有期雇用労働者</u>を雇用する事業主に対して、報告を求め、又は助言、指導若しくは勧告をすることができる。

2 厚生労働大臣は、第6条第1項、第9条、第11条第1項、第12条から第14条まで及び第16条の規定に違反している事業主に対し、前項の規定による勧告をした場合において、その勧告を受けた者がこれに従わなかったときは、その旨を公表することができる。

3 前2項に定める厚生労働大臣の権限は、厚生労働省令で定めるところにより、その一部を都道府県労働局長に委任することができる。

第4章　紛争の解決

第1節　紛争の解決の援助等

（苦情の自主的解決）

第22条 事業主は、第6条第1項、<u>第8条</u>、第9条、第11条第1項及び第12条から第14条までに定める事項に関し、<u>短時間・有期雇用労働者</u>から苦情の申出を受けたときは、苦情処理機関（事業主を代表する者及び当該事業所の労働者を代表する者を構成員とする当該事業所の労働者の苦情を処理するための機関をいう。）に対し当該苦情の処理を委ねる等その自主的な解決を図るように努めるものとする。

（紛争の解決の促進に関する特例）

第23条 前条の事項についての<u>短時間・有期雇用労働者</u>と事業主との間の紛争については、個別労働関係紛争の解決の促進に関する法律（平成13年法律第112号）第4条、第5条及び第12条から第19条までの規定は適用せず、次条から第27条までに定めるところによる。

（紛争の解決の援助）

第24条 都道府県労働局長は、前条に規定する紛争に関し、当該紛争の当事者の双方又は一方からその解決につき援助を求められた場合には、当該紛争の当事者に対し、必要な助言、指導又は勧告をすることができる。

2 事業主は、<u>短時間・有期雇用労働者</u>が前項の援助を求めたことを理由として、当該<u>短時間・有期雇用労働者</u>に対して解雇その他不利益な取扱いをしてはならない。

第2節　調停

（調停の委任）

第25条 都道府県労働局長は、第23条に規定する紛争について、当該紛争の当事者の双方又は一方から調停の申請があった場合において当該紛争の解決のために必要があると認めるときは、個別労働関係紛争の解決の促進に関する法律第6条第1項の紛争調整委員会に調停を行わせるものとする。

2 前条第2項の規定は、<u>短時間・有期雇用労働者</u>が前項の申請をした場合について準用する。

（調停）

第26条 雇用の分野における男女の均等な機会及び待遇の確保等に関する法律（昭和47年法律第113号）第19条、第20条第1項及び第21条から第26条までの規定は、前条第1項の調停の手続について準用する。この場合において、同法第19条第1項中「前条第1項」とあるのは「<u>短時間労働者及び有期雇用労働者の雇用管理の改善等に関する法律第25条第1項</u>」と、同法第20条第1項中「関係当事者」とあるのは「関係当事者又は関係当事者と同一の事業所に雇用される労働者その他の参考人」と、同法第25条第1項中「第18条第1項」とあるのは「<u>短時間労働者及び有期雇用労働者の雇用管理の改善等に関する法律第25条第1項</u>」と読み替えるものとする。

第26条の規定は、次のように改正（令和元年6月5日法律第24号）され、令和2年6月1日から適用される。

（傍線はこの改正による変更部分）

（調停）

第26条 雇用の分野における男女の均等な機会及び待遇の確保等に関する法律（昭和47年法律第113号）第19条、第20条第1項及び第21条から第26条までの規定は、前条第1項の調停の手続について準用する。この場合において、同法第19条第1項中「前条第1項」とあるのは「短時間労働者及び有期雇用労働者の雇用管理の改善等に関する法律第25条第1項」と、同法<u>第20条中</u>「<u>事業場</u>」とあるのは「<u>事業所</u>」と、同法第25条第1項中「第18条第1項」とあるのは「短時間労働者及び有期雇用労働者の雇用管理の改善等に関する法律<u>第23条</u>」と読み替えるものとする。

　附　則（平成30年7月6日法律第71号）（抄）＜働き方改革関連法の附則＞

（施行期日）

第1条 この法律は、平成31年4月1日から施行する。ただし、次の各号に掲げる規定は、当該各号に定める日

パート・有期
労働法

パート・有期
労働則

ガイドライン
（パート・有期）

パート・有期
労働指針

派遣法

派遣則

ガイドライン
（派遣）

派遣元指針

派遣先指針

から施行する。

一　〈前略〉附則第30条の規定　公布の日

二　〈前略〉第７条〈中略〉の規定並びに附則〈中略〉第11条〈中略〉の規定　平成32年４月１日

三　（略）

（中小事業主に関する経過措置）

第３条　中小事業主（その資本金の額又は出資の総額が３億円（小売業又はサービス業を主たる事業とする事業主については5000万円、卸売業を主たる事業とする事業主については１億円）以下である事業主及びその常時使用する労働者の数が300人（小売業を主たる事業とする事業主については50人、卸売業又はサービス業を主たる事業とする事業主については100人）以下である事業主をいう。第４項及び附則第11条において同じ。）の事業に係る協定（新労基法第139条第２項に規定する事業、第140条第２項に規定する業務、第141条第４項に規定する者及び第142条に規定する事業に係るものを除く。）についての前条の規定の適用については、「平成31年４月１日」とあるのは、「平成32年４月１日」とする。

2　前項の規定により読み替えられた前条の規定によりなお従前の例によることとされた協定をする使用者及び労働組合又は労働者の過半数を代表する者は、当該協定をするに当たり、新労基法第36条第１項から第５項までの規定により当該協定に定める労働時間を延長して労働させ、又は休日において労働させることができる時間数を勘案して協定をするように努めなければならない。

3　政府は、前項に規定する者に対し、同項の協定に関して、必要な情報の提供、助言その他の支援を行うものとする。

4　行政官庁は、当分の間、中小事業主に対し新労基法第36条第９項の助言及び指導を行うに当たっては、中小企業における労働時間の動向、人材の確保の状況、取引の実態その他の事情を踏まえて行うよう配慮するものとする。

（短時間・有期雇用労働法の適用に関する経過措置）

第11条　中小事業主については、平成33年３月31日までの間、第７条の規定による改正後の短時間労働者及び有期雇用労働者の雇用管理の改善等に関する法律（以下この条において「短時間・有期雇用労働法」という。）第２条第１項、第３条、第３章第１節（第15条及び第18条第３項を除く。）及び第４章（第26条及び第27条を除く。）の規定は、適用しない。この場合において、第７条の規定による改正前の短時間労働者の雇用管理の改善等に関する法律第２条、第３条、第３章第１節（第15条及び第18条第３項を除く。）及び第４章（第26条及び第27条を除く。）の規定並びに第８条の規定による改正前の労働契約法第20条の規定は、なおその効力を有する。

2　附則第１条第２号に掲げる規定の施行の際現に紛争調整委員会に係属している個別労働関係紛争の解決の促進に関する法律第５条第１項のあっせんに係る紛争であって、短時間・有期雇用労働法第23条に規定する紛争に該当するもの（中小事業主以外の事業主が当事者であるものに限る。）については、同条の規定にかかわらず、なお従前の例による。

3　平成33年４月１日前にされた申請に係る紛争であって、同日において現に紛争調整委員会に係属している個別労働関係紛争の解決の促進に関する法律第５条第１項のあっせんに係るもの（短時間・有期雇用労働法第23条に規定する紛争に該当するものであって、中小事業主が当事者であるものに限る。）については、短時間・有期雇用労働法第23条の規定にかかわらず、なお従前の例による。

（検討）

第12条　（略）

2　（略）

3　政府は、前２項に定める事項のほか、この法律の施行後５年を目途として、この法律による改正後のそれぞれの法律（以下この項において「改正後の各法律」という。）の規定について、労働者と使用者の協議の促進等を通じて、仕事と生活の調和、労働条件の改善、雇用形態又は就業形態の異なる労働者の間の均衡のとれた待遇の確保その他の労働者の職業生活の充実を図る観点から、改正後の各法律の施行の状況等を勘案しつつ検討を加え、必要があると認めるときは、その結果に基づいて所要の措置を講ずるものとする。

（罰則に関する経過措置）

第29条　この法律（附則第１条第３号に掲げる規定にあっては、当該規定）の施行前にした行為並びにこの附則の規定によりなお従前の例によることとされる場合及びこの附則の規定によりなおその効力を有することとされる場合におけるこの法律の施行後にした行為に対する罰則の適用については、なお従前の例による。

（政令への委任）

第30条　この附則に規定するもののほか、この法律の施行に伴い必要な経過措置（罰則に関する経過措置を含む。）は、政令で定める。

働き方改革関連法の附帯決議

働き方改革を推進するための関係法律の整備に関する法律案に対する附帯決議（抄）

（平成30年5月25日　衆議院厚生労働委員会）

十二　今回のパートタイム労働法等の改正は、同一企業・団体におけるいわゆる正規雇用労働者と非正規雇用労働者の間の不合理な待遇差の解消を目指すものであるということを、中小企業・小規模事業者や非正規雇用労働者の理解を得るよう、丁寧に周知・説明を行うこと。

働き方改革を推進するための関係法律の整備に関する法律案に対する附帯決議（抄）

（平成30年6月28日　参議院厚生労働委員会）

三十二、パートタイム労働法、労働契約法、労働者派遣法の三法改正による同一労働同一賃金は、非正規雇用労働者の待遇改善によって実現すべきであり、各社の労使による合意なき通常の労働者の待遇引下げは、基本的に三法改正の趣旨に反するとともに、労働条件の不利益変更法理にも抵触する可能性がある旨を指針等において明らかにし、その内容を労使に対して丁寧に周知・説明を行うことについて、労働政策審議会において検討を行うこと。

三十三、低処遇の通常の労働者に関する雇用管理区分を新設したり職務分離等を行ったりした場合でも、非正規雇用労働者と通常の労働者との不合理な待遇の禁止規定や差別的取扱いの禁止規定を回避することはできないものである旨を、指針等において明らかにすることについて、労働政策審議会において検討を行うこと。

三十四、派遣労働者の待遇決定に関して以下の措置を講ずること。

1　派遣労働者の待遇決定は、派遣先に直接雇用される通常の労働者との均等・均衡が原則であって、労使協定による待遇改善方式は例外である旨を、派遣元事業主・派遣先の双方に対して丁寧に周知・説明を行うこと。

2　労使協定の記載事項の一つである「派遣労働者が従事する業務と同種の業務に従事する一般の労働者の平均的な賃金の額」に関して、同等以上の賃金の額の基礎となる「一般の労働者の平均的な賃金の額」は、政府が公式統計等によって定めることを原則とし、やむを得ずその他の統計を活用する場合であっても、「一般の労働者の平均的な賃金の額」を示すものとして適切な統計とすることについて、労働政策審議会において検討を行うこと。

3　労使協定における賃金の定めについては、対象派遣労働者に適用する就業規則等に記載すべきものである旨を周知徹底すること。

4　労使協定で定めた内容を行政が適正に把握するため、派遣元事業主が、労働者派遣法第23条第1項に基づく事業報告において、改正労働者派遣法第30条の4に定めている五つの労使協定記載事項を、それぞれ詳しく報告することとし、その内容を周知・徹底することについて、労働政策審議会において検討を行うこと。

三十五、使用者が、非正規雇用労働者に通常の労働者との待遇差を説明するに当たっては、非正規雇用労働者が理解できるような説明となるよう、資料の活用を基本にその説明方法の在り方について、労働政策審議会において検討を行うこと。

三十六、「働き方改革」の目的、及び一億総活躍社会の実現に向けては、本法が定める均等・均衡待遇の実現による不合理な待遇差の解消とともに、不本意非正規雇用労働者の正社員化や無期転換の促進による雇用の安定及び待遇の改善が必要であることから、引き続き、厚生労働省が策定する「正社員転換・待遇改善実現プラン」等の実効性ある推進に注力すること。

三十七、労働契約法第18条の無期転換権を行使した労働者について、労働契約法による無期転換の状況等を踏まえ、必要な検討を加えること。

四十、本法が目指す過労死ゼロ、長時間労働の削減、家庭生活と仕事との両立、及び女性の活躍などの働き方改革を実現するためには、法令の遵守を確保するための監督指導の徹底が必要不可欠であることから、労働基準監督官の増員を政府の優先事項として確保し、労働行政事務のシステム化を始め、労働基準監督署の体制強化を早急に図ること。また、短時間・有期雇用労働法及び労働者派遣法の適正な運用には、待遇改善推進指導官、雇用環境改善・均等推進指導官や需給調整指導官等の機能強化も重要であり、そのための体制の充実・強化や関係部署の有機的な連携・協力体制の増強を確保すること。

（平成５年11月19日労働省令第34号　改正平成30年12月28日厚生労働省令第153号）

（傍線部分は改正部分）

短時間労働者及び有期雇用労働者の雇用管理の改善等に関する法律施行規則

（法第２条第１項の厚生労働省令で定める場合）

第１条　短時間労働者及び有期雇用労働者の雇用管理の改善等に関する法律（平成５年法律第76号。以下「法」という。）第２条第１項の厚生労働省令で定める場合は、同一の事業主に雇用される通常の労働者の従事する業務が２以上あり、かつ、当該事業主に雇用される通常の労働者と同種の業務に従事する労働者の数が当該通常の労働者の数に比し著しく多い業務（当該業務に従事する通常の労働者の１週間の所定労働時間が他の業務に従事する通常の労働者の１週間の所定労働時間のいずれよりも長い場合に係る業務を除く。）に当該事業主に雇用される労働者が従事する場合とする。

（法第６条第１項の明示事項及び明示の方法）

第２条　法第６条第１項の厚生労働省令で定める短時間・有期雇用労働者に対して明示しなければならない労働条件に関する事項は、次に掲げるものとする。

一　昇給の有無

二　退職手当の有無

三　賞与の有無

四　短時間・有期雇用労働者の雇用管理の改善等に関する事項に係る相談窓口

2　事業主は、法第６条第１項の規定により短時間・有期雇用労働者に対して明示しなければならない労働条件を事実と異なるものとしてはならない。〈新設〉

3　法第６条第１項の厚生労働省令で定める方法は、第１項各号に掲げる事項が明らかとなる次のいずれかの方法によることを当該短時間・有期雇用労働者が希望した場合における当該方法とする。

一　ファクシミリを利用してする送信の方法

二　電子メールその他のその受信をする者を特定して情報を伝達するために用いられる電気通信（電気通信事業法（昭和59年法律第86号）第２条第１号に規定する電気通信をいう。以下この号において「電子メール等」という。）の送信の方法（当該短時間・有期雇用労働者が当該電子メール等の記録を出力することにより書面を作成することができるものに限る。）

4　前項第１号の方法により行われた法第６条第１項に規定する特定事項（以下この項において「特定事項」という。）の明示は、当該短時間・有期雇用労働者の使用に係るファクシミリ装置により受信した時に、前項第２号の方法により行われた特定事項の明示は、当該短時間・有期雇用労働者の使用に係る通信端末機器等により受信した時に、それぞれ当該短時間・有期雇用労働者に到達したものとみなす。

（法第10条の厚生労働省令で定める賃金）

第３条　法第10条の厚生労働省令で定める賃金は、通勤手当、家族手当、住宅手当、別居手当、子女教育手当その他名称の如何を問わず支払われる賃金（職務の内容（法第８条に規定する職務の内容をいう。）に密接に関連して支払われるものを除く。）とする。

（削る）

一　通勤手当（職務の内容（法第８条に規定する職務の内容をいう。以下同じ。）に密接に関連して支払われるものを除く。）

二　退職手当

三　家族手当

四　住宅手当

五　別居手当

六　子女教育手当

七　前各号に掲げるもののほか、名称の如何を問わず支払われる賃金のうち職務の内容に密接に関連して支払われるもの以外のもの

（法第11条第１項の厚生労働省令で定める場合）

第４条　法第11条第１項の厚生労働省令で定める場合は、職務の内容が当該事業主に雇用される通常の労働者と同一の短時間・有期雇用労働者（法第９条に規定する通常の労働者と同視すべき短時間・有期雇用労働者を除く。）が既に当該職務に必要な能力を有している場合とする。

（法第12条の厚生労働省令で定める福利厚生施設）

第5条 法第12条の厚生労働省令で定める福利厚生施設は、次に掲げるものとする。
一 給食施設
二 休憩室
三 更衣室

（法第17条の厚生労働省令で定める数）

第6条 法第17条の厚生労働省令で定める数は、10人とする。

（短時間・有期雇用管理者の選任）

第7条 事業主は、法第17条に定める事項を管理するために必要な知識及び経験を有していると認められる者のうちから当該事項を管理する者を短時間・有期雇用管理者として選任するものとする。

（準用）

第9条 雇用の分野における男女の均等な機会及び待遇の確保等に関する法律施行規則（昭和61年労働省令第2号）第3条から第12条までの規定は、法第25条第1項の調停の手続について準用する。この場合において、同令第3条第1項中「法第18条第1項」とあるのは「短時間労働者及び有期雇用労働者の雇用管理の改善等に関する法律（以下「短時間・有期雇用労働者法」という。）第25条第1項」と、同項並びに同令第4条（見出しを含む。）、第5条（見出しを含む。）及び第8条第1項中「機会均等調停会議」とあるのは「均衡待遇調停会議」と、同令第6条中「法第18条第1項」とあるのは「短時間・有期雇用労働者法第25条第1項」と、「事業場」とあるのは「事業所」と、同令第8条第1項及び第3項中「法第20条第1項又は第2項」とあるのは「短時間・有期雇用労働者法第26条において準用する法第20条第1項」と、同項中「法第20条第1項の」とあるのは「同項の」と、同令第9条中「関係当事者」とあるのは「関係当事者又は関係当事者と同一の事業所に雇用される労働者その他の参考人」と、同令第10条第1項中「第4条第1項及び第2項」とあるのは「短時間労働者及び有期雇用労働者の雇用管理の改善等に関する法律施行規則第9条において準用する第4条第1項及び第2項」と、「第8条」とあるのは「同令第9条において準用する第8条」と、同令第11条第1項中「法第21条」とあるのは「短時間・有期雇用労働者法第26条において準用する法第21条」と、同令別記様式中「労働者」とあるのは「短時間・有期雇用労働者」と、「事業場」とあるのは「事業所」と読み替えるものとする。

附 則（平成30年12月28日厚生労働省令第153号）（抄）

（施行期日）

第1条 この省令は、平成32年4月1日から施行する。〈後略〉

（短時間労働者及び有期雇用労働者の雇用管理の改善等に関する法律施行規則の適用に関する経過措置）

第2条 中小事業主（整備法附則第3条第1項に規定する中小事業主をいう。第4条において同じ。）については、平成33年3月31日までの間、第2条の規定による改正後の短時間労働者及び有期雇用労働者の雇用管理の改善等に関する法律施行規則第1条から第4条まで及び第7条、第8条の規定による改正後の次世代育成支援対策推進法施行規則第4条並びに第10条による改正後の女性の職業生活における活躍の推進に関する法律に基づく一般事業主行動計画等に関する省令第19条第1項の規定は、適用しない。この場合において、第2条の規定による改正前の短時間労働者の雇用管理の改善等に関する法律施行規則第1条から第4条まで及び第7条、第8条の規定による改正前の次世代育成支援対策推進法施行規則第4条並びに第10条による改正前の女性の職業生活における活躍の推進に関する法律に基づく一般事業主行動計画等に関する省令第19条第1項の規定は、なおその効力を有する。

第1　目的

　この指針は、短時間労働者及び有期雇用労働者の雇用管理の改善等に関する法律（平成5年法律第76号。以下「短時間・有期雇用労働法」という。）第8条及び第9条並びに労働者派遣事業の適正な運営の確保及び派遣労働者の保護等に関する法律（昭和60年法律第88号。以下「労働者派遣法」という。）第30条の3及び第30条の4に定める事項に関し、雇用形態又は就業形態に関わらない公正な待遇を確保し、我が国が目指す同一労働同一賃金の実現に向けて定めるものである。

　我が国が目指す同一労働同一賃金は、同一の事業主に雇用される通常の労働者と短時間・有期雇用労働者との間の不合理と認められる待遇の相違及び差別的取扱いの解消並びに派遣先に雇用される通常の労働者と派遣労働者との間の不合理と認められる待遇の相違及び差別的取扱いの解消（協定対象派遣労働者にあっては、当該協定対象派遣労働者の待遇が労働者派遣法30条の4第1項の協定により決定された事項に沿った運用がなされていること）を目指すものである。

　もとより賃金等の待遇は労使の話合いによって決定されることが基本である。しかし、我が国においては、通常の労働者と短時間・有期雇用労働者及び派遣労働者との間には、欧州と比較して大きな待遇の相違がある。政府としては、この問題への対処に当たり、同一労働同一賃金の考え方が広く普及しているといわれる欧州の制度の実態も参考としながら政策の方向性等を検証した結果、それぞれの国の労働市場全体の構造に応じた政策とすることが重要であるとの示唆を得た。

　我が国においては、基本給をはじめ、賃金制度の決まり方には様々な要素が組み合わされている場合も多いため、まずは、各事業主において、職務の内容や職務に必要な能力等の内容を明確化するとともに、その職務の内容や職務に必要な能力等の内容と賃金等の待遇との関係を含めた待遇の体系全体を、短時間・有期雇用労働者及び派遣労働者を含む労使の話合いによって確認し、短時間・有期雇用労働者及び派遣労働者を含む労使で共有することが肝要である。また、派遣労働者については、雇用関係にある派遣元事業主と指揮命令関係にある派遣先とが存在するという特殊性があり、これらの関係者が不合理と認められる待遇の相違の解消等に向けて認識を共有することが求められる。

　今後、各事業主が職務の内容や職務に必要な能力等の内容の明確化及びその公正な評価を実施し、それに基づく待遇の体系を、労使の話合いにより、可能な限り速やかに、かつ、計画的に構築していくことが望ましい。

　通常の労働者と短時間・有期雇用労働者及び派遣労働者との間の不合理と認められる待遇の相違の解消等に向けては、賃金のみならず、福利厚生、キャリア形成、職業能力の開発及び向上等を含めた取組が必要であり、特に、職業能力の開発及び向上の機会の拡大は、短時間・有期雇用労働者及び派遣労働者の職業に必要な技能及び知識の蓄積により、それに対応した職務の高度化や通常の労働者への転換を見据えたキャリアパスの構築等と併せて、生産性の向上と短時間・有期雇用労働者及び派遣労働者の待遇の改善につながるため、重要であることに留意すべきである。

　このような通常の労働者と短時間・有期雇用労働者及び派遣労働者との間の不合理と認められる待遇の相違の解消等の取組を通じて、労働者がどのような雇用形態及び就業形態を選択しても納得できる待遇を受けられ、多様な働き方を自由に選択できるようにし、我が国から「非正規」という言葉を一掃することを目指す。

第2　基本的な考え方

　この指針は、通常の労働者と短時間・有期雇用労働者及び派遣労働者との間に待遇の相違が存在する場合に、いかなる待遇の相違が不合理と認められるものであり、いかなる待遇の相違が不合理と認められるものでないのか等の原則となる考え方及び具体例を示したものである。事業主が、第3から第5までに記載された原則となる考え方等に反した場合、当該待遇の相違が不合理と認められる等の可能性がある。なお、この指針に原則となる考え方が示されていない退職手当、住宅手当、家族手当等の待遇や、具体例に該当しない場合についても、不合理と認められる待遇の相違の解消等が求められる。このため、各事業主において、労使により、個別具体の事情に応じて待遇の体系について議論していくことが望まれる。

　なお、短時間・有期雇用労働法第8条及び第9条並びに労働者派遣法第30条の3及び第30条の4の規定は、雇用管理区分が複数ある場合であっても、通常の労働者のそれぞれと短時間・有期雇用労働者及び派遣労働者との間の不合理と認められる待遇の相違の解消等を求めるものである。このため、事業主が、雇用管理区分を新たに設け、当該雇用管理区分に属する通常の労働者の待遇の水準を他の通常の労働者よりも低く設定したとしても、

当該他の通常の労働者と短時間・有期雇用労働者及び派遣労働者との間でも不合理と認められる待遇の相違の解消等を行う必要がある。また、事業主は、通常の労働者と短時間・有期雇用労働者及び派遣労働者との間で職務の内容等を分離した場合であっても、当該通常の労働者と短時間・有期雇用労働者及び派遣労働者との間の不合理と認められる待遇の相違の解消等を行う必要がある。

　さらに、短時間・有期雇用労働法及び労働者派遣法に基づく通常の労働者と短時間・有期雇用労働者及び派遣労働者との間の不合理と認められる待遇の相違の解消等の目的は、短時間・有期雇用労働者及び派遣労働者の待遇の改善である。事業主が、通常の労働者と短時間・有期雇用労働者及び派遣労働者との間の不合理と認められる待遇の相違の解消等に対応するため、就業規則を変更することにより、その雇用する労働者の労働条件を不利益に変更する場合、労働契約法（平成19年法律第128号）第9条の規定に基づき、原則として、労働者と合意する必要がある。また、労働者と合意することなく、就業規則の変更により労働条件を労働者の不利益に変更する場合、当該変更は、同法第10条の規定に基づき、当該変更に係る事情に照らして合理的なものである必要がある。ただし、短時間・有期雇用労働法及び労働者派遣法に基づく通常の労働者と短時間・有期雇用労働者及び派遣労働者との間の不合理と認められる待遇の相違の解消等の目的に鑑みれば、事業主が通常の労働者と短時間・有期雇用労働者及び派遣労働者との間の不合理と認められる待遇の相違の解消等を行うに当たっては、基本的に、労使で合意することなく通常の労働者の待遇を引き下げることは、望ましい対応とはいえないことに留意すべきである。

　加えて、短時間・有期雇用労働法第8条及び第9条並びに労働者派遣法第30条の3及び第30条の4の規定は、通常の労働者と短時間・有期雇用労働者及び派遣労働者との間の不合理と認められる待遇の相違等を対象とするものであり、この指針は、当該通常の労働者と短時間・有期雇用労働者及び派遣労働者との間に実際に待遇の相違が存在する場合に参照されることを目的としている。このため、そもそも客観的にみて待遇の相違が存在しない場合については、この指針の対象ではない。

第3　短時間・有期雇用労働者

　短時間・有期雇用労働法第8条において、事業主は、短時間・有期雇用労働者の待遇のそれぞれについて、当該待遇に対応する通常の労働者の待遇との間において、業務の内容及び当該業務に伴う責任の程度（以下「職務の内容」という。）、当該職務の内容及び配置の変更の範囲その他の事情のうち、当該待遇の性質及び当該待遇を行う目的に照らして適切と認められるものを考慮して、不合理と認められる相違を設けてはならないこととされている。

　また、短時間・有期雇用労働法第9条において、事業主は、職務の内容が通常の労働者と同一の短時間・有期雇用労働者であって、当該事業所における慣行その他の事情からみて、当該事業主との雇用関係が終了するまでの全期間において、その職務の内容及び配置が当該通常の労働者の職務の内容及び配置の変更の範囲と同一の範囲で変更されることが見込まれるものについては、短時間・有期雇用労働者であることを理由として、待遇のそれぞれについて、差別的取扱いをしてはならないこととされている。

　短時間・有期雇用労働者の待遇に関して、原則となる考え方及び具体例は次のとおりである。

1　基本給
(1)　基本給であって、労働者の能力又は経験に応じて支給するもの

　　基本給であって、労働者の能力又は経験に応じて支給するものについて、通常の労働者と同一の能力又は経験を有する短時間・有期雇用労働者には、能力又は経験に応じた部分につき、通常の労働者と同一の基本給を支給しなければならない。また、能力又は経験に一定の相違がある場合においては、その相違に応じた基本給を支給しなければならない。

　　（問題とならない例）
　　イ　基本給について、労働者の能力又は経験に応じて支給しているＡ社において、ある能力の向上のための特殊なキャリアコースを設定している。通常の労働者であるＸは、このキャリアコースを選択し、その結果としてその能力を習得した。短時間労働者であるＹは、その能力を習得していない。Ａ社は、その能力に応じた基本給をＸには支給し、Ｙには支給していない。
　　ロ　Ａ社においては、定期的に職務の内容及び勤務地の変更がある通常の労働者の総合職であるＸは、管理職となるためのキャリアコースの一環として、新卒採用後の数年間、店舗等において、職務の内容及び配置に変更のない短時間労働者であるＹの助言を受けながら、Ｙと同様の定型的な業務に従事している。Ａ社はＸに対し、キャリアコースの一環として従事させている定型的な業務における能力又は経験に応じることなく、Ｙに比べ基本給を高く支給している。
　　ハ　Ａ社においては、同一の職場で同一の業務に従事している有期雇用労働者であるＸとＹのうち、能力又は経験が一定の水準を満たしたＹを定期的に職務の内容及び勤務地に変更がある通常の労働者として登用し、その後、職務の内容や勤務地に変更があることを理由に、Ｘに比べ基本給を高く支給している。
　　ニ　Ａ社においては、同一の能力又は経験を有する通常の労働者であるＸと短時間労働者であるＹがいる

が、ＸとＹに共通して適用される基準を設定し、就業の時間帯や就業日が日曜日、土曜日又は国民の祝日に関する法律（昭和23年法律第178号）に規定する休日（以下「土日祝日」という。）か否か等の違いにより、時間当たりの基本給に差を設けている。

（問題となる例）

基本給について、労働者の能力又は経験に応じて支給しているＡ社において、通常の労働者であるＸが有期雇用労働者であるＹに比べて多くの経験を有することを理由として、Ｘに対し、Ｙよりも基本給を高く支給しているが、Ｘのこれまでの経験はＸの現在の業務に関連性を持たない。

(2) 基本給であって、労働者の業績又は成果に応じて支給するもの

基本給であって、労働者の業績又は成果に応じて支給するものについて、通常の労働者と同一の業績又は成果を有する短時間・有期雇用労働者には、業績又は成果に応じた部分につき、通常の労働者と同一の基本給を支給しなければならない。また、業績又は成果に一定の相違がある場合においては、その相違に応じた基本給を支給しなければならない。

なお、基本給とは別に、労働者の業績又は成果に応じた手当を支給する場合も同様である。

（問題とならない例）

イ 基本給の一部について、労働者の業績又は成果に応じて支給しているＡ社において、所定労働時間が通常の労働者の半分の短時間労働者であるＸに対し、その販売実績が通常の労働者に設定されている販売目標の半分の数値に達した場合には、通常の労働者が販売目標を達成した場合の半分を支給している。

ロ Ａ社においては、通常の労働者であるＸは、短時間労働者であるＹと同様の業務に従事しているが、Ｘは生産効率及び品質の目標値に対する責任を負っており、当該目標値を達成していない場合、待遇上の不利益を課されている。その一方で、Ｙは、生産効率及び品質の目標値に対する責任を負っておらず、当該目標値を達成していない場合にも、待遇上の不利益を課されていない。Ａ社は、待遇上の不利益を課していることとの見合いに応じて、ＸにＹに比べ基本給を高く支給している。

（問題となる例）

基本給の一部について、労働者の業績又は成果に応じて支給しているＡ社において、通常の労働者が販売目標を達成した場合に行っている支給を、短時間労働者であるＸについて通常の労働者と同一の販売目標を設定し、それを達成しない場合には行っていない。

(3) 基本給であって、労働者の勤続年数に応じて支給するもの

基本給であって、労働者の勤続年数に応じて支給するものについて、通常の労働者と同一の勤続年数である短時間・有期雇用労働者には、勤続年数に応じた部分につき、通常の労働者と同一の基本給を支給しなければならない。また、勤続年数に一定の相違がある場合においては、その相違に応じた基本給を支給しなければならない。

（問題とならない例）

基本給について、労働者の勤続年数に応じて支給しているＡ社において、期間の定めのある労働契約を更新している有期雇用労働者であるＸに対し、当初の労働契約の開始時から通算して勤続年数を評価した上で支給している。

（問題となる例）

基本給について、労働者の勤続年数に応じて支給しているＡ社において、期間の定めのある労働契約を更新している有期雇用労働者であるＸに対し、当初の労働契約の開始時から通算して勤続年数を評価せず、その時点の労働契約の期間のみにより勤続年数を評価した上で支給している。

(4) 昇給であって、労働者の勤続による能力の向上に応じて行うもの

昇給であって、労働者の勤続による能力の向上に応じて行うものについて、通常の労働者と同様に勤続により能力が向上した短時間・有期雇用労働者には、勤続による能力の向上に応じた部分につき、通常の労働者と同一の昇給を行わなければならない。また、勤続による能力の向上に一定の相違がある場合においては、その相違に応じた昇給を行わなければならない。

（注）

1 通常の労働者と短時間・有期雇用労働者との間に賃金の決定基準・ルールの相違がある場合の取扱い

通常の労働者と短時間・有期雇用労働者との間に基本給、賞与、各種手当等の賃金に相違がある場合において、その要因として通常の労働者と短時間・有期雇用労働者の賃金の決定基準・ルールの相違があるときは、「通常の労働者と短時間・有期雇用労働者との間で将来の役割期待が異なるため、賃金の決定基準・ルールが異なる」等の主観的又は抽象的な説明では足りず、賃金の決定基準・ルールの相違は、通常の労働者と短時間・有期雇用労働者の職務の内容、当該職務の内容及び配置の変更の範囲その他の事情のうち、当該待遇の性質及び当該待遇を行う目的に照らして適切と認められるものの客観的及び具体的な実態に照らして、不合理と認められるものであってはならない。

2 定年に達した後に継続雇用された有期雇用労働者の取扱い

定年に達した後に継続雇用された有期雇用労働者についても、短時間・有期雇用労働法の適用を受ける

ものである。このため、通常の労働者と定年に達した後に継続雇用された有期雇用労働者との間の賃金の相違については、実際に両者の間に職務の内容、職務の内容及び配置の変更の範囲その他の事情の相違がある場合は、その相違に応じた賃金の相違は許容される。

さらに、有期雇用労働者が定年に達した後に継続雇用された者であることは、通常の労働者と当該有期雇用労働者との間の待遇の相違が不合理と認められるか否かを判断するに当たり、短時間・有期雇用労働法第8条のその他の事情として考慮される事情に当たりうる。定年に達した後に有期雇用労働者として継続雇用する場合の待遇について、様々な事情が総合的に考慮されて、通常の労働者と当該有期雇用労働者との間の待遇の相違が不合理と認められるか否かが判断されるものと考えられる。したがって、当該有期雇用労働者が定年に達した後に継続雇用された者であることのみをもって、直ちに通常の労働者と当該有期雇用労働者との間の待遇の相違が不合理ではないと認められるものではない。

2　賞与

賞与であって、会社の業績等への労働者の貢献に応じて支給するものについて、通常の労働者と同一の貢献である短時間・有期雇用労働者には、貢献に応じた部分につき、通常の労働者と同一の賞与を支給しなければならない。また、貢献に一定の相違がある場合においては、その相違に応じた賞与を支給しなければならない。

（問題とならない例）

イ　賞与について、会社の業績等への労働者の貢献に応じて支給しているA社において、通常の労働者であるXと同一の会社の業績等への貢献がある有期雇用労働者であるYに対し、Xと同一の賞与を支給している。

ロ　A社においては、通常の労働者であるXは、生産効率及び品質の目標値に対する責任を負っており、当該目標値を達成していない場合、待遇上の不利益を課されている。その一方で、通常の労働者であるYや、有期雇用労働者であるZは、生産効率及び品質の目標値に対する責任を負っておらず、当該目標値を達成していない場合にも、待遇上の不利益を課されていない。A社は、Xに対しては、賞与を支給しているが、YやZに対しては、待遇上の不利益を課していないこととの見合いの範囲内で、賞与を支給していない。

（問題となる例）

イ　賞与について、会社の業績等への労働者の貢献に応じて支給しているA社において、通常の労働者であるXと同一の会社の業績等への貢献がある有期雇用労働者であるYに対し、Xと同一の賞与を支給していない。

ロ　賞与について、会社の業績等への労働者の貢献に応じて支給しているA社においては、通常の労働者には職務の内容や会社の業績等への貢献等にかかわらず全員に何らかの賞与を支給しているが、短時間・有期雇用労働者には支給していない。

3　手当

(1)　役職手当であって、役職の内容に対して支給するもの

役職手当であって、役職の内容に対して支給するものについて、通常の労働者と同一の内容の役職に就く短時間・有期雇用労働者には、通常の労働者と同一の役職手当を支給しなければならない。また、役職の内容に一定の相違がある場合においては、その相違に応じた役職手当を支給しなければならない。

（問題とならない例）

イ　役職手当について、役職の内容に対して支給しているA社において、通常の労働者であるXの役職と同一の役職名（例えば、店長）であって同一の内容（例えば、営業時間中の店舗の適切な運営）の役職に就く有期雇用労働者であるYに対し、同一の役職手当を支給している。

ロ　役職手当について、役職の内容に対して支給しているA社において、通常の労働者であるXの役職と同一の役職名であって同一の内容の役職に就く短時間労働者であるYに、所定労働時間に比例した役職手当（例えば、所定労働時間が通常の労働者の半分の短時間労働者にあっては、通常の労働者の半分の役職手当）を支給している。

（問題となる例）

役職手当について、役職の内容に対して支給しているA社において、通常の労働者であるXの役職と同一の役職名であって同一の内容の役職に就く有期雇用労働者であるYに、Xに比べ役職手当を低く支給している。

(2)　業務の危険度又は作業環境に応じて支給される特殊作業手当

通常の労働者と同一の危険度又は作業環境の業務に従事する短時間・有期雇用労働者には、通常の労働者と同一の特殊作業手当を支給しなければならない。

(3)　交替制勤務等の勤務形態に応じて支給される特殊勤務手当

通常の労働者と同一の勤務形態で業務に従事する短時間・有期雇用労働者には、通常の労働者と同一の特殊勤務手当を支給しなければならない。

（問題とならない例）

イ　A社においては、通常の労働者か短時間・有期雇用労働者かの別を問わず、就業する時間帯又は曜日を特定して就業する労働者には労働者の採用が難しい早朝若しくは深夜又は土日祝日に就業する場合に

時給に上乗せして特殊勤務手当を支給するが、それ以外の労働者には時給に上乗せして特殊勤務手当を支給していない。

ロ　A社においては、通常の労働者であるXについては、入社に当たり、交替制勤務に従事することは必ずしも確定しておらず、業務の繁閑等生産の都合に応じて通常勤務又は交替制勤務のいずれにも従事する可能性があり、交替制勤務に従事した場合に限り特殊勤務手当が支給されている。短時間労働者であるYについては、採用に当たり、交替制勤務に従事することを明確にし、かつ、基本給に、通常の労働者に支給される特殊勤務手当と同一の交替制勤務の負荷分を盛り込み、通常勤務のみに従事する短時間労働者に比べ基本給を高く支給している。A社はXには特殊勤務手当を支給しているが、Yには支給していない。

(4)　精皆勤手当

　　通常の労働者と業務の内容が同一の短時間・有期雇用労働者には、通常の労働者と同一の精皆勤手当を支給しなければならない。

（問題とならない例）

　　A社においては、考課上、欠勤についてマイナス査定を行い、かつ、そのことを待遇に反映する通常の労働者であるXには、一定の日数以上出勤した場合に精皆勤手当を支給しているが、考課上、欠勤についてマイナス査定を行っていない有期雇用労働者であるYには、マイナス査定を行っていないこととの見合いの範囲内で、精皆勤手当を支給していない。

(5)　時間外労働に対して支給される手当

　　通常の労働者の所定労働時間を超えて、通常の労働者と同一の時間外労働を行った短時間・有期雇用労働者には、通常の労働者の所定労働時間を超えた時間につき、通常の労働者と同一の割増率等で、時間外労働に対して支給される手当を支給しなければならない。

(6)　深夜労働又は休日労働に対して支給される手当

　　通常の労働者と同一の深夜労働又は休日労働を行った短時間・有期雇用労働者には、通常の労働者と同一の割増率等で、深夜労働又は休日労働に対して支給される手当を支給しなければならない。

（問題とならない例）

　　A社においては、通常の労働者であるXと時間数及び職務の内容が同一の深夜労働又は休日労働を行った短時間労働者であるYに、同一の深夜労働又は休日労働に対して支給される手当を支給している。

（問題となる例）

　　A社においては、通常の労働者であるXと時間数及び職務の内容が同一の深夜労働又は休日労働を行った短時間労働者であるYに、深夜労働又は休日労働以外の労働時間が短いことから、深夜労働又は休日労働に対して支給される手当の単価を通常の労働者より低く設定している。

(7)　通勤手当及び出張旅費

　　短時間・有期雇用労働者にも、通常の労働者と同一の通勤手当及び出張旅費を支給しなければならない。

（問題とならない例）

イ　A社においては、本社の採用である労働者に対しては、交通費実費の全額に相当する通勤手当を支給しているが、それぞれの店舗の採用である労働者に対しては、当該店舗の近隣から通うことができる交通費に相当する額に通勤手当の上限を設定して当該上限の額の範囲内で通勤手当を支給しているところ、店舗採用の短時間労働者であるXが、その後、本人の都合で通勤手当の上限の額では通うことができないところへ転居してなお通い続けている場合には、当該上限の額の範囲内で通勤手当を支給している。

ロ　A社においては、通勤手当について、所定労働日数が多い（例えば、週4日以上）通常の労働者及び短時間・有期雇用労働者には、月額の定期券の金額に相当する額を支給しているが、所定労働日数が少ない（例えば、週3日以下）又は出勤日数が変動する短時間・有期雇用労働者には、日額の交通費に相当する額を支給している。

(8)　労働時間の途中に食事のための休憩時間がある労働者に対する食費の負担補助として支給される食事手当

　　短時間・有期雇用労働者にも、通常の労働者と同一の食事手当を支給しなければならない。

（問題とならない例）

　　A社においては、その労働時間の途中に昼食のための休憩時間がある通常の労働者であるXに支給している食事手当を、その労働時間の途中に昼食のための休憩時間がない（例えば、午後2時から午後5時までの勤務）短時間労働者であるYには支給していない。

（問題となる例）

　　A社においては、通常の労働者であるXには、有期雇用労働者であるYに比べ、食事手当を高く支給している。

(9)　単身赴任手当

　　通常の労働者と同一の支給要件を満たす短時間・有期雇用労働者には、通常の労働者と同一の単身赴任手当を支給しなければならない。

⑽ 特定の地域で働く労働者に対する補償として支給される地域手当

　　通常の労働者と同一の地域で働く短時間・有期雇用労働者には、通常の労働者と同一の地域手当を支給しなければならない。

　（問題とならない例）

　　A社においては、通常の労働者であるXについては、全国一律の基本給の体系を適用し、転勤があることから、地域の物価等を勘案した地域手当を支給しているが、一方で、有期雇用労働者であるYと短時間労働者であるZについては、それぞれの地域で採用し、それぞれの地域で基本給を設定しており、その中で地域の物価が基本給に盛り込まれているため、地域手当を支給していない。

　（問題となる例）

　　A社においては、通常の労働者であるXと有期雇用労働者であるYにはいずれも全国一律の基本給の体系を適用しており、かつ、いずれも転勤があるにもかかわらず、Yには地域手当を支給していない。

4　福利厚生

⑴　福利厚生施設（給食施設、休憩室及び更衣室をいう。以下この⑴において同じ。）

　　通常の労働者と同一の事業所で働く短時間・有期雇用労働者には、通常の労働者と同一の福利厚生施設の利用を認めなければならない。

⑵　転勤者用社宅

　　通常の労働者と同一の支給要件（例えば、転勤の有無、扶養家族の有無、住宅の賃貸又は収入の額）を満たす短時間・有期雇用労働者には、通常の労働者と同一の転勤者用社宅の利用を認めなければならない。

⑶　慶弔休暇並びに健康診断に伴う勤務免除及び当該健康診断を勤務時間中に受診する場合の当該受診時間に係る給与の保障（以下この⑶、第4の4⑶及び第5の2⑶において「有給の保障」という。）

　　短時間・有期雇用労働者にも、通常の労働者と同一の慶弔休暇の付与並びに健康診断に伴う勤務免除及び有給の保障を行わなければならない。

　（問題とならない例）

　　A社においては、通常の労働者であるXと同様の出勤日が設定されている短時間労働者であるYに対しては、通常の労働者と同様に慶弔休暇を付与しているが、週2日の勤務の短時間労働者であるZに対しては、勤務日の振替での対応を基本としつつ、振替が困難な場合のみ慶弔休暇を付与している。

⑷　病気休職

　　短時間労働者（有期雇用労働者である場合を除く。）には、通常の労働者と同一の病気休職の取得を認めなければならない。また、有期雇用労働者にも、労働契約が終了するまでの期間を踏まえて、病気休職の取得を認めなければならない。

　（問題とならない例）

　　A社においては、労働契約の期間が1年である有期雇用労働者であるXについて、病気休職の期間は労働契約の期間が終了する日までとしている。

⑸　法定外の有給の休暇その他の法定外の休暇（慶弔休暇を除く。）であって、勤続期間に応じて取得を認めているもの

　　法定外の有給の休暇その他の法定外の休暇（慶弔休暇を除く。）であって、勤続期間に応じて取得を認めているものについて、通常の労働者と同一の勤続期間である短時間・有期雇用労働者には、通常の労働者と同一の法定外の有給の休暇その他の法定外の休暇（慶弔休暇を除く。）を付与しなければならない。なお、期間の定めのある労働契約を更新している場合には、当初の労働契約の開始時から通算して勤続期間を評価することを要する。

　（問題とならない例）

　　A社においては、長期勤続者を対象とするリフレッシュ休暇について、業務に従事した時間全体を通じた貢献に対する報償という趣旨で付与していることから、通常の労働者であるXに対しては、勤続10年で3日、20年で5日、30年で7日の休暇を付与しており、短時間労働者であるYに対しては、所定労働時間に比例した日数を付与している。

5　その他

⑴　教育訓練であって、現在の職務の遂行に必要な技能又は知識を習得するために実施するもの

　　教育訓練であって、現在の職務の遂行に必要な技能又は知識を習得するために実施するものについて、通常の労働者と職務の内容が同一である短時間・有期雇用労働者には、通常の労働者と同一の教育訓練を実施しなければならない。また、職務の内容に一定の相違がある場合においては、その相違に応じた教育訓練を実施しなければならない。

⑵　安全管理に関する措置及び給付

　　通常の労働者と同一の業務環境に置かれている短時間・有期雇用労働者には、通常の労働者と同一の安全管理に関する措置及び給付をしなければならない。

事業主が講ずべき短時間労働者及び有期雇用労働者の雇用管理の改善等に関する措置等についての指針

（平成19年10月１日厚生労働省告示第326号　改正平成30年12月28日厚生労働省告示第429号）

事業主が講ずべき短時間労働者及び有期雇用労働者の雇用管理の改善等に関する措置等についての指針

第1　趣旨

　この指針は、短時間労働者及び有期雇用労働者の雇用管理の改善等に関する法律（平成５年法律第76号。以下「短時間・有期雇用労働者法」という。）第６条、第７条及び第10条から第14条までに定める措置その他の短時間・有期雇用労働者法第３条第１項の事業主が講ずべき適正な労働条件の確保、教育訓練の実施、福利厚生の充実その他の雇用管理の改善及び通常の労働者への転換の推進（以下「雇用管理の改善等」という。）に関する措置等に関し、その適切かつ有効な実施を図るために必要な事項を定めたものである。

第2　事業主が講ずべき短時間・有期雇用労働者の雇用管理の改善等に関する措置等を講ずるに当たっての基本的考え方

　事業主は、短時間・有期雇用労働者の雇用管理の改善等に関する措置等を講ずるに当たって、次の事項を踏まえるべきである。

1　労働基準法（昭和22年法律第49号）、最低賃金法（昭和34年法律第137号）、労働安全衛生法（昭和47年法律第57号）、労働契約法（平成19年法律第128号）、雇用の分野における男女の均等な機会及び待遇の確保等に関する法律（昭和47年法律第113号）、育児休業、介護休業等育児又は家族介護を行う労働者の福祉に関する法律（平成３年法律第76号）、労働者災害補償保険法（昭和22年法律第50号）、雇用保険法（昭和49年法律第116号）等の労働に関する法令は短時間・有期雇用労働者についても適用があることを認識しこれを遵守しなければならないこと。

2　短時間・有期雇用労働者法第６条から第14条までの規定に従い、短時間・有期雇用労働者の雇用管理の改善等に関する措置等を講ずるとともに、多様な就業実態を踏まえ、その職務の内容、職務の成果、意欲、能力及び経験その他の就業の実態に関する事項に応じた待遇に係る措置を講ずるように努めるものとすること。

3　短時間・有期雇用労働者の雇用管理の改善等に関する措置等を講ずるに際して、その雇用する通常の労働者その他の労働者の労働条件を合理的な理由なく一方的に不利益に変更することは法的に許されないことに留意すること。

第3　事業主が講ずべき短時間・有期雇用労働者の雇用管理の改善等に関する措置等

　事業主は、第２の基本的考え方に基づき、特に、次の事項について適切な措置を講ずるべきである。

1　労働時間
　⑴　事業主は、短時間・有期雇用労働者の労働時間及び労働日を定め、又は変更するに当たっては、当該短時間・有期雇用労働者の事情を十分考慮するように努めるものとする。
　⑵　事業主は、短時間・有期雇用労働者について、できるだけ所定労働時間を超えて、又は所定労働日以外の日に労働させないように努めるものとする。

2　待遇の相違の内容及び理由の説明
　⑴　比較の対象となる通常の労働者
　　事業主は、職務の内容、職務の内容及び配置の変更の範囲等が、短時間・有期雇用労働者の職務の内容、職務の内容及び配置の変更の範囲等に最も近いと事業主が判断する通常の労働者との間の待遇の相違の内容及び理由について説明するものとする。
　⑵　待遇の相違の内容
　　事業主は、待遇の相違の内容として、次のイ及びロに掲げる事項を説明するものとする。
　イ　通常の労働者と短時間・有期雇用労働者との間の待遇に関する基準の相違の有無
　ロ　次の㈠又は㈡に掲げる事項
　　㈠　通常の労働者及び短時間・有期雇用労働者の待遇の個別具体的な内容
　　㈡　通常の労働者及び短時間・有期雇用労働者の待遇に関する基準
　⑶　待遇の相違の理由

　　事業主は、通常の労働者及び短時間・有期雇用労働者の職務の内容、職務の内容及び配置の変更の範囲その他の事情のうち、待遇の性質及び待遇を行う目的に照らして適切と認められるものに基づき、待遇の相違の理由を説明するものとする。

(4)　説明の方法

　　事業主は、短時間・有期雇用労働者がその内容を理解することができるよう、資料を活用し、口頭により説明することを基本とするものとする。ただし、説明すべき事項を全て記載した短時間・有期雇用労働者が容易に理解できる内容の資料を用いる場合には、当該資料を交付する等の方法でも差し支えない。

3　労使の話合いの促進

(1)　事業主は、短時間・有期雇用労働者を雇い入れた後、当該短時間・有期雇用労働者から求めがあったときは、短時間・有期雇用労働者法第14条第2項に定める事項以外の、当該短時間・有期雇用労働者の待遇に係る事項についても、説明するように努めるものとする。

(2)　事業主は、短時間・有期雇用労働者の就業の実態、通常の労働者との均衡等を考慮して雇用管理の改善等に関する措置等を講ずるに当たっては、当該事業主における関係労使の十分な話合いの機会を提供する等短時間・有期雇用労働者の意見を聴く機会を設けるための適当な方法を工夫するように努めるものとする。

(3)　事業主は、短時間・有期雇用労働者法第22条に定める事項以外の、短時間・有期雇用労働者の就業の実態、通常の労働者との均衡等を考慮した待遇に係る事項についても、短時間・有期雇用労働者から苦情の申出を受けたときは、当該事業所における苦情処理の仕組みを活用する等その自主的な解決を図るように努めるものとする。

4　不利益取扱いの禁止

(1)　事業主は、短時間・有期雇用労働者が、短時間・有期雇用労働者法第7条第1項（同条第2項において準用する場合を含む。）に定める過半数代表者であること若しくは過半数代表者になろうとしたこと又は過半数代表者として正当な行為をしたことを理由として不利益な取扱いをしないようにするものとする。

(2)　事業主は、短時間・有期雇用労働者が、事業主による不利益な取扱いをおそれて、短時間・有期雇用労働者法第14条第2項に定める説明を求めないことがないようにするものとする。

(3)　事業主は、短時間・有期雇用労働者が、親族の葬儀等のために勤務しなかったことを理由として解雇等が行われることがないようにするものとする

5　短時間・有期雇用管理者の氏名の周知

　　事業主は、短時間・有期雇用管理者を選任したときは、当該短時間・有期雇用管理者の氏名を事業所の見やすい場所に掲示する等により、その雇用する短時間・有期雇用労働者に周知させるよう努めるものとする。

【改正文】（平成30年12月28日厚生労働省告示第429号）　抄

　〔編注：本改正指針は〕平成32年4月1日から適用する。ただし、働き方改革を推進するための関係法律の整備に関する法律附則第3条第1項に規定する中小事業主については、平成33年3月31日までの間、この告示による改正後の事業主が講ずべき短時間労働者及び有期雇用労働者の雇用管理の改善等に関する措置等についての指針第2及び第3の規定は適用せず、この告示による改正前の事業主が講ずべき短時間労働者の雇用管理の改善等に関する措置等についての指針第2及び第3の規定は、なおその効力を有する。

（傍線部分は改正部分）

目次

第３章　派遣労働者の保護等に関する措置

第１節　労働者派遣契約

（契約の内容等）

第26条　労働者派遣契約（当事者の一方が相手方に対し労働者派遣をすることを約する契約をいう。以下同じ。）の当事者は、厚生労働省令で定めるところにより、当該労働者派遣契約の締結に際し、次に掲げる事項を定めるとともに、その内容の差異に応じて派遣労働者の人数を定めなければならない。
　一　派遣労働者が従事する業務の内容
　二　派遣労働者が労働者派遣に係る労働に従事する事業所の名称及び所在地その他派遣就業の場所並びに組織単位（労働者の配置の区分であつて、配置された労働者の業務の遂行を指揮命令する職務上の地位にある者が当該労働者の業務の配分に関して直接の権限を有するものとして厚生労働省令で定めるものをいう。以下同じ。）
　三　労働者派遣の役務の提供を受ける者のために、就業中の派遣労働者を直接指揮命令する者に関する事項
　四　労働者派遣の期間及び派遣就業をする日
　五　派遣就業の開始及び終了の時刻並びに休憩時間
　六　安全及び衛生に関する事項
　七　派遣労働者から苦情の申出を受けた場合における当該申出を受けた苦情の処理に関する事項
　八　派遣労働者の新たな就業の機会の確保、派遣労働者に対する休業手当（労働基準法（昭和22年法律第49号）第26条の規定により使用者が支払うべき手当をいう。第29条の２において同じ。）等の支払に要する費用を確保するための当該費用の負担に関する措置その他の労働者派遣契約の解除に当たつて講ずる派遣労働者の雇用の安定を図るために必要な措置に関する事項
　九　労働者派遣契約が紹介予定派遣に係るものである場合にあつては、当該職業紹介により従事すべき業務の内容及び労働条件その他の当該紹介予定派遣に関する事項
　十　前各号に掲げるもののほか、厚生労働省令で定める事項
２　前項に定めるもののほか、派遣元事業主は、労働者派遣契約であつて海外派遣に係るものの締結に際しては、厚生労働省令で定めるところにより、当該海外派遣に係る役務の提供を受ける者が次に掲げる措置を講ずべき旨を定めなければならない。
　一　第41条の派遣先責任者の選任
　二　第42条第１項の派遣先管理台帳の作成、同項各号に掲げる事項の当該台帳への記載及び同条第３項の厚生労働省令で定める条件に従つた通知

三　その他厚生労働省令で定める当該派遣就業が適正に行われるため必要な措置

3　派遣元事業主は、第1項の規定により労働者派遣契約を締結するに当たつては、あらかじめ、当該契約の相手方に対し、第5条第1項の許可を受けている旨を明示しなければならない。

4　派遣元事業主から新たな労働者派遣契約に基づく労働者派遣（第40条の2第1項各号のいずれかに該当するものを除く。次項において同じ。）の役務の提供を受けようとする者は、第1項の規定により当該労働者派遣契約を締結するに当たつては、あらかじめ、当該派遣元事業主に対し、当該労働者派遣の役務の提供が開始される日以後当該労働者派遣の役務の提供を受けようとする者の事業所その他派遣就業の場所の業務について同条第1項の規定に抵触することとなる最初の日を通知しなければならない。

5　派遣元事業主は、新たな労働者派遣契約に基づく労働者派遣の役務の提供を受けようとする者から前項の規定による通知がないときは、当該者との間で、当該者の事業所その他派遣就業の場所の業務に係る労働者派遣契約を締結してはならない。

6　労働者派遣（紹介予定派遣を除く。）の役務の提供を受けようとする者は、労働者派遣契約の締結に際し、当該労働者派遣契約に基づく労働者派遣に係る派遣労働者を特定することを目的とする行為をしないように努めなければならない。

7　労働者派遣の役務の提供を受けようとする者は、第1項の規定により労働者派遣契約を締結するに当たつては、あらかじめ、派遣元事業主に対し、厚生労働省令で定めるところにより、当該労働者派遣に係る派遣労働者が従事する業務ごとに、比較対象労働者の賃金その他の待遇に関する情報その他の厚生労働省令で定める情報を提供しなければならない。〈新設〉

8　前項の「比較対象労働者」とは、当該労働者派遣の役務の提供を受けようとする者に雇用される通常の労働者であつて、その業務の内容及び当該業務に伴う責任の程度（以下「職務の内容」という。）並びに当該職務の内容及び配置の変更の範囲が、当該労働者派遣に係る派遣労働者と同一であると見込まれるものその他の当該派遣労働者と待遇を比較すべき労働者として厚生労働省令で定めるものをいう。〈新設〉

9　派遣元事業主は、労働者派遣の役務の提供を受けようとする者から第7項の規定による情報の提供がないときは、当該者との間で、当該労働者派遣に係る派遣労働者が従事する業務に係る労働者派遣契約を締結してはならない。〈新設〉

10　派遣先は、第7項の情報に変更があつたときは、遅滞なく、厚生労働省令で定めるところにより、派遣元事業主に対し、当該変更の内容に関する情報を提供しなければならない。〈新設〉

11　労働者派遣の役務の提供を受けようとする者及び派遣先は、当該労働者派遣に関する料金の額について、派遣元事業主が、第30条の4第1項の協定に係る労働者派遣以外の労働者派遣にあつては第30条の3の規定、同項の協定に係る労働者派遣にあつては同項第2号から第5号までに掲げる事項に関する協定の定めを遵守することができるものとなるように配慮しなければならない。〈新設〉

第2節　派遣元事業主の講ずべき措置等

（不合理な待遇の禁止等）

第30条の3　派遣元事業主は、その雇用する派遣労働者の基本給、賞与その他の待遇のそれぞれについて、当該待遇に対応する派遣先に雇用される通常の労働者の待遇との間において、当該派遣労働者及び通常の労働者の職務の内容、当該職務の内容及び配置の変更の範囲その他の事情のうち、当該待遇の性質及び当該待遇を行う目的に照らして適切と認められるものを考慮して、不合理と認められる相違を設けてはならない。

2　派遣元事業主は、職務の内容が派遣先に雇用される通常の労働者と同一の派遣労働者であつて、当該労働者派遣契約及び当該派遣先における慣行その他の事情からみて、当該派遣先における派遣就業が終了するまでの全期間において、その職務の内容及び配置が当該派遣先との雇用関係が終了するまでの全期間における当該通常の労働者の職務の内容及び配置の変更の範囲と同一の範囲で変更されることが見込まれるものについては、正当な理由がなく、基本給、賞与その他の待遇のそれぞれについて、当該待遇に対応する当該通常の労働者の待遇に比して不利なものとしてはならない。

第30条の4　派遣元事業主は、厚生労働省令で定めるところにより、労働者の過半数で組織する労働組合がある場合においてはその労働組合、労働者の過半数で組織する労働組合がない場合においては労働者の過半数を代表する者との書面による協定により、その雇用する派遣労働者の待遇（第40条第2項の教育訓練、同条第3項の福利厚生施設その他の厚生労働省令で定めるものに係るものを除く。以下この項において同じ。）について、次に掲げる事項を定めたときは、前条の規定は、第1号に掲げる範囲に属する派遣労働者の待遇については適用しない。ただし、第2号、第4号若しくは第5号に掲げる事項であつて当該協定で定めたものを遵守していない場合又は第3号に関する当該協定の定めによる公正な評価に取り組んでいない場合は、この限りでない。〈新設〉

一　その待遇が当該協定で定めるところによることとされる派遣労働者の範囲

二　前号に掲げる範囲に属する派遣労働者の賃金の決定の方法（次のイ及びロ（通勤手当その他の厚生労働省令で定めるものにあつては、イ）に該当するものに限る。）

パート・有期　労働法

パート・有期　労働則

ガイドライン（パート・有期）

パート・有期　労働指針

派遣法

派遣則

ガイドライン（派遣）

派遣元指針

派遣先指針

イ　派遣労働者が従事する業務と同種の業務に従事する一般の労働者の平均的な賃金の額として厚生労働省令で定めるものと同等以上の賃金の額となるものであること。

　　ロ　派遣労働者の職務の内容、職務の成果、意欲、能力又は経験その他の就業の実態に関する事項の向上があつた場合に賃金が改善されるものであること。

　三　派遣元事業主は、前号に掲げる賃金の決定の方法により賃金を決定するに当たつては、派遣労働者の職務の内容、職務の成果、意欲、能力又は経験その他の就業の実態に関する事項を公正に評価し、その賃金を決定すること。

　四　第1号に掲げる範囲に属する派遣労働者の待遇（賃金を除く。以下この号において同じ。）の決定の方法（派遣労働者の待遇のそれぞれについて、当該待遇に対応する派遣元事業主に雇用される通常の労働者（派遣労働者を除く。）の待遇との間において、当該派遣労働者及び通常の労働者の職務の内容、当該職務の内容及び配置の変更の範囲その他の事情のうち、当該待遇の性質及び当該待遇を行う目的に照らして適切と認められるものを考慮して、不合理と認められる相違が生じることとならないものに限る。）

　五　派遣元事業主は、第1号に掲げる範囲に属する派遣労働者に対して第30条の2第1項の規定による教育訓練を実施すること。

　六　前各号に掲げるもののほか、厚生労働省令で定める事項

2　前項の協定を締結した派遣元事業主は、厚生労働省令で定めるところにより、当該協定をその雇用する労働者に周知しなければならない。

（職務の内容等を勘案した賃金の決定）

第30条の5　派遣元事業主は、派遣先に雇用される通常の労働者との均衡を考慮しつつ、その雇用する派遣労働者（第30条の3第2項の派遣労働者及び前条第1項の協定で定めるところによる待遇とされる派遣労働者（以下「協定対象派遣労働者」という。）を除く。）の職務の内容、職務の成果、意欲、能力又は経験その他の就業の実態に関する事項を勘案し、その賃金（通勤手当その他の厚生労働省令で定めるものを除く。）を決定するように努めなければならない。〈新設〉

（就業規則の作成の手続）

第30条の6　派遣元事業主は、派遣労働者に係る事項について就業規則を作成し、又は変更しようとするときは、あらかじめ、当該事業所において雇用する派遣労働者の過半数を代表すると認められるものの意見を聴くように努めなければならない。〈新設〉

（派遣労働者等の福祉の増進）

第30条の7　第30条から前条までに規定するもののほか、派遣元事業主は、その雇用する派遣労働者又は派遣労働者として雇用しようとする労働者について、各人の希望、能力及び経験に応じた就業の機会（派遣労働者以外の労働者としての就業の機会を含む。）及び教育訓練の機会の確保、労働条件の向上その他雇用の安定を図るために必要な措置を講ずることにより、これらの者の福祉の増進を図るように努めなければならない。

（待遇に関する事項等の説明）

第31条の2　派遣元事業主は、派遣労働者として雇用しようとする労働者に対し、厚生労働省令で定めるところにより、当該労働者を派遣労働者として雇用した場合における当該労働者の賃金の額の見込みその他の当該労働者の待遇に関する事項その他の厚生労働省令で定める事項を説明しなければならない。

2　派遣元事業主は、労働者を派遣労働者として雇い入れようとするときは、あらかじめ、当該労働者に対し、文書の交付その他厚生労働省令で定める方法（次項において「文書の交付等」という。）により、第1号に掲げる事項を明示するとともに、厚生労働省令で定めるところにより、第2号に掲げる措置の内容を説明しなければならない。〈新設〉

　一　労働条件に関する事項のうち、労働基準法第15条第1項に規定する厚生労働省令で定める事項以外のものであつて厚生労働省令で定めるもの

　二　第30条の3、第30条の4第1項及び第30条の5の規定により措置を講ずべきこととされている事項（労働基準法第15条第1項に規定する厚生労働省令で定める事項及び前号に掲げる事項を除く。）に関し講ずることとしている措置の内容

3　派遣元事業主は、労働者派遣（第30条の4第1項の協定に係るものを除く。）をしようとするときは、あらかじめ、当該労働者派遣に係る派遣労働者に対し、文書の交付等により、第1号に掲げる事項を明示するとともに、厚生労働省令で定めるところにより、第2号に掲げる措置の内容を説明しなければならない。〈新設〉

　一　労働基準法第15条第1項に規定する厚生労働省令で定める事項及び前項第1号に掲げる事項（厚生労働省令で定めるものを除く。）

　二　前項第2号に掲げる措置の内容

4　派遣元事業主は、その雇用する派遣労働者から求めがあつたときは、当該派遣労働者に対し、当該派遣労働者と第26条第8項に規定する比較対象労働者との間の待遇の相違の内容及び理由並びに第30条の3から第30条の6までの規定により措置を講ずべきこととされている事項に関する決定をするに当たつて考慮した事項を説明しなければならない。

5　派遣元事業主は、派遣労働者が前項の求めをしたことを理由として、当該派遣労働者に対して解雇その他不利益な取扱いをしてはならない。〈新設〉

（派遣先への通知）

第35条　派遣元事業主は、労働者派遣をするときは、厚生労働省令で定めるところにより、次に掲げる事項を派遣先に通知しなければならない。

一　当該労働者派遣に係る派遣労働者の氏名

二　当該労働者派遣に係る派遣労働者が協定対象派遣労働者であるか否かの別〈新設〉

三　当該労働者派遣に係る派遣労働者が無期雇用派遣労働者であるか有期雇用派遣労働者であるかの別

四　当該労働者派遣に係る派遣労働者が第40条の２第１項第２号の厚生労働省令で定める者であるか否かの別

五　当該労働者派遣に係る派遣労働者に関する健康保険法第39条第１項の規定による被保険者の資格の取得の確認、厚生年金保険法第18条第１項の規定による被保険者の資格の取得の確認及び雇用保険法第９条第１項の規定による被保険者となつたことの確認の有無に関する事項であつて厚生労働省令で定めるもの

六　その他厚生労働省令で定める事項

2　派遣元事業主は、前項の規定による通知をした後に同項第２号から第５号までに掲げる事項に変更があつたときは、遅滞なく、その旨を当該派遣先に通知しなければならない。

（派遣元管理台帳）

第37条　派遣元事業主は、厚生労働省令で定めるところにより、派遣就業に関し、派遣元管理台帳を作成し、当該台帳に派遣労働者ごとに次に掲げる事項を記載しなければならない。

一　協定対象派遣労働者であるか否かの別〈新設〉

二　無期雇用派遣労働者であるか有期雇用派遣労働者であるかの別（当該派遣労働者が有期雇用派遣労働者である場合にあつては、当該有期雇用派遣労働者に係る労働契約の期間）

三　第40条の２第１項第２号の厚生労働省令で定める者であるか否かの別

四　派遣先の氏名又は名称

五　事業所の所在地その他派遣就業の場所及び組織単位

六　労働者派遣の期間及び派遣就業をする日

七　始業及び終業の時刻

八　従事する業務の種類

九　第30条第１項（同条第２項の規定により読み替えて適用する場合を含む。）の規定により講じた措置

十　教育訓練（厚生労働省令で定めるものに限る。）を行つた日時及び内容

十一　派遣労働者から申出を受けた苦情の処理に関する事項

十二　紹介予定派遣に係る派遣労働者については、当該紹介予定派遣に関する事項

十三　その他厚生労働省令で定める事項

2　派遣元事業主は、前項の派遣元管理台帳を３年間保存しなければならない。

第3節　派遣先の講ずべき措置等

（適正な派遣就業の確保等）

第40条　派遣先は、その指揮命令の下に労働させる派遣労働者から当該派遣就業に関し、苦情の申出を受けたときは、当該苦情の内容を当該派遣元事業主に通知するとともに、当該派遣元事業主との密接な連携の下に、誠意をもつて、遅滞なく、当該苦情の適切かつ迅速な処理を図らなければならない。

2　派遣先は、その指揮命令の下に労働させる派遣労働者について、当該派遣労働者を雇用する派遣元事業主からの求めに応じ、当該派遣労働者が従事する業務と同種の業務に従事するその雇用する労働者が従事する業務の遂行に必要な能力を付与するための教育訓練については、当該派遣労働者が当該業務に必要な能力を習得することができるようにするため、当該派遣労働者が既に当該業務に必要な能力を有している場合その他厚生労働省令で定める場合を除き、当該派遣労働者に対しても、これを実施する等必要な措置を講じなければならない。

3　派遣先は、当該派遣先に雇用される労働者に対して利用の機会を与える福利厚生施設であつて、業務の円滑な遂行に資するものとして厚生労働省令で定めるものについては、その指揮命令の下に労働させる派遣労働者に対しても、利用の機会を与えなければならない。

4　前３項に定めるもののほか、派遣先は、その指揮命令の下に労働させる派遣労働者について、当該派遣就業が適正かつ円滑に行われるようにするため、適切な就業環境の維持、診療所等の施設であつて現に当該派遣先に雇用される労働者が通常利用しているもの（前項に規定する厚生労働省令で定める福利厚生施設を除く。）の利用に関する便宜の供与等必要な措置を講ずるように配慮しなければならない。

（削る）

5　派遣先は、第30条の３第１項の規定により賃金が適切に決定されるようにするため、派遣元事業主の求め

に応じ、その指揮命令の下に労働させる派遣労働者が従事する業務と同種の業務に従事する当該派遣先に雇用される労働者の賃金水準に関する情報又は当該業務に従事する労働者の募集に係る事項を提供することその他の厚生労働省令で定める措置を講ずるように配慮しなければならない。

5 派遣先は、第30条の2、第30条の3、第30条の4第1項及び第31条の2第4項の規定による措置が適切に講じられるようにするため、派遣元事業主の求めに応じ、当該派遣先に雇用される労働者に関する情報、当該派遣労働者の業務の遂行の状況その他の情報であつて当該措置に必要なものを提供する等必要な協力をするように配慮しなければならない。

（労働者派遣の役務の提供を受ける期間）
第40条の2 派遣先は、当該派遣先の事業所その他派遣就業の場所ごとの業務について、派遣元事業主から派遣可能期間を超える期間継続して労働者派遣の役務の提供を受けてはならない。ただし、当該労働者派遣が次の各号のいずれかに該当するものであるときは、この限りでない。
一 無期雇用派遣労働者に係る労働者派遣
二 雇用の機会の確保が特に困難である派遣労働者であつてその雇用の継続等を図る必要があると認められるものとして厚生労働省令で定める者に係る労働者派遣
三 次のイ又はロに該当する業務に係る労働者派遣
　イ 事業の開始、転換、拡大、縮小又は廃止のための業務であつて一定の期間内に完了することが予定されているもの
　ロ その業務が1箇月間に行われる日数が、当該派遣就業に係る派遣先に雇用される通常の労働者の1箇月間の所定労働日数に比し相当程度少なく、かつ、厚生労働大臣の定める日数以下である業務
四 当該派遣先に雇用される労働者が労働基準法第65条第1項及び第2項の規定により休業し、並びに育児休業、介護休業等育児又は家族介護を行う労働者の福祉に関する法律（平成3年法律第76号）第2条第1号に規定する育児休業をする場合における当該労働者の業務その他これに準ずる場合として厚生労働省令で定める場合における当該労働者の業務に係る労働者派遣
五 当該派遣先に雇用される労働者が育児休業、介護休業等育児又は家族介護を行う労働者の福祉に関する法律第2条第2号に規定する介護休業をし、及びこれに準ずる休業として厚生労働省令で定める休業をする場合における当該労働者の業務に係る労働者派遣
2 前項の派遣可能期間（以下「派遣可能期間」という。）は、3年とする。
3 派遣先は、当該派遣先の事業所その他派遣就業の場所ごとの業務について、派遣元事業主から3年を超える期間継続して労働者派遣（第1項各号のいずれかに該当するものを除く。以下この項において同じ。）の役務の提供を受けようとするときは、当該派遣先の事業所その他派遣就業の場所ごとの業務に係る労働者派遣の役務の提供が開始された日（この項の規定により派遣可能期間を延長した場合にあつては、当該延長前の派遣可能期間が経過した日）以後当該事業所その他派遣就業の場所ごとの業務について第1項の規定に抵触することとなる最初の日の1月前の日までの間（次項において「意見聴取期間」という。）に、厚生労働省令で定めるところにより、3年を限り、派遣可能期間を延長することができる。当該延長に係る期間が経過した場合において、これを更に延長しようとするときも、同様とする。
4 派遣先は、派遣可能期間を延長しようとするときは、意見聴取期間に、厚生労働省令で定めるところにより、過半数労働組合等（当該派遣先の事業所に、労働者の過半数で組織する労働組合がある場合においてはその労働組合、労働者の過半数で組織する労働組合がない場合においては労働者の過半数を代表する者をいう。次項において同じ。）の意見を聴かなければならない。
5 派遣先は、前項の規定により意見を聴かれた過半数労働組合等が異議を述べたときは、当該事業所その他派遣就業の場所ごとの業務について、延長前の派遣可能期間が経過することとなる日の前日までに、当該過半数労働組合等に対し、派遣可能期間の延長の理由その他の厚生労働省令で定める事項について説明しなければならない。
6 派遣先は、第4項の規定による意見の聴取及び前項の規定による説明を行うに当たつては、この法律の趣旨にのつとり、誠実にこれらを行うように努めなければならない。
7 派遣先は、第3項の規定により派遣可能期間を延長したときは、速やかに、当該労働者派遣をする派遣元事業主に対し、当該事業所その他派遣就業の場所ごとの業務について第1項の規定に抵触することとなる最初の日を通知しなければならない。
8 厚生労働大臣は、第1項第2号、第4号若しくは第5号の厚生労働省令の制定又は改正をしようとするときは、あらかじめ、労働政策審議会の意見を聴かなければならない。
第40条の3 派遣先は、前条第3項の規定により派遣可能期間が延長された場合において、当該派遣先の事業所その他派遣就業の場所における組織単位ごとの業務について、派遣元事業主から3年を超える期間継続して同一の派遣労働者に係る労働者派遣（同条第1項各号のいずれかに該当するものを除く。）の役務の提供を受けてはならない。

（特定有期雇用派遣労働者の雇用）

第40条の4　派遣先は、当該派遣先の事業所その他派遣就業の場所における組織単位ごとの同一の業務について派遣元事業主から継続して１年以上の期間同一の特定有期雇用派遣労働者に係る労働者派遣（第40条の２第１項各号のいずれかに該当するものを除く。）の役務の提供を受けた場合において、引き続き当該同一の業務に労働者を従事させるため、当該労働者派遣の役務の提供を受けた期間（以下この条において「派遣実施期間」という。）が経過した日以後労働者を雇い入れようとするときは、当該同一の業務に派遣実施期間継続して従事した特定有期雇用派遣労働者（継続して就業することを希望する者として厚生労働省令で定めるものに限る。）を、遅滞なく、雇い入れるように努めなければならない。

（派遣先に雇用される労働者の募集に係る事項の周知）

第40条の5　派遣先は、当該派遣先の同一の事業所その他派遣就業の場所において派遣元事業主から１年以上の期間継続して同一の派遣労働者に係る労働者派遣の役務の提供を受けている場合において、当該事業所その他派遣就業の場所において労働に従事する通常の労働者の募集を行うときは、当該募集に係る事業所その他派遣就業の場所に掲示することその他の措置を講ずることにより、その者が従事すべき業務の内容、賃金、労働時間その他の当該募集に係る事項を当該派遣労働者に周知しなければならない。

2　派遣先の事業所その他派遣就業の場所における同一の組織単位の業務について継続して３年間当該労働者派遣に係る労働に従事する見込みがある特定有期雇用派遣労働者（継続して就業することを希望する者として厚生労働省令で定めるものに限る。）に係る前項の規定の適用については、同項中「労働者派遣」とあるのは「労働者派遣（第40条の２第１項各号のいずれかに該当するものを除く。）」と、「通常の労働者」とあるのは「労働者」とする。

第40条の6　労働者派遣の役務の提供を受ける者（国（行政執行法人（独立行政法人通則法（平成11年法律第103号）第２条第４項に規定する行政執行法人をいう。）を含む。次条において同じ。）及び地方公共団体（特定地方独立行政法人（地方独立行政法人法（平成15年法律第118号）第２条第２項に規定する特定地方独立行政法人をいう。）を含む。次条において同じ。）の機関を除く。以下この条において同じ。）が次の各号のいずれかに該当する行為を行つた場合には、その時点において、当該労働者派遣の役務の提供を受ける者から当該労働者派遣に係る派遣労働者に対し、その時点における当該派遣労働者に係る労働条件と同一の労働条件を内容とする労働契約の申込みをしたものとみなす。ただし、労働者派遣の役務の提供を受ける者が、その行つた行為が次の各号のいずれかの行為に該当することを知らず、かつ、知らなかつたことにつき過失がなかつたときは、この限りでない。

一　第４条第３項の規定に違反して派遣労働者を同条第１項各号のいずれかに該当する業務に従事させること。

二　第24条の２の規定に違反して労働者派遣の役務の提供を受けること。

三　第40条の２第１項の規定に違反して労働者派遣の役務の提供を受けること（同条第４項に規定する意見の聴取の手続のうち厚生労働省令で定めるものが行われないことにより同条第１項の規定に違反することとなつたときを除く。）。

四　第40条の３の規定に違反して労働者派遣の役務の提供を受けること。

五　この法律又は次節の規定により適用される法律の規定の適用を免れる目的で、請負その他労働者派遣以外の名目で契約を締結し、第26条第１項各号に掲げる事項を定めずに労働者派遣の役務の提供を受けること。

2　前項の規定により労働契約の申込みをしたものとみなされた労働者派遣の役務の提供を受ける者は、当該労働契約の申込みに係る同項に規定する行為が終了した日から１年を経過する日までの間は、当該申込みを撤回することができない。

3　第１項の規定により労働契約の申込みをしたものとみなされた労働者派遣の役務の提供を受ける者が、当該申込みに対して前項に規定する期間内に承諾する旨又は承諾しない旨の意思表示を受けなかつたときは、当該申込みは、その効力を失う。

4　第１項の規定により申し込まれたものとみなされた労働契約に係る派遣労働者に係る労働者派遣をする事業主は、当該労働者派遣の役務の提供を受ける者から求めがあつた場合においては、当該労働者派遣の役務の提供を受ける者に対し、速やかに、同項の規定により労働契約の申込みをしたものとみなされた時点における当該派遣労働者に係る労働条件の内容を通知しなければならない。

第40条の7　労働者派遣の役務の提供を受ける者が国又は地方公共団体の機関である場合であつて、前条第１項各号のいずれかに該当する行為を行つた場合（同項ただし書に規定する場合を除く。）においては、当該行為が終了した日から１年を経過する日までの間に、当該労働者派遣に係る派遣労働者が、当該国又は地方公共団体の機関において当該労働者派遣に係る業務と同一の業務に従事することを求めるときは、当該国又は地方公共団体の機関は、同項の規定の趣旨を踏まえ、当該派遣労働者の雇用の安定を図る観点から、国家公務員法（昭和22年法律第120号。裁判所職員臨時措置法（昭和26年法律第299号）において準用する場合を含む。）、国会職員法（昭和22年法律第85号）、自衛隊法（昭和29年法律第165号）又は地方公務員法（昭和25年法律第261号）その他関係法令の規定に基づく採用その他の適切な措置を講じなければならない。

2　前項に規定する求めを行つた派遣労働者に係る労働者派遣をする事業主は、当該労働者派遣に係る国又は地

パート・有期
労働法

パート・有期
労働則

ガイドライン
（パート・有期）

パート・有期
労働指針

派遣法

派遣則

ガイドライン
（派遣）

派遣元指針

派遣先指針

方公共団体の機関から求めがあつた場合においては、当該国又は地方公共団体の機関に対し、速やかに、当該国又は地方公共団体の機関が前条第1項各号のいずれかに該当する行為を行つた時点における当該派遣労働者に係る労働条件の内容を通知しなければならない。

第40条の8　厚生労働大臣は、労働者派遣の役務の提供を受ける者又は派遣労働者からの求めに応じて、労働者派遣の役務の提供を受ける者の行為が、第40条の6第1項各号のいずれかに該当するかどうかについて必要な助言をすることができる。

2　厚生労働大臣は、第40条の6第1項の規定により申し込まれたものとみなされた労働契約に係る派遣労働者が当該申込みを承諾した場合において、同項の規定により当該労働契約の申込みをしたものとみなされた労働者派遣の役務の提供を受ける者が当該派遣労働者を就労させない場合には、当該労働者派遣の役務の提供を受ける者に対し、当該派遣労働者の就労に関し必要な助言、指導又は勧告をすることができる。

3　厚生労働大臣は、前項の規定により、当該派遣労働者を就労させるべき旨の勧告をした場合において、その勧告を受けた第40条の6第1項の規定により労働契約の申込みをしたものとみなされた労働者派遣の役務の提供を受ける者がこれに従わなかつたときは、その旨を公表することができる。

（離職した労働者についての労働者派遣の役務の提供の受入れの禁止）

第40条の9　派遣先は、労働者派遣の役務の提供を受けようとする場合において、当該労働者派遣に係る派遣労働者が当該派遣先を離職した者であるときは、当該離職の日から起算して1年を経過する日までの間は、当該派遣労働者（雇用の機会の確保が特に困難であり、その雇用の継続等を図る必要があると認められる者として厚生労働省令で定める者を除く。）に係る労働者派遣の役務の提供を受けてはならない。

2　派遣先は、第35条第1項の規定による通知を受けた場合において、当該労働者派遣の役務の提供を受けたならば前項の規定に抵触することとなるときは、速やかに、その旨を当該労働者派遣をしようとする派遣元事業主に通知しなければならない。

（派遣先責任者）

第41条　派遣先は、派遣就業に関し次に掲げる事項を行わせるため、厚生労働省令で定めるところにより、派遣先責任者を選任しなければならない。

一　次に掲げる事項の内容を、当該派遣労働者の業務の遂行を指揮命令する職務上の地位にある者その他の関係者に周知すること。

　イ　この法律及び次節の規定により適用される法律の規定（これらの規定に基づく命令の規定を含む。）

　ロ　当該派遣労働者に係る第39条に規定する労働者派遣契約の定め

　ハ　当該派遣労働者に係る第35条の規定による通知

二　第40条の2第7項及び次条に定める事項に関すること。

三　当該派遣労働者から申出を受けた苦情の処理に当たること。

四　当該派遣労働者の安全及び衛生に関し、当該事業所の労働者の安全及び衛生に関する業務を統括管理する者及び当該派遣元事業主との連絡調整を行うこと。

五　前号に掲げるもののほか、当該派遣元事業主との連絡調整に関すること。

（派遣先管理台帳）

第42条　派遣先は、厚生労働省令で定めるところにより、派遣就業に関し、派遣先管理台帳を作成し、当該台帳に派遣労働者ごとに次に掲げる事項を記載しなければならない。

<u>一　協定対象派遣労働者であるか否かの別〈新設〉</u>

<u>二</u>　無期雇用派遣労働者であるか有期雇用派遣労働者であるかの別

<u>三</u>　第40条の2第1項第2号の厚生労働省令で定める者であるか否かの別

<u>四</u>　派遣元事業主の氏名又は名称

<u>五</u>　派遣就業をした日

<u>六</u>　派遣就業をした日ごとの始業し、及び終業した時刻並びに休憩した時間

<u>七</u>　従事した業務の種類

<u>八</u>　派遣労働者から申出を受けた苦情の処理に関する事項

<u>九</u>　紹介予定派遣に係る派遣労働者については、当該紹介予定派遣に関する事項

<u>十</u>　教育訓練（厚生労働省令で定めるものに限る。）を行つた日時及び内容

<u>十一</u>　その他厚生労働省令で定める事項

2　派遣先は、前項の派遣先管理台帳を3年間保存しなければならない。

3　派遣先は、厚生労働省令で定めるところにより、第1項各号（<u>第4号</u>を除く。）に掲げる事項を派遣元事業主に通知しなければならない。

　　　　第4節　労働基準法等の適用に関する特例等

（労働基準法の適用に関する特例）

第44条　（略）

2　派遣中の労働者の派遣就業に関しては、派遣先の事業のみを、派遣中の労働者を使用する事業とみなして、労働基準法第7条、第32条、第32条の2第1項、<u>第32条の3第1項</u>、第32条の4第1項から第3項まで、第33条から第35条まで、第36条第1項及び第6項、第40条、第41条、第60条から第63条まで、第64条の2、第64条の3、<u>第66条から第68条まで並びに第141条第3項の規定</u>並びに当該規定に基づいて発する命令の規定（これらの規定に係る罰則の規定を含む。）を適用する。この場合において、同法第32条の2第1項中「当該事業場に」とあるのは「労働者派遣事業の適正な運営の確保及び派遣労働者の保護等に関する法律（以下「労働者派遣法」という。）第44条第3項に規定する派遣元の使用者（以下単に「派遣元の使用者」という。）が、当該派遣元の事業（同項に規定する派遣元の事業をいう。以下同じ。）の事業場に」と、同法<u>第32条の3第1項</u>中「就業規則その他これに準ずるものにより、」とあるのは「派遣元の使用者が就業規則その他これに準ずるものにより」と、「とした労働者」とあるのは「とした労働者であつて、当該労働者に係る労働者派遣法第26条第1項に規定する労働者派遣契約に基づきこの条の規定による労働時間により労働させることができるもの」と、「当該事業場の」とあるのは「派遣元の使用者が、当該派遣元の事業の事業場の」と、同法第32条の4第1項及び第2項中「当該事業場に」とあるのは「派遣元の使用者が、当該派遣元の事業の事業場に」と、同法第36条第1項中「当該事業場に」とあるのは「派遣元の使用者が、当該派遣元の事業の事業場に」と、「<u>協定をし、</u>」とあるのは「<u>協定をし、及び</u>」とする。

3　労働者派遣をする事業主の事業（以下この節において「派遣元の事業」という。）の労働基準法第10条に規定する使用者（以下この条において「派遣元の使用者」という。）は、労働者派遣をする場合であつて、前項の規定により当該労働者派遣の役務の提供を受ける事業主の事業の同条に規定する使用者とみなされることとなる者が当該労働者派遣に係る労働者派遣契約に定める派遣就業の条件に従つて当該労働者派遣に係る派遣労働者を労働させたならば、同項の規定により適用される同法第32条、第34条、第35条、<u>第36条第6項</u>、第40条、第61条から第63条まで、第64条の2、<u>第64条の3若しくは第141条第3項</u>の規定又はこれらの規定に基づいて発する命令の規定（次項において「労働基準法令の規定」という。）に抵触することとなるときにおいては、当該労働者派遣をしてはならない。

4　（略）

5　前各項の規定による労働基準法の特例については、同法第38条の2第2項中「当該事業場」とあるのは「当該事業場（労働者派遣事業の適正な運営の確保及び派遣労働者の保護等に関する法律（昭和60年法律第88号。以下「労働者派遣法」という。）第23条の2に規定する派遣就業にあつては、労働者派遣法第44条第3項に規定する派遣元の事業の事業場）」と、同法第38条3第1項中「就かせたとき」とあるのは「就かせたとき（派遣先の使用者（労働者派遣法第44条第1項又は第2項の規定により同条第1項に規定する派遣先の事業の第10条に規定する使用者とみなされる者をいう。以下同じ。）が就かせたときを含む。）」と、同法第99条第1項から第3項まで、第100条第1項及び第3項並びに第104条の2中「この法律」とあるのは「この法律及び労働者派遣法第44条の規定」と、同法第101条第1項、第104条第2項、第104条の2、第105条の2、第106条第1項及び第109条中「使用者」とあるのは「使用者（派遣先の使用者を含む。）」と、同法第102条中「この法律違反の罪」とあるのは「この法律（労働者派遣法第44条の規定により適用される場合を含む。）の違反の罪（同条第4項の規定による第118条、第119条及び第121条の罪を含む。）」と、同法第104条第1項中「この法律又はこの法律に基いて発する命令」とあるのは「この法律若しくはこの法律に基づいて発する命令の規定（労働者派遣法第44条の規定により適用される場合を含む。）又は同条第3項の規定」と、同法第106条第1項中「この法律」とあるのは「この法律（労働者派遣法第44条の規定を含む。以下この項において同じ。）」と、「協定並びに<u>第38条の4第1項及び同条第5項（第41条の2第3項において準用する場合を含む。）並びに第41条の2第1項に規定する決議</u>」とあるのは「協定並びに<u>第38条の4第1項及び同条第5項（第41条の2第3項において準用する場合を含む。）並びに第41条の2第1項に規定する決議</u>（派遣先の使用者にあつては、この法律及びこれに基づく命令の要旨）」と、同法第112条中「この法律及びこの法律に基いて発する命令」とあるのは「この法律及びこの法律に基づいて発する命令の規定（労働者派遣法第44条の規定により適用される場合を含む。）並びに同条第3項の規定」として、これらの規定（これらの規定に係る罰則の規定を含む。）を適用する。

6　（略）

（労働安全衛生法の適用に関する特例等）

第45条　労働者がその事業における派遣就業のために派遣されている派遣先の事業に関しては、当該派遣先の事業を行う者もまた当該派遣中の労働者を使用する事業者（労働安全衛生法（昭和47年法律第57号）第2条第3号に規定する事業者をいう。以下この条において同じ。）と、当該派遣中の労働者を当該派遣先の事業を行う者にもまた使用される労働者とみなして、同法第3条第1項、第4条、第10条、第12条から第13条（<u>第2項及び第3項を除く。</u>）まで、第13条の2、<u>第13条の3</u>、第18条、第19条の2、第59条第2項、第60条の2、第62条、第66条の5第1項、第69条及び第70条の規定（これらの規定に係る罰則の規定を含む。）を適用する。この場合において、同法第10条第1項中「第25条の2第2項」とあるのは「第25条の2第2項（労働者派遣事業の適正な運営の確保及び派遣労働者の保護等に関する法律（以下「労働者派遣法」という。）第45条第3項の規定により適用される場合を含む。）」と、「次の業務」とあるのは「次の業務（労働者派遣法第44条第1項

231

に規定する派遣中の労働者（以下単に「派遣中の労働者」という。）に関しては、第2号の業務（第59条第3項に規定する安全又は衛生のための特別の教育に係るものを除く。）、第3号の業務（第66条第1項の規定による健康診断（同条第2項後段の規定による健康診断であつて厚生労働省令で定めるものを含む。）及び当該健康診断に係る同条第4項の規定による健康診断並びにこれらの健康診断に係る同条第5項ただし書の規定による健康診断に係るものに限る。）及び第5号の業務（厚生労働省令で定めるものに限る。）を除く。第12条第1項及び第12条の2において「派遣先安全衛生管理業務」という。）」と、同法第12条第1項及び第12条の2中「第10条第1項各号の業務」とあるのは「派遣先安全衛生管理業務」と、「第25条の2第2項」とあるのは「第25条の2第2項（労働者派遣法第45条第3項の規定により適用される場合を含む。）」と、「同条第1項各号」とあるのは「第25条の2第1項各号」と、同法第13条第1項中「健康管理その他の厚生労働省令で定める事項（以下」とあるのは「健康管理その他の厚生労働省令で定める事項（派遣中の労働者に関しては、当該事項のうち厚生労働省令で定めるものを除く。第4項及び第5項、次条並びに第13条の3において」と、同条第4項中「定めるもの」とあるのは「定めるもの（派遣中の労働者に関しては、当該情報のうち第1項の厚生労働省令で定めるものに関するものを除く。）」と、同法第18条第1項中「次の事項」とあるのは「次の事項（派遣中の労働者に関しては、当該事項のうち厚生労働省令で定めるものを除く。）」とする。

2　その事業に使用する労働者が派遣先の事業における派遣就業のために派遣されている派遣元の事業に関する労働安全衛生法第10条第1項、第12条第1項、第12条の2、第13条第1項及び第4項並びに第18条第1項の規定の適用については、同法第10条第1項中「次の業務」とあるのは「次の業務（労働者派遣事業の適正な運営の確保及び派遣労働者の保護等に関する法律（以下「労働者派遣法」という。）第44条第1項に規定する派遣中の労働者（以下単に「派遣中の労働者」という。）に関しては、労働者派遣法第45条第1項の規定により読み替えて適用されるこの項の規定により労働者派遣法第44条第1項に規定する派遣先の事業を行う者がその選任する総括安全衛生管理者に統括管理させる業務を除く。第12条第1項及び第12条の2において「派遣元安全衛生管理業務」という。）」と、同法第12条第1項及び第12条の2中「第10条第1項各号の業務」とあるのは「派遣元安全衛生管理業務」と、同法第13条第1項中「健康管理その他の厚生労働省令で定める事項（以下」とあるのは「健康管理その他の厚生労働省令で定める事項（派遣中の労働者に関しては、当該事項のうち厚生労働省令で定めるものに限る。第4項及び第5項、次条並びに第13条の3において」と、同条第4項中「定めるもの」とあるのは「定めるもの（派遣中の労働者に関しては、当該情報のうち第1項の厚生労働省令で定めるものに関するものに限る。）」と、同法第18条第1項中「次の事項」とあるのは「次の事項（派遣中の労働者に関しては、当該事項のうち厚生労働省令で定めるものに限る。）」とする。

3　労働者がその事業における派遣就業のために派遣されている派遣先の事業に関しては、当該派遣先の事業を行う者を当該派遣中の労働者を使用する事業者と、当該派遣中の労働者を当該派遣先の事業を行う者に使用される労働者とみなして、労働安全衛生法第11条、第14条から第15条の3まで、第17条、第20条から第27条まで、第28条の2から第30条の3まで、第31条の3、第36条（同法第30条第1項及び第4項、第30条の2第1項及び第4項並びに第30条の3第1項及び第4項の規定に係る部分に限る。）、第45条（第2項を除く。）、第57条の3から第58条まで、第59条第3項、第60条、第61条第1項、第65条から第65条の4まで、第66条第2項前段及び後段（派遣先の事業を行う者が同項後段の政令で定める業務に従事させたことのある労働者（派遣中の労働者を含む。）に係る部分に限る。以下この条において同じ。）、第3項、第4項（同法第66条第2項前段及び後段並びに第3項の規定に係る部分に限る。以下この条において同じ。）並びに第5項（同法第66条第2項前段及び後段、第3項並びに第4項の規定に係る部分に限る。以下この条において同じ。）、第66条の3（同法第66条第2項前段及び後段、第3項、第4項並びに第5項の規定に係る部分に限る。以下この条において同じ。）、第66条の4、第66条の8の3、第68条、第68条の2、第71条の2、第9章第1節並びに第88条から第89条の2までの規定並びに当該規定に基づく命令の規定（これらの規定に係る罰則を含む。）を適用する。この場合において、同法第29条第1項中「この法律又はこれに基づく命令の規定」とあるのは「この法律若しくはこれに基づく命令の規定（労働者派遣事業の適正な運営の確保及び派遣労働者の保護等に関する法律（以下「労働者派遣法」という。）第45条の規定により適用される場合を含む。）又は同条第10項の規定若しくは同項の規定に基づく命令の規定」と、同条第2項中「この法律又はこれに基づく命令の規定」とあるのは「この法律若しくはこれに基づく命令の規定（労働者派遣法第45条の規定により適用される場合を含む。）又は同条第10項の規定若しくは同項の規定に基づく命令の規定」と、同法第30条第1項第5号及び第88条第6項中「この法律又はこれに基づく命令の規定」とあるのは「この法律又はこれに基づく命令の規定（労働者派遣法第45条の規定により適用される場合を含む。）」と、同法第66条の4中「第66条第1項から第4項まで若しくは第5項ただし書又は第66条の2」とあるのは「第66条第2項前段若しくは後段（派遣先の事業を行う者が同項後段の政令で定める業務に従事させたことのある労働者（労働者派遣法第44条第1項に規定する派遣中の労働者を含む。）に係る部分に限る。以下この条において同じ。）、第3項、第4項（第66条第2項前段及び後段並びに第3項の規定に係る部分に限る。以下この条において同じ。）又は第5項ただし書（第66条第2項前段及び後段、第3項並びに第4項の規定に係る部分に限る。）」と、同法第66条の8の3中「第66条の8第1項」とあるのは「派遣元の事業（労働者派遣法第44条第3項に規定する派遣元の事業をいう。）の事業者が、第66条の8第1項」とする。

4〜14　（略）

15　前各項の規定による労働安全衛生法の特例については、同法第9条中「事業者、」とあるのは「事業者（労働者派遣事業の適正な運営の確保及び派遣労働者の保護等に関する法律（以下「労働者派遣法」という。）第44条第1項に規定する派遣先の事業を行う者（以下「派遣先の事業者」という。）を含む。以下この条において同じ。）、」と、同法第28条第4項、第32条第1項から第4項まで、第33条第1項、第34条、第63条、第66条の5第3項、第70条の2第2項、第71条の3第2項、第71条の4、第93条第2項及び第3項、第97条第2項、第98条第1項、第99条第1項、第99条の2第1項及び第2項、第100条から第102条まで、第103条第1項、<u>第104条第1項、第2項及び第4項</u>、第106条第1項並びに第108条の2第3項中「事業者」とあるのは「事業者（派遣先の事業者を含む。）」と、同法第31条第1項中「の労働者」とあるのは「の労働者（労働者派遣法第44条第1項に規定する派遣中の労働者（以下単に「派遣中の労働者」という。）を含む。）」と、同法第31条の2、第31条の4並びに第32条第4項、第6項及び第7項中「労働者」とあるのは「労働者（派遣中の労働者を含む。）」と、同法第31条の4及び第97条第1項中「この法律又はこれに基づく命令の規定」とあるのは「この法律若しくはこれに基づく命令の規定（労働者派遣法第45条の規定により適用される場合を含む。）又は同条第6項、第10項若しくは第11項の規定若しくはこれらの規定に基づく命令の規定」と、同法第90条、第91条第1項及び第100条中「この法律」とあるのは「この法律及び労働者派遣法第45条の規定」と、同法第92条中「この法律の規定に違反する罪」とあるのは「この法律の規定（労働者派遣法第45条の規定により適用される場合を含む。）に違反する罪（同条第7項の規定による第119条及び第122条の罪を含む。）並びに労働者派遣法第45条第12項及び第13項の罪」と、同法第98条第1項中「第34条の規定」とあるのは「第34条の規定（労働者派遣法第45条の規定により適用される場合を含む。）」と、同法第101条第1項中「この法律」とあるのは「この法律（労働者派遣法第45条の規定を含む。）」と、同法第103条第1項中「この法律又はこれに基づく命令の規定」とあるのは「この法律又はこれに基づく命令の規定（労働者派遣法第45条の規定により適用される場合を含む。）」と、<u>同法第104条第1項中「この法律又はこれに基づく命令の規定」とあるのは「この法律若しくはこれに基づく命令の規定（労働者派遣法第45条の規定により適用される場合を含む。）又は同条第10項若しくは第11項の規定若しくはこれらの規定に基づく命令の規定」</u>と、同法第115条第1項中「（第2章の規定を除く。）」とあるのは「（第2章の規定を除く。）及び労働者派遣法第45条の規定」として、これらの規定（これらの規定に係る罰則の規定を含む。）を適用する。

16・17　（略）

（じん肺法の適用に関する特例等）

第46条　（略）

2〜11　（略）

12　前各項の規定によるじん肺法の特例については、同法第32条第1項中「事業者」とあるのは「事業者（労働者派遣事業の適正な運営の確保及び派遣労働者の保護等に関する法律（以下「労働者派遣法」という。）第46条の規定により事業者とみなされた者を含む。<u>第35条の3第1項、第2項及び第4項、第43条の2第2項並びに第44条において「事業者等」という。）</u>」と、<u>同法第35条の3第1項、第2項及び第4項中「事業者」とあるのは「事業者等」と、同条第1項中「この法律又はこれに基づく命令の規定」とあるのは「この法律若しくはこれに基づく命令の規定（労働者派遣法第46条の規定により適用される場合を含む。）又は同条第7項から第9項までの規定若しくはこれらの規定に基づく命令の規定」</u>と、同法第39条第2項及び第3項中「この法律」とあるのは「この法律（労働者派遣法第46条の規定により適用される場合を含む。）」と、同条第3項中「第21条第4項」とあるのは「第21条第4項（労働者派遣法第46条第4項の規定により適用される場合を含む。）」と、同法第40条第1項中「粉じん作業を行う事業場」とあるのは「粉じん作業を行う事業場（労働者派遣法第46条の規定により事業者とみなされた者の事業場を含む。第42条第1項において同じ。）」と、同法第41条及び第42条第1項中「この法律」とあるのは「この法律及び労働者派遣法第46条の規定」と、同法第43条中「この法律の規定に違反する罪」とあるのは「この法律の規定（労働者派遣法第46条の規定により適用される場合を含む。）に違反する罪並びに同条第10項及び第11項の罪」と、同法第43条の2第1項中「この法律又はこれに基づく命令の規定」とあるのは「この法律若しくはこれに基づく命令の規定（労働者派遣法第46条の規定により適用される場合を含む。）又は同条第7項から第9項までの規定若しくはこれらの規定に基づく命令の規定」と、同条第2項及び同法第44条中「事業者」とあるのは「事業者等」として、これらの規定（これらの規定に係る罰則の規定を含む。）を適用する。

13・14　（略）

　第47条の3及び第47条の4は次のように改正（令和元年6月5日法律第24号）され、令和2年6月1日から適用される。

（傍線はこの改正による変更部分）

（雇用の分野における男女の均等な機会及び待遇の確保等に関する法律の適用に関する特例）

パート・有期 労働法／パート・有期 労働則／ガイドライン（パート・有期）／パート・有期 労働指針／派遣法／派遣則／ガイドライン（派遣）／派遣元指針／派遣先指針

第47条の2　労働者派遣の役務の提供を受ける者がその指揮命令の下に労働させる派遣労働者の当該労働者派遣に係る就業に関しては、当該労働者派遣の役務の提供を受ける者もまた、当該派遣労働者を雇用する事業主とみなして、雇用の分野における男女の均等な機会及び待遇の確保等に関する法律（昭和47年法律第113号）第9条第3項、第11条第1項、第11条の2第2項、第11条の3第1項、第11条の4第2項、第12条及び第13条第1項の規定を適用する。この場合において、同法第11条第1項及び第11条の3第1項中「雇用管理上」とあるのは、「雇用管理上及び指揮命令上」とする。

（育児休業、介護休業等育児又は家族介護を行う労働者の福祉に関する法律の適用に関する特例）
第47条の3　労働者派遣の役務の提供を受ける者がその指揮命令の下に労働させる派遣労働者の当該労働者派遣に係る就業に関しては、当該労働者派遣の役務の提供を受ける者もまた、当該派遣労働者を雇用する事業主とみなして、育児休業、介護休業等育児又は家族介護を行う労働者の福祉に関する法律第10条（同法第16条、第16条の4及び第16条の7において準用する場合を含む。）、第16条の10、第18条の2、第20条の2、第23条の2、第25条第1項及び第25条の2第2項の規定を適用する。この場合において、同法第25条第1項中「雇用管理上」とあるのは、「雇用管理上及び指揮命令上」とする。

（労働施策の総合的な推進並びに労働者の雇用の安定及び職業生活の充実等に関する法律の適用に関する特例）
第47条の4　労働者派遣の役務の提供を受ける者がその指揮命令の下に労働させる派遣労働者の当該労働者派遣に係る就業に関しては、当該労働者派遣の役務の提供を受ける者もまた、当該派遣労働者を雇用する事業主とみなして、労働施策の総合的な推進並びに労働者の雇用の安定及び職業生活の充実等に関する法律（昭和41年法律第132号）第30条の2第1項及び第30条の3第2項の規定を適用する。この場合において、同法第30条の2第1項中「雇用管理上」とあるのは、「雇用管理上及び指揮命令上」とする。〈新設〉

第4章　紛争の解決 〈新設〉

第1節　紛争の解決の援助等 〈新設〉

（苦情の自主的解決）
第47条の4　派遣元事業主は、第30条の3、第30条の4及び第31条の2第2項から第5項までに定める事項に関し、派遣労働者から苦情の申出を受けたとき、又は派遣労働者が派遣先に対して申し出た苦情の内容が当該派遣先から通知されたときは、その自主的な解決を図るように努めなければならない。〈新設〉
2　派遣先は、第40条第2項及び第3項に定める事項に関し、派遣労働者から苦情の申出を受けたときは、その自主的な解決を図るように努めなければならない。

（紛争の解決の促進に関する特例）
第47条の5　前条第1項の事項についての派遣労働者と派遣元事業主との間の紛争及び同条第2項の事項についての派遣労働者と派遣先との間の紛争については、個別労働関係紛争の解決の促進に関する法律（平成13年法律第112号）第4条、第5条及び第12条から第19条までの規定は適用せず、次条から第47条の9までに定めるところによる。〈新設〉

（紛争の解決の援助）
第47条の6　都道府県労働局長は、前条に規定する紛争に関し、当該紛争の当事者の双方又は一方からその解決につき援助を求められた場合には、当該紛争の当事者に対し、必要な助言、指導又は勧告をすることができる。〈新設〉
2　派遣元事業主及び派遣先は、派遣労働者が前項の援助を求めたことを理由として、当該派遣労働者に対して不利益な取扱いをしてはならない。

第2節　調停 〈新設〉

（調停の委任）
第47条の7　都道府県労働局長は、第47条の5に規定する紛争について、当該紛争の当事者の双方又は一方から調停の申請があつた場合において当該紛争の解決のために必要があると認めるときは、個別労働関係紛争の解決の促進に関する法律第6条第1項の紛争調整委員会に調停を行わせるものとする。〈新設〉
2　前条第2項の規定は、派遣労働者が前項の申請をした場合について準用する。

（調停）
第47条の8　雇用の分野における男女の均等な機会及び待遇の確保等に関する法律第19条、第20条第1項及び第21条から第26条までの規定は、前条第1項の調停の手続について準用する。この場合において、同法第19条第1項中「前条第1項」とあるのは「労働者派遣事業の適正な運営の確保及び派遣労働者の保護等に関する法律第47条の7第1項」と、同法第20条第1項中「関係当事者」とあるのは「関係当事者又は関係当事者と同一の事業所に雇用される労働者その他の参考人」と、同法第25条第1項中「第18条第1項」とあるのは「労働者派遣事業の適正な運営の確保及び派遣労働者の保護等に関する法律第47条の7第1項」と読み替えるものとする。〈新設〉

（厚生労働省令への委任）

<u>第47条の9</u>　この節に定めるもののほか、調停の手続に関し必要な事項は、厚生労働省令で定める。〈新設〉

第5章　雑則

（指針）

<u>第47条の11</u>　厚生労働大臣は、第24条の3及び<u>第3章第1節</u>から第3節までの規定により派遣元事業主及び派遣先が講ずべき措置に関して、その適切かつ有効な実施を図るため必要な指針を公表するものとする。

（指導及び助言等）

第48条　厚生労働大臣は、この法律（<u>第3章第4節の規定を除く</u>。第49条の3第1項、第50条及び第51条第1項において同じ。）の施行に関し必要があると認めるときは、労働者派遣をする事業主及び労働者派遣の役務の提供を受ける者に対し、労働者派遣事業の適正な運営又は適正な派遣就業を確保するために必要な指導及び助言をすることができる。

2　厚生労働大臣は、労働力需給の適正な調整を図るため、労働者派遣事業が専ら労働者派遣の役務を特定の者に提供することを目的として行われている場合（第7条第1項第1号の厚生労働省令で定める場合を除く。）において必要があると認めるときは、当該派遣元事業主に対し、当該労働者派遣事業の目的及び内容を変更するように勧告することができる。

3　厚生労働大臣は、第23条第3項、第23条の2又は第30条第2項の規定により読み替えて適用する同条第1項の規定に違反した派遣元事業主に対し、第1項の規定による指導又は助言をした場合において、当該派遣元事業主がなお第23条第3項、第23条の2又は第30条第2項の規定により読み替えて適用する同条第1項の規定に違反したときは、当該派遣元事業主に対し、必要な措置をとるべきことを指示することができる。

（公表等）

第49条の2　厚生労働大臣は、労働者派遣の役務の提供を受ける者が、第4条第3項、第24条の2、<u>第26条第7項若しくは第10項</u>、第40条第2項若しくは第3項、第40条の2第1項、第4項若しくは第5項、第40条の3若しくは第40条の9第1項の規定に違反しているとき、又はこれらの規定に違反して第48条第1項の規定による指導若しくは助言を受けたにもかかわらずなおこれらの規定に違反するおそれがあると認めるときは、当該労働者派遣の役務の提供を受ける者に対し、第4条第3項、第24条の2、<u>第26条第7項若しくは第10項、第40条第2項若しくは第3項</u>、第40条の2第1項、第4項若しくは第5項、第40条の3若しくは第40条の9第1項の規定に違反する派遣就業を是正するために必要な措置又は当該派遣就業が行われることを防止するために必要な措置をとるべきことを勧告することができる。

2　厚生労働大臣は、前項の規定による勧告をした場合において、その勧告を受けた者がこれに従わなかつたときは、その旨を公表することができる。

　第47条の4から第47条の9及び第47条の11の規定は、次のように改正（令和元年6月5日法律第24号）され、令和2年6月1日から適用される。

（傍線はこの改正による変更部分）

（苦情の自主的解決）

<u>第47条の5</u>　派遣元事業主は、第30条の3、第30条の4及び第31条の2第2項から第5項までに定める事項に関し、派遣労働者から苦情の申出を受けたとき、又は派遣労働者が派遣先に対して申し出た苦情の内容が当該派遣先から通知されたときは、その自主的な解決を図るように努めなければならない。

2　派遣先は、第40条第2項及び第3項に定める事項に関し、派遣労働者から苦情の申出を受けたときは、その自主的な解決を図るように努めなければならない。

（紛争の解決の促進に関する特例）

<u>第47条の6</u>　前条第1項の事項についての派遣労働者と派遣元事業主との間の紛争及び同条第2項の事項についての派遣労働者と派遣先との間の紛争については、個別労働関係紛争の解決の促進に関する法律（平成13年法律第112号）第4条、第5条及び第12条から第19条までの規定は適用せず、次条から<u>第47条の10</u>までに定めるところによる。

（紛争の解決の援助）

<u>第47条の7</u>　都道府県労働局長は、前条に規定する紛争に関し、当該紛争の当事者の双方又は一方からその解決につき援助を求められた場合には、当該紛争の当事者に対し、必要な助言、指導又は勧告をすることができる。

2　派遣元事業主及び派遣先は、派遣労働者が前項の援助を求めたことを理由として、当該派遣労働者に対して不利益な取扱いをしてはならない。

パート・有期労働法

パート・有期労働則

ガイドライン（パート・有期）

パート・有期労働指針

派遣法

派遣則

ガイドライン（派遣）

派遣元指針

派遣先指針

第2節　調停

（調停の委任）

第47条の8　都道府県労働局長は、第47条の6に規定する紛争について、当該紛争の当事者の双方又は一方から調停の申請があつた場合において当該紛争の解決のために必要があると認めるときは、個別労働関係紛争の解決の促進に関する法律第6条第1項の紛争調整委員会に調停を行わせるものとする。

2　前条第2項の規定は、派遣労働者が前項の申請をした場合について準用する。

（調停）

第47条の9　雇用の分野における男女の均等な機会及び待遇の確保等に関する法律第19条から第26条までの規定は、前条第1項の調停の手続について準用する。この場合において、同法第19条第1項中「前条第1項」とあるのは「労働者派遣事業の適正な運営の確保及び派遣労働者の保護等に関する法律（昭和60年法律第88号）第47条の8第1項」と、同法第20条中「事業場」とあるのは「事業所」と、同法第25条第1項中「第18条第1項」とあるのは「労働者派遣事業の適正な運営の確保及び派遣労働者の保護等に関する法律第47条の6」と読み替えるものとする。

（厚生労働省令への委任）

第47条の10　この節に定めるもののほか、調停の手続に関し必要な事項は、厚生労働省令で定める。

第5章　雑則

（指針）

第47条の12　厚生労働大臣は、第24条の3及び第3章第1節から第3節までの規定により派遣元事業主及び派遣先が講ずべき措置に関して、その適切かつ有効な実施を図るため必要な指針を公表するものとする。

附　則（平成30年7月6日法律第71号）（抄）＜働き方改革関連法の附則＞

（施行期日）

第1条　この法律は、平成31年4月1日から施行する。ただし、次の各号に掲げる規定は、当該各号に定める日から施行する。

　二　第5条の規定（労働者派遣法第44条から第46条までの改正規定を除く。）並びに第7条及び第8条の規定並びに附則第6条、第7条第1項、第8条第1項、第9条、第11条、第13条及び第17条の規定、附則第18条（前号に掲げる規定を除く。）の規定、附則第19条（前号に掲げる規定を除く。）の規定、附則第20条（前号に掲げる規定を除く。）の規定、附則第21条、第23条及び第26条の規定並びに附則第28条（前号に掲げる規定を除く。）の規定　平成32年4月1日

（労働者派遣事業の許可の取消し等に関する経過措置）

第6条　附則第1条第2号に掲げる規定の施行の際現に第5条の規定による改正前の労働者派遣法の規定により許可を受けている者に対する許可の取消し又は事業の停止の命令に関しては、同号に掲げる規定の施行前に生じた事由については、なお従前の例による。

（派遣元事業主への情報提供に関する経過措置）

第7条　附則第1条第2号に掲げる規定の施行前に労働者派遣契約（労働者派遣法第26条第1項に規定する労働者派遣契約をいう。以下この項において同じ。）を締結した派遣先（労働者派遣法第2条第4号に規定する派遣先をいう。次項及び次条第1項において同じ。）であつて、附則第1条第2号に掲げる規定の施行後において当該労働者派遣契約に基づく労働者派遣（労働者派遣法第2条第1号に規定する労働者派遣をいう。以下この項及び次条において同じ。）の役務の提供を受けるものは、附則第1条第2号に掲げる規定の施行の日（次項及び次条において「第2号施行日」という。）に、当該労働者派遣をする派遣元事業主（労働者派遣法第2条第4号に規定する派遣元事業主をいう。次条において同じ。）に対し、厚生労働省令で定めるところにより、当該労働者派遣に係る派遣労働者（労働者派遣法第2条第2号に規定する派遣労働者をいう。次条第1項において同じ。）が従事する業務ごとに、比較対象労働者（第5条の規定による改正後の労働者派遣法（以下この項、次条第1項及び附則第9条において「新労働者派遣法」という。）第26条第8項に規定する比較対象労働者をいう。）の賃金その他の待遇に関する情報その他の厚生労働省令で定める情報を提供しなければならない。この場合において、新労働者派遣法第26条第10項中「第7項」とあるのは「第7項又は働き方改革を推進するための関係法律の整備に関する法律（平成30年法律第71号）附則第7条第1項」と、労働者派遣法第28条及び第31条中「又は第4節の規定により適用される法律」とあるのは「、第4節の規定により適用される法律又は働き方改革を推進するための関係法律の整備に関する法律（附則第7条第1項の規定に限る。）」と、新労働者派遣法第48条第1項中「同じ。」とあるのは「同じ。」又は働き方改革を推進するための関係法律の整備に関する法律（附則第7条第1項の規定に限る。）」と、新労働者派遣法第49条の2第1項中「第40条の9第1項」と

あるのは「第40条の９第１項若しくは働き方改革を推進するための関係法律の整備に関する法律附則第７条第１項」と、労働者派遣法第49条の３第１項中「この法律又はこれ」とあるのは「この法律若しくは働き方改革を推進するための関係法律の整備に関する法律（附則第７条第１項の規定に限る。）又はこれら」と、労働者派遣法第50条及び第51条第１項中「この法律」とあるのは「この法律又は働き方改革を推進するための関係法律の整備に関する法律（附則第７条第１項の規定に限る。）」とする。

２　前項の派遣先は、附則第１条第２号に掲げる規定の施行前においても、同項の規定の例により、同項の情報の提供をすることができる。この場合において、同項の規定の例によりされた情報の提供は、第２号施行日において同項の規定により行われたものとみなす。

（派遣先への通知に関する経過措置）

第８条　派遣元事業主は、附則第１条第２号に掲げる規定の施行の際現にされている労働者派遣について、第２号施行日に、厚生労働省令で定めるところにより、当該労働者派遣に係る派遣労働者が協定対象派遣労働者（新労働者派遣法第30条の５に規定する協定対象派遣労働者をいう。）であるか否かの別を当該派遣労働者に係る派遣先に通知しなければならない。この場合において、労働者派遣法第６条第１号中「この法律」とあるのは「この法律（働き方改革を推進するための関係法律の整備に関する法律（平成30年法律第71号）附則第８条第１項の規定により読み替えて適用する場合を含む。）」と、労働者派遣法第14条第１項第２号中「除く。」とあるのは「除く。）、働き方改革を推進するための関係法律の整備に関する法律（附則第８条第１項の規定に限る。）」と、新労働者派遣法第35条第２項中「前項」とあるのは「前項又は働き方改革を推進するための関係法律の整備に関する法律附則第８条第１項」と、「同項第２号」とあるのは「前項第２号」と、労働者派遣法第36条第１号中「次条」とあるのは「次条並びに働き方改革を推進するための関係法律の整備に関する法律附則第８条第１項」と、労働者派遣法第41条第１号ハ中「第35条」とあるのは「第35条又は働き方改革を推進するための関係法律の整備に関する法律附則第８条第１項」と、新労働者派遣法第48条第１項中「同じ。）」とあるのは「同じ。）又は働き方改革を推進するための関係法律の整備に関する法律（附則第８条第１項の規定に限る。）」と、労働者派遣法第49条第１項中「除く。」とあるのは「除く。）又は働き方改革を推進するための関係法律の整備に関する法律（附則第８条第１項の規定に限る。）」と、労働者派遣法第49条の３第１項中「この法律又はこれ」とあるのは「この法律若しくは働き方改革を推進するための関係法律の整備に関する法律（附則第８条第１項の規定に限る。）又はこれら」と、労働者派遣法第50条及び第51条第１項中「この法律」とあるのは「この法律又は働き方改革を推進するための関係法律の整備に関する法律（附則第８条第１項の規定に限る。）」と、労働者派遣法第61条第４号中「第35条」とあるのは「第35条又は働き方改革を推進するための関係法律の整備に関する法律附則第８条第１項」とする。

２　派遣元事業主は、前項の労働者派遣について、附則第１条第２号に掲げる規定の施行前においても、同項の規定の例により、同項の通知をすることができる。この場合において、同項の規定の例によりされた通知は、第２号施行日において同項の規定により行われたものとみなす。

（派遣労働者に係る紛争の解決の促進に関する特例に関する経過措置）

第９条　附則第１条第２号に掲げる規定の施行の際現に紛争調整委員会（個別労働関係紛争の解決の促進に関する法律（平成13年法律第112号）第６条第１項の紛争調整委員会をいう。附則第11条において同じ。）に係属している同法第５条第１項のあっせんに係る紛争であって、新労働者派遣法第47条の５に規定する紛争に該当するものについては、同条の規定にかかわらず、なお従前の例による。

（検討）

第12条

３　政府は、前２項に定める事項のほか、この法律の施行後５年を目途として、この法律による改正後のそれぞれの法律（以下この項において「改正後の各法律」という。）の規定について、労働者と使用者の協議の促進等を通じて、仕事と生活の調和、労働条件の改善、雇用形態又は就業形態の異なる労働者の間の均衡のとれた待遇の確保その他の労働者の職業生活の充実を図る観点から、改正後の各法律の施行の状況等を勘案しつつ検討を加え、必要があると認めるときは、その結果に基づいて所要の措置を講ずるものとする。

（罰則に関する経過措置）

第29条　この法律（附則第１条第３号に掲げる規定にあっては、当該規定）の施行前にした行為並びにこの附則の規定によりなお従前の例によることとされる場合及びこの附則の規定によりなおその効力を有することとされる場合におけるこの法律の施行後にした行為に対する罰則の適用については、なお従前の例による。

（政令への委任）

第30条　この附則に規定するもののほか、この法律の施行に伴い必要な経過措置（罰則に関する経過措置を含む。）は、政令で定める。

（注）第９条下線部は、令和２年６月１日からは「労働者派遣法第47条の６」となる。

労働者派遣事業の適正な運営の確保及び派遣労働者の保護等に関する法律施行規則（抄）

（昭和61年４月17日労働省令第20号　改正平成30年12月19日厚生労働省令第145号／
平成30年12月28日厚生労働省令第153号）

（――の傍線は上記改正省令第145号による改正部分、――の傍線は上記改正省令第153号による改正部分）

（事業報告書及び収支決算書）

第17条　派遣元事業主は、毎事業年度に係る労働者派遣事業を行う事業所ごとの当該事業に係る事業報告書及び収支決算書を作成し、厚生労働大臣に提出しなければならない。ただし、派遣元事業主が当該事業年度に係る貸借対照表及び損益計算書を提出したときは、収支決算書を提出することを要しない。

2　前項の事業報告書及び収支決算書は、それぞれ労働者派遣事業報告書（様式第11号）及び労働者派遣事業収支決算書（様式第12号）のとおりとする。

3　法第30条の４第１項の協定を締結した派遣元事業主は、第１項の事業報告書には、当該協定を添付しなければならない。〈新設〉

4　第１項の事業報告書及び収支決算書の提出期限は、次の各号に掲げる区分に応じ、それぞれ当該各号に定める期限とする。

一　労働者派遣事業報告書（様式第11号）　毎事業年度における事業年度の終了の日の属する月の翌月以後の最初の６月30日

二　労働者派遣事業収支決算書（様式第12号）　毎事業年度経過後３月が経過する日

（情報提供の方法等）

第18条の２　法第23条第５項の規定による情報の提供は、事業所への書類の備付け、インターネットの利用その他の適切な方法により行わなければならない。

2　法第23条第５項の厚生労働省令で定めるところにより算定した割合は、前事業年度に係る労働者派遣事業を行う事業所（以下この項において「一の事業所」という。）ごとの当該事業に係る労働者派遣に関する料金の額の平均額（当該事業年度における派遣労働者１人１日当たりの労働者派遣に関する料金の額の平均額をいう。以下この条において同じ。）から派遣労働者の賃金の額の平均額（当該事業年度における派遣労働者１人１日当たりの賃金の額の平均額をいう。次項において同じ。）を控除した額を労働者派遣に関する料金の額の平均額で除して得た割合（当該割合に小数点以下一位未満の端数があるときは、これを四捨五入する。）とする。ただし、一の事業所が当該派遣元事業主の労働者派遣事業を行う他の事業所と一体的な経営を行つている場合には、その範囲内において同様の方法により当該割合を算定することを妨げない。

3　法第23条第５項の厚生労働省令で定める事項は、次のとおりとする。

一　労働者派遣に関する料金の額の平均額

二　派遣労働者の賃金の額の平均額

三　法第30条の４第１項の協定を締結しているか否かの別　〈新設〉

四　法第30条の４第１項の協定を締結している場合にあつては、協定対象派遣労働者（法第30条の５に規定する協定対象派遣労働者をいう。以下同じ。）の範囲及び当該協定の有効期間の終期　〈新設〉

五　その他労働者派遣事業の業務に関し参考となると認められる事項

（法第26条第１項第10号の厚生労働省令で定める事項）

第22条　法第26条第１項第10号の厚生労働省令で定める事項は、次のとおりとする。

一　派遣労働者が従事する業務に伴う責任の程度　〈新設〉

二　派遣元責任者及び派遣先責任者に関する事項

三　労働者派遣の役務の提供を受ける者が法第26条第１項第４号に掲げる派遣就業をする日以外の日に派遣就業をさせることができ、又は同項第５号に掲げる派遣就業の開始の時刻から終了の時刻までの時間を延長することができる旨の定めをした場合における当該派遣就業をさせることができる日又は延長することができる時間数

四　派遣元事業主が、派遣先である者又は派遣先となろうとする者との間で、これらの者が当該派遣労働者に対し、診療所等の施設であつて現に当該派遣先である者又は派遣先になろうとする者に雇用される労働者が通常利用しているもの（第32条の３各号に掲げるものを除く。）の利用、レクリエーション等に関する施設又は設備の利用、制服の貸与その他の派遣労働者の福祉の増進のための便宜を供与する旨の定めをした場合における当該便宜供与の内容及び方法

五　労働者派遣の役務の提供を受ける者が、労働者派遣の終了後に当該労働者派遣に係る派遣労働者を雇用する場合　に、労働者派遣をする事業主に対し、あらかじめその旨を通知すること、手数料を支払うことその他の労働者派遣の終了後に労働者派遣契約の当事者間の紛争を防止するために講ずる措置

六　派遣労働者を協定対象派遣労働者に限るか否かの別〈新設〉

七　派遣労働者を無期雇用派遣労働者（法第30条の２第１項に規定する無期雇用派遣労働者をいう。）又は第32条の４に規定する者に限るか否かの別

（契約に係る書面の記載事項）

第22条の２　第21条第３項に規定する書面には、同項及び同条第４項に規定する事項のほか、次の各号に掲げる場合の区分に応じ、それぞれ当該各号に定める事項を記載しなければならない。

一　紹介予定派遣の場合　当該派遣先が職業紹介を受けることを希望しない場合又は職業紹介を受けた者を雇用しない場合には、派遣元事業主の求めに応じ、その理由を、書面の交付若しくはファクシミリを利用してする送信又は電子メールその他のその受信をする者を特定して情報を伝達するために用いられる電気通信（電気通信事業法（昭和59年法律第86号）第２条第１号に規定する電気通信をいう。以下「電子メール等」という。）の送信の方法（当該電子メール等の受信をする者が当該電子メール等の記録を出力することにより書面を作成することができるものに限る。以下同じ。）（以下「書面の交付等」という。）により、派遣元事業主に対して明示する旨

二　法第40条の２第１項第３号イの業務について行われる労働者派遣の場合　同号イに該当する旨

三　法第40条の２第１項第３号ロの業務について行われる労働者派遣の場合　次のイからハまでに掲げる事項

イ　法第40条の２第１項第３号ロに該当する旨

ロ　当該派遣先において当該業務が１箇月間に行われる日数

ハ　当該派遣先に雇用される通常の労働者の１箇月間の所定労働日数

四　法第40条の２第１項第４号の労働者派遣の場合　次のイ及びロに掲げる事項

イ　労働基準法（昭和22年法律第49号）第65条第１項若しくは第２項の規定による休業（以下「産前産後休業」という。）、育児休業、介護休業等育児又は家族介護を行う労働者の福祉に関する法律（平成３年法律第76号。以下「育児・介護休業法」という。）第２条第１号に規定する育児休業（以下「育児休業」という。）又は第33条に規定する場合における休業をする労働者の氏名及び業務

ロ　イの労働者がする産前産後休業、育児休業又は第33条に規定する場合における休業の開始及び終了予定の日

五　法第40条の２第１項第５号の労働者派遣の場合　次のイ及びロに掲げる事項

イ　育児・介護休業法第２条第２号に規定する介護休業（以下「介護休業」という。）又は第33条の２に規定する休業をする労働者の氏名及び業務

ロ　イの労働者がする介護休業又は第33条の２に規定する休業の開始及び終了予定の日

（法第26条第２項第３号の厚生労働省令で定める措置）

第24条　法第26条第２項第３号の厚生労働省令で定める措置は、次のとおりとする。

一　法第26条第４項に規定する法第40条の２第１項の規定に抵触することとなる最初の日の通知

二　法第39条の労働者派遣契約に関する措置

三　法第40条第１項の苦情の内容の通知及び当該苦情の処理

四　法第40条第２項に規定する教育訓練の実施等必要な措置

五　法第40条第３項に規定する福利厚生施設の利用の機会の付与

（削る）
六　法第40条第５項に規定する賃金水準に関する情報の提供その他の措置の実施に係る配慮

六　法第40条の４に規定する派遣労働者の雇用に関する事項に関する措置

七　法第40条の５に規定する労働者の募集に係る事項の周知

八　法第40条の９第２項に規定する通知

九　疾病、負傷等の場合における療養の実施その他派遣労働者の福祉の増進に係る必要な援助

十　前各号に掲げるもののほか、派遣就業が適正かつ円滑に行われるようにするため必要な措置

（法第26条第４項に規定する法第40条の２第１項の規定に抵触することとなる最初の日の通知の方法）

第24条の２　法第26条第４項に規定する法第40条の２第１項の規定に抵触することとなる最初の日の通知は、労働者派遣契約を締結するに当たり、あらかじめ、法第26条第４項の規定により通知すべき事項に係る書面の交付等により行わなければならない。

（法第26条第７項の情報の提供の方法等）

第24条の３　法第26条第７項の情報の提供は、同項の規定により提供すべき事項に係る書面の交付等により行わなければならない。〈新設〉

２　派遣元事業主は前項の規定による情報の提供に係る書面等を、派遣先は当該書面等の写しを、当該労働者派遣契約に基づく労働者派遣が終了した日から起算して３年を経過する日まで保存しなければならない。

（法第26条第７項の厚生労働省令で定める情報）

第24条の４　法第26条第７項の厚生労働省令で定める情報は、次の各号に掲げる場合の区分に応じ、それぞれ

当該各号に定める情報とする。〈新設〉

一　労働者派遣契約に、当該労働者派遣契約に基づく労働者派遣に係る派遣労働者を協定対象派遣労働者に限定しないことを定める場合　次のイからホまでに掲げる情報

　　イ　比較対象労働者（法第26条第8項に規定する比較対象労働者をいう。以下同じ。）の職務の内容（同項に規定する職務の内容をいう。以下同じ。）、当該職務の内容及び配置の変更の範囲並びに雇用形態

　　ロ　当該比較対象労働者を選定した理由

　　ハ　当該比較対象労働者の待遇のそれぞれの内容（昇給、賞与その他の主な待遇がない場合には、その旨を含む。）

　　ニ　当該比較対象労働者の待遇のそれぞれの性質及び当該待遇を行う目的

　　ホ　当該比較対象労働者の待遇のそれぞれについて、職務の内容、当該職務の内容及び配置の変更の範囲その他の事情のうち、当該待遇に係る決定をするに当たつて考慮したもの

二　労働者派遣契約に、当該労働者派遣契約に基づく労働者派遣に係る派遣労働者を協定対象派遣労働者に限定することを定める場合　次のイ及びロに掲げる情報

　　イ　法第40条第2項の教育訓練の内容（当該教育訓練がない場合には、その旨）

　　ロ　第32条の3各号に掲げる福利厚生施設の内容（当該福利厚生施設がない場合には、その旨）

（法第26条第8項の厚生労働省令で定める者）

第24条の5　法第26条第8項の厚生労働省令で定める者は、次のとおりとする。〈新設〉

一　職務の内容並びに当該職務の内容及び配置の変更の範囲が派遣労働者と同一であると見込まれる通常の労働者

二　前号に該当する労働者がいない場合にあつては、職務の内容が派遣労働者と同一であると見込まれる通常の労働者

三　前2号に該当する労働者がいない場合にあつては、前2号に掲げる者に準ずる労働者

（法第26条第10項の情報の提供の方法等）

第24条の6　法第26条第10項の情報の提供は、同条第7項の情報に変更があつたときは、遅滞なく、同条第10項の規定により提供すべき事項に係る書面の交付等により行わなければならない。〈新設〉

2　派遣労働者を協定対象派遣労働者に限定しないことを定めた労働者派遣契約に基づき現に行われている労働者派遣に係る派遣労働者の中に協定対象派遣労働者以外の者がいない場合には、法第26条第10項の情報（法第40条第2項の教育訓練及び第32条の3各号に掲げる福利厚生施設に係るものを除く。）の提供を要しない。この場合において、当該派遣労働者の中に新たに協定対象派遣労働者以外の者が含まれることとなつたときは、派遣先は、遅滞なく、当該情報を提供しなければならない。

3　労働者派遣契約が終了する日前1週間以内における変更であつて、当該変更を踏まえて派遣労働者の待遇を変更しなくても法第30条の3の規定に違反しないものであり、かつ、当該変更の内容に関する情報の提供を要しないものとして労働者派遣契約で定めた範囲を超えないものが生じた場合には、法第26条第10項の情報の提供を要しない。

4　第24条の3第2項の規定については、法第26条第10項の情報の提供について準用する。

（法第30条第1項の厚生労働省令で定める者等）

第25条　法第30条第1項の派遣先の事業所その他派遣就業の場所における同一の組織単位（法第26条第1項第2号に規定する組織単位をいう。以下同じ。）の業務について継続して1年以上の期間当該労働者派遣に係る労働に従事する見込みがある者として厚生労働省令で定めるものは、派遣先の事業所その他派遣就業の場所（以下「事業所等」という。）における同一の組織単位の業務について継続して1年以上の期間当該労働者派遣に係る労働に従事する見込みがある者であつて、当該労働者派遣の終了後も継続して就業することを希望しているもの（法第40条の2第1項各号に掲げる労働者派遣に係る派遣労働者を除く。）とする。

2　前項の派遣労働者の希望については、派遣元事業主が当該派遣労働者に係る労働者派遣が終了する日の前日までに当該派遣労働者に対して聴くものとする。

3　法第30条第1項のその他雇用の安定を図る必要性が高いと認められる者として厚生労働省令で定めるものは、当該派遣元事業主に雇用された期間が通算して1年以上である有期雇用派遣労働者（同項に規定する有期雇用派遣労働者をいい、第1項に規定する者を除く。）とする。

4　法第30条第1項の派遣労働者として期間を定めて雇用しようとする労働者であつて雇用の安定を図る必要性が高いと認められるものとして厚生労働省令で定めるものは、当該派遣元事業主に雇用された期間が通算して1年以上である派遣労働者として期間を定めて雇用しようとする労働者とする。

（法第30条の措置の実施の方法）

第25条の2　派遣元事業主は、法第30条第1項の規定による措置を講ずるに当たつては、同項各号のいずれかの措置を講ずるように努めなければならない。

2　法第30条第2項の規定により読み替えて適用する同条第1項の規定による措置を講ずる場合における前項の規定の適用については、同項中「講ずるように努めなければならない」とあるのは、「講じなければならない。

ただし、同項第1号の措置が講じられた場合であつて、当該措置の対象となつた特定有期雇用派遣労働者（同項に規定する特定有期雇用派遣労働者をいう。）が当該派遣先に雇用されなかつたときは、同項第2号から第4号までのいずれかの措置を講じなければならない」とする。

（法第30条第1項第2号の厚生労働省令で定める事項）

第25条の3 法第30条第1項第2号の厚生労働省令で定める事項は、特定有期雇用派遣労働者等（同項に規定する特定有期雇用派遣労働者等をいう。以下同じ。）の居住地、従前の職務に係る待遇その他派遣労働者の配置に関して通常考慮すべき事項とする。

（法第30条第1項第4号の厚生労働省令で定める教育訓練）

第25条の4 法第30条第1項第4号の厚生労働省令で定める教育訓練は、新たな就業の機会を提供するまでの間に行われる教育訓練（当該期間中、特定有期雇用派遣労働者等に対し賃金が支払われる場合に限る。）とする。

（法第30条第1項第4号の厚生労働省令で定める措置）

第25条の5 法第30条第1項第4号の厚生労働省令で定める措置は、次のとおりとする。

一 前条に規定する教育訓練

二 当該派遣元事業主が職業安定法（昭和22年法律第141号）その他の法律の規定による許可を受けて、又は届出をして職業紹介を行うことができる場合にあつては、特定有期雇用派遣労働者等を紹介予定派遣の対象とし、又は紹介予定派遣に係る派遣労働者として雇い入れること。

三 その他特定有期雇用派遣労働者等の雇用の継続が図られると認められる措置

（法第30条の4第1項の過半数代表者）

第25条の6 法第30条の4第1項の労働者の過半数を代表する者（以下この条において「過半数代表者」という。）は、次の各号のいずれにも該当する者とする。ただし、第1号に該当する者がいない場合にあつては、過半数代表者は第2号に該当する者とする。〈新設〉

一 労働基準法第41条第2号に規定する監督又は管理の地位にある者でないこと。

二 法第30条の4第1項の協定をする者を選出することを明らかにして実施される投票、挙手等の民主的な方法による手続により選出された者であつて、派遣元事業主の意向に基づき選出されたものでないこと。

2 派遣元事業主は、労働者が過半数代表者であること若しくは過半数代表者になろうとしたこと又は過半数代表者として正当な行為をしたことを理由として、当該労働者に対して不利益な取扱いをしないようにしなければならない。

3 派遣元事業主は、過半数代表者が法第30条の4第1項の協定に関する事務を円滑に遂行することができるよう必要な配慮を行わなければならない。

（法第30条の4第1項の厚生労働省令で定める待遇）

第25条の7 法第30条の4第1項の厚生労働省令で定める待遇は、次のとおりとする。〈新設〉

二 法第40条第2項の教育訓練

二 第32条の3各号に掲げる福利厚生施設

（法第30条の4第1項第2号の厚生労働省令で定める賃金）

第25条の8 法第30条の4第1項第2号の厚生労働省令で定める賃金は、通勤手当、家族手当、住宅手当、別居手当、子女教育手当その他名称の如何を問わず支払われる賃金（職務の内容に密接に関連して支払われるものを除く。）とする。〈新設〉

（法第30条の4第1項第2号イの厚生労働省令で定める賃金の額）

第25条の9 法第30条の4第1項第2号イの厚生労働省令で定める賃金の額は、派遣先の事業所その他派遣就業の場所の所在地を含む地域において派遣労働者が従事する業務と同種の業務に従事する一般の労働者であつて、当該派遣労働者と同程度の能力及び経験を有する者の平均的な賃金の額とする。〈新設〉

（法第30条の4第1項第6号の厚生労働省令で定める事項）

第25条の10 法第30条の4第1項第6号の厚生労働省令で定める事項は、次のとおりとする。〈新設〉

二 有効期間

二 法第30条の4第1項第1号に掲げる派遣労働者の範囲を派遣労働者の一部に限定する場合には、その理由

三 派遣元事業主は、特段の事情がない限り、一の労働契約の契約期間中に、当該労働契約に係る派遣労働者について、派遣先の変更を理由として、協定対象派遣労働者であるか否かを変更しようとしないこと。

（法第30条の4第2項の周知の方法）

第25条の11 法第30条の4第2項の周知は、次のいずれかの方法により行わなければならない。〈新設〉

二 書面の交付の方法

二 次のいずれかの方法によることを当該労働者が希望した場合における当該方法

イ ファクシミリを利用してする送信の方法

ロ 電子メール等の送信の方法

三 電子計算機に備えられたファイル、磁気ディスクその他これらに準ずる物に記録し、かつ、労働者が当該記録の内容を常時確認できる方法

（協定に係る書面の保存）

第25条の12　派遣元事業主は、法第30条の４第１項の協定を締結したときは、当該協定に係る書面を、その有効期間が終了した日から起算して３年を経過する日まで保存しなければならない。〈新設〉

（法第30条の５の厚生労働省令で定める賃金）

第25条の13　法第30条の５の厚生労働省令で定める賃金は、通勤手当、家族手当、住宅手当、別居手当、子女教育手当その他名称の如何を問わず支払われる賃金（職務の内容に密接に関連して支払われるものを除く。）とする。〈新設〉

（待遇に関する事項等の説明）

第25条の14　法第31条の２第１項の規定による説明は、書面の交付等その他の適切な方法により行わなければならない。ただし、次項第１号に規定する労働者の賃金の額の見込みに関する事項の説明は、書面の交付等の方法により行わなければならない。

２　法第31条の２第１項の厚生労働省令で定める事項は、次のとおりとする。

一　労働者を派遣労働者として雇用した場合における当該労働者の賃金の額の見込み、健康保険法（大正11年法律第70号）に規定する被保険者の資格の取得、厚生年金保険法（昭和29年法律第115号）に規定する被保険者の資格の取得及び雇用保険法（昭和49年法律第116号）に規定する被保険者となることに関する事項その他の当該労働者の待遇に関する事項

二　事業運営に関する事項

三　労働者派遣に関する制度の概要

第25条の15　法第31条の２第２項の厚生労働省令で定める方法は、次条各号に掲げる事項が明らかとなる次のいずれかの方法によることを当該派遣労働者が希望した場合における当該方法とする。〈新設〉

一　ファクシミリを利用してする送信の方法

二　電子メール等の送信の方法

第25条の16　法第31条の２第２項第１号の厚生労働省令で定める事項は、次のとおりとする。〈新設〉

一　昇給の有無

二　退職手当の有無

三　賞与の有無

四　協定対象派遣労働者であるか否か（協定対象派遣労働者である場合には、当該協定の有効期間の終期）

五　派遣労働者から申出を受けた苦情の処理に関する事項

第25条の17　派遣元事業主は、法第31条の２第２項の規定により派遣労働者に対して明示しなければならない同項第１号に掲げる事項を事実と異なるものとしてはならない。〈新設〉

第25条の18　法第31条の２第２項（第２号に係る部分に限る。）及び第３項（第２号に係る部分に限る。）の規定による説明は、書面の活用その他の適切な方法により行わなければならない。〈新設〉

第25条の19　労働者派遣の実施について緊急の必要があるためあらかじめ法第31条の２第３項に規定する文書の交付等により同項（第１号に係る部分に限る。）の明示を行うことができないときは、当該文書の交付等以外の方法によることができる。〈新設〉

２　前項の場合であつて、次の各号のいずれかに該当するときは、当該労働者派遣の開始の後遅滞なく、法第31条の２第３項（第１号に係る部分に限る。）の規定により明示すべき事項を同項に規定する文書の交付等により当該派遣労働者に明示しなければならない。

一　当該派遣労働者から請求があつたとき。

二　前号以外の場合であつて、当該労働者派遣の期間が１週間を超えるとき。

第25条の20　法第31条の２第３項第１号の厚生労働省令で定める事項は、次のとおりとする。〈新設〉

一　労働契約の期間に関する事項

二　期間の定めのある労働契約を更新する場合の基準に関する事項

三　就業の場所及び従事すべき業務に関する事項

四　始業及び終業の時刻、所定労働時間を超える労働の有無、休憩時間、休日並びに労働者を二組以上に分けて就業させる場合における就業時転換に関する事項

五　退職に関する事項（解雇の事由を含む。）

六　派遣労働者から申出を受けた苦情の処理に関する事項

（就業条件の明示の方法等）

第26条　法第34条第１項及び第２項の規定による明示は、当該規定により明示すべき事項を次のいずれかの方法により明示することにより行わなければならない。ただし、同条第１項の規定による明示にあつては、労働者派遣の実施について緊急の必要があるためあらかじめこれらの方法によることができない場合において、当該明示すべき事項をあらかじめこれらの方法以外の方法により明示したときは、この限りでない。

　　一　書面の交付の方法
　　二　次のいずれかの方法によることを当該派遣労働者が希望した場合における当該方法
　　　イ　ファクシミリを利用してする送信の方法
　　　ロ　電子メール等の送信の方法
2　前項ただし書の場合であつて、次の各号のいずれかに該当するときは、当該労働者派遣の開始の後遅滞なく、当該事項を前項各号に掲げるいずれかの方法により当該派遣労働者に明示しなければならない。
　　一　当該派遣労働者から請求があつたとき
　　二　前号以外の場合であつて、当該労働者派遣の期間が１週間を超えるとき
3　前２項の規定は、法第34条第３項の規定による明示について準用する。

（法第34条第１項第２号の厚生労働省令で定める事項）
第26条の２　法第34条第１項第２号の厚生労働省令で定める事項は、第27条の２第１項各号に掲げる書類が同項に規定する行政機関に提出されていない場合のその具体的な理由とする。

（労働者派遣に関する料金の額の明示の方法等）
第26条の３　法第34条の２の規定による明示は、第３項の規定による額を書面の交付等の方法により行わなければならない。
2　派遣元事業主が労働者派遣をしようとする場合における次項の規定による額が労働者を派遣労働者として雇い入れようとする場合における法第34条の２の規定により明示した額と同一である場合には、同条の規定による明示を要しない。
3　法第34条の２の厚生労働省令で定める額は、次のいずれかに掲げる額とする。
　　一　当該労働者に係る労働者派遣に関する料金の額
　　二　当該労働者に係る労働者派遣を行う事業所における第18条の２第２項に規定する労働者派遣に関する料金の額の平均額

（派遣先への通知の方法等）
第27条　法第35条第１項の規定による通知は、法第26条第１項各号に掲げる事項の内容の組合せが一であるときは当該組合せに係る派遣労働者の氏名及び次条第１項各号に掲げる事項を、当該組合せが２以上であるときは当該組合せごとに派遣労働者の氏名及び同条第１項各号に掲げる事項を通知することにより行わなければならない。
2　法第35条第１項の規定による通知は、労働者派遣に際し、あらかじめ、同項により通知すべき事項に係る書面の交付等により行わなければならない。ただし、労働者派遣の実施について緊急の必要があるためあらかじめ書面の交付等ができない場合において、当該通知すべき事項をあらかじめ書面の交付等以外の方法により通知したときは、この限りでない。
3　前項ただし書の場合であつて、当該労働者派遣の期間が２週間を超えるとき（法第26条第１項各号に掲げる事項の内容の組合せが２以上である場合に限る。）は、当該労働者派遣の開始の後遅滞なく、当該事項に係る書面の交付等をしなければならない。
4　第２項に定めるほか、派遣元事業主は、法第35条第１項の規定により次条第１項各号に掲げる書類がそれぞれ当該各号に掲げる省令により当該書類を届け出るべきこととされている行政機関に提出されていることを派遣先に通知するときは、その事実を当該事実を証する書類の提示その他の適切な方法により示さなければならない。
5　法第35条第２項の規定による通知は、書面の交付等により行わなければならない。
6　第４項の規定は、前項の通知について準用する。

（法第35条第１項第５号の厚生労働省令で定める事項）
第27条の２　法第35条第１項第５号の厚生労働省令で定める事項は、当該労働者派遣に係る派遣労働者に関して、次の各号に掲げる書類がそれぞれ当該各号に掲げる省令により当該書類を届け出るべきこととされている行政機関に提出されていることの有無とする。
　　一　健康保険法施行規則（大正15年内務省令第36号）第24条第１項に規定する健康保険被保険者資格取得届
　　二　厚生年金保険法施行規則（昭和29年厚生省令第37号）第15条に規定する厚生年金保険被保険者資格取得届
　　三　雇用保険法施行規則（昭和50年労働省令第３号）第６条に規定する雇用保険被保険者資格取得届
2　派遣元事業主は、前項の規定により同項各号に掲げる書類が提出されていないことを派遣先に通知するときは、当該書類が提出されていない具体的な理由を付さなければならない。

（法第35条第１項第６号の厚生労働省令で定める事項）
第28条　法第35条第１項第６号の厚生労働省令で定める事項は、次のとおりとする。
　　一　派遣労働者の性別（派遣労働者が45歳以上である場合にあつてはその旨及び当該派遣労働者の性別、派遣労働者が18歳未満である場合にあつては当該派遣労働者の年齢及び性別）
　　二　派遣労働者に係る法第26条第１項第４号、第５号又は第10号に掲げる事項の内容が、同項の規定により労働者派遣契約に定めた当該派遣労働者に係る組合せにおけるそれぞれの事項の内容と異なる場合における当

パート・有期
労働法

パート・有期
労働則

ガイドライン
（パート・有期）

パート・有期
労働指針

派遣法

派遣則

ガイドライン
（派遣）

派遣元指針

派遣先指針

該内容

（派遣元管理台帳の作成及び記載）

第30条 法第37条第１項の規定による派遣元管理台帳の作成は、派遣元事業主の事業所ごとに、行わなければならない。

2 法第37条第１項の規定による派遣元管理台帳の記載は、労働者派遣をするに際し、行わなければならない。

3 前項に定めるもののほか、法第42条第３項の規定による通知が行われる場合において、当該通知に係る事項が法第37条第１項各号に掲げる事項に該当する場合であつて当該通知に係る事項の内容が前項の記載と異なるときは、当該通知が行われた都度、当該通知に係る事項の内容を記載しなければならない。

（法第37条第１項第10号の厚生労働省令で定める教育訓練）

第30条の２ 法第37条第１項第10号の厚生労働省令で定める教育訓練は、法第30条の２第１項の規定による教育訓練とする。

（法第37条第１項第13号の厚生労働省令で定める事項）

第31条 法第37条第１項第13号の厚生労働省令で定める事項は、次のとおりとする。

一　派遣労働者の氏名

二　派遣労働者が従事する業務に伴う責任の程度〈新設〉

三　事業所の名称

四　派遣元責任者及び派遣先責任者に関する事項

五　令第４条第１項各号に掲げる業務について労働者派遣をするときは、第21条第２項の規定により付することとされる号番号

六　法第40条の２第１項第３号イの業務について労働者派遣をするときは、第22条の２第２項の事項

七　法第40条の２第１項第３号ロの業務について労働者派遣をするときは、第22条の２第３項の事項

八　法第40条の２第１項第４号の労働者派遣をするときは、第22条の２第４号の事項

九　法第40条の２第１項第５号の労働者派遣をするときは、第22条の２第５号の事項

十　法第30条の２第２項の規定による援助を行つた日及び当該援助の内容

十一　第27条の２の規定による通知の内容

（保存期間の起算日）

第32条 法第37条第２項の規定による派遣元管理台帳を保存すべき期間の計算についての起算日は、労働者派遣の終了の日とする。

第３節　派遣先の講ずべき措置等

（法第40条第２項の厚生労働省令で定める場合）

第32条の２ 法第40条第２項の厚生労働省令で定める場合は、当該教育訓練と同様の教育訓練を派遣元事業主が既に実施した場合又は実施することができる場合とする。

（法第40条第３項の厚生労働省令で定める福利厚生施設）

第32条の３ 法第40条第３項の厚生労働省令で定める福利厚生施設は、次のとおりとする。

一　給食施設

二　休憩室

三　更衣室

（削る）

（法第40条第５項の厚生労働省令で定める措置）

第32条の４ 法第40条第５項の厚生労働省令で定める措置は、次のとおりとする。

一　派遣先がその指揮命令の下に労働させる派遣労働者が従事する業務と同種の業務に従事する当該派遣先に雇用される労働者の賃金水準に関する情報の提供

二　派遣先がその指揮命令の下に労働させる派遣労働者が従事する業務と同種の業務に従事する一般の労働者の賃金水準に関する情報の提供

三　派遣先がその指揮命令の下に労働させる派遣労働者が従事する業務と同種の業務に従事する労働者の募集に係る事項（賃金に係る情報に関する部分に限る。）の提供

四　その他法第30条の３第１項の規定により派遣先がその指揮命令の下に労働させる派遣労働者の賃金が適切に決定されるようにするために必要な措置

（法第40条の２第１項第２号の厚生労働省令で定める者）

第32条の４ 法第40条の２第１項第２号の厚生労働省令で定める者は、60歳以上の者とする。

（派遣可能期間の延長に係る意見の聴取）

第33条の３ 法第40条の２第４項の規定により労働者の過半数で組織する労働組合（以下「過半数労働組合」という。）又は労働者の過半数を代表する者（以下「過半数代表者」という。）の意見を聴くに当たつては、当

該過半数労働組合又は過半数代表者に、次に掲げる事項を書面により通知しなければならない。
- 一　派遣可能期間を延長しようとする事業所等
- 二　延長しようとする期間

2　前項の過半数代表者は、次の各号のいずれにも該当する者とする。ただし、第1号に該当する者がいない事業所等にあつては、過半数代表者は第2号に該当する者とする。
- 一　労働基準法第41条第2号に規定する監督又は管理の地位にある者でないこと。
- 二　法第40条の2第4項の規定により意見を聴取される者を選出することを明らかにして実施される投票、挙手等の民主的な方法による手続により選出された者であつて、派遣先の意向に基づき選出されたものでないこと。

3　派遣先は、法第40条の2第4項の規定により意見を聴いた場合には、次に掲げる事項を書面に記載し、延長前の派遣可能期間が経過した日から3年間保存しなければならない。
- 一　意見を聴いた過半数労働組合の名称又は過半数代表者の氏名
- 二　第1項の規定により過半数労働組合又は過半数代表者に通知した日及び通知した事項
- 三　過半数労働組合又は過半数代表者から意見を聴いた日及び当該意見の内容
- 四　意見を聴いて、延長する期間を変更したときは、その変更した期間

4　派遣先は、前項各号に掲げる事項を、次に掲げるいずれかの方法によつて、当該事業所等の労働者に周知しなければならない。
- 一　常時当該事業所等の見やすい場所に掲示し、又は備え付けること。
- 二　書面を労働者に交付すること。
- 三　電子計算機に備えられたファイル、磁気ディスクその他これらに準ずる物に記録し、かつ、当該事業所等に労働者が当該記録の内容を常時確認できる機器を設置すること。

5　派遣先は、過半数代表者が法第40条の2第4項の規定による意見の聴取に関する事務を円滑に遂行することができるよう必要な配慮を行わなければならない。

（派遣先管理台帳の作成及び記載）
第35条　法第42条第1項の規定による派遣先管理台帳の作成は、事業所等ごとに行わなければならない。

2　法第42条第1項の規定による派遣先管理台帳の記載は、労働者派遣の役務の提供を受けるに際し、行わなければならない。

3　前2項の規定にかかわらず、当該派遣先が当該事業所等においてその指揮命令の下に労働させる派遣労働者の数に当該事業所等において雇用する労働者の数を加えた数が5人を超えないときは、派遣先管理台帳の作成及び記載を行うことを要しない。

（法第42条第1項第10号の厚生労働省令で定める教育訓練）
第35条の2　法第42条第1項第10号の厚生労働省令で定める教育訓練は、次のとおりとする。
- 一　業務の遂行の過程内における実務を通じた実践的な技能及びこれに関する知識の習得に係る教育訓練であつて計画的に行われるもの
- 二　業務の遂行の過程外において行われる教育訓練

（法第42条第1項第11号の厚生労働省令で定める事項）
第36条　法第42条第1項第11号の厚生労働省令で定める事項は、次のとおりとする。
- 一　派遣労働者の氏名
- 二　派遣労働者が従事する業務に伴う責任の程度〈新設〉
- 三　派遣元事業主の事業所の名称
- 四　派遣元事業主の事業所の所在地
- 五　派遣労働者が労働者派遣に係る労働に従事した事業所の名称及び所在地その他派遣就業をした場所並びに組織単位
- 六　派遣先責任者及び派遣元責任者に関する事項
- 七　令第4条第1項各号に掲げる業務について労働者派遣をするときは、第21条第2項の規定により付することとされている号番号
- 八　法第40条の2第1項第3号イの業務について労働者派遣をするときは、第22条の2第2号の事項
- 九　法第40条の2第1項第3号ロの業務について労働者派遣をするときは、第22条の2第3号の事項
- 十　法第40条の2第1項第4号の労働者派遣をするときは、第22条の2第4号の事項
- 十一　法第40条の2第1項第5号の労働者派遣をするときは、第22条の2第5号の事項
- 十二　第27条の2の規定による通知の内容

（保存期間の起算日）
第37条　法第42条第2項の規定による派遣先管理台帳を保存すべき期間の計算についての起算日は、労働者派遣の終了の日とする。

パート・有期
労働法

パート・有期
労働則

ガイドライン
（パート・有期）

パート・有期
労働指針

派遣法

派遣則

ガイドライン
（派遣）

派遣元指針

派遣先指針

（派遣元事業主に対する通知）
第38条 法第42条第３項の規定による派遣元事業主に対する通知は、派遣労働者ごとの同条第１項第５号から第７号まで並びに第36条第１号、第２号及び第５号に掲げる事項を、１箇月ごとに１回以上、一定の期日を定めて、書面の交付等により通知することにより行わなければならない。
2 前項の規定にかかわらず、派遣元事業主から請求があつたときは、同項に定める事項を、遅滞なく、書面の交付等により通知しなければならない。

第3章　紛争の解決〈新設〉

（準用）
第46条の２ 雇用の分野における男女の均等な機会及び待遇の確保等に関する法律施行規則第３条から第12条までの規定は、法第47条の７第１項の調停の手続について準用する。この場合において、同令第３条第１項中「法第18条第１項」とあるのは「労働者派遣事業の適正な運営の確保及び派遣労働者の保護等に関する法律（以下「労働者派遣法」という。）第47条の７第１項」と、同項並びに同令第４条（見出しを含む。）、第５条（見出しを含む。）及び第８条第１項中「機会均等調停会議」とあるのは「派遣労働者待遇調停会議」と、同令第５条及び第10条第２項中「都道府県労働局雇用環境・均等部（北海道労働局、東京労働局、神奈川労働局、愛知労働局、大阪労働局、兵庫労働局及び福岡労働局以外の都道府県労働局にあっては、雇用環境・均等室。）」とあるのは「都道府県労働局職業安定部（東京労働局、愛知労働局及び大阪労働局にあっては、需給調整事業部。）」と、同令第６条中「法第18条第１項」とあるのは「労働者派遣法第47条の７第１項」と、「事業場」とあるのは「事業所」と、同令第８条第１項及び第３項中「法第20条第１項又は第２項」とあるのは「労働者派遣法第47条の８において準用する法第20条第１項」と、同令第８条第３項中「法第20条第１項の」とあるのは「同項の」と、同令第９条中「関係当事者」とあるのは「関係当事者又は関係当事者と同一の事業所に雇用される労働者その他の参考人」と、同令第10条第１項中「第４条第１項及び第２項」とあるのは「労働者派遣事業の適正な運営の確保及び派遣労働者の保護等に関する法律施行規則第46条の２において準用する第４条第１項及び第２項」と、「第８条」とあるのは「同令第46条の２において準用する第８条」と、同令第11条第１項中「法第21条」とあるのは「労働者派遣法第47条の８において準用する法第21条」と、同令別記様式中「労働者」とあるのは「派遣労働者」と、「事業場」とあるのは「事業所」と読み替えるものとする。〈新設〉

　第46条の２の規定は、次のように改正（令和元年12月27日厚生労働省令第86号）され、令和２年６月１日から適用される。

（傍線はこの改正による変更部分）

（準用）
第46条の２ 雇用の分野における男女の均等な機会及び待遇の確保等に関する法律施行規則第３条から第12条までの規定は、法第47条の８第１項の調停の手続について準用する。この場合において、同令第３条第１項中「法第18条第１項」とあるのは「労働者派遣事業の適正な運営の確保及び派遣労働者の保護等に関する法律（昭和60年法律第88号。以下「労働者派遣法」という。）第47条の８第１項」と、同項並びに同令第４条（見出しを含む。）及び第５条（見出しを含む。）中「機会均等調停会議」とあるのは「派遣労働者待遇調停会議」と、同令第５条及び第10条第２項中「都道府県労働局雇用環境・均等部（北海道労働局、東京労働局、神奈川労働局、愛知労働局、大阪労働局、兵庫労働局及び福岡労働局以外の都道府県労働局にあつては、雇用環境・均等室）」とあるのは「都道府県労働局職業安定部（東京労働局、愛知労働局及び大阪労働局にあつては、需給調整事業部）」と、同令第６条中「法第18条第１項」とあるのは「労働者派遣法第47条の８第１項」と、「事業場」とあるのは「事業所」と、同令第８条第１項及び第３項中「法第20条」とあるのは「労働者派遣法第47条の９において準用する法第20条」と、同令第９条中「事業場」とあるのは「事業所」と、同令第10条第１項中「第４条第１項及び第２項」とあるのは「労働者派遣事業の適正な運営の確保及び派遣労働者の保護等に関する法律施行規則（昭和61年労働省令第20号）第46条の２において準用する第４条第１項及び第２項」と、「第８条」とあるのは「同令第46条の２において準用する第８条」と、同令第11条第１項中「法第21条」とあるのは「労働者派遣法第47条の９において準用する法第21条」と、同令別記様式中「労働者」とあるのは「派遣労働者」と、「事業場」とあるのは「事業所」と読み替えるものとする。

　　　附　則（平成30年12月19日厚生労働省令第145号）（抄）

この省令は、平成31年４月１日から施行する。

　附　則（平成30年12月28日厚生労働省令第153号）（抄）

（施行期日）
第1条　この省令は、平成32年4月1日から施行する。ただし、第13条から第19条までの規定は公布の日から施行する。
（労働者派遣事業の適正な運営の確保及び派遣労働者の保護等に関する法律施行規則の一部改正に伴う経過措置）
第3条　平成32年4月1日から5月31日までに終了する事業年度に係る事業報告書（労働者派遣法第23条第1項に規定する事業報告書をいう。）を厚生労働大臣に提出する場合における労働者派遣事業の適正な運営の確保及び派遣労働者の保護等に関する法律施行規則第17条第3項の規定の適用については、同項第1号中「6月30日」とあるのは、「8月31日」とする。

パート・有期 労働法

パート・有期 労働則

ガイドライン（パート・有期）

パート・有期 労働指針

派遣法

派遣則

ガイドライン（派遣）

派遣元指針

派遣先指針

（傍線部分は改正部分）

第1　目的　（略）〔なお、216頁参照〕

第2　基本的な考え方　（略）〔なお、216頁参照〕

第4　派遣労働者

　労働者派遣法第30条の3第1項において、派遣元事業主は、派遣労働者の待遇のそれぞれについて、当該待遇に対応する派遣先に雇用される通常の労働者の待遇との間において、職務の内容、当該職務の内容及び配置の変更の範囲その他の事情のうち、当該待遇の性質及び当該待遇を行う目的に照らして適切と認められるものを考慮して、不合理と認められる相違を設けてはならないこととされている。

　また、同条第2項において、派遣元事業主は、職務の内容が派遣先に雇用される通常の労働者と同一の派遣労働者であって、当該労働者派遣契約及び当該派遣先における慣行その他の事情からみて、当該派遣先における派遣就業が終了するまでの全期間において、その職務の内容及び配置が当該派遣先との雇用関係が終了するまでの全期間における当該通常の労働者の職務の内容及び配置の変更の範囲と同一の範囲で変更されることが見込まれるものについては、正当な理由がなく、待遇のそれぞれについて、当該待遇に対応する当該通常の労働者の待遇に比して不利なものとしてはならないこととされている。

　他方、労働者派遣法第30条の4第1項において、労働者の過半数で組織する労働組合等との協定により、同項各号に規定する事項を定めたときは、当該協定で定めた範囲に属する派遣労働者の待遇について、労働者派遣法第30条の3の規定は、一部の待遇を除き、適用しないこととされている。ただし、同項第2号、第4号若しくは第5号に掲げる事項であって当該協定で定めたものを遵守していない場合又は同項第3号に関する当該協定の定めによる公正な評価に取り組んでいない場合は、この限りでないこととされている。

　派遣労働者（協定対象派遣労働者を除く。以下この第4において同じ。）の待遇に関して、原則となる考え方及び具体例は次のとおりである。

1　基本給

⑴　基本給であって、労働者の能力又は経験に応じて支給するもの

　基本給であって、派遣先及び派遣元事業主が、労働者の能力又は経験に応じて支給するものについて、派遣元事業主は、派遣先に雇用される通常の労働者と同一の能力又は経験を有する派遣労働者には、能力又は経験に応じた部分につき、派遣先に雇用される通常の労働者と同一の基本給を支給しなければならない。また、能力又は経験に一定の相違がある場合においては、その相違に応じた基本給を支給しなければならない。

（問題とならない例）

イ　基本給について、労働者の能力又は経験に応じて支給している派遣先であるA社において、ある能力の向上のための特殊なキャリアコースを設定している。A社の通常の労働者であるXは、このキャリアコースを選択し、その結果としてその能力を習得したため、その能力に応じた基本給をXに支給している。これに対し、派遣元事業主であるB社からA社に派遣されている派遣労働者であるYは、その能力を習得していないため、B社はその能力に応じた基本給をYには支給していない。

ロ　派遣先であるA社においては、定期的に職務の内容及び勤務地の変更がある通常の労働者の総合職であるXは、管理職となるためのキャリアコースの一環として、新卒採用後の数年間、店舗等において、派遣元事業主であるB社からA社に派遣されている派遣労働者であってA社で就業する間は職務の内容及び配置に変更のないYの助言を受けながら、Yと同様の定型的な業務に従事している。A社がXにキャリアコースの一環として当該定型的な業務に従事させていることを踏まえ、B社はYに対し、当該定型的な業務における能力又は経験はXを上回っているものの、Xほど基本給を高く支給していない。

ハ　派遣先であるA社においては、かつては有期雇用労働者であったが、能力又は経験が一定の水準を満たしたため定期的に職務の内容及び勤務地に変更がある通常の労働者として登用されたXと、派遣元事業主であるB社からA社に派遣されている派遣労働者であるYとが同一の職場で同一の業務に従事している。B社は、A社で就業する間は職務の内容及び勤務地に変更がないことを理由に、Yに対

して、Ｘほど基本給を高く支給していない。
　　　ニ　派遣先であるＡ社に雇用される通常の労働者であるＸと、派遣元事業主であるＢ社からＡ社に派遣
　　　　されている派遣労働者であるＹとが同一の能力又は経験を有しているところ、Ｂ社は、Ａ社がＸに適
　　　　用するのと同じ基準をＹに適用し、就業の時間帯や就業日が土日祝日か否か等の違いにより、Ａ社が
　　　　Ｘに支給する時間当たりの基本給との間に差を設けている。
　　（問題となる例）
　　　　派遣先であるＡ社及び派遣元事業主であるＢ社においては、基本給について、労働者の能力又は経験
　　　に応じて支給しているところ、Ｂ社は、Ａ社に派遣されている派遣労働者であるＹに対し、Ａ社に雇用
　　　される通常の労働者であるＸに比べて経験が少ないことを理由として、Ａ社がＸに支給するほど基本給
　　　を高く支給していないが、Ｘのこれまでの経験はＸの現在の業務に関連性を持たない。
　(2)　基本給であって、労働者の業績又は成果に応じて支給するもの
　　　基本給であって、派遣先及び派遣元事業主が、労働者の業績又は成果に応じて支給するものについて、
　派遣元事業主は、派遣先に雇用される通常の労働者と同一の業績又は成果を有する派遣労働者には、業績
　又は成果に応じた部分につき、派遣先に雇用される通常の労働者と同一の基本給を支給しなければならな
　い。また、業績又は成果に一定の相違がある場合においては、その相違に応じた基本給を支給しなければ
　ならない。
　　　なお、基本給とは別に、労働者の業績又は成果に応じた手当を支給する場合も同様である。
　　（問題とならない例）
　　　　イ　派遣先であるＡ社及び派遣元事業主であるＢ社においては、基本給の一部について、労働者の業績
　　　　又は成果に応じて支給しているところ、Ｂ社は、Ａ社に派遣されている派遣労働者であって、所定労
　　　　働時間がＡ社に雇用される通常の労働者の半分であるＹに対し、その販売実績がＡ社に雇用される通
　　　　常の労働者に設定されている販売目標の半分の数値に達した場合には、Ａ社に雇用される通常の労働
　　　　者が販売目標を達成した場合の半分を支給している。
　　　　ロ　派遣先であるＡ社においては、通常の労働者であるＸは、派遣元事業主であるＢ社からＡ社に派遣
　　　　されている派遣労働者であるＹと同様の業務に従事しているが、ＸはＡ社における生産効率及び品質
　　　　の目標値に対する責任を負っており、当該目標値を達成していない場合、待遇上の不利益を課されて
　　　　いる。その一方で、Ｙは、Ａ社における生産効率及び品質の目標値に対する責任を負っておらず、当
　　　　該目標値を達成していない場合にも、待遇上の不利益を課されていない。Ｂ社はＹに対し、待遇上の
　　　　不利益を課していないこととの見合いに応じて、Ａ社がＸに支給するほど基本給を高く支給していな
　　　　い。
　　（問題となる例）
　　　　派遣先であるＡ社及び派遣元事業主であるＢ社においては、基本給の一部について、労働者の業績又
　　　は成果に応じて支給しているところ、Ｂ社は、Ａ社に派遣されている派遣労働者であって、所定労働時
　　　間がＡ社に雇用される通常の労働者の半分であるＹに対し、当該通常の労働者が販売目標を達成した場
　　　合にＡ社が行っている支給を、Ｙについて当該通常の労働者と同一の販売目標を設定し、それを達成し
　　　ない場合には行っていない。
　(3)　基本給であって、労働者の勤続年数（派遣労働者にあっては、当該派遣先における就業期間。以下この
　　(3)において同じ。）に応じて支給するもの
　　　基本給であって、派遣先及び派遣元事業主が、労働者の勤続年数に応じて支給するものについて、派遣
　元事業主は、派遣先に雇用される通常の労働者と同一の勤続年数である派遣労働者には、勤続年数に応じ
　た部分につき、派遣先に雇用される通常の労働者と同一の基本給を支給しなければならない。また、勤続
　年数に一定の相違がある場合においては、その相違に応じた基本給を支給しなければならない。
　　（問題とならない例）
　　　　派遣先であるＡ社及び派遣元事業主であるＢ社は、基本給について、労働者の勤続年数に応じて支給
　　　しているところ、Ｂ社は、Ａ社に派遣している期間の定めのある労働者派遣契約を更新している派遣労
　　　働者であるＹに対し、Ａ社への労働者派遣の開始時から通算して就業期間を評価した上で基本給を支給
　　　している。
　　（問題となる例）
　　　　派遣先であるＡ社及び派遣元事業主であるＢ社は、基本給について、労働者の勤続年数に応じて支給
　　　しているところ、Ｂ社は、Ａ社に派遣している期間の定めのある労働者派遣契約を更新している派遣労
　　　働者であるＹに対し、ＹのＡ社への労働者派遣の開始時から通算して就業期間を評価せず、その時点の
　　　労働者派遣契約に基づく派遣就業の期間のみにより就業期間を評価した上で基本給を支給している。
　(4)　昇給であって、労働者の勤続（派遣労働者にあっては、当該派遣先における派遣就業の継続。以下この
　　(4)において同じ。）による能力の向上に応じて行うもの
　　　昇給であって、派遣先及び派遣元事業主が、労働者の勤続による能力の向上に応じて行うものについて、

パート・有期 労働法

パート・有期 労働則

ガイドライン（パート・有期）

パート・有期 労働指針

派遣法

派遣則

ガイドライン（派遣）

派遣元指針

派遣先指針

派遣元事業主は、派遣先に雇用される通常の労働者と同様に勤続により能力が向上した派遣労働者には、勤続による能力の向上に応じた部分につき、派遣先に雇用される通常の労働者と同一の昇給を行わなければならない。また、勤続による能力の向上に一定の相違がある場合においては、その相違に応じた昇給を行わなければならない。

(注)　派遣先に雇用される通常の労働者と派遣労働者との間に賃金の決定基準・ルールの相違がある場合の取扱い

　　派遣先に雇用される通常の労働者と派遣労働者との間に基本給、賞与、各種手当等の賃金に相違がある場合において、その要因として当該通常の労働者と派遣労働者の賃金の決定基準・ルールの相違があるときは、「派遣労働者に対する派遣元事業主の将来の役割期待は派遣先に雇用される通常の労働者に対する派遣先の将来の役割期待と異なるため、賃金の決定基準・ルールが異なる」等の主観的又は抽象的な説明では足りず、賃金の決定基準・ルールの相違は、当該通常の労働者と派遣労働者の職務の内容、当該職務の内容及び配置の変更の範囲その他の事情のうち、当該待遇の性質及び当該待遇を行う目的に照らして適切と認められるものの客観的及び具体的な実態に照らして、不合理と認められるものであってはならない。

2　賞与

　　賞与であって、派遣先及び派遣元事業主が、会社（派遣労働者にあっては、派遣先。以下この2において同じ。）の業績等への労働者の貢献に応じて支給するものについて、派遣元事業主は、派遣先に雇用される通常の労働者と同一の貢献である派遣労働者には、貢献に応じた部分につき、派遣先に雇用される通常の労働者と同一の賞与を支給しなければならない。また、貢献に一定の相違がある場合においては、その相違に応じた賞与を支給しなければならない。

　（問題とならない例）

　　イ　派遣先であるA社及び派遣元事業主であるB社においては、賞与について、会社の業績等への労働者の貢献に応じて支給しているところ、B社は、A社に派遣されている派遣労働者であって、A社に雇用される通常の労働者であるXと同一のA社の業績等への貢献があるYに対して、A社がXに支給するのと同一の賞与を支給している。

　　ロ　派遣先であるA社においては、通常の労働者であるXは、A社における生産効率及び品質の目標値に対する責任を負っており、当該目標値を達成していない場合、待遇上の不利益を課されている。その一方で、A社に雇用される通常の労働者であるZや、派遣元事業主であるB社からA社に派遣されている派遣労働者であるYは、A社における生産効率及び品質の目標値に対する責任を負っておらず、当該目標値を達成していない場合にも、待遇上の不利益を課されていない。A社はXに対して賞与を支給しているが、Zに対しては、待遇上の不利益を課していないこととの見合いの範囲内で賞与を支給していないところ、B社はYに対して、待遇上の不利益を課していないこととの見合いの範囲内で賞与を支給していない。

　（問題となる例）

　　イ　派遣先であるA社及び派遣元事業主であるB社においては、賞与について、会社の業績等への労働者の貢献に応じて支給しているところ、B社は、A社に派遣されている派遣労働者であって、A社に雇用される通常の労働者であるXと同一のA社の業績等への貢献があるYに対して、A社がXに支給するのと同一の賞与を支給していない。

　　ロ　賞与について、会社の業績等への労働者の貢献に応じて支給している派遣先であるA社においては、通常の労働者の全員に職務の内容や会社の業績等への貢献等にかかわらず何らかの賞与を支給しているが、派遣元事業主であるB社においては、A社に派遣されている派遣労働者であるYに賞与を支給していない。

3　手当

(1)　役職手当であって、役職の内容に対して支給するもの

　　役職手当であって、派遣先及び派遣元事業主が、役職の内容に対して支給するものについて、派遣元事業主は、派遣先に雇用される通常の労働者と同一の内容の役職に就く派遣労働者には、派遣先に雇用される通常の労働者と同一の役職手当を支給しなければならない。また、役職の内容に一定の相違がある場合においては、その相違に応じた役職手当を支給しなければならない。

　（問題とならない例）

　　イ　派遣先であるA社及び派遣元事業主であるB社においては、役職手当について、役職の内容に対して支給しているところ、B社は、A社に派遣されている派遣労働者であって、A社に雇用される通常の労働者であるXの役職と同一の役職名（例えば、店長）であって同一の内容（例えば、営業時間中の店舗の適切な運営）の役職に就くYに対し、A社がXに支給するのと同一の役職手当を支給している。

　　ロ　派遣先であるA社及び派遣元事業主であるB社においては、役職手当について、役職の内容に対して支給しているところ、B社は、A社に派遣されている派遣労働者であって、A社に雇用される通常

の労働者であるＸの役職と同一の役職名であって同一の内容の役職に就くＹに、所定労働時間に比例した役職手当（例えば、所定労働時間がＡ社に雇用される通常の労働者の半分の派遣労働者にあっては、当該通常の労働者の半分の役職手当）を支給している。

（問題となる例）

　派遣先であるＡ社及び派遣元事業主であるＢ社においては、役職手当について、役職の内容に対して支給しているところ、Ｂ社は、Ａ社に派遣されている派遣労働者であって、Ａ社に雇用される通常の労働者であるＸの役職と同一の役職名であって同一の内容の役職に就くＹに対し、Ａ社がＸに支給するのに比べ役職手当を低く支給している。

(2)　業務の危険度又は作業環境に応じて支給される特殊作業手当

　派遣元事業主は、派遣先に雇用される通常の労働者と同一の危険度又は作業環境の業務に従事する派遣労働者には、派遣先に雇用される通常の労働者と同一の特殊作業手当を支給しなければならない。

(3)　交替制勤務等の勤務形態に応じて支給される特殊勤務手当

　派遣元事業主は、派遣先に雇用される通常の労働者と同一の勤務形態で業務に従事する派遣労働者には、派遣先に雇用される通常の労働者と同一の特殊勤務手当を支給しなければならない。

（問題とならない例）

　イ　派遣先であるＡ社においては、就業する時間帯又は曜日を特定して就業する通常の労働者には労働者の採用が難しい早朝若しくは深夜又は土日祝日に就業する場合に時給に上乗せして特殊勤務手当を支給するが、就業する時間帯及び曜日を特定していない通常の労働者には労働者の採用が難しい時間帯又は曜日に勤務する場合であっても時給に上乗せして特殊勤務手当を支給していない。派遣元事業主であるＢ社は、Ａ社に派遣されている派遣労働者であって、就業する時間帯及び曜日を特定して就業していないＹに対し、採用が難しい時間帯や曜日に勤務する場合であっても時給に上乗せして特殊勤務手当を支給していない。

　ロ　派遣先であるＡ社においては、通常の労働者であるＸについては、入社に当たり、交替制勤務に従事することは必ずしも確定しておらず、業務の繁閑等生産の都合に応じて通常勤務又は交替制勤務のいずれにも従事する可能性があり、交替制勤務に従事した場合に限り特殊勤務手当が支給されている。派遣元事業主であるＢ社からＡ社に派遣されている派遣労働者であるＹについては、Ａ社への労働者派遣に当たり、派遣先で交替制勤務に従事することを明確にし、かつ、基本給にＡ社において通常の労働者に支給される特殊勤務手当と同一の交替制勤務の負荷分が盛り込まれている。Ａ社には、職務の内容がＹと同一であり通常勤務のみに従事することが予定され、実際に通常勤務のみに従事する労働者であるＺがいるところ、Ｂ社はＹに対し、Ａ社がＺに対して支給するのに比べ基本給を高く支給している。Ａ社はＸに対して特殊勤務手当を支給しているが、Ｂ社はＹに対して特殊勤務手当を支給していない。

(4)　精皆勤手当

　派遣元事業主は、派遣先に雇用される通常の労働者と業務の内容が同一の派遣労働者には、派遣先に雇用される通常の労働者と同一の精皆勤手当を支給しなければならない。

（問題とならない例）

　派遣先であるＡ社においては、考課上、欠勤についてマイナス査定を行い、かつ、それが待遇に反映される通常の労働者であるＸには、一定の日数以上出勤した場合に精皆勤手当を支給しているが、派遣元事業主であるＢ社は、Ｂ社からＡ社に派遣されている派遣労働者であって、考課上、欠勤についてマイナス査定を行っていないＹには、マイナス査定を行っていないこととの見合いの範囲内で、精皆勤手当を支給していない。

(5)　時間外労働に対して支給される手当

　派遣元事業主は、派遣先に雇用される通常の労働者の所定労働時間を超えて、当該通常の労働者と同一の時間外労働を行った派遣労働者には、当該通常の労働者の所定労働時間を超えた時間につき、派遣先に雇用される通常の労働者と同一の割増率等で、時間外労働に対して支給される手当を支給しなければならない。

(6)　深夜労働又は休日労働に対して支給される手当

　派遣元事業主は、派遣先に雇用される通常の労働者と同一の深夜労働又は休日労働を行った派遣労働者には、派遣先に雇用される通常の労働者と同一の割増率等で、深夜労働又は休日労働に対して支給される手当を支給しなければならない。

（問題とならない例）

　派遣元事業主であるＢ社においては、派遣先であるＡ社に派遣されている派遣労働者であって、Ａ社に雇用される通常の労働者であるＸと時間数及び職務の内容が同一の深夜労働又は休日労働を行ったＹに対し、Ａ社がＸに支給するのと同一の深夜労働又は休日労働に対して支給される手当を支給している。

（問題となる例）

派遣元事業主であるＢ社においては、派遣先であるＡ社に派遣されている派遣労働者であって、Ａ社に雇用される通常の労働者であるＸと時間数及び職務の内容が同一の深夜労働又は休日労働を行ったＹに対し、Ｙが派遣労働者であることから、深夜労働又は休日労働に対して支給される手当の単価を当該通常の労働者より低く設定している。

(7) 通勤手当及び出張旅費

派遣元事業主は、派遣労働者にも、派遣先に雇用される通常の労働者と同一の通勤手当及び出張旅費を支給しなければならない。

（問題とならない例）

イ　派遣先であるＡ社においては、本社の採用である労働者に対し、交通費実費の全額に相当する通勤手当を支給しているが、派遣元事業主であるＢ社は、それぞれの店舗の採用である労働者については、当該店舗の近隣から通うことができる交通費に相当する額に通勤手当の上限を設定して当該上限の額の範囲内で通勤手当を支給しているところ、Ｂ社の店舗採用であってＡ社に派遣される派遣労働者であるＹが、Ａ社への労働者派遣の開始後、本人の都合で通勤手当の上限の額では通うことができないところへ転居してなお通い続けている場合には、当該上限の額の範囲内で通勤手当を支給している。

ロ　派遣先であるＡ社においては、通勤手当について、所定労働日数が多い（例えば、週４日以上）通常の労働者に、月額の定期券の金額に相当する額を支給しているが、派遣元事業主であるＢ社においては、Ａ社に派遣されている派遣労働者であって、所定労働日数が少ない（例えば、週３日以下）又は出勤日数が変動する派遣労働者に、日額の交通費に相当する額を支給している。

(8) 労働時間の途中に食事のための休憩時間がある労働者に対する食費の負担補助として支給される食事手当

派遣元事業主は、派遣労働者にも、派遣先に雇用される通常の労働者と同一の食事手当を支給しなければならない。

（問題とならない例）

派遣先であるＡ社においては、その労働時間の途中に昼食のための休憩時間がある通常の労働者であるＸに食事手当を支給している。その一方で、派遣元事業主であるＢ社においては、Ａ社に派遣されている派遣労働者であって、その労働時間の途中に昼食のための休憩時間がない（例えば、午後２時から午後５時までの勤務）派遣労働者であるＹに支給していない。

（問題となる例）

派遣先であるＡ社においては、通常の労働者であるＸに食事手当を支給している。派遣元事業主であるＢ社においては、Ａ社に派遣されている派遣労働者であるＹにＡ社がＸに支給するのに比べ食事手当を低く支給している。

(9) 単身赴任手当

派遣元事業主は、派遣先に雇用される通常の労働者と同一の支給要件を満たす派遣労働者には、派遣先に雇用される通常の労働者と同一の単身赴任手当を支給しなければならない。

(10) 特定の地域で働く労働者に対する補償として支給される地域手当

派遣元事業主は、派遣先に雇用される通常の労働者と同一の地域で働く派遣労働者には、派遣先に雇用される通常の労働者と同一の地域手当を支給しなければならない。

（問題とならない例）

派遣先であるＡ社においては、通常の労働者であるＸについて、全国一律の基本給の体系を適用し、転勤があることから、地域の物価等を勘案した地域手当を支給している。一方で、派遣元事業主であるＢ社においては、Ａ社に派遣されている派遣労働者であるＹについては、Ａ社に派遣されている間は勤務地の変更が　なく、その派遣先の所在する地域で基本給を設定しており、その中で地域の物価が基本給に盛り込まれているため、地域手当を支給していない。

（問題となる例）

派遣先であるＡ社に雇用される通常の労働者であるＸは、その地域で採用され転勤はないにもかかわらず、Ａ社はＸに対し地域手当を支給している。一方、派遣元事業主であるＢ社からＡ社に派遣されている派遣労働者であるＹは、Ａ社に派遣されている間転勤はなく、Ｂ社はＹに対し地域手当を支給していない。

4　福利厚生

(1) 福利厚生施設（給食施設、休憩室及び更衣室をいう。以下この(1)において同じ。）

派遣先は、派遣先に雇用される通常の労働者と同一の事業所で働く派遣労働者には、派遣先に雇用される通常の労働者と同一の福利厚生施設の利用を認めなければならない。

なお、派遣元事業主についても、労働者派遣法第30条の３の規定に基づく義務を免れるものではない。

(2) 転勤者用社宅

派遣元事業主は、派遣先に雇用される通常の労働者と同一の支給要件（例えば、転勤の有無、扶養家族の有無、住宅の賃貸又は収入の額）を満たす派遣労働者には、派遣先に雇用される通常の労働者と同一の

転勤者用社宅の利用を認めなければならない。

⑶　慶弔休暇並びに健康診断に伴う勤務免除及び有給の保障

派遣元事業主は、派遣労働者にも、派遣先に雇用される通常の労働者と同一の慶弔休暇の付与並びに健康診断に伴う勤務免除及び有給の保障を行わなければならない。

（問題とならない例）

派遣元事業主であるＢ社においては、派遣先であるＡ社に派遣されている派遣労働者であって、Ａ社に雇用される通常の労働者であるＸと同様の出勤日が設定されているＹに対しては、Ａ社がＸに付与するのと同様に慶弔休暇を付与しているが、Ａ社に派遣されている派遣労働者であって、週２日の勤務であるＷに対しては、勤務日の振替での対応を基本としつつ、振替が困難な場合のみ慶弔休暇を付与している。

⑷　病気休職

派遣元事業主は、派遣労働者（期間の定めのある労働者派遣に係る派遣労働者である場合を除く。）には、派遣先に雇用される通常の労働者と同一の病気休職の取得を認めなければならない。また、期間の定めのある労働者派遣に係る派遣労働者にも、当該派遣先における派遣就業が終了するまでの期間を踏まえて、病気休職の取得を認めなければならない。

（問題とならない例）

派遣元事業主であるＢ社においては、当該派遣先における派遣就業期間が１年である派遣労働者であるＹについて、病気休職の期間は当該派遣就業の期間が終了する日までとしている。

⑸　法定外の有給の休暇その他の法定外の休暇（慶弔休暇を除く。）であって、勤続期間（派遣労働者にあっては、当該派遣先における就業期間。以下この⑸において同じ。）に応じて取得を認めているもの

法定外の有給の休暇その他の法定外の休暇（慶弔休暇を除く。）であって、派遣先及び派遣元事業主が、勤続期間に応じて取得を認めているものについて、派遣元事業主は、当該派遣先に雇用される通常の労働者と同一の勤続期間である派遣労働者には、派遣先に雇用される通常の労働者と同一の法定外の有給の休暇その他の法定外の休暇（慶弔休暇を除く。）を付与しなければならない。なお、当該派遣先において期間の定めのある労働者派遣契約を更新している場合には、当初の派遣就業の開始時から通算して就業期間を評価することを要する。

（問題とならない例）

派遣先であるＡ社においては、長期勤続者を対象とするリフレッシュ休暇について、業務に従事した時間全体を通じた貢献に対する報償という趣旨で付与していることから、通常の労働者であるＸに対し、勤続10年で３日、20年で５日、30年で７日の休暇を付与している。派遣元事業主であるＢ社は、Ａ社に派遣されている派遣労働者であるＹに対し、所定労働時間に比例した日数を付与している。

5　その他

⑴　教育訓練であって、現在の職務の遂行に必要な技能又は知識を習得するために実施するもの

教育訓練であって、派遣先が、現在の業務の遂行に必要な能力を付与するために実施するものについて、派遣先は、派遣元事業主からの求めに応じ、その雇用する通常の労働者と業務の内容が同一である派遣労働者には、派遣先に雇用される通常の労働者と同一の教育訓練を実施する等必要な措置を講じなければならない。なお、派遣元事業主についても、労働者派遣法第30条の３の規定に基づく義務を免れるものではない。

また、派遣労働者と派遣先に雇用される通常の労働者との間で業務の内容に一定の相違がある場合においては、派遣元事業主は、派遣労働者と派遣先に雇用される通常の労働者との間の職務の内容、職務の内容及び配置の変更の範囲その他の事情の相違に応じた教育訓練を実施しなければならない。

なお、労働者派遣法第30条の２第１項の規定に基づき、派遣元事業主は、派遣労働者に対し、段階的かつ体系的な教育訓練を実施しなければならない。

⑵　安全管理に関する措置又は給付

派遣元事業主は、派遣先に雇用される通常の労働者と同一の業務環境に置かれている派遣労働者には、派遣先に雇用される通常の労働者と同一の安全管理に関する措置及び給付をしなければならない。

なお、派遣先及び派遣元事業主は、労働者派遣法第45条等の規定に基づき、派遣労働者の安全と健康を確保するための義務を履行しなければならない。

第5　協定対象派遣労働者

協定対象派遣労働者の待遇に関して、原則となる考え方及び具体例は次のとおりである。

1　賃金

労働者派遣法第30条の４第１項第２号イにおいて、協定対象派遣労働者の賃金の決定の方法については、同種の業務に従事する一般の労働者の平均的な賃金の額として厚生労働省令で定めるものと同等以上の賃金の額となるものでなければならないこととされている。

パート・有期
労働法

パート・有期
労働則

ガイドライン
（パート・有期）

パート・有期
労働指針

派遣法

派遣則

ガイドライン
（派遣）

派遣元指針

派遣先指針

また、同号ロにおいて、その賃金の決定の方法は、協定対象派遣労働者の職務の内容、職務の成果、意欲、能力又は経験その他の就業の実態に関する事項の向上があった場合に賃金が改善されるものでなければならないこととされている。

　さらに、同項第3号において、派遣元事業主は、この方法により賃金を決定するに当たっては、協定対象派遣労働者の職務の内容、職務の成果、意欲、能力又は経験その他の就業の実態に関する事項を公正に評価し、その賃金を決定しなければならないこととされている。

2　福利厚生

(1)　福利厚生施設（給食施設、休憩室及び更衣室をいう。以下この(1)において同じ。）

　派遣先は、派遣先に雇用される通常の労働者と同一の事業所で働く協定対象派遣労働者には、派遣先に雇用される通常の労働者と同一の福利厚生施設の利用を認めなければならない。

　なお、派遣元事業主についても、労働者派遣法第30条の3の規定に基づく義務を免れるものではない。

(2)　転勤用社宅

　派遣元事業主は、派遣元事業主の雇用する通常の労働者と同一の支給要件（例えば、転勤の有無、扶養家族の有無、住宅の賃貸又は収入の額）を満たす協定対象派遣労働者には、派遣元事業主の雇用する通常の労働者と同一の転勤用社宅の利用を認めなければならない。

(3)　慶弔休暇並びに健康診断に伴う勤務免除及び有給の保障

　派遣元事業主は、協定対象派遣労働者にも、派遣元事業主の雇用する通常の労働者と同一の慶弔休暇の付与並びに健康診断に伴う勤務免除及び有給の保障を行わなければならない。

（問題とならない例）

　派遣元事業主であるB社においては、慶弔休暇について、B社の雇用する通常の労働者であるXと同様の出勤日が設定されている協定対象派遣労働者であるYに対しては、通常の労働者と同様に慶弔休暇を付与しているが、週2日の勤務の協定対象派遣労働者であるWに対しては、勤務日の振替での対応を基本としつつ、振替が困難な場合のみ慶弔休暇を付与している。

(4)　病気休職

　派遣元事業主は、協定対象派遣労働者（有期雇用労働者である場合を除く。）には、派遣元事業主の雇用する通常の労働者と同一の病気休職の取得を認めなければならない。また、有期雇用労働者である協定対象派遣労働者にも、労働契約が終了するまでの期間を踏まえて、病気休職の取得を認めなければならない。

（問題とならない例）

　派遣元事業主であるB社においては、労働契約の期間が1年である有期雇用労働者であり、かつ、協定対象派遣労働者であるYについて、病気休職の期間は労働契約の期間が終了する日までとしている。

(5)　法定外の有給の休暇その他の法定外の休暇（慶弔休暇を除く。）であって、勤続期間に応じて取得を認めているもの

　法定外の有給の休暇その他の法定外の休暇（慶弔休暇を除く。）であって、勤続期間に応じて取得を認めているものについて、派遣元事業主は、派遣元事業主の雇用する通常の労働者と同一の勤続期間である協定対象派遣労働者には、派遣元事業主の雇用する通常の労働者と同一の法定外の有給の休暇その他の法定外の休暇（慶弔休暇を除く。）を付与しなければならない。なお、期間の定めのある労働契約を更新している場合には、当初の労働契約の開始時から通算して勤続期間を評価することを要する。

（問題とならない例）

　派遣元事業主であるB社においては、長期勤続者を対象とするリフレッシュ休暇について、業務に従事した時間全体を通じた貢献に対する報償という趣旨で付与していることから、B社に雇用される通常の労働者であるXに対し、勤続10年で3日、20年で5日、30年で7日の休暇を付与しており、協定対象派遣労働者であるYに対し、所定労働時間に比例した日数を付与している。

3　その他

(1)　教育訓練であって、現在の職務の遂行に必要な技能又は知識を習得するために実施するもの教育訓練であって、派遣先が、現在の業務の遂行に必要な能力を付与するために実施するものについて、派遣先は、派遣元事業主からの求めに応じ、派遣先に雇用される通常の労働者と業務の内容が同一である協定対象派遣労働者には、派遣先に雇用される通常の労働者と同一の教育訓練を実施する等必要な措置を講じなければならない。なお、派遣元事業主についても、労働者派遣法第30条の3の規定に基づく義務を免れるものではない。

　また、協定対象派遣労働者と派遣元事業主が雇用する通常の労働者との間で業務の内容に一定の相違がある場合においては、派遣元事業主は、協定対象派遣労働者と派遣元事業主の雇用する通常の労働者との間の職務の内容、職務の内容及び配置の変更の範囲その他の事情の相違に応じた教育訓練を実施しなければならない。

　なお、労働者派遣法第30条の2第1項の規定に基づき、派遣元事業主は、協定対象派遣労働者に対し、

段階的かつ体系的な教育訓練を実施しなければならない。

(2)　安全管理に関する措置及び給付

　　派遣元事業主は、派遣元事業主の雇用する通常の労働者と同一の業務環境に置かれている協定対象派遣労働者には、派遣元事業主の雇用する通常の労働者と同一の安全管理に関する措置及び給付をしなければならない。

　　なお、派遣先及び派遣元事業主は、労働者派遣法第45条等の規定に基づき、協定対象派遣労働者の安全と健康を確保するための義務を履行しなければならない。

パート・有期
労働法

パート・有期
労働則

ガイドライン
（パート・有期）

パート・有期
労働指針

派遣法

派遣則

ガイドライン
（派遣）

派遣元指針

派遣先指針

派遣元事業主が講ずべき措置に関する指針

(平成11年11月17日労働省告示第137号　改正平成30年12月19日厚生労働省告示第417号／
平成30年12月28日厚生労働省告示第427号)

（──の傍線は上記改正告示第417号による改正部分、──の傍線は上記改正告示第427号による改正部分）

第1　趣旨

　　この指針は、労働者派遣事業の適正な運営の確保及び派遣労働者の保護等に関する法律（以下「労働者派遣法」という。）第24条の3並びに第3章第1節及び第2節の規定により派遣元事業主が講ずべき措置に関して、その適切かつ有効な実施を図るために必要な事項を定めたものである。

　　また、労働者派遣法第24条の3の規定により派遣元事業主が講ずべき措置に関する必要な事項と併せ、個人情報の保護に関する法律（平成15年法律第57号）の遵守等についても定めたものである。

第2　派遣元事業主が講ずべき措置

1　労働者派遣契約の締結に当たっての就業条件の確認

　　派遣元事業主は、派遣先との間で労働者派遣契約を締結するに際しては、派遣先が求める業務の内容及び当該業務に伴う責任の程度（8及び9において「職務の内容」という。）、当該業務を遂行するために必要とされる知識、技術又は経験の水準、労働者派遣の期間その他労働者派遣契約の締結に際し定めるべき就業条件を事前にきめ細かに把握すること。

2　派遣労働者の雇用の安定を図るために必要な措置

(1)　労働契約の締結に際して配慮すべき事項

　　派遣元事業主は、労働者を派遣労働者として雇い入れようとするときは、当該労働者の希望及び労働者派遣契約における労働者派遣の期間を勘案して、労働契約の期間について、当該期間を当該労働者派遣契約における労働者派遣の期間と合わせる等、派遣労働者の雇用の安定を図るために必要な配慮をするよう努めること。

(2)　労働者派遣契約の締結に当たって講ずべき措置

　イ　派遣元事業主は、労働者派遣契約の締結に当たって、派遣先の責に帰すべき事由により労働者派遣契約の契約期間が満了する前に当該労働者派遣契約の解除が行われる場合には、派遣先は当該労働者派遣に係る派遣労働者の新たな就業機会の確保を図ること及びこれができないときには少なくとも当該労働者派遣契約の解除に伴い当該派遣元事業主が当該労働者派遣に係る派遣労働者を休業させること等を余儀なくされることにより生ずる損害である休業手当、解雇予告手当等に相当する額以上の額について損害の賠償を行うことを定めるよう求めること。

　ロ　派遣元事業主は、労働者派遣契約の締結に当たって、労働者派遣の終了後に当該労働者派遣に係る派遣労　働者を派遣先が雇用する場合に、当該雇用が円滑に行われるよう、派遣先が当該労働者派遣の終了後に当該派遣労働者を雇用する意思がある場合には、当該意思を事前に派遣元事業主に示すこと、派遣元事業主が職業安定法（昭和22年法律第141号）その他の法律の規定による許可を受けて、又は届出をして職業紹介を行うことができる場合には、派遣先は職業紹介により当該派遣労働者を雇用し、派遣元事業主に当該職業紹介に係る手数料を支払うこと等を定めるよう求めること。

(3)　労働者派遣契約の解除に当たって講ずべき措置

　　派遣元事業主は、労働者派遣契約の契約期間が満了する前に派遣労働者の責に帰すべき事由以外の事由によって労働者派遣契約の解除が行われた場合には、当該労働者派遣契約に係る派遣先と連携して、当該派遣先からその関連会社での就業のあっせんを受けること、当該派遣元事業主において他の派遣先を確保することにより、当該労働者派遣契約に係る派遣労働者の新たな就業機会の確保を図ること。また、当該派遣元事業主は、当該労働者派遣契約の解除に当たって、新たな就業機会の確保ができない場合は、まず休業等を行い、当該派遣労働者の雇用の維持を図るようにするとともに、休業手当の支払等の労働基準法（昭和22年法律第49号）等に基づく責任を果たすこと。さらに、やむを得ない事由によりこれができない場合において、当該派遣労働者を解雇しようとするときであっても、労働契約法（平成19年法律第128号）の規定を遵守することはもとより、当該派遣労働者に対する解雇予告、解雇予告手当の支払等の労働基準法等に基づく責任を果たすこと。

(4)　労働者派遣契約の終了に当たって講ずべき事項

　イ　派遣元事業主は、無期雇用派遣労働者（労働者派遣法第30条の2第1項に規定する無期雇用派遣労働者をいう。以下同じ。）の雇用の安定に留意し、労働者派遣が終了した場合において、当該労働者派遣の終了のみを理由として当該労働者派遣に係る無期雇用派遣労働者を解雇してはならないこと。

ロ　派遣元事業主は、有期雇用派遣労働者（労働者派遣法第30条第１項に規定する有期雇用派遣労働者をいう。以下同じ。）の雇用の安定に留意し、労働者派遣が終了した場合であって、当該労働者派遣に係る有期雇用派遣労働者との労働契約が継続しているときは、当該労働者派遣の終了のみを理由として当該有期雇用派遣労働者を解雇してはならないこと。

3　適切な苦情の処理

　　派遣元事業主は、派遣労働者の苦情の申出を受ける者、派遣元事業主において苦情の処理を行う方法、派遣元事業主と派遣先との連携のための体制等を労働者派遣契約において定めること。また、派遣元管理台帳に苦情の申出を受けた年月日、苦情の内容及び苦情の処理状況について、苦情の申出を受け、及び苦情の処理に当たった都度、記載すること。また、派遣労働者から苦情の申出を受けたことを理由として、当該派遣労働者に対して不利益な取扱いをしてはならないこと。

4　労働・社会保険の適用の促進

　　派遣元事業主は、その雇用する派遣労働者の就業の状況等を踏まえ、労働・社会保険の適用手続を適切に進め、労働・社会保険に加入する必要がある派遣労働者については、加入させてから労働者派遣を行うこと。ただし、新規に雇用する派遣労働者について労働者派遣を行う場合であって、当該労働者派遣の開始後速やかに労働・社会保険の加入手続を行うときは、この限りでないこと。

5　派遣先との連絡体制の確立

　　派遣元事業主は、派遣先を定期的に巡回すること等により、派遣労働者の就業の状況が労働者派遣契約の定めに反していないことの確認等を行うとともに、派遣労働者の適正な派遣就業の確保のために、きめ細かな情報提供を行う等により、派遣先との連絡調整を的確に行うこと。特に、労働基準法第36条第１項の時間外及び休日の労働に関する協定の内容等派遣労働者の労働時間の枠組みについては、情報提供を行う等により、派遣先との連絡調整を的確に行うこと。なお、同項の協定の締結に当たり、労働者の過半数を代表する者の選出を行う場合には、労働基準法施行規則（昭和22年厚生省令第23号）第６条の２の規定に基づき、適正に行うこと。

　　また、派遣元事業主は、割増賃金等の計算に当たり、その雇用する派遣労働者の実際の労働時間等について、派遣先に情報提供を求めること。

6　派遣労働者に対する就業条件の明示

　　派遣元事業主は、モデル就業条件明示書の活用等により、派遣労働者に対し就業条件を明示すること。

7　労働者を新たに派遣労働者とするに当たっての不利益取扱いの禁止

　　派遣元事業主は、その雇用する労働者であって、派遣労働者として雇い入れた労働者以外のものを新たに労働者派遣の対象としようとする場合であって、当該労働者が同意をしないことを理由として、当該労働者に対し解雇その他不利益な取扱いをしてはならないこと。

8　派遣労働者の雇用の安定及び福祉の増進等

(1)　無期雇用派遣労働者について留意すべき事項

　　派遣元事業主は、無期雇用派遣労働者の募集に当たっては、「無期雇用派遣」という文言を使用すること等により、無期雇用派遣労働者の募集であることを明示しなければならないこと。

(2)　特定有期雇用派遣労働者等について留意すべき事項

イ　派遣元事業主が、労働者派遣法第30条第２項の規定の適用を避けるために、業務上の必要性等なく同一の派遣労働者に係る派遣先の事業所その他派遣就業の場所（以下「事業所等」という。）における同一の組織単位（労働者派遣法第26条第１項第２号に規定する組織単位をいう。以下同じ。）の業務について継続して労働者派遣に係る労働に従事する期間を３年未満とすることは、労働者派遣法第30条第２項の規定の趣旨に反する脱法的な運用であって、義務違反と同視できるものであり、厳に避けるべきものであること。

ロ　派遣元事業主は、労働者派遣法第30条第１項（同条第２項の規定により読み替えて適用する場合を含む。以下同じ。）の規定により同条第１項の措置（以下「雇用安定措置」という。）を講ずるに当たっては、当該雇用安定措置の対象となる特定有期雇用派遣労働者等（同条第１項に規定する特定有期雇用派遣労働者等をいう。以下同じ。）（近い将来に該当する見込みのある者を含む。）に対し、キャリアコンサルティング（職業能力開発促進法（昭和44年法律第64号）第２条第５項に規定するキャリアコンサルティングのうち労働者の職業生活の設計に関する相談その他の援助を行うことをいう。）や労働契約の更新の際の面談等の機会を利用し、又は電子メールを活用すること等により、労働者派遣の終了後に継続して就業することの希望の有無及び希望する雇用安定措置の内容を把握すること。

ハ　派遣元事業主は、雇用安定措置を講ずるに当たっては、当該雇用安定措置の対象となる特定有期雇用派遣労働者等の希望する雇用安定措置を講ずるよう努めること。また、派遣元事業主は、特定有期雇用派遣労働者（労働者派遣法第30条第１項に規定する特定有期雇用派遣労働者をいう。）が同項第１号の措置を希望する場合には、派遣先での直接雇用が実現するよう努めること。

ニ　派遣元事業主は、雇用安定措置を講ずるに当たっては、当該雇用安定措置の対象となる特定有期雇用

パート・有期
労働法

パート・有期
労働則

ガイドライン
（パート・有期）

パート・有期
労働指針

派遣法

派遣則

ガイドライン
（派遣）

派遣元指針

派遣先指針

派遣労働者等の労働者派遣の終了の直前ではなく、早期に当該特定有期雇用派遣労働者等の希望する雇用安定措置の内容について聴取した上で、十分な時間的余裕をもって当該措置に着手すること。

(3) 労働契約法等の適用について留意すべき事項

イ 派遣元事業主は、派遣労働者についても労働契約法の適用があることに留意すること。

ロ 派遣元事業主が、その雇用する有期雇用派遣労働者について、当該有期雇用派遣労働者からの労働契約法第18条第1項の規定による期間の定めのない労働契約の締結の申込みを妨げるために、当該有期雇用派遣労働者に係る期間の定めのある労働契約の更新を拒否し、また、空白期間（同条第2項に規定する空白期間をいう。）を設けることは、同条の規定の趣旨に反する脱法的な運用であること。

ハ 派遣元事業主は、短時間労働者及び有期雇用労働者の雇用管理の改善等に関する法律（平成5年法律第76号）第8条の規定により、その雇用する有期雇用派遣労働者の通勤手当について、その雇用する通常の労働者の通勤手当との間において、当該有期雇用派遣労働者及び通常の労働者の職務の内容、当該職務の内容及び配置の変更の範囲その他の事情のうち、当該通勤手当の性質及び当該通勤手当を支給する目的に照らして適切と認められるものを考慮して、不合理と認められる相違を設けてはならないこと。また、派遣元事業主は、同法第9条の規定により、職務の内容が通常の労働者と同一の有期雇用派遣労働者であって、当該事業所における慣行その他の事情からみて、当該派遣元事業主との雇用関係が終了するまでの全期間において、その職務の内容及び配置が当該通常の労働者の職務の内容及び配置の変更の範囲と同一の範囲で変更されることが見込まれるものについては、有期雇用労働者であることを理由として、通勤手当について差別的取扱いをしてはならないこと。なお、有期雇用派遣労働者の通勤手当については、当然に労働者派遣法第30条の3又は第30条の4第1項の規定の適用があることに留意すること。

(4) 派遣労働者等の適性、能力、経験、希望等に適合する就業機会の確保等

派遣元事業主は、派遣労働者又は派遣労働者となろうとする者（以下「派遣労働者等」という。）について、当該派遣労働者等の適性、能力、経験等を勘案して、最も適した就業の機会の確保を図るとともに、就業する期間及び日、就業時間、就業場所、派遣先における就業環境等について当該派遣労働者等の希望と適合するような就業機会を確保するよう努めなければならないこと。また、派遣労働者等はその有する知識、技術、経験等を活かして就業機会を得ていることに鑑み、派遣元事業主は、労働者派遣法第30条の2の規定による教育訓練等の措置を講じなければならないほか、就業機会と密接に関連する教育訓練の機会を確保するよう努めなければならないこと。

(5) 派遣労働者に対するキャリアアップ措置

イ 派遣元事業主は、その雇用する派遣労働者に対し、労働者派遣法第30条の2第1項の規定による教育訓練を実施するに当たっては、労働者派遣事業の適正な運営の確保及び派遣労働者の保護等に関する法律施行規則第1条の4第1号の規定に基づき厚生労働大臣が定める基準（平成27年厚生労働省告示第391号）第4号に規定する教育訓練の実施計画（以下「教育訓練計画」という。）に基づく教育訓練を行わなければならないこと。

ロ 派遣元事業主は、派遣労働者として雇用しようとする労働者に対し、労働契約の締結時までに教育訓練計画を周知するよう努めること。また、派遣元事業主は、当該教育訓練計画に変更があった場合は、その雇用する派遣労働者に対し、速やかにこれを周知するよう努めること。

ハ 派遣元事業主は、その雇用する派遣労働者が教育訓練計画に基づく教育訓練を受講できるよう配慮しなければならないこと。特に、教育訓練計画の策定に当たっては、派遣元事業主は、教育訓練の複数の受講機会を設け、又は開催日時や時間の設定について配慮すること等により、可能な限り派遣労働者が教育訓練を受講しやすくすることが望ましいこと。

ニ 派遣元事業主は、その雇用する派遣労働者のキャリアアップを図るため、教育訓練計画に基づく教育訓練を実施するほか、更なる教育訓練を自主的に実施するとともに、当該教育訓練に係る派遣労働者の費用負担を実費程度とすることで、派遣労働者が教育訓練を受講しやすくすることが望ましいこと。

ホ 派遣元事業主は、その雇用する派遣労働者のキャリアアップを図るとともに、その適正な雇用管理に資するため、当該派遣労働者に係る労働者派遣の期間及び派遣就業をした日、従事した業務の種類、労働者派遣法第37条第1項第10号に規定する教育訓練を行った日時及びその内容等を記載した書類を保存するよう努めること。

(6) 労働者派遣に関する料金の額に係る交渉等

（削る）

イ 派遣元事業主は、その雇用する派遣労働者の賃金の決定に当たっては、労働者派遣法第30条の3第1項の規定の趣旨を踏まえ、当該派遣労働者の従事する業務と同種の業務に従事する派遣先に雇用される労働者の賃金水準との均衡を考慮しつつ、当該派遣労働者の従事する業務と同種の業務に従事する一般の労働者の賃金水準又は当該派遣労働者の職務の内容、能力若しくは経験等を勘案するよう努め

ること。また、派遣元事業主は、派遣労働者の職務の成果、意欲等を適切に把握し、当該職務の成果等に応じた適切な賃金を決定するよう努めること。

イ　労働者派遣法第30条の３の規定による措置を講じた結果のみをもって、派遣労働者の賃金を従前より引き下げるような取扱いは、同条の規定の趣旨を踏まえた対応とはいえないこと。
ロ　派遣元事業主は、労働者派遣に関する料金の額に係る派遣先との交渉が当該労働者派遣に係る派遣労働者の待遇の改善にとって極めて重要であることを踏まえつつ、当該交渉に当たるよう努めること。
ハ　派遣元事業主は、労働者派遣に関する料金の額が引き上げられた場合には、可能な限り、当該労働者派遣に係る派遣労働者の賃金を引き上げるよう努めること。

（削る）
ホ　派遣元事業主は、労働者派遣法第30条の３第２項の規定の趣旨を踏まえ、労働者派遣に係る業務を円滑に遂行する上で有用な物品の貸与や教育訓練の実施等を始めとする派遣労働者の福利厚生等の措置について、当該派遣労働者の従事する業務と同種の業務に従事する派遣先に雇用される労働者の福利厚生等の実状を把握し、当該派遣先に雇用される労働者との均衡に配慮して必要な措置を講ずるよう努めること。
ヘ　派遣元事業主は、派遣労働者が労働者派遣法第31条の２第２項の規定により説明を求めたことを理由として、当該派遣労働者に対して不利益な取扱いをしてはならないこと。

(7)　同一の組織単位の業務への労働者派遣
　派遣元事業主が、派遣先の事業所等における同一の組織単位の業務について継続して３年間同一の派遣労働者に係る労働者派遣を行った場合において、当該派遣労働者が希望していないにもかかわらず、当該労働者派遣の終了後３月が経過した後に、当該同一の組織単位の業務について再度当該派遣労働者を派遣することは、派遣労働者のキャリアアップの観点から望ましくないこと。

(8)　派遣元事業主がその雇用する協定対象派遣労働者（労働者派遣法第30条の５に規定する協定対象派遣労働者をいう。以下同じ。）に対して行う安全管理に関する措置及び給付のうち、当該協定対象派遣労働者の職務の内容に密接に関連するものについては、派遣先に雇用される通常の労働者との間で不合理と認められる相違等が生じないようにすることが望ましいこと。〈新設〉

(9)　派遣元事業主は、派遣労働者が育児休業、介護休業等育児又は家族介護を行う労働者の福祉に関する法律（平成３年法律第76号）第２条第１号に規定する育児休業から復帰する際には、当該派遣労働者が就業を継続できるよう、当該派遣労働者の派遣先に係る希望も勘案しつつ、就業機会の確保に努めるべきであることに留意すること。

(10)　障害者である派遣労働者の有する能力の有効な発揮の支障となっている事情の改善を図るための措置
　派遣元事業主は、障害者の雇用の促進等に関する法律（昭和35年法律第123号。以下「障害者雇用促進法」という。）第２条第１号に規定する障害者（以下単に「障害者」という。）である派遣労働者から派遣先の職場において障害者である派遣労働者の有する能力の有効な発揮の支障となっている事情の申出があった場合又は派遣先から当該事情に関する苦情があった旨の通知を受けた場合等において、同法第36条の３の規定による措置を講ずるに当たって、当該障害者である派遣労働者と話合いを行い、派遣元事業主において実施可能な措置を検討するとともに、必要に応じ、派遣先と協議等を行い、協力を要請すること。

9　派遣労働者の待遇に関する説明等〈新設〉
　派遣元事業主は、その雇用する派遣労働者に対し、労働者派遣法第31条の２第４項の規定による説明を行うに当たっては、次の事項に留意すること。
(1)　派遣労働者（協定対象派遣労働者を除く。以下この(1)及び(2)において同じ。）に対する説明の内容
イ　派遣元事業主は、労働者派遣法第26条第７項及び第10項並びに第40条第５項の規定により提供を受けた情報（11及び12において「待遇等に関する情報」という。）に基づき、派遣労働者と比較対象労働者（労働者派遣法第26条第８項に規定する比較対象労働者をいう。以下この９において同じ。）との間の待遇の相違の内容及び理由について説明すること。
ロ　派遣元事業主は、派遣労働者と比較対象労働者との間の待遇の相違の内容として、次の(イ)及び(ロ)に掲げる事項を説明すること。
　(イ)　派遣労働者及び比較対象労働者の待遇のそれぞれを決定するに当たって考慮した事項の相違の有無
　(ロ)　次の(i)又は(ii)に掲げる事項
　　(i)　派遣労働者及び比較対象労働者の待遇の個別具体的な内容
　　(ii)　派遣労働者及び比較対象労働者の待遇に関する基準
ハ　派遣元事業主は、派遣労働者及び比較対象労働者の職務の内容、職務の内容及び配置の変更の範囲その他の事情のうち、待遇の性質及び待遇を行う目的に照らして適切と認められるものに基づき、待遇の相違の理由を説明すること。

(2) 協定対象派遣労働者に対する説明の内容

　イ　派遣元事業主は、協定対象派遣労働者の賃金が労働者派遣法第30条の４第１項第２号に掲げる事項であって同項の協定で定めたもの及び同項第３号に関する当該協定の定めによる公正な評価に基づき決定されていることについて説明すること。

　ロ　派遣元事業主は、協定対象派遣労働者の待遇（賃金、労働者派遣法第40条第２項の教育訓練及び労働者派遣事業の適正な運営の確保及び派遣労働者の保護等に関する法律施行規則（昭和61年労働省令第20号）第32条の３各号に掲げる福利厚生施設を除く。）が労働者派遣法第30条の４第１項第４号に基づき決定されていること等について、派遣労働者に対する説明の内容に準じて説明すること。

(3) 派遣労働者に対する説明の方法

　派遣元事業主は、派遣労働者が説明の内容を理解することができるよう、資料を活用し、口頭により説明することを基本とすること。ただし、説明すべき事項を全て記載した派遣労働者が容易に理解できる内容の資料を用いる場合には、当該資料を交付する等の方法でも差し支えないこと。

(4) 比較対象労働者との間の待遇の相違の内容等に変更があったときの情報提供

　派遣元事業主は、派遣労働者から求めがない場合でも、当該派遣労働者に対し、比較対象労働者との間の待遇の相違の内容及び理由並びに労働者派遣法第30条の３から第30条の６までの規定により措置を講ずべきこととされている事項に関する決定をするに当たって考慮した事項に変更があったときは、その内容を情報提供することが望ましいこと。

10　関係法令の関係者への周知

　派遣元事業主は、労働者派遣法の規定による派遣元事業主及び派遣先が講ずべき措置の内容並びに労働者派遣法第３章第４節に規定する労働基準法等の適用に関する特例等関係法令の関係者への周知の徹底を図るために、説明会等の実施、文書の配布等の措置を講ずること。

11　個人情報等の保護

(1) 個人情報の収集、保管及び使用

　イ　派遣元事業主は、派遣労働者となろうとする者を登録する際には当該労働者の希望、能力及び経験に応じた就業の機会の確保を図る目的の範囲内で、派遣労働者として雇用し労働者派遣を行う際には当該派遣労働者の適正な雇用管理を行う目的の範囲内で、派遣労働者等の個人情報（以下この(1)、(2)及び(4)において単に「個人情報」という。）を収集することとし、次に掲げる個人情報を収集してはならないこと。ただし、特別な業務上の必要性が存在することその他業務の目的の達成に必要不可欠であって、収集目的を示して本人　から収集する場合はこの限りでないこと。

　　(イ)　人種、民族、社会的身分、門地、本籍、出生地その他社会的差別の原因となるおそれのある事項

　　(ロ)　思想及び信条

　　(ハ)　労働組合への加入状況

　ロ　派遣元事業主は、個人情報を収集する際には、本人から直接収集し、又は本人の同意の下で本人以外の者から収集する等適法かつ公正な手段によらなければならないこと。

　ハ　派遣元事業主は、高等学校若しくは中等教育学校又は中学校若しくは義務教育学校の新規卒業予定者であって派遣労働者となろうとする者から応募書類の提出を求めるときは、職業安定局長の定める書類によりその提出を求めること。

　ニ　個人情報の保管又は使用は、収集目的の範囲に限られること。このため、例えば、待遇等に関する情報のうち個人情報に該当するものの保管又は使用は、労働者派遣法第30条の２、第30条の３、第30条の４第１項、第30条の５及び第31条の２第４項の規定による待遇の確保等という目的（(4)において「待遇の確保等の目的」という。）の範囲に限られること。なお、派遣労働者として雇用し労働者派遣を行う際には、労働者派遣事業制度の性質上、派遣元事業主が派遣先に提供することができる派遣労働者の個人情報は、労働者派遣法第35条第１項各号に掲げる派遣先に通知しなければならない事項のほか、当該派遣労働者の業務遂行能力に関する情報に限られるものであること。ただし、他の保管若しくは使用の目的を示して本人の同意を得た場合又は他の法律に定めのある場合は、この限りでないこと。

(2) 適正管理

　イ　派遣元事業主は、その保管又は使用に係る個人情報に関し、次に掲げる措置を適切に講ずるとともに、派遣労働者等からの求めに応じ、当該措置の内容を説明しなければならないこと。

　　(イ)　個人情報を目的に応じ必要な範囲において正確かつ最新のものに保つための措置

　　(ロ)　個人情報の紛失、破壊及び改ざんを防止するための措置

　　(ハ)　正当な権限を有しない者による個人情報へのアクセスを防止するための措置

　　(ニ)　収集目的に照らして保管する必要がなくなった個人情報を破棄又は削除するための措置

　ロ　派遣元事業主が、派遣労働者等の秘密に該当する個人情報を知り得た場合には、当該個人情報が正当な理由なく他人に知られることのないよう、厳重な管理を行わなければならないこと。

　ハ　派遣元事業主は、次に掲げる事項を含む個人情報適正管理規程を作成し、これを遵守しなければな

らないこと。
- (イ) 個人情報を取り扱うことができる者の範囲に関する事項
- (ロ) 個人情報を取り扱う者に対する研修等教育訓練に関する事項
- (ハ) 本人から求められた場合の個人情報の開示又は訂正（削除を含む。以下同じ。）の取扱いに関する事項
- (ニ) 個人情報の取扱いに関する苦情の処理に関する事項
- ニ 派遣元事業主は、本人が個人情報の開示又は訂正の求めをしたことを理由として、当該本人に対して不利益な取扱いをしてはならないこと。
- (3) 個人情報の保護に関する法律の遵守等
   (1)及び(2)に定めるもののほか、派遣元事業主は、個人情報の保護に関する法律第2条第5項に規定する個人情報取扱事業者（以下「個人情報取扱事業者」という。）に該当する場合には、同法第4章第1節に規定する義務を遵守しなければならないこと。また、個人情報取扱事業者に該当しない場合であっても、個人情報取扱事業者に準じて、個人情報の適正な取扱いの確保に努めること。
- (4) 待遇等に関する情報のうち個人情報に該当しないものの保管及び使用〈新設〉
   派遣元事業主は、待遇等に関する情報のうち個人情報に該当しないものの保管又は使用を待遇の確保等の目的の範囲に限定する等適切に対応すること。
12 秘密の保持〈新設〉
   待遇等に関する情報は、労働者派遣法第24条の4の秘密を守る義務の対象となるものであること。
13 派遣労働者を特定することを目的とする行為に対する協力の禁止等
- (1) 派遣元事業主は、紹介予定派遣の場合を除き、派遣先による派遣労働者を特定することを目的とする行為に協力してはならないこと。なお、派遣労働者等が、自らの判断の下に派遣就業開始前の事業所訪問若しくは履歴書の送付又は派遣就業期間中の履歴書の送付を行うことは、派遣先によって派遣労働者を特定することを目的とする行為が行われたことには該当せず、実施可能であるが、派遣元事業主は、派遣労働者等に対してこれらの行為を求めないこととする等、派遣労働者を特定することを目的とする行為への協力の禁止に触れないよう十分留意すること。
- (2) 派遣元事業主は、派遣先との間で労働者派遣契約を締結するに当たっては、職業安定法第3条の規定を遵守するとともに、派遣労働者の性別を労働者派遣契約に記載し、かつ、これに基づき当該派遣労働者を当該派遣先に派遣してはならないこと。
- (3) 派遣元事業主は、派遣先との間で労働者派遣契約を締結するに当たっては、派遣元事業主が当該派遣先の指揮命令の下に就業させようとする労働者について、障害者であることを理由として、障害者を排除し、又はその条件を障害者に対してのみ不利なものとしてはならず、かつ、これに基づき障害者でない派遣労働者を当該派遣先に派遣してはならないこと。
14 安全衛生に係る措置
   派遣元事業主は、派遣労働者に対する雇入れ時及び作業内容変更時の安全衛生教育を適切に行えるよう、当該派遣労働者が従事する業務に係る情報を派遣先から入手すること、健康診断等の結果に基づく就業上の措置を講ずるに当たって、派遣先の協力が必要な場合には、派遣先に対して、当該措置の実施に協力するよう要請すること等、派遣労働者の安全衛生に係る措置を実施するため、派遣先と必要な連絡調整等を行うこと。
15 紹介予定派遣
- (1) 紹介予定派遣を受け入れる期間
   派遣元事業主は、紹介予定派遣を行うに当たっては、6箇月を超えて、同一の派遣労働者の労働者派遣を行わないこと。
- (2) 派遣先が職業紹介を希望しない場合又は派遣労働者を雇用しない場合の理由の明示
   派遣元事業主は、紹介予定派遣を行った派遣先が職業紹介を受けることを希望しなかった場合又は職業紹介を受けた派遣労働者を雇用しなかった場合には、派遣労働者の求めに応じ、派遣先に対し、それぞれその理由を書面、ファクシミリ又は電子メールその他のその受信をする者を特定して情報を伝達するために用いられる電気通信（電気通信事業法（昭和59年法律第86号）第2条第1号に規定する電気通信をいう。以下この(2)において「電子メール等」という。）（当該派遣元事業主が当該電子メール等の記録を出力することにより書面を作成することができるものに限る。）により明示するよう求めること。また、派遣先から明示された理由を、派遣労働者に対して書面、ファクシミリ又は電子メール等（当該派遣労働者が当該電子メール等の記録を出力することにより書面を作成することができるものに限る。）（ファクシミリ又は電子メール等による場合にあっては、当該派遣労働者が希望した場合に限る。）により明示すること。
- (3) 派遣元事業主は、派遣先が障害者に対し、面接その他紹介予定派遣に係る派遣労働者を特定することを目的とする行為を行う場合に、障害者雇用促進法第36条の2又は第36条の3の規定による措置を講ずるに当たっては、障害者と話合いを行い、派遣元事業主において実施可能な措置を検討するとともに、必要に

応じ、派遣先と協議等を行い、協力を要請すること。

16　情報の提供

　　派遣元事業主は、派遣労働者及び派遣先が良質な派遣元事業主を適切に選択できるよう、労働者派遣の実績、労働者派遣に関する料金の額の平均額から派遣労働者の賃金の額の平均額を控除した額を当該労働者派遣に関する料金の額の平均額で除して得た割合（以下この16において「マージン率」という。）、教育訓練に関する事項、労働者派遣法第30条の４第１項の協定を締結しているか否かの別並びに当該協定を締結している場合における協定対象派遣労働者の範囲及び当該協定の有効期間の終期（以下この16において「協定の締結の有無等」という。）等に関する情報を事業所への書類の備付け、インターネットの利用その他の適切な方法により提供すること。特に、マージン率及び協定の締結の有無等の情報提供に当たっては、常時インターネットの利用により広く関係者、とりわけ派遣労働者に必要な情報を提供することを原則とすること。また、労働者派遣の期間の区分ごとの雇用安定措置を講じた人数等の実績及び教育訓練計画については、インターネットの利用その他の適切な方法により関係者に対し情報提供することが望ましいこと。

　　附　則（平成30年12月19日厚生労働省告示第417号）（抄）

〔編注：本改正告示は〕平成31年４月１日から適用する。

　　附　則（平成30年12月28日厚生労働省告示第427号）（抄）

〔編注：本改正指針は〕平成32年４月１日から適用する。ただし、働き方改革を推進するための関係法律の整備に関する法律附則第３条第１項に規定する中小事業主については、平成33年３月31日までの間、この告示による改正後の派遣元事業主が講ずべき措置に関する指針第２の８の(3)の規定は適用せず、この告示による改正前の派遣元事業主が講ずべき措置に関する指針第２の８の(3)の規定は、なおその効力を有する。

派遣先が講ずべき措置に関する指針

（平成11年11月17日労働省告示第138号　改正平成30年12月19日厚生労働省告示第417号／
平成30年12月28日厚生労働省告示第428号）

（──の傍線は上記改正告示第417号による改正部分、──の傍線は上記改正告示第428号による改正部分）

第1　趣旨

　この指針は、労働者派遣事業の適正な運営の確保及び派遣労働者の保護等に関する法律（以下「労働者派遣法」という。）第3章第1節及び第3節の規定により派遣先が講ずべき措置に関して、その適切かつ有効な実施を図るために必要な事項を定めたものである。

第2　派遣先が講ずべき措置

1　労働者派遣契約の締結に当たっての就業条件の確認
　派遣先は、労働者派遣契約の締結の申込みを行うに際しては、就業中の派遣労働者を直接指揮命令することが見込まれる者から、業務の内容及び当該業務に伴う責任の程度、当該業務を遂行するために必要とされる知識、技術又は経験の水準その他労働者派遣契約の締結に際し定めるべき就業条件の内容を十分に確認すること。
2　労働者派遣契約に定める就業条件の確保
　派遣先は、労働者派遣契約を円滑かつ的確に履行するため、次に掲げる措置その他派遣先の実態に即した適切な措置を講ずること。
(1)　就業条件の周知徹底
　労働者派遣契約で定められた就業条件について、当該派遣労働者の業務の遂行を指揮命令する職務上の地位にある者その他の関係者に当該就業条件を記載した書面を交付し、又は就業場所に掲示する等により、周知の徹底を図ること。
(2)　就業場所の巡回
　定期的に派遣労働者の就業場所を巡回し、当該派遣労働者の就業の状況が労働者派遣契約に反していないことを確認すること。
(3)　就業状況の報告
　派遣労働者を直接指揮命令する者から、定期的に当該派遣労働者の就業の状況について報告を求めること。
(4)　労働者派遣契約の内容の遵守に係る指導
　派遣労働者を直接指揮命令する者に対し、労働者派遣契約の内容に違反することとなる業務上の指示を行わないようにすること等の指導を徹底すること。
3　派遣労働者を特定することを目的とする行為の禁止
　派遣先は、紹介予定派遣の場合を除き、派遣元事業主が当該派遣先の指揮命令の下に就業させようとする労働者について、労働者派遣に先立って面接すること、派遣先に対して当該労働者に係る履歴書を送付させることのほか、若年者に限ることとすること等派遣労働者を特定することを目的とする行為を行わないこと。なお、派遣労働者又は派遣労働者となろうとする者が、自らの判断の下に派遣就業開始前の事業所訪問若しくは履歴書の送付又は派遣就業期間中の履歴書の送付を行うことは、派遣先によって派遣労働者を特定することを目的とする行為が行われたことには該当せず、実施可能であるが、派遣先は、派遣元事業主又は派遣労働者若しくは派遣労働者となろうとする者に対してこれらの行為を求めないこととする等、派遣労働者を特定することを目的とする行為の禁止に触れないよう十分留意すること。
4　性別による差別及び障害者であることを理由とする不当な差別的取扱いの禁止
(1)　性別による差別の禁止
　派遣先は、派遣元事業主との間で労働者派遣契約を締結するに当たっては、当該労働者派遣契約に派遣労働者の性別を記載してはならないこと。
(2)　障害者であることを理由とする不当な差別的取扱いの禁止
　派遣先は、派遣元事業主との間で労働者派遣契約を締結するに当たっては、派遣元事業主が当該派遣先の指揮命令の下に就業させようとする労働者について、障害者の雇用の促進等に関する法律（昭和35年法律第123号。以下「障害者雇用促進法」という。）第2条第1号に規定する障害者（（以下単に「障害者」という。）であることを理由として、障害者を排除し、又はその条件を障害者に対してのみ不利なものとしてはならないこと。

5 労働者派遣契約の定めに違反する事実を知った場合の是正措置等

　派遣先は、労働者派遣契約の定めに反する事実を知った場合には、これを早急に是正するとともに、労働者派遣契約の定めに反する行為を行った者及び派遣先責任者に対し労働者派遣契約を遵守させるために必要な措置を講ずること、派遣元事業主と十分に協議した上で損害賠償等の善後処理方策を講ずること等適切な措置を講ずること。

6 派遣労働者の雇用の安定を図るために必要な措置

(1) 労働者派遣契約の締結に当たって講ずべき措置

　イ　派遣先は、労働者派遣契約の締結に当たって、派遣先の責に帰すべき事由により労働者派遣契約の契約期間が満了する前に労働者派遣契約の解除を行おうとする場合には、派遣先は派遣労働者の新たな就業機会の確保を図ること及びこれができないときには少なくとも当該労働者派遣契約の解除に伴い当該派遣元事業主が当該労働者派遣に係る派遣労働者を休業させること等を余儀なくされることにより生ずる損害である休業手当、解雇予告手当等に相当する額以上の額について損害の賠償を行うことを定めなければならないこと。また、労働者派遣の期間を定めるに当たっては、派遣元事業主と協力しつつ、当該派遣先において労働者派遣の役務の提供を受けようとする期間を勘案して可能な限り長く定める等、派遣労働者の雇用の安定を図るために必要な配慮をするよう努めること。

　ロ　派遣先は、労働者派遣契約の締結に当たって、労働者派遣の終了後に当該労働者派遣に係る派遣労働者を雇用する場合に、当該雇用が円滑に行われるよう、派遣元事業主の求めに応じ、派遣先が当該労働者派遣の終了後に当該派遣労働者を雇用する意思がある場合には、当該意思を事前に派遣元事業主に示すこと、派遣元事業主が職業安定法（昭和22年法律第141号）その他の法律の規定による許可を受けて、又は届出をして職業紹介を行うことができる場合には、派遣先は職業紹介により当該派遣労働者を雇用し、派遣元事業主に当該職業紹介に係る手数料を支払うこと等を定め、これらの措置を適切に講ずること。

(2) 労働者派遣契約の解除の事前の申入れ

　派遣先は、専ら派遣先に起因する事由により、労働者派遣契約の契約期間が満了する前の解除を行おうとする場合には、派遣元事業主の合意を得ることはもとより、あらかじめ相当の猶予期間をもって派遣元事業主に解除の申入れを行うこと。

(3) 派遣先における就業機会の確保

　派遣先は、労働者派遣契約の契約期間が満了する前に派遣労働者の責に帰すべき事由以外の事由によって労働者派遣契約の解除が行われた場合には、当該派遣先の関連会社での就業をあっせんする等により、当該労働者派遣契約に係る派遣労働者の新たな就業機会の確保を図ること。

(4) 損害賠償等に係る適切な措置

　派遣先は、派遣先の責に帰すべき事由により労働者派遣契約の契約期間が満了する前に労働者派遣契約の解除を行おうとする場合には、派遣労働者の新たな就業機会の確保を図ることとし、これができないときには、少なくとも当該労働者派遣契約の解除に伴い当該派遣元事業主が当該労働者派遣に係る派遣労働者を休業させること等を余儀なくされたことにより生じた損害の賠償を行わなければならないこと。例えば、当該派遣元事業主が当該派遣労働者を休業させる場合は休業手当に相当する額以上の額について、当該派遣元事業主がやむを得ない事由により当該派遣労働者を解雇する場合は、派遣先による解除の申入れが相当の猶予期間をもって行われなかったことにより当該派遣元事業主が解雇の予告をしないときは30日分以上、当該予告をした日から解雇の日までの期間が30日に満たないときは当該解雇の日の30日前の日から当該予告の日までの日数分以上の賃金に相当する額以上の額について、損害の賠償を行わなければならないこと。その他派遣先は派遣元事業主と十分に協議した上で適切な善後処理方策を講ずること。また、派遣元事業主及び派遣先の双方の責に帰すべき事由がある場合には、派遣元事業主及び派遣先のそれぞれの責に帰すべき部分の割合についても十分に考慮すること。

(5) 労働者派遣契約の解除の理由の明示

　派遣先は、労働者派遣契約の契約期間が満了する前に労働者派遣契約の解除を行う場合であって、派遣元事業主から請求があったときは、労働者派遣契約の解除を行った理由を当該派遣元事業主に対し明らかにすること。

7 適切な苦情の処理

(1) 適切かつ迅速な処理を図るべき苦情

　派遣先が適切かつ迅速な処理を図るべき苦情には、セクシュアルハラスメント、妊娠、出産等に関するハラスメント、育児休業等に関するハラスメント、パワーハラスメント、障害者である派遣労働者の有する能力の有効な発揮の支障となっている事情に関するもの等が含まれることに留意すること。

(2) 苦情の処理を行う際の留意点等

　派遣先は、派遣労働者の苦情の処理を行うに際しては、派遣先の労働組合法（昭和24年法律第174号）上の使用者性に関する代表的な裁判例や中央労働委員会の命令に留意すること。また、派遣先は、派遣労

働者の苦情の申出を受ける者、派遣先において苦情の処理を行う方法、派遣元事業主と派遣先との連携のための体制等を労働者派遣契約において定めるとともに、派遣労働者の受入れに際し、説明会等を実施して、その内容を派遣労働者に説明すること。さらに、派遣先管理台帳に苦情の申出を受けた年月日、苦情の内容及び苦情の処理状況について、苦情の申出を受け、及び苦情の処理に当たった都度、記載するとともに、その内容を派遣元事業主に通知すること。また、派遣労働者から苦情の申出を受けたことを理由として、当該派遣労働者に対して不利益な取扱いをしてはならないこと。

8 労働・社会保険の適用の促進

派遣先は、労働・社会保険に加入する必要がある派遣労働者については、労働・社会保険に加入している派遣労働者（派遣元事業主が新規に雇用した派遣労働者であって、当該派遣先への労働者派遣の開始後速やかに労働・社会保険への加入手続が行われるものを含む。）を受け入れるべきであり、派遣元事業主から派遣労働者が労働・社会保険に加入していない理由の通知を受けた場合において、当該理由が適正でないと考えられる場合には、派遣元事業主に対し、当該派遣労働者を労働・社会保険に加入させてから派遣するよう求めること。

9 適正な派遣就業の確保

(1) 適切な就業環境の維持、福利厚生等

派遣先は、その指揮命令の下に労働させている派遣労働者について、派遣就業が適正かつ円滑に行われるようにするため、労働者派遣法第40条第1項から第3項までに定めるもののほか、セクシュアルハラスメントの防止等適切な就業環境の維持並びに派遣先が設置及び運営し、その雇用する労働者が通常利用している物品販売所、病院、診療所、浴場、理髪室、保育所、図書館、講堂、娯楽室、運動場、体育館、保養施設等の施設の利用に関する便宜の供与の措置を講ずるように配慮しなければならないこと。また、派遣先は、労働者派遣法第40条第5項の規定に基づき、派遣元事業主の求めに応じ、当該派遣先に雇用される労働者の賃金、教育訓練、福利厚生等の実状をより的確に把握するために必要な情報を派遣元事業主に提供するとともに、派遣元事業主が当該派遣労働者の職務の成果等に応じた適切な賃金を決定できるよう、派遣元事業主からの求めに応じ、当該派遣労働者の職務の評価等に協力をするように配慮しなければならないこと。

(2) 労働者派遣に関する料金の額

イ 派遣先は、労働者派遣法第26条第11項の規定により、労働者派遣に関する料金の額について、派遣元事業主が、労働者派遣法第30条の4第1項の協定に係る労働者派遣以外の労働者派遣にあっては労働者派遣法第30条の3の規定、同項の協定に係る労働者派遣にあっては同項第2号から第5号までに掲げる事項に関する協定の定めを遵守することができるものとなるように配慮しなければならないこととされているが、当該配慮は、労働者派遣契約の締結又は更新の時だけではなく、当該締結又は更新がなされた後にも求められるものであること。

ロ 派遣先は、労働者派遣に関する料金の額の決定に当たっては、その指揮命令の下に労働させる派遣労働者の就業の実態、労働市場の状況、当該派遣労働者が従事する業務の内容及び当該業務に伴う責任の程度並びに当該派遣労働者に要求する技術水準の変化等を勘案するよう努めなければならないこと。

(3) 教育訓練・能力開発

派遣先は、その指揮命令の下に労働させる派遣労働者に対して労働者派遣法第40条第2項の規定による教育訓練を実施する等必要な措置を講ずるほか、派遣元事業主が労働者派遣法第30条の2第1項の規定による教育訓練を実施するに当たり、派遣元事業主から求めがあったときは、派遣元事業主と協議等を行い、派遣労働者が当該教育訓練を受講できるよう可能な限り協力するとともに、必要に応じた当該教育訓練に係る便宜を図るよう努めなければならないこと。派遣元事業主が行うその他の教育訓練、派遣労働者の自主的な能力開発等についても同様とすること。

(4) 障害者である派遣労働者の適正な就業の確保

① 派遣先は、その指揮命令の下に労働させる派遣労働者に対する教育訓練及び福利厚生の実施について、派遣労働者が障害者であることを理由として、障害者でない派遣労働者と不当な差別的取扱いをしてはならないこと。

② 派遣先は、労働者派遣契約に基づき派遣された労働者について、派遣元事業主が障害者雇用促進法第36条の3の規定による措置を講ずるため、派遣元事業主から求めがあったときは、派遣元事業主と協議等を行い、可能な限り協力するよう努めなければならないこと。

10 関係法令の関係者への周知

派遣先は、労働者派遣法の規定により派遣先が講ずべき措置の内容及び労働者派遣法第3章第4節に規定する労働基準法（昭和22年法律第49号）等の適用に関する特例等関係法令の関係者への周知の徹底を図るために、説明会等の実施、文書の配布等の措置を講ずること。

11 派遣元事業主との労働時間等に係る連絡体制の確立

派遣先は、派遣元事業主の事業場で締結される労働基準法第36条第1項の時間外及び休日の労働に関する

パート・有期　労働法

パート・有期　労働則

ガイドライン（パート・有期）

パート・有期　労働指針

派遣法

派遣則

ガイドライン（派遣）

派遣元指針

派遣先指針

協定の内容等派遣労働者の労働時間の枠組みについて派遣元事業主に情報提供を求める等により、派遣元事業主との連絡調整を的確に行うこと。

また、労働者派遣法第42条第1項及び第3項において、派遣先は派遣先管理台帳に派遣就業をした日ごとの始業及び終業時刻並びに休憩時間等を記載し、これを派遣元事業主に通知しなければならないとされており、派遣先は、適正に把握した実際の労働時間等について、派遣元事業主に正確に情報提供すること。

12　派遣労働者に対する説明会等の実施

派遣先は、派遣労働者の受入れに際し、説明会等を実施し、派遣労働者が利用できる派遣先の各種の福利厚生に関する措置の内容についての説明、派遣労働者が円滑かつ的確に就業するために必要な、派遣労働者を直接指揮命令する者以外の派遣先の労働者との業務上の関係についての説明及び職場生活上留意を要する事項についての助言等を行うこと。

13　派遣先責任者の適切な選任及び適切な業務の遂行

派遣先は、派遣先責任者の選任に当たっては、労働関係法令に関する知識を有する者であること、人事・労務管理等について専門的な知識又は相当期間の経験を有する者であること、派遣労働者の就業に係る事項に関する一定の決定、変更を行い得る権限を有する者であること等派遣先責任者の職務を的確に遂行することができる者を選任するよう努めること。

14　労働者派遣の役務の提供を受ける期間の制限の適切な運用

派遣先は、労働者派遣法第40条の2及び第40条の3の規定に基づき派遣労働者による常用労働者の代替及び派遣就業を望まない派遣労働者が派遣就業に固定化されることの防止を図るため、次に掲げる基準に従い、事業所その他派遣就業の場所（以下「事業所等」という。）ごとの業務について、派遣元事業主から労働者派遣法第40条の2第2項の派遣可能期間を超える期間継続して労働者派遣（同条第1項各号のいずれかに該当するものを除く。以下この14において同じ。）の役務の提供を受けてはならず、また、事業所等における組織単位ごとの業務について、派遣元事業主から3年を超える期間継続して同一の派遣労働者に係る労働者派遣の役務の提供を受けてはならないこと。

⑴　事業所等については、工場、事務所、店舗等、場所的に他の事業所その他の場所から独立していること、経営の単位として人事、経理、指導監督、労働の態様等においてある程度の独立性を有すること、一定期間継続し、施設としての持続性を有すること等の観点から実態に即して判断すること。

⑵　事業所等における組織単位については、労働者派遣法第40条の3の労働者派遣の役務の提供を受ける期間の制限の目的が、派遣労働者がその組織単位の業務に長期間にわたって従事することによって派遣就業を望まない派遣労働者が派遣就業に固定化されることを防止することにあることに留意しつつ判断すること。すなわち、課、グループ等の業務としての類似性や関連性がある組織であり、かつ、その組織の長が業務の配分や労務管理上の指揮監督権限を有するものであって、派遣先における組織の最小単位よりも一般に大きな単位を想定しており、名称にとらわれることなく実態により判断すべきものであること。ただし、小規模の事業所等においては、組織単位と組織の最小単位が一致する場合もあることに留意すること。

⑶　派遣先は、労働者派遣の役務の提供を受けていた当該派遣先の事業所等ごとの業務について、新たに労働者派遣の役務の提供を受ける場合には、当該新たな労働者派遣の開始と当該新たな労働者派遣の役務の受入れの直前に受け入れていた労働者派遣の終了との間の期間が3月を超えない場合には、当該派遣先は、当該新たな労働者派遣の役務の受入れの直前に受け入れていた労働者派遣から継続して労働者派遣の役務の提供を受けているものとみなすこと

⑷　派遣先は、労働者派遣の役務の提供を受けていた当該派遣先の事業所等における組織単位ごとの業務について、同一の派遣労働者に係る新たな労働者派遣の役務の提供を受ける場合には、当該新たな労働者派遣の開始と当該新たな労働者派遣の役務の受入れの直前に受け入れていた労働者派遣の終了との間の期間が3月を超えない場合には、当該派遣先は、当該新たな労働者派遣の役務の受入れの直前に受け入れていた労働者派遣から継続して労働者派遣の役務の提供を受けているものとみなすこと。

⑸　派遣先は、当該派遣先の事業所等ごとの業務について派遣元事業主から3年間継続して労働者派遣の役務の提供を受けている場合において、派遣可能期間の延長に係る手続を回避することを目的として、当該労働者派遣の終了後3月が経過した後に再度当該労働者派遣の役務の提供を受けるような、実質的に派遣労働者の受入れを継続する行為は、同項の規定の趣旨に反するものであること。

15　派遣可能期間の延長に係る意見聴取の適切かつ確実な実施

⑴　意見聴取に当たっての情報提供

派遣先は、労働者派遣法第40条の2第4項の規定に基づき、過半数労働組合等（同項に規定する過半数労働組合等をいう。以下同じ。）に対し、派遣可能期間を延長しようとする際に意見を聴くに当たっては、当該派遣先の事業所等ごとの業務について、当該業務に係る労働者派遣の役務の提供の開始時（派遣可能期間を延長した場合には、当該延長時）から当該業務に従事した派遣労働者の数及び当該派遣先に期間を定めないで雇用される労働者の数の推移に関する資料等、意見聴取の際に過半数労働組合等が意見を述べるに当たり参考となる資料を過半数労働組合等に提供するものとすること。また、派遣先は、意見聴取の

実効性を高める観点から、過半数労働組合等からの求めに応じ、当該派遣先の部署ごとの派遣労働者の数、各々の派遣労働者に係る労働者派遣の役務の提供を受けた期間等に係る情報を提供することが望ましいこと

(2)　十分な考慮期間の設定

派遣先は、過半数労働組合等に対し意見を聴くに当たっては、十分な考慮期間を設けること。

(3)　異議への対処

イ　派遣先は、派遣可能期間を延長することに対して過半数労働組合等から異議があった場合に、労働者派遣法第40条の2第5項の規定により当該意見への対応に関する方針等を説明するに当たっては、当該意見を勘案して当該延長について再検討を加えること等により、当該過半数労働組合等の意見を十分に尊重するよう努めること。

ロ　派遣先は、派遣可能期間を延長する際に過半数労働組合等から異議があった場合において、当該延長に係る期間が経過した場合にこれを更に延長しようとするに当たり、再度、過半数労働組合等から異議があったときは、当該意見を十分に尊重し、派遣可能期間の延長の中止又は延長する期間の短縮、派遣可能期間の延長に係る派遣労働者の数の削減等の対応を採ることについて検討した上で、その結論をより一層丁寧に当該過半数労働組合等に説明しなければならないこと。

(4)　誠実な実施

派遣先は、労働者派遣法第40条の2第6項の規定に基づき、(1)から(3)までの内容を含め、派遣可能期間を　延長しようとする場合における過半数労働組合等からの意見の聴取及び過半数労働組合等が異議を述べた場合における当該過半数労働組合等に対する派遣可能期間の延長の理由等の説明を行うに当たっては、誠実にこれらを行うよう努めなければならないものとすること。

16　雇用調整により解雇した労働者が就いていたポストへの派遣労働者の受け入れ

派遣先は、雇用調整により解雇した労働者が就いていたポストに、当該解雇後3箇月以内に派遣労働者を受け入れる場合には、必要最小限度の労働者派遣の期間を定めるとともに、当該派遣先に雇用される労働者に対し労働者派遣の役務の提供を受ける理由を説明する等、適切な措置を講じ、派遣先の労働者の理解が得られるよう努めること。

17　安全衛生に係る措置

派遣先は、派遣元事業主が派遣労働者に対する雇入れ時及び作業内容変更時の安全衛生教育を適切に行えるよう、当該派遣労働者が従事する業務に係る情報を派遣元事業主に対し積極的に提供するとともに、派遣元事業主から雇入れ時及び作業内容変更時の安全衛生教育の委託の申入れがあった場合には可能な限りこれに応じるよう努めること、派遣元事業主が健康診断等の結果に基づく就業上の措置を講ずるに当たって、当該措置に協力するよう要請があった場合には、これに応じ、必要な協力を行うこと等、派遣労働者の安全衛生に係る措置を実施するために必要な協力や配慮を行うこと。

18　紹介予定派遣

(1)　紹介予定派遣を受け入れる期間

派遣先は、紹介予定派遣を受け入れるに当たっては、6箇月を超えて、同一の派遣労働者を受け入れないこと。

(2)　職業紹介を希望しない場合又は派遣労働者を雇用しない場合の理由の明示

派遣先は、紹介予定派遣を受け入れた場合において、職業紹介を受けることを希望しなかった場合又は職業紹介を受けた派遣労働者を雇用しなかった場合には、派遣元事業主の求めに応じ、それぞれその理由を派遣元事業主に対して書面、ファクシミリ又は電子メールその他のその受信をする者を特定して情報を伝達するために用いられる電気通信（電気通信事業法（昭和59年法律第86号）第2条第1号に規定する電気通信をいう。以下この(2)において「電子メール等」という。）（当該派遣元事業主が当該電子メール等の記録を出力することにより書面を作成することができるものに限る。）により明示すること。

(3)　派遣先が特定等に当たり労働施策の総合的な推進並びに労働者の雇用の安定及び職業生活の充実等に関する法律（昭和41年法律第132号）第9条の趣旨に照らし講ずべき措置

①　派遣先は、紹介予定派遣に係る派遣労働者を特定することを目的とする行為又は派遣労働者の特定（以下「特定等」という。）を行うに当たっては、次に掲げる措置を講ずること。

ア　②に該当するときを除き、派遣労働者の年齢を理由として、特定等の対象から当該派遣労働者を排除しないこと。

イ　派遣先が職務に適合する派遣労働者を受け入れ又は雇い入れ、かつ、派遣労働者がその年齢にかかわりなく、その有する能力を有効に発揮することができる職業を選択することを容易にするため、特定等に係る職務の内容、当該職務を遂行するために必要とされる派遣労働者の適性、能力、経験、技能の程度その他の派遣労働者が紹介予定派遣を希望するに当たり求められる事項をできる限り明示すること。

②　年齢制限が認められるとき（派遣労働者がその有する能力を有効に発揮するために必要であると認め

られるとき以外のとき）

　派遣先が行う特定等が次のアからウまでのいずれかに該当するときには、年齢制限をすることが認められるものとする。

ア　派遣先が、その雇用する労働者の定年（以下単に「定年」という。）の定めをしている場合において当該定年の年齢を下回ることを条件として派遣労働者の特定等を行うとき（当該派遣労働者について期間の定めのない労働契約を締結することを予定する場合に限る。）。

イ　派遣先が、労働基準法その他の法令の規定により特定の年齢の範囲に属する労働者の就業等が禁止又は制限されている業務について当該年齢の範囲に属する派遣労働者以外の派遣労働者の特定等を行うとき。

ウ　派遣先の特定等における年齢による制限を必要最小限のものとする観点から見て合理的な制限である場合として次のいずれかに該当するとき。

　　i　長期間の継続勤務による職務に必要な能力の開発及び向上を図ることを目的として、青少年その他特定の年齢を下回る派遣労働者の特定等を行うとき（当該派遣労働者について期間の定めのない労働契約を締結することを予定する場合に限り、かつ、当該派遣労働者が職業に従事した経験があることを特定等の条件としない場合であって学校（小学校（義務教育学校の前期課程を含む。）及び幼稚園を除く。）、専修学校、職業能力開発促進法（昭和44年法律第64号）第15条の７第１項各号に掲げる施設又は同法第27条第１項に規定する職業能力開発総合大学校を新たに卒業しようとする者として又は当該者と同等の処遇で採用する予定で特定等を行うときに限る。）。

　　ii　当該派遣先が雇用する特定の年齢の範囲に属する特定の職種の労働者（当該派遣先の人事管理制度に照らし必要と認められるときは、当該派遣先がその一部の事業所において雇用する特定の職種に従事する労働者。以下「特定労働者」という。）の数が相当程度少ない場合（特定労働者の年齢について、30歳から49歳までの範囲内において、派遣先が特定等を行おうとする任意の労働者の年齢の範囲（当該範囲内の年齢のうち最も高いもの（以下「範囲内最高年齢」という。）と最も低いもの（以下「範囲内最低年齢」という。）との差（以下「特定数」という。）が４から９までの場合に限る。）に属する労働者数が、範囲内最高年齢に一を加えた年齢から当該年齢に特定数を加えた年齢までの範囲に属する労働者数の２分の１以下であり、かつ、範囲内最低年齢から一に特定数を加えた年齢を減じた年齢から範囲内最低年齢から１を減じた年齢までの範囲に属する労働者数の２分の１以下である場合をいう。）において、当該職種の業務の遂行に必要な技能及びこれに関する知識の継承を図ることを目的として、特定労働者である派遣労働者の特定等を行うとき（当該派遣労働者について期間の定めのない労働契約を締結することを予定する場合に限る。）。

　　iii　芸術又は芸能の分野における表現の真実性等を確保するために特定の年齢の範囲に属する派遣労働者の特定等を行うとき。

　　iv　高年齢者の雇用の促進を目的として、特定の年齢以上の高年齢者（60歳以上の者に限る。）である派遣労働者の特定等を行うとき、又は特定の年齢の範囲に属する労働者の雇用を促進するため、当該特定の年齢の範囲に属する派遣労働者の特定等を行うとき（当該特定の年齢の範囲に属する労働者の雇用の促進に係る国の施策を活用しようとする場合に限る。）。

(4)　派遣先が特定等に当たり雇用の分野における男女の均等な機会及び待遇の確保等に関する法律（昭和47年法律第113号。以下「均等法」という。）第５条及び第７条の趣旨に照らし行ってはならない措置等

①　派遣先は、特定等を行うに当たっては、例えば、次に掲げる措置を行わないこと。

ア　特定等に当たって、その対象から男女のいずれかを排除すること。

イ　特定等に当たっての条件を男女で異なるものとすること。

ウ　特定に係る選考において、能力及び資質の有無等を判断する場合に、その方法や基準について男女で異なる取扱いをすること。

エ　特定等に当たって男女のいずれかを優先すること。

オ　派遣就業又は雇用の際に予定される求人の内容の説明等特定等に係る情報の提供について、男女で異なる取扱いをすること又は派遣元事業主にその旨要請すること。

②　派遣先は、特定等に関する措置であって派遣労働者の性別以外の事由を要件とするもののうち次に掲げる措置については、当該措置の対象となる業務の性質に照らして当該措置の実施が当該業務の遂行上特に必要である場合、事業の運営の状況に照らして当該措置の実施が派遣就業又は雇用の際に予定される雇用管理上特に必要である場合その他の合理的な理由がある場合でなければ、これを講じてはならない。

ア　派遣労働者の特定等に当たって、派遣労働者の身長、体重又は体力に関する事由を要件とすること。

イ　将来、コース別雇用管理における総合職の労働者として当該派遣労働者を採用することが予定されている場合に、派遣労働者の特定等に当たって、転居を伴う転勤に応じることができることを要件とすること。

③ 　紹介予定派遣に係る特定等に当たっては、将来、当該派遣労働者を採用することが予定されている雇用管理区分において、女性労働者が男性労働者と比較して相当程度少ない場合においては、特定等の基準を満たす者の中から男性より女性を優先して特定することその他男性と比較して女性に有利な取扱いをすることは、均等法第8条に定める雇用の分野における男女の均等な機会及び待遇の確保の支障となっている事情を改善することを目的とする措置（ポジティブ・アクション）として、①にかかわらず、行って差し支えない。

④ 　次に掲げる場合において①において掲げる措置を講ずることは、性別にかかわりなく均等な機会を与えていない、又は性別を理由とする差別的取扱いをしているとは解されず、①にかかわらず、行って差し支えない。

ア 　次に掲げる職務に従事する派遣労働者に係る場合

ⅰ 　芸術・芸能の分野における表現の真実性等の要請から男女のいずれかのみに従事させることが必要である職務

ⅱ 　守衛、警備員等防犯上の要請から男性に従事させることが必要である職務（労働者派遣事業を行ってはならない警備業法（昭和47年法律第117号）第2条第1項各号に掲げる業務を内容とするものを除く。）

ⅲ 　ⅰ及びⅱに掲げるもののほか、宗教上、風紀上、スポーツにおける競技の性質上その他の業務の性質上男女のいずれかのみに従事させることについてこれらと同程度の必要性があると認められる職務

イ 　労働基準法第61条第1項、第64条の2若しくは第64条の3第2項の規定により女性を就業させること　ができず、又は保健師助産師看護師法（昭和23年法律第203号）第3条の規定により男性を就業させることができないことから、通常の業務を遂行するために、派遣労働者の性別にかかわりなく均等な機会を与え又は均等な取扱いをすることが困難であると認められる場合

ウ 　風俗、風習等の相違により男女のいずれかが能力を発揮し難い海外での勤務が必要な場合その他特別の事情により派遣労働者の性別にかかわりなく均等な機会を与え又は均等な取扱いをすることが困難であると認められる場合

(5) 　派遣先が特定等に当たり障害者雇用促進法第34条の趣旨に照らし行ってはならない措置等

① 　派遣先は、特定等を行うに当たっては、例えば次に掲げる措置を行わないこと。

ア 　特定等に当たって、障害者であることを理由として、障害者をその対象から排除すること。

イ 　特定等に当たって、障害者に対してのみ不利な条件を付すこと。

ウ 　特定等に当たって、障害者でない者を優先すること。

エ 　派遣就業又は雇用の際に予定される求人の内容の説明等の特定等に係る情報の提供について、障害者であることを理由として障害者でない者と異なる取扱いをすること又は派遣元事業主にその旨要請すること。

② 　①に関し、特定等に際して一定の能力を有することを条件とすることについては、当該条件が当該派遣先において業務遂行上特に必要なものと認められる場合には、行って差し支えないこと。一方、特定等に当たって、業務遂行上特に必要でないにもかかわらず、障害者を排除するために条件を付すことは、行ってはならないこと。

③ 　①及び②に関し、積極的差別是正措置として、障害者でない者と比較して障害者を有利に取り扱うことは、障害者であることを理由とする差別に該当しないこと。

④ 　派遣先は、障害者に対し、面接その他特定することを目的とする行為を行う場合に、派遣元事業主が障害者雇用促進法第36条の2又は第36条の3の規定による措置を講ずるため、派遣元事業主から求めがあったときは、派遣元事業主と協議等を行い、可能な限り協力するよう努めなければならないこと。

　　　附　　則 （平成30年12月19日厚生労働省告示第417号）（抄）

〔編注：本改正告示は〕平成31年4月1日から適用する。

　　　附　　則 （平成30年12月28日厚生労働省告示第428号）（抄）

〔編注：本改正指針は〕平成32年4月1日から適用する。

パート・有期
労働法

パート・有期
労働則

ガイドライン
（パート・有期）

パート・有期
労働指針

派遣法

派遣則

ガイドライン
（派遣）

派遣元指針

派遣先指針

【執筆者紹介】（本書掲載順）

（第1章 **2** Q1，Q2，Q4〜Q10）

荻谷 聡史 （おぎや　さとし）

弁護士（安西法律事務所所属）
東京大学法学部卒業。民間企業の人事労務部門で勤務後、横浜国立大学大学院修了。
2008年弁護士登録、現在に至る。
主に人事労務関係の訴訟・交渉・法律相談・原稿執筆等に従事。
第一東京弁護士会労働法制委員会委員。経営法曹会議会員。

（第1章 **2** Q3，Q11，Q12）

小栗 道乃 （おぐり　みちの）

弁護士（安西法律事務所所属）
1990年慶応義塾大学文学部英米文学専攻卒業。同年から2000年まで民間企業で勤務。
2006年弁護士登録、現在に至る。
主に人事・労務問題に関する相談、解雇・雇止め、ハラスメントなど労働関係裁判、
原稿執筆を手掛ける。

（第2章 **2**）

木村 恵子 （きむら　けいこ）

弁護士（安西法律事務所所属）
慶応義塾大学法学部卒業。商社、外国銀行での勤務の後、2002年弁護士登録、現在に
至る。主に雇止め、労災など労働関係裁判、派遣・労務問題に関する相談を手掛ける。
主な著作として『労働者派遣法の改正点と実務対応』（共著、公益社団法人全国労働基
準関係団体連合会）、『実務の疑問に答える―労働者派遣のトラブル防止と活用のポイ
ント』（共著、日本法令）などがある。

働き方改革関連法の解説と実務対応—②同一労働同一賃金編

令和2年3月27日　初版発行

編　者　労働調査会出版局
発　行　公益社団法人 全国労働基準関係団体連合会
　　　　〒101-0047 東京都千代田区内神田 1-12-2
　　　　　　　　三秀舎ビル6階
　　　　TEL 03-5283-1030
　　　　FAX 03-5283-1032
　　　　http://www.zenkiren.com
発売元　労働調査会
　　　　〒170-0004 東京都豊島区北大塚 2-4-5
　　　　TEL　03-3915-6401
　　　　FAX　03-3918-8618
　　　　http://www.chosakai.co.jp/

ISBN978-4-86319-741-1　C2032